개정8판

警護學概論

李斗石 著

도서출판 진 영 사

개정8판 **경호학개론**

이두석 저

2011년 08월 25일 초판 인쇄
2011년 08월 27일 초판 발행
2013년 09월 05일 개정판 발행
2015년 02월 20일 개정3판 발행
2016년 02월 10일 개정4판 발행
2017년 02월 10일 개정5판 발행
2018년 03월 16일 개정6판 발행
2020년 01월 17일 개정7판 발행
2024년 08월 30일 개정8판 발행

발행인 박 진 영
발행처 도서출판 진영사
인천광역시 부평구 주부토로236 인천테크노밸리 U1 지식산업센터 B동 1507호
전화 : 032)505-4207
팩스 : 032)505-4206
E-mail : 0183734207@hanmail.net
등록 : 122-91-77317

ISBN 978-89-6541-669-2 93350
값 26,500원

머 리 말

"첫눈이 아주 탐스럽게 내리는구나. 첫눈을 보니까 무슨 생각이 나느냐?"

"예, 첫눈 오는 날 만나자던 첫사랑이 생각납니다."

"저는 고향에 홀로 계신 부모님 생각이 납니다."

"그러냐? 나는 지금 경내에 눈이 쌓여 길이 미끄러워질까봐 걱정이다. 얼른 눈을 치우라고 해야겠다."

내가 대통령경호실에 신임직원으로 들어간 첫 해 겨울, 아직 풋내기인 우리 신임직원들에게 경호실의 대선배께서 하신 말씀이다. 그렇게 우리는 세상의 모든 현상과 사물을 대할 때 경호와 연관 지어 생각하고, 우리의 생각의 틀을 바꾸면서 서서히 경호원이 되어갔다.

경호원이 되기 위하여 우리의 생활습관과 사고를 바꾸는 작업은 오랫동안 계속되었다. 우리는 친구와 만나도 30분 이내에 사무실에 응소할 수 있는, 소위 말하는 위수지역을 벗어나지 않았다. 행사 전날에는 술을 마시지 않았고, 행사가 있는 날은 반드시 새 속옷으로 갈아입고 출근하였다. 아침 출근 인사는 다녀온다는 기약이 없는 '나 갑니다!'였다. 지방출장을 가도 어디로 간다는 말을 가족에게도 말하지 않았다. 행사뿐만 아니라 사무실에 관한 일은 어느 것도 가족에게 언급하지 않았다. 그렇게 지내온 세월이 25년이었다.

과거 경호라는 단어는 일부 기관에서만 사용하는 특수용어였지만, 이제는 사회에서도 보편화된 용어가 되었다. 전국에 수십 개의 경호 관련 학과가 개설되어 있고, 경호를 배우고 경호를 직업으로 삼고 있는 사람들도 부지기수이다. 경호라는 분야는 실무적인 비중이 큰 분야로, 실무 경험 없이 책만으로는 경호의 본질을 전달하는 데에 한계가 있을 수밖에 없다. 경호는 실무 경험과 이론적 배경이 어우러져야 하는 분야임에 틀림없다. 그러나 대학에서 경호학을 강의하면서 내 생각과 경험을 제대로 전달할만한 교재가 마땅치 않아 아쉽던 차에, 그간의 축적된 경호실무 경험과 지식 및 강의자료를 총망라하여 이 교재를 집필하기에 이르렀다.

이 책은 크게 여덟 가지 부문으로 구분하였다.

제1장은 경호의 개념으로, 경호와 경호학의 의의, 경호의 특성, 목적, 기능, 구성요소 및 분류를 기술하고, 제2장은 경호제도로, 경호의 법적근거, 경호조직 및 주요 국가의 경호제도에 관하여 기술하고, 제3장은 경호이론으로, 경호업무 수행절차, 경호 기본이

론 및 주요 경호기법에 관하여 설명하였다.

제4장은 경호준비단계로, 경호정보, 위협의 평가 및 경호계획에 관하여 설명하고, 제5장은 경호대비단계로, 선발경호, 정보보안활동, 안전대책활동 및 비상대책활동에 관하여 기술하고, 제6장은 경호실시단계로, 근접경호, 기동경호 및 즉각조치에 관하여 기술하였다.

제7장은 경호평가단계로, 경호활동의 평가 및 경호학습에 관하여 기술하고, 제8장은 경호 장비 및 복장에 관하여 기술하였다.

경호는 위기관리수단의 하나이다. 수많은 위기 중에서도 사람의 생명을 잃는 위기만큼 중차대한 위기는 없을 것이다. 따라서 경호는 각종 위기관리대책 중에서도 가장 중요한 위기관리 방편이 되어야 한다. 자연적이건 인위적이건, 경호위기를 슬기롭게 극복하고 조직의 연속성을 보장하기 위한 위기관리의 개념에서 접근하고, 위기관리단계에 입각하여 본 서를 전개하였다.

그러나 관련 연구나 저서가 충분치 않고, 본 저자의 식견 또한 일천하여 부족한 점이 많지만, 이러한 점은 차후 많은 선 · 후배와 동료들의 조언과 지도편달로 보완해나가고자 한다. 끝으로 본인을 참 경호원의 길로 이끌어주신 박상범 전경호실장님께 심심한 감사를 드리고, 본 서를 출간하기까지 수고를 아끼지 않으신 박진영 사장님과 출판사 관계자분들께 깊이 감사드린다. 또한 지난 세월을 제2의 경호원 생활을 하며 인고의 세월을 지켜낸 사랑하는 나의 가족과 함께 본 서 출간의 기쁨을 함께 하고자 한다.

2011년 7월

저자 씀

추 천 사

'경호학개론' 펴냄을 예찬하면서 문득 떠오르는 것이 지난 세월의 흔적인 것은 어쩔 수가 없는 모양입니다.

1980~1990년대에 같은 목적을 위해, 무척이나 어려운 여건 속에서 생사고락을 함께 했던 동지인 이두석 박사와 30년이 넘게 우의를 다지면서 격의 없는 많은 대화를 나눌 수 있었던 것도 우연은 아닐 것입니다.

매사에 절제가 있고 옳지 않으면 가지 않으며, 곧은 심성을 가지고 있는 그리고 항상 부끄럽지 않은 경호원으로 남길 원했던 경호원 이두석, 당신이 '경호학개론'을 펴냄에 진심으로 격려와 축하를 보냅니다.

세계적으로 경호와 관련되어 1970년대를 전후해서 미국 비밀경호국 소속이었던 요원들의 자서전 형식의 경호 실무에 관한 수 편의 책이 출간되었습니다. 1980년대에 들어서 비로소 '경호학(The Politics of Protection)'에 대한 연구물이 축적되기 시작하였으나, 안타깝게도 그 연구가 활발히 이루어지진 않았습니다. 그런 의미에서 대통령경호실에서 25년이라는 긴 세월을 정통 경호원의 길을 꿋꿋이 걸어온 저자의 본 '경호학개론'은 큰 의의가 있다고 생각합니다.

21세기는 세계화, 개방화 그리고 미래정보화 시대로 진입하면서 20세기와는 다른 가치관의 형성과 의식구조의 변화에 따른 사회적 병리현상이 급증하였습니다. 이로 인해 사회안전망이 도전받을 뿐만 아니라 탈 집단화, 초 개인화가 가져오는 정신적, 심리적 변화에서 파생되는 극단적 사고와 이에 따른 행위가 사회적 위험 요소로 표출되고 있습니다.

개인과 집단 그리고 사회의 안전이 위협받고 있는 상황임을 고려할 때, 그 어느 때보다 안전을 확보하기 위한 전략이 필요하기 때문에 경호 업무의 중요함을 새삼 강조하지 않을 수가 없습니다. 경호의 상대적 가치를 고양시키기 위해 경호요원의 자질 향상과 전문화가 절실히 요구되며, 끊임없는 최고의 질적 교육이 뒷받침 되어야 합니다.

그러기에 새로이 출간되는 '경호학개론'은 경호업무 전반에 대한 기초이론의 정립과 그간 경호에 대한 잘못된 인식을 바로잡는데 크게 기여할 것이라고 확신합니다. 이 책이 경호에 관심을 가지고 이 분야에 종사하고 있는 분들과 경호를 연구하고자 하는 학생 그리고 직접 경호원으로 활약하고자 하는 학생들의 지침서가 되길 바라며, 질 높은 경호교육을 통해서 경호에 대한 관심과 이해를 확산시키는 계기를 마련하는데 기여하고, 더 나아가 점차 증가하고 있는 신변 안전에 대한 위협을 최소화하는데 도움이 되기를 기대합니다.

그동안 '경호학개론'을 집필하기 위해 많은 노력을 해 준 이두석 박사에게 진심으로 경의를 표하고 큰 박수를 보내드립니다.

2011년 7월 29일
제9대 대통령경호실장 박상범

개정판을 내면서

2005년, 지천명의 나이에 평생 경호업무만을 해 온 내가 앞으로 무엇을 해야 하는가를 고민하면서 시작한 학문의 길이었다. 어릴 적 교수에의 꿈과 그래도 집안에 박사가 한 명은 있어야 되겠다는 생각, 그리고 지금까지 내가 평생의 업으로 삼아 해온 일을 체계적으로 정리해봐야겠다는 그런 생각이었다. 그렇게 시작한 만학의 길은 결국 내가 정리한 것을 다시 책으로 내어 많은 경호학도들과 공유해야 되겠다는 생각을 하기에 이르렀다.

책을 낼 생각을 하게 된 것은 공부를 하고 학생들을 가르치면서 제대로 된 경호학 교과서가 없음을 안타깝게 생각한 점도 있었지만, 거기에는 또 하나의 계기가 있었다. 어느 날, 우연히 경비지도사 경호학 시험에 나온 문제를 보았는데, 아무래도 문제가 애매모호하였다. 그래서 대학에 계시는 교수 한 분에게 그 내용을 지적하였더니 그 교수 왈, "그래도 어쩔 수 없다. 학생들은 기존의 책으로 그렇게 배웠기 때문에, 그렇게 알고 있다. 설사 그것이 틀렸다고 하더라도 문제가 잘못된 것은 아니다"라는 것이었다. 그래서 경호학을 배우고 경호업에 종사하는 많은 분들에게 정확한 경호지식을 전달하고, 무언가 도움을 주고자 시작한 것이 「경호학개론」 저술이었다.

그러나 처음으로 경호학개론 초판을 내고 나니 기쁨보다는 오히려 아쉬움이 더 컸다. 본서가 이론서의 성격이 강하다보니 전체적으로 이론적인 면에 초점이 맞춰져 있어, 실무적인 설명이 다소 미흡하였다. 개정판에서는 그 아쉬움을 조금은 덜어내고자 노력하였다. 그러나 실무적이고 방법론적 내용들을 본서에 다 담지 못하는 아쉬움은 실무서적을 참고하기를 기대한다. 개정판에서는 초판의 전체적인 틀은 그대로 유지하면서, 개정된 "대통령 등의 경호에 관한 법률"의 내용을 수정하고, 국제법규, 대통령경호지원기관, 경호의 기본이론과 경호방식, 선발경호의 경호안전대책, 근접경호의 경호대형 및 기동경호대책, 검측장비 등을 수정 · 보완하거나 추가하였다.

때마침 대통령경호실도 대통령 직속기관으로 독립하고, 전직대통령 경호에 관한 내용 등 관련 법규도 정비된 시점에, 개정된 법에 맞추어 이 책을 다시 출간하게 되어 다행으로 생각한다. 모쪼록 이 책이 정통 경호의 길을 추구하면서, 경호학을 연구하고 배우는 많은 경호학도들과 경호업 종사자들에게 좋은 지침서가 되기를 기대한다.

2013년 5월 31일
성동산 기슭 연구실에서
저자 씀

개정 3판을 내면서

사회적 공동체 속에서 생활을 해야만 하는 우리들에게 오늘날 언론매체들을 통하여 들려오는 소식들은 하나같이 우리들을 불안하게 만들기에 충분하다. 매일매일 전해지는 폭력, 강도, 살인, 테러에 이르기까지, 현재의 우리는 가히 "테러의 시대"에 살고 있다고 해도 과언이 아닐 것이다. 그것은 날이 갈수록 사회가 다변화되고 경쟁이 심화되어, 갈등의 요소도 그만큼 많아졌기 때문일 것이다. 이러한 현상은 안전을 우리 사회의 중요한 이슈로 부각시키고 있다. 대통령을 비롯한 국가 요인의 안전은 국가의 위기와 직결되어 있고, 어느 한 조직의 대표의 안전은 그 조직의 존망을 좌우하는 중요한 문제이다. 이렇듯 경호는 어느 한 사람의 문제가 아니기에 선제적으로 대책이 강구되고 시행되어야 한다.

나아가 우리 개인의 안전은 우리 스스로가 지켜나가야 한다. 이제 경호는 국가적 요인이나 경제사회적 일부 재벌들에게만 국한된 문제가 아니라, 일반인인 우리도 스스로의 안전에 대하여 관심을 가져야 하는 과제가 되었다. 다시 말해서, 나 자신을 경호해야 한다는 것이다. 나 자신을 위해서 안전을 설계하고, 내 가족을 위해서 경호적 마인드를 가져야 한다.

이러한 경호적 마인드의 파급에 다소나마 이바지하고자 세상에 내놓은 「경호학개론」이 이제 개정3판을 내기에 이르렀다. 세월이 참으로 빠르고 무상함이 새롭게 느껴진다. 2005년, 지천명의 나이에 평생 업으로 해 온 경호업무를 체계적으로 정리해봐야겠다는 생각으로 시작한 학문의 길, 그리고 그렇게 시작한 학문적 결과를 다시 책으로 내어 많은 사람들과 공유하고자 시작한 「경호학개론」 집필이었다.

처음에는 책을 냈다는 기쁨보다는 아쉬움이 오히려 더 컸다는 생각에 개정판을 냈으나, 개정판을 낸 이후에도 마음 한 구석에는 무언가 아쉬움과 허전함이 여전하였다. 개정3판이 나온 이후에도 아마도 만족이란 없을 것 같다는 생각이 든다. 그러나 「경호학개론」이라는 책을 통하여 학생들은 물론 많은 분들과 소통하면서, 경호의 역할과 중요성을 알릴 수 있었던 것은 큰 보람으로 남는다.

개정3판에서는 이전의 전체적인 틀은 그대로 유지하면서, 내용을 보다 짜임새 있게 구성하고, 설명을 보완하는데 주력하였다. 또한 개정된 「대통령 등의 경호에 관한 법률 시행령」, 「경비업법」, 「청원경찰법」, 「경찰관 직무집행법」" 등의 내용을 수정하여 게재하였다. 아울러 이 책 한 권에 실무적이고 방법론적 내용들을 다 담지 못하는 아쉬움을 또 남기면서, 모쪼록 이 책이 정통 경호의 길을 추구하면서 경호학을 연구하고 배우는 많은 경호학도들과 경호업 종사자들에게 좋은 지침서가 되기를 기대하는 바이다.

2015년 2월 12일
성동산 기슭 연구실에서
저자 씀

개정 4판을 내면서

경호를 구성하고 있는 경호환경은 나날이 악화되어 가고 있다. 테러리즘이 단순히 개인이나 조직의 목표 달성을 위한 전통적 수단을 넘어, 무고한 사람까지 희생시키는 무차별적인 정치적·종교적 전쟁의 한 방편으로 이용되면서, 테러가 테러를 낳는 테러 전쟁의 시대를 예고하고 있다. 그만큼 경호와 안전의 중요성이 증대되고, 경호원들의 임무 또한 막중해지고 있다. 경호원에게는 이제 한 순간의 방심도 결코 허용되지 않는다. 경호환경의 변화에 민감하게 대응해야 하고, 그에 따른 경호기법의 발전을 도모해야 한다.

대학에 경호학과가 생기고 경비지도사 시험에 경호학이 포함되면서, 경호학이 학문으로서의 자리를 잡은 지도 어언 20년이 되었다. 그러나 아직도 경호학은 변두리 학문으로서의 위치에 머무르고 있으며, 이는 아직도 경호학에 관한 연구가 보안문제나 부족한 연구인력의 문제 등으로 인하여 활성화되지 못한 현실과도 무관하지 않을 것이다.

경호학을 널리 보급하고, 경호와 경호학에 대한 이해의 폭을 증진시키기 위하여 작은 지식과 경험을 책으로 엮어낸 이후, 벌써 네 번째 개정판을 내기에 이르렀다. 그러나 아직도 미흡하다. 시대와 경호환경의 변화에 따른 학문적 연구와 열정의 뒷받침이 부족함을 느끼지 않을 수 없다. 이번 개정판에서는 경호이론이나 경호임무 실시 과정의 내용들에 대한 설명을 이해하기 쉽게 보완하고 보충하는데 그 의미를 두었다.

경호는 생명의 존중과 정의의 갈망에서부터 시작된다. 경호학에 관한 연구가 보다 활성화되고, 경호가 단순한 도구가 아니라 진정한 자유와 정의의 수호자로 평가받는 날을 고대해 본다.

2016년 1월 30일
북한산 기슭 백인재에서
저자 씀

개정 5판을 내면서

경호는 생명의 존중과 정의의 갈망에서부터 시작된다. 경호대상자의 생명과 재산을 지키기 위하여 자신을 희생하는 경호원의 삶은 대의를 위하여 작은 나의 희생을 감수해야만 하는 참으로 의미 있는 과업이다. 곧 나를 희생하여 대의를 이루겠다는 숭고한 살신성인(殺身成仁)의 정신으로 의롭지 못한 행위로부터 존엄한 생명을 수호하는 일이 경호인 것이다.

살신성인의 仁이라는 한자는 人(사람 인)과 二(두 이)가 합쳐져서, 두 사람이 친하게 지냄을 뜻하는 것으로, 인간관계의 기본이라고 할 수 있다. 仁은 어진 마음, 남을 사랑하는 마음, 나아가 남을 위해 나를 희생하는 마음을 담고 있다. 바로 경호업무의 기본 정신과 가장 부합한다고 할 수 있다.

공자는 이 仁을 이루는 방법으로 극기복례(克己復禮爲仁)를 언급하고 있다. 곧 "자기를 이기고 예로 돌아가는 것이 인을 구하는 방법"이라는 것이다. 克己, 자기를 이긴다는 것은 자기의 욕심, 즉 사심을 없애라는 것이고, 경호에 있어서 사심을 없애라는 것은 공명정대한 경호를 하라는 의미일 것이다.

또한 復禮, 예로 돌아가라는 것은 예를 실천하라는 의미이고, 그 실천적 방법으로 공자는 "예가 아니면 보지 말며, 예가 아니면 듣지 말며, 예가 아니면 말하지 말며, 예가 아니면 행동하지 말아야 한다(非禮勿視 非禮勿聽 非禮勿言 非禮勿動)."고 하였다. 예란 사람이 마땅히 지켜야 할 도리로, 경호에 있어서도 도리에 어긋나지 않는 정의로운 경호를 추구해야 한다.

경호에 있어서 예를 실천하기 위한 방법으로, 경호원은 모름지기 자기의 업무인 경호에 대하여 예를 다하고, 경호로 인하여 관계되는 모든 사람들에게 예로써 대하여야 한다. 그것이 경호로 인을 이루고 정의를 바로 세우는 길이다.

2017년 1월 13일

북한산 기슭 백인재에서

저자 씀

개정 6판을 내면서

경호란 경호대상자에게 가해질 수도 있는 잠재적인 위협을 최소화하기 위하여, 예상되는 위험뿐만 아니라 예상되지 않는 위험까지도 철저하게 예측하고(anticipation), 예측된 위험요소에 대한 대비책을 치밀하게 강구하고(planning), 그렇게 수립된 경호계획을 차질 없이 하나하나 준비해가는 과정이다. 경호의 최상의 목표는 흔히 말하는 예방경호의 실현이다.

예방경호를 위해서는 노자의 도덕경 64장을 경구로 삼을만하다.

“안정되어 있을 때 유지하기가 쉽고, 아무런 조짐이 없을 때 도모하기가 쉽다(其安易持 其未兆易謀). 취약할 때 나누기 쉽고, 미세할 때 흐트러뜨리기 쉽다(其脆易泮 其微易散). 그래서 어떠한 사태가 발생하기 전에 알맞게 처리하고, 혼란스러워지기 전에 잘 다스려야 한다(爲之於未有 治之於未乱). 아름드리 나무도 작은 싹으로부터 자라나고(合抱之木生於毫末), 9층 건물도 한 삼태기의 흙에서 시작되며(九層之臺起於累土), 천리 길도 한 걸음부터 시작된다(千里之行始於足下).”

일이 이미 많이 진척된 상황에서 잘못된 것을 고치려면 많은 시간과 노력이 필요하다. 따라서 모든 일은 좋지 않은 상황이 일어나기 전에 처리하고 다스려야 한다. 경호는 가장 불리한 위치에서 항상 최악의 상황을 염두에 두고 필요한 조치를 강구해야 한다. 경호는 머리와 발로 하는 것이다. 불미스러운 상황이 발생하고 혼란이 야기되기 전에, 한 번 더 생각해보고 한 번 더 확인해보는 정성이 필요하다. 그러한 수고를 마다하지 않는 경호원 개개인의 노력과 각 기능의 완벽한 조화가 경호라는 종합작품을 만들어낸다. 그것은 오로지 경호를 통해서 인(仁)을 이루기 위한 생명 존중과 정의에 대한 갈망의 결과이다.

개정6판은 내용의 변동 없이, 정부조직법 개정에 따른 변경사항을 수정하였다.

2018년 3월 1일
북한산 기슭 백인재에서
저자 씀

개정 7판을 내면서

가히 4차 산업혁명의 시대에 살고 있다고 할 수 있을 정도로 드론산업의 변화와 발전이 눈부시다. 드론(무인기)은 취미용을 넘어서 농업용, 산업용, 군사용으로 급격하게 진화하면서 사람들의 수고를 대체하고 있다. 경호경비적 측면에서도 드론은 감시의 중요한 수단으로 발전하고 있다. 하지만 "아무데도 가지 않지만 어디든 날아다닌다"는 드론은 이제 '하늘의 암살자'라 불리며 암살의 중요한 수단이 되었다. 주로 감시와 정찰용으로 유용한 문명의 이기였던 드론이 이제는 각종 미사일과 정밀유도폭탄을 장착한 공격용 드론이 되어 날아오고 있다.

경호환경이 이처럼 날로 악화되고 있지만, 이에 대한 우리의 제반 제도와 규정은 아직도 미흡한 부분이 많은 것이 현실이다. 우선, 폭발물처리장비는 「경찰장비관리규칙」에서는 탐지장비와 폭발물처리장비가 구분되어 있으나, 국토교통부 예규인 「공항에서의 폭발물 등에 관한 처리기준」에서는 폭발물과 관련된 장비뿐만 아니라 화생방 관련 장비까지도 폭발물처리장비로 규정하고 있다. 또한 폭발물을 분쇄하여 처리하기 위한 장비도 경찰에서는 물발사분쇄기로, 국토교통부에서는 폭발물분쇄기로, 군에서는 물포총으로 부르는 등 많은 혼선을 초래하고 있다. 공공부문에서부터 이렇게 혼선을 초래하는 규정들을 정비하고 공고화하는 노력을 경주함과 동시에, 민간부분에서는 관련 규정을 철저히 준수할 때, 비로소 완벽한 국가적 차원의 사회안전망 구축을 기대할 수 있을 것이다.

이번 개정판에서는 위의 내용과 관련된 부분을 보완하고, 경호장비 중에서 다소 모호했던 호신장비와 방호장비의 구분을 다시 규정하였으며, 일부 법률 개정에 따른 내용을 수정하였다. 또한 미국의 SS에 대한 법률 및 조직의 변경내용을 보완하였다.

2020년 1월 31일
북한산 기슭 백인재에서
저자

개정 8판을 내면서

경호는 왜 필요한가? 경호는 기본적으로 안전을 지키기 위한 활동이고 행동이다. 2022년 10월 29일 이태원에서 발생한 참사는 참으로 가슴 아픈 일이다. 뒤늦게 정부에서는 경비업법 상의 경비업의 업무 범위에 '혼잡 · 교통유도경비업무'를 추가하여, 각종 축제나 대규모행사 등에서의 혼잡이나 교통문제 해결과 관련해 안전을 담보하기 위한 조치를 내놓았다. 그러나 안전은 법만으로는 부족하다. 개개인이 자신의 경호원이 되어, 경호적 마인드와 행동으로 자신과 가족의 안전을 지키기 위해 힘써야 한다.

한편, 2024년 7월 31일 팔레스타인 하마스의 최고 정치지도자 이스마일 하니예는 '네샤트'로 알려진 이란의 귀빈 숙소에서 사전 매설된 폭발물의 원격조정에 의한 폭발로 사망하였다(이란혁명수비대는 " 숙소 외부에서 약 7㎏의 탄두를 장착한 단거리 발사체로 이뤄졌다"고 밝힘). 최첨단무기에 대한 대응책 못지않게 기본적인 정보 및 보안에 대한 중요성이 그만큼 크다 하겠다. 국내적으로는 대한민국 정부 수립 이래 거의 74년간 대통령 집무실 및 관저로 사용되던 청와대가 국민의 품으로 돌아가고, 2022년 윤석열정부의 출발과 더불어 대통령집무실은 용산으로, 대통령관저는 한남동으로 각각 옮기는 변화가 있었다. 경호는 어떠한 상황 속에서도 변화한 경호환경에 어떻게 대응할지를 고민하고 그 방법을 강구해야 한다. 물결의 흐름을 거슬러가는 조각배처럼, 뚜벅뚜벅 물결을 헤치며 나아가야 한다.

어느덧 본 경호학개론이 개정8판을 내게 되었다. 평생의 업으로 해온 일을 정리하고픈 생각에 경호위기관리시스템을 연구하고, 그것을 바탕으로 체계적인 '경호학'을 내놓기 위해 처음 집필을 시작했을 때와 마찬가지로, 매번 개정판을 내고 난 뒤에도 지나고 보면 항상 아쉬움이 마음 한 구석에 남아 있곤 했다. 그나마 이번 개정8판을 내게 되면서는 어느 정도 교과서로서의 「경호학개론」이 완성된 느낌을 갖게 되어 다행이다 싶고, 아쉬움으로 남았던 마음도 한결 가벼워진 느낌이다.

2024년 7월 7일

북한산 기슭 백인재에서

저자

차 례

제2장 경호제도

제3장 경호의 이론

제4장 경호준비단계

제5장 경호대비단계

제6장 경호실시단계

제7장 경호평가단계

제8장 경호 환경

부 록

들어가는 말

움막을 지어 맹수와 추위로부터 자신을 보호하고, 오직 강자만이 살아남고 강자가 약자를 지배하던 원시사회는 사회가 문명화되어가면서 약자도 강자를 이길 수 있고 약자도 강자를 지배할 수 있는 사회가 되었다. 이렇게 된 데에는 산업화와 기술 발달의 영향이 컸다. 사람들은 자신의 지위와 부를 유지하기 위하여 경호원을 고용하게 되었고, 반대로 암살범을 고용하여 정치적 · 종교적 적대자를 제거함으로써 자신의 힘과 영향력을 확대하고자 하였다. 암살은 이제 특정 암살범들의 전유물이 아니라, 평범한 사람도 자신의 신념이나 이익 및 종교적 입장에 반하는 사람을 향하여 총부리를 겨누는 상황이 비일비재하게 발생하고 있다.

극단적인 암살과 같은 위해행위로부터 경호대상자를 보호하는 일을 하는 경호원의 사회적 이미지는 검은 양복에 검은 넥타이를 매고, 총을 잘 쏘고 무술실력이 뛰어난 건장한 체격의 사람을 떠올린다. 이러한 경호원의 이미지는 재미와 오락을 위해 만들어진 영화나 TV의 영향 때문이라 생각한다. 그러나 현실적으로는 뛰어난 사격술과 무술실력이 경호원의 필요조건은 될 수 있으나 필수조건은 아니라는 점을 인식할 필요가 있다. 역사적으로 위기의 경호현장에서 경호원이 총을 쏴서 범인을 제압한 사례가 별로 없다는 사실에 주목해야 한다. 1981년 미국의 레이건 대통령 피격사건 당시만 해도 범인 힝클리가 약 2초간에 걸쳐 실탄 6발을 발사하였으나, 경호원들은 총 한 발 쏘지 않고 대통령을 신속히 방호하여 대피시키고 범인을 제압하였다. 경호현장에서는 경호원이 총을 뽑을 시간에 재빨리 몸을 날려 경호대상자를 방호하거나 범인을 제압하는 것이 훨씬 빠르고 효과적이다. 그렇기 때문에 경호원이 사격술 연마에 매달리기보다는 무술훈련을 하는 것이 더 효과적이고, 도식적인 무술훈련보다는 언제 어디서나 몸을 날릴 수 있는 태클연습 같은 것을 연마하는 것이 경호적으로는 보다 현실적인 대안이 될 수 있다.

그러나 경호를 잘 하기 위해서는 사격술이나 무술실력보다 더 중요한 것이 있다. 경호 기획능력이다. 경호는 위험요인을 사전에 차단하거나 제거하는 예방경호가 최선이기 때문에, 경호원에게는 위해정보를 수집 · 분석 · 평가하여 위해요인을 무력화시킬 수 있는 최선의 경호대책을 강구하고, 그 계획에 따라 현장에서 주도면밀하게 경호조치를 취하는 실행능력이 요구된다. 이는 흔히 말하는 요인경호(executive protection)의 기본요소이다.

요인경호라는 용어는 1970년대에 미국의 SS(Secret Service)가 기존의 백악관경찰대를 요인경호대[1]로 개칭하면서 등장하였다. 요인경호에는 고도로 전문화된 경호기법뿐만 아니라 운전기술, 응급조치능력, 경호술기 및 사격술 등의 종합적인 경호능력이 요구된다. 뛰어난 무술능력은 경호원의 자신감을 높여주고 경호능력을 향상시키는 중요한 요소이나, 경호전문가는 소위 몸으로 때우는 보디가드(bodyguard)의 수준에서 탈피해야 한다. 물론 지근거리에서 경호대상자를 호위하는 근접경호원은 보디가드의 육탄방호 및 범인제압 능력이 필수적이나, 경호전문가가 되기 위해서는 그 이상의 경호능력을 갖출 것을 요구한다.

경호는 두뇌싸움(brain war)이다. 경호는 위해자와 치고 박는 몸싸움이기 이전에, 공격 수단 · 시기 · 장소 등을 놓고 서로 쫓고 쫓기는 지략의 대결이다. 잠재적인 위해자는 언제, 어디서, 무엇으로, 어떻게 공격해올 것인가를 예측하고, 그에 대한 경호대책을 강구하고, 기만전술로 위해자를 따돌리는 지략싸움이 경호다. 그래서 경호전술 중에서도 최고의 경호전술은 다양한 기만전술로 위해자를 따돌리는 회피전략이다. 경호의 첫 번째 목표이자 목적은 경호대상자를 위험에 노출시키지 않고 안전하게 신변을 보호하는 것이지, 경호대상자를 위험에 노출시켜 놓고 경호원의 용맹성을 과시하는 것은 결코 아니기 때문이다.

경호는 과학이다. 산업혁명은 우리 인류의 생활을 크게 바꾸어 놓았다. 과학기술의 발달은 경호분야에도 큰 변화를 가져와, 이제는 인터넷으로 정보를 주고받고, 다양한 과학장비로 위해성 여부를 판단하며, 인공위성을 통하여 상대방의 위치를 추적하고, 무인항공기로 적을 공격하기에 이르렀다. 그만큼 경호장비도 첨단화되고 과학화되어 가고 있다. 가스탐지기, 방사능탐지기, 독극물탐지기, X-ray, 전신검색기 등의 첨단 과학장비는 기본요소가 되었고, 전파차단장치나 전파교란장치 등으로 적의 공격을 무력화시킨다.

'경호는 과학'이라는 말은 비단 경호장비의 과학화에 국한된 말만은 아니다. 과학이라는 말은 특정 분야가 논리적 설명이 가능한 체계적인 이론적 지식체계가 갖추어져

1) SS는 1970년에 백악관경찰대(White House Police Force)를 요인경호대(Executive Protective Service)로 개칭하고 외국 국가원수(1971)와 외교단(1975)에 대한 경호 임무를 부여하였다. 요인경호대는 1977년에 다시 정복경호과(Secret Service Uniformed Division)로 개칭되었다.

있다는 말이다. 따라서 경호도 이제는 과거의 주먹구구식 방편이 아니라, 합리적인 이론적 근거를 바탕으로 설명되고 조치되어야 한다는 의미이다. 과거 우리는 선배들에게 "이거는 왜 이렇게 해야 합니까?"하고 물으면, 선배들은 말이 많다며 "시키면 시키는 대로나 해!"하고 윽박이나 지르는 경우도 있었다. 이제는 아니다. 물론 현장에서 위해요인을 관리하고 위기에 대처하는 경호조치 자체는 과학이라기보다는 반복되는 훈련과 경험을 통해서 습득되는 기술이라고 하는 것이 더 정확한 표현일 것이다. 그러나 이제 경호도 왜 그렇게 해야 하는지 논리적으로 설명이 가능해야 한다. 그것이 과학적인 경호이고, 그것이 경호학을 연구하고 공부하는 목적이며, 경호학이 학문으로서 발전하는 길이다.

요인경호가 민간분야에서 사업의 형태로 등장한 것은 1979년 이란혁명[2] 이후이다. 1970년대에는 폭파, 몸값을 위한 납치, 요인의 암살 및 항공기 납치 등이 무분별하게 자행되곤 하였다. 그러다가 1980년대와 1990년대에 들어서면서 새로운 형태의 테러리즘이 등장하였다. 가정이나 직장에서의 폭력, 유명인사에 대한 스토킹, 무작위 길거리 공격, 자동차 납치, 가정침입 강도, 몸값을 요구하기 위하여 요인을 인질로 잡는 행위 등이 다반사로 일어나고 있다. 권력가, 재력가나 유명인사들은 자신의 성공의 노예가 되어, 공격을 당할 걱정에 아무 것도 할 수가 없고, 안전한 환경 속에서 마음 놓고 일할 수도 없게 되었다.[3] 이제는 또 다른 위기인 뉴테러리즘의 등장으로 누구도 편히 일상생활을 영위할 수 없을 정도가 되었다. 불특정 다수를 향한 무차별적 공격을 감행하는 뉴테러리즘의 공포가 현실로 다가왔다. 이제 이들에게 안전한 공간을 제공해주어야 한다. 위기상황이 있으면, 그에 대한 대처법도 있는 법. 전문화된 요인경호가 그 답이 될 수 있을 것이다.

경호전문가가 되기 위해선 많은 공부와 훈련과 경험이 필요하다. 경호전문가에게는 비전문가에게서 볼 수 없는 경호기법과 경호조치능력 및 예지력이 있어야 한다. 경호전문가에게는 위험이 예상되지 않을 때 위험을 예상하고, 위험이 보이지 않을 때 위험을 볼 수 있는 눈이 있어야 한다. 그러나 경호전문가라고 해도 모든 위험을 다 예측하고 볼 수는 없기 때문에, 예상치 못한 위험이 발생했을 때, 그 위험에 효과적으로 대처하거나 위험의 결과를 완화시킬 수 있는 대비책을 항상 갖고 있어야 한다.

---

2) 1979년 2월 11일 팔레비왕조의 독재체제를 무너뜨리고 이슬람원리주의에 입각한 이란이슬람공화국을 탄생시킨 혁명.

3) June, Dale L.(1999), Introduction to Executive Protection, CRC Press, pp. 4~5.

경호는 이제 일반적인 사업의 한 분야이고, 하나의 사회현상이 되었다. 도처에 위험이 도사리고 있는 위험사회 속에서 경호가 우리 사회에 기여하는 바가 크다. 경호가 추구하는 위험의 예방은 범죄의 예방으로 이어지고, 이는 사회의 안전망 확충에 일조한다고 볼 수 있다. 경호 분야에 종사하는 사람들은 사회 안전에 기여한다는 자긍심을 가질 필요가 있다. 본서는 경호를 공부하는 학생이나 경호분야 종사자들이 경호전문가가 되기 위해서는 무엇을 해야 하고, 어떻게 해야 하는지에 대한 답을 얻을 수 있는 길잡이가 될 수 있을 것이고, 또 그렇게 되기를 기대한다.

2011년 7월

저자 씀.

제1장

경호의 개념

제1절 경호와 경호학
제2절 경호의 목적 및 기능
제3절 경호의 구성요소
제4절 경호 및 경비의 분류

"경호대상자에 대한 위험을 최소화하는 관건은
예측하고, 계획하고, 준비하는 데에 있다."

제1장 경호의 개념

제1절 경호와 경호학

Ⅰ. 경호의 의의

근대사회에서는 사회적 제현상이 어느 정도 인간의 통제 범위 내에서 작동하였다면, 현대 산업사회에서는 과학의 발전과 더불어 급격한 사회적 변동을 거치면서 인간의 통제범위를 넘어섰다는 인식을 하기에 이르렀다. 현대사회의 불확실성은 그것이 초래할 위험도 예측 불가능한 것으로 만들고 있으며, 현대생활의 가장 중요한 과제는 이제 '어떻게 안전을 추구할 것인가'하는 문제로 귀착되기에 이르렀다. 문명의 발전이 인간에게 유용한 생활의 이기와 기회 및 편의를 제공하고 있음은 사실이나, 그에 못지않게 문명의 이기에의 노출은 또한 그만큼의 위험요소로 우리에게 다가오고 있음도 부인할 수 없게 되었다.

독일의 사회학자 울리히 벡(Ulrich Beck)은 이러한 현대 산업사회의 특성을 '위험사회(risk society)'[1)]라는 용어로 정의한다. 현대사회의 과학기술문명의 발달은 보이지 않는 많은 위험을 수반하고, 그 문명의 혜택을 누리는 현대인들은 많은 위험을 감수하거나 대가를 치르게 되는 현대사회의 특성을 '위험사회'라고 부른다. 울리히 벡이 말하는 위험은 '눈앞의 위험'이 아니라, '직접 감지되지 않는 위험'이다. 직접 감지되지 않는 위험은 예측하기가 어렵고, 예측되지 않는 위험은 불확실성으로 인한 불안감을 낳는다. 정말 위험한 것은 이 불안감이다. 현대 산업사회가 무모한 모험(risk)을 체계적으로 재생산함에 따라 위험상황도 재생산되는 현상을 초래하고 있다.

최근 우리 사회도 급속히 발전하는 산업화 · 도시화 과정 속에서 파생되는 각종 사회적 병리현상들로 인하여 사회적 불안이 증대하고 있으며, 이에 따라 그 어느 때보다도 국민 개개인의 생명과 재산에 대한 안전의 욕구가 증가되고 있다. 국민생

1) 울리히 벡(Ulrich Beck, 1944~) 교수가 1986년 출간한 "위험사회-새로운 근대(성)를 향하여"에서 주장한 현대사회의 특성.

활안전에 대한 각종 사회불안 심리도 그만큼 급증하고 있는 실정이다. 사회적 불안 심리의 증가와 확산은 인간의 동물적 본능을 자극하여, 인간의 자기 방어와 생존을 위한 공격행동의 증가현상으로 나타나고, 이는 결국 범죄의 증가, 특히 강력범죄가 증가하는 악순환을 되풀이하고 있다. 국민의 생명과 재산을 보호하는 일은 국가의 가장 기본적인 기능임에도 불구하고, 국민들은 더 이상 나의 안전을 국가에 의지하기 보다는 각자 나름대로의 자기보호수단을 찾기에 이르렀다. 국가의 치안력은 범죄를 예방하기 보다는 발생한 범죄에 대응하는 사후조치수단의 성격이 강하기 때문에, 사전 예방적 보호수단을 찾기 시작한 것이다. 일반 국민들이 범죄의 증가와 흉포화 속에서 자신들의 안전을 지키기 위하여 나름대로의 자기보호수단을 찾기 시작한 현실은 경호경비산업의 급속한 팽창으로 나타나고 있다.

경비분야에서는 1962년 한미합작으로 설립된 한국석유저장(KOSCO)의 저유시설에 대한 미8군의 군납경비용역 도급을 받으면서 본격화된 용역경비가 1962년 「청원경찰법」이 제정되고(1973년 전면 개정), 1976년 「용역경비업법」이 제정됨에 따라 본격적인 성장의 단계에 돌입하였다. 또한 1995년에 「용역경비업법」에 우리가 협의의 '경호'라고 부르는 신변보호업무가 추가되고, 1999년에는 「용역경비업법」이 「경비업법」으로 법명이 바뀌는 한편, 2001년에는 국가 중요시설 경비를 위한 특수경비업무가 추가되고, 2024년에는 통행에 위험이 있는 장소 등에서의 교통사고나 혼잡 등으로 인한 위험발생을 방지하기 위한 혼잡·교통유도경비업무가 추가되면서, 경비산업은 사회안전의 주요한 한 기능을 담당하고 있으며, 이제는 사회 전반에 걸쳐 우리 생활 속의 일부가 되었다 해도 과언이 아니다.

위험으로 포위된 현대사회의 불확실성과 예측 불가측성은 위기관리의 중요성을 더욱 부각시키고 있다. 따라서 조직의 위험 및 위기관리는 조직시스템 발전계획의 일부분으로 유지되고 발전되어야 하며, 사후약방문식으로 사고를 당한 후에 마지못해 보완하는 수준이 되어서는 안 된다. 위기관리의 시작은 위험분석이다. 위험분석은 "경호경비의 목적과 책임이 정해지고, 이를 수행하기 위하여 구성된 조직이 잠재적인 위험지역(요소)을 확인하여 적절한 경호경비대책을 강구하고 조치하는 과정"을 말한다.[2] 위기관리의 대상은 조직의 시설물에 대한 보안조치를 위주로 하는 경비뿐만 아니라, 조직의 핵심 인물에 대한 경호대책을 포함하는 포괄적이고 종합

2) Fischer, Robert J. & Green, Gion(2004), "Introduction to Security, seventh edition", (Boston : Butterworth-Heinemann), p. 129.

적인 것이어야 한다.

다양한 경비업무 중에서도 신변보호업무는 각종 강력범죄, 지능범죄 및 테러리즘의 표적이 되는 요인의 안전을 책임진다는 점에서 무엇보다 중요하고, 업무의 특성상 위해사건 발생 시 그 결과의 예측이 쉽지 않다. 그래서 요인에 대한 위해사건은 예상하지 못한 장소에서 상상을 초월하는 형태로 나타나는 경우가 일반적이다. 이러한 이유 때문에 「경비업법」 상의 여러 가지 경비업무의 형태 중에서 신변보호가 가장 복잡한 작전체계와 다양한 작전요소를 가지고 있다고 볼 수 있다.

범죄로 인한 주요 인물의 사상이나 막대한 재산상의 손실 등은 개인이나 기업 등에 심각한 영향을 미칠 수 있다. 그러므로 경호전문가는 개인의 신변을 위협하거나 기업의 경제활동을 저해하는 잠재적인 위험요소를 사전에 진단하고 도출하여 그에 상응하는 철저한 대비책을 제시함으로써 체계적인 위기관리가 이루어지도록 해야 한다. 경호는 한 사람의 개인이나 조직의 보호 차원뿐만 아니라, 경호가 갖고 있는 범죄예방 및 질서유지 등의 부가적인 기능은 사회 일반의 안전망을 확충하는데 일조하고 있으며, 궁극적으로 경호는 작은 나를 희생하여 국가와 사회의 주요 요인의 가치를 보호하는 숭고하고 의미 있는 과업이다.

Ⅱ. 경호학의 의의

1. 경호학의 개념

개인이 가족을 이루고, 가족이 씨족집단을 구성하고, 씨족집단이 모여 다시 지역사회를 구성하고, 작은 지역사회가 국가라는 거대한 조직을 구성하게 된 것이 현재의 국가체계이다. 사람들은 자신들의 필요에 의하여 혈연과 지연에 의해 얽히고, 이념적 동질성을 가지고 있는 사람들끼리 결성한 거대한 국가라는 조직 속에서 자신들의 이익을 보호하고, 외부의 또 다른 이익집단과 맞서기 위한 보호장치를 갖기에 이르렀다.

개개인의 사람들은 개인의 자유와 평등을 최대한으로 확보하면서 공동의 이익을 지키기 위해 하나의 약속을 하고 국가를 결성하였다. 사람들은 공동체의 평화를 위하여 「사회계약론」 속에서 개인들 사이의 폭력을 포기하고, 국가라는 권력에 개인의 이익을 지키기 위한 물리적 폭력의 사용 권리를 양보하였던 것이다.

국가라는 조직 속에서 사람들은 자신들의 생명과 재산을 보호하기 위하여 사용하던 사적 권리 일부를 희생하여, 국가에서 범죄를 예방하고 치안질서를 유지하도록 국가에 공권력이라는 힘을 갖도록 하였다. 공권력은 그 권력을 부여한 국민들을 지배하라는 것이 아니라, 국민들이 자유롭고 안전하게 국가의 틀 속에서 삶을 영위할 수 있도록 해달라는 국민들의 위임사항이다.

그러나 국가가 공권력이라는 힘을 권력을 장악한 개인이나 특정 계층의 이익을 위하여 사용하게 되면서, 자신들이 국가에 위임했던 그 권력을 되찾으려는 무리들과 그 권력을 탐하는 자들 사이의 또 다른 권력다툼을 초래하였다. 이 과정에서 권력자들은 '경호'라는 자기보호수단이 자연스럽게 필요하게 되었다.

이렇듯 경호는 정치사회적 변화와 환경 속에서 등장하였다. 초기의 경호는 개인의 사적 권리를 지키려는 자기보호본능의 결과이거나, 특정 권력자를 지키기 위한 군사적 호위 개념에서 출발하였으나, 현재의 경호는 국가의 주요인사를 보호함으로써 국가의 질서와 체제를 유지하려는 성격이 강하다. 나아가 현재의 경호는 민간부문에까지 그 영역이 확대되어, 웬만한 유명인사는 경호의 도움 없이는 사회생활을 할 수 없는 경호의 일반화 현상이 나타나고 있다.

이와 같이, 현대사회에서 경호는 이미 사회현상의 일부가 되었으며, 경호학은 사회현상을 반영하는 정치적 · 사회적 · 경제적 · 문화적 · 군사적 현상의 분석과 과학적 접근을 통하여 경호대상자의 신변보호 기술을 제공하는 실용주의적 학문으로, 사회과학의 한 부분이라고 할 수 있다. 경호를 하는 데에 있어서 경호환경을 구성하는 사회의 정치상황, 사회상황, 경제상황, 문화상황, 군사상황 등을 고려하지 않을 수 없으며, 이러한 경호환경은 경호의 성패를 좌우하는 중요한 요소로 작용한다.

더욱이 현대의 과학기술의 발달은 위해수법의 과학화를 가져왔지만, 그대로 경호기법의 과학화도 가져오게 되었다. 위해의 정보를 수집하고, 위해기도자의 침투를 방지하고, 위해수단을 찾아내고, 위해공격을 막는데 첨단과학의 이용은 필수적이다.

2. 경호학의 범위

경호가 겉으로 보기에는 단순해 보이지만, 경호학의 연구는 다음과 같은 경호의 특성들로 인하여 결코 간단하지 않다.

첫째, 경호는 경호환경을 구성하는 정치 · 경제 · 사회 · 문화 · 군사 · 국제관계 등의 광범위한 사회현상을 고려해야 한다.

둘째 경호학 연구에는 법학, 행정학, 사회학, 조직학, 심리학, 범죄학 등의 사회과학과 전자공학, 전기공학 등의 자연과학 분야, 그리고 체육학과 무술 등에 대한 연구가 뒷받침되어야 하는 '종합적 학문'의 성격을 띠고 있다.

셋째, 경호는 경호원의 희생을 전제로 한다. 경호원은 경호대상자를 대신하여 목숨을 내놓을 수 있어야 한다. 경호원이 자신의 생명을 걸고 임무완수에 최선을 다하고, 자신의 역량을 100% 발휘할 수 있는 충성심과 사명감을 가질 수 있도록 관리해야 하는 '인간관리'가 중요한 분야가 경호이다.

넷째, 경호에는 경호에 필요한 정보가 있어야 하고, 지원부서의 협조가 있어야 한다. 필요한 때에 필요한 정보와 지원을 제공받기 위해서는 조직의 관리와 이를 지원하는 법적 · 제도적 장치가 필요한 조직관리의 문제가 제기된다.

경호원은 만물박사가 되어야 한다고 한다. 그만큼 경호에는 경호기법이나 신체적 능력 못지않게 다양한 분야의 지식과 상식이 필요하다는 말이다. 따라서 경호학의 연구 분야는 사회적 제 현상에 대한 체계적 인식은 물론, 관련 법규의 이해와 인접 학문의 연구 결과까지도 포함하여 종합적으로 검토되어야 한다.

경호학의 연구 대상은 경호제도, 경호이론, 경호기법, 경호의식 등으로 구성된다.

법치국가의 경호제도는 경호의 정당성을 제공하는 중요한 근거이다. 경호의 법적 근거, 경호의 대상, 경호조직의 구성 및 운영 등은 경호의 존재방식과 방향을 결정하는 중요한 요소이다.

경호이론은 경호행위의 근거를 제시한다. '왜 그렇게 해야 하는가'에 대한 답을 제공하는 이론의 연구는 경호의 완성도를 높이고 경호의 질적 성장을 촉진한다. 자체적인 이론의 개발과 더불어, 심리학이나 범죄학 등 인접 학문의 연구결과를 토대로 경호이론을 정립하고 발전시켜 나가야 한다.

경호기법은 구체적으로 경호조치를 하는 기술과 방법을 제공한다. 제시된 문제를 해결하는 구체적인 방법은 경호원이나 경호조직의 경호능력을 향상시키는 관건이다. 위해수법이 나날이 지능화되고 고도화되는 현실 속에서, 이를 막을 과학화된 경호기법의 개발은 경호학의 과제이다.

경호의식은 사람들이 경호를 어떻게 생각하고 인식하고 있는가의 문제를 연구한다. 국민들의 경호에 대한 의식은 경호의 방향을 결정하고 경호의 방법을 결정하는 중요한 단서가 된다. 경호에 대한 인식, 경호에 대한 협조, 경호의 필요성과 중요성 등에 대한 일반인들의 의식에 관한 연구이다.

그러나 아직도 경호가 체육학이나 무도학의 일부로 인식되고 있는 부분은 경호학의 연구와 발전에 걸림돌이 되고 있다. 이는 경호의 과정에서 최종적으로 나타나는 경호원의 신체적 능력이나 무술적 필요성을 지나치게 강조한 결과라고 생각한다. 경호원이 완력에 의하여 위해기도자를 제압하려 한다면, 법적인 문제가 대두될 수도 있다. 또 경호는 위해를 가하려는 자와의 최종 대결에 앞서, 위해를 회피하고 예방하는 과정이 훨씬 중요하고 의미있는 일이다. 경호원은 위해를 예상하고, 경호계획을 수립하고, 경호대책을 철저히 준비해서 위해기도를 사전에 무력화시켜야 한다. 그 방법을 찾고자 하는 것이 경호학이 추구하는 길이다. 사회의 흐름을 읽고, 사회의 변화를 이해하고, 사회의 요구에 부합하는 경호제도와 경호 이론 및 기법을 개발하여, 경호학의 발전을 함께 도모하는 계기가 되어야 하겠다.

Ⅲ. 경호의 개념 및 특성

1. 경호의 정의

오늘날과 같이 사회가 복잡하고, 생활이 어려우며, 정서적으로도 감정의 대립이 격해지기 쉽고, 분쟁이 일상화되어 있는 사회구조 속에서는 강자나 약자, 부자나 빈자, 또는 남녀노소를 불문하고 서로 안심하고 생활할 수 있는 사회의 질서를 필요로 하게 된다. 사고, 전쟁, 질병, 무질서, 암살, 테러 등 생명에 대한 위기로부터 해방되려는 안전욕구[3)]는 인간의 기본적인 욕구이다. 이와 같은 인간의 안전에 대한 욕구를 충족시켜 주고, 안녕과 질서를 유지하는 수단 중의 중요한 하나가 경호라 할 수 있다.

경호를 표준 국어대사전에서는 '위험한 일이 일어나지 않도록 미리 조심하고 보호함'으로 정의하고 있으며, 영어에서는 협의의 protection[4)]과 광의의 security[5)]가 경호의 의미로 사용되고 있다. 말 그대로, protection은 '위험을 미리 막는 것'을 의미하고, security는 '걱정이 없는 상태로 만드는 것'을 의미한다. 즉, 경호대상자에게 미칠 위험을 미리 막아 아무런 걱정이 없는 안전한 상태로 만드는 행위가 경호인 것이다.

우리나라의 경우, 「대통령 등의 경호에 관한 법률」 제2조(정의)에 의하면, 경호는 "경호대상자의 생명과 재산을 보호하기 위하여 신체에 가하여지는 위해를 방지 하거나 제거하고, 특정 지역을 경계[6)] · 순찰[7)] 및 방비[8)]하는 등의 모든 안전 활동"을

3) A. H. Maslow(1908~1970)의 욕구단계설에 의하면 인간의 욕구는 타고난 것이며, 욕구의 강도와 중요성에 따라 생리적욕구(Physiological Needs), 안전욕구(Safety Needs), 사회적욕구(Belonging and Love Needs), 존경욕구(Esteem Needs), 자아실현욕구(Self-actualization Needs)의 5단계로 분류된다. 2단계인 안전욕구는 기본적으로 신체적인 위험에 대한 공포로부터 벗어나려는 욕구이고, 또 기본적인 생리적 욕구를 충족시키지 못하게 되는 위험으로부터 해방되려는 욕구이다. 이것은 자기보존에 대한 욕구이다.

4) protection은 라틴어 protectus에서 유래한 동사 protect의 명사형으로, protectus는 'pro(앞에서) + tegere(막다)'라는 의미의 protegere의 과거분사이다. 즉, 경호는 앞에서 위험요소를 미리 막아 대상자를 보호하는 것을 의미한다.

5) security는 secure의 명사형으로, secure는 라틴어 securus에서 유래하였고, 이는 se(without)와 cura(care)가 합성된 단어로 careless, 즉 '걱정이 없는' 상태를 일컫는 말이다. 오늘날 이 단어는 경호, 경비, 안전, 보안, (국가)안보, 방어수단, 보증, 저당, 유가증권 등의 다양한 의미로 사용되고 있다.

6) 경계는 특정지역 주변의 인적 · 물적 · 지리적 취약요소에 대한 지속적인 감시 및 상황 추적을 통한 위해의 예방적 방지활동을 의미한다.

7) 순찰은 특정지역의 고정초소와 고정초소를 연결하고 위해분자의 예상 침투로 및 중요지역 등

말한다고 정의하였다. 미국 비밀경호대[9]에서는 경호의 목표를 "암살, 납치, 혼란 및 신체적 상해로부터 경호대상자를 보호하고, 실제적이고 주도면밀한 범행의 성공기회를 최소화하는 것"으로 정하고 있다.[10] 또한 일본은 경호를 "신변에 위해가 있을 경우, 국가 공공 안녕질서에 영향을 줄 우려가 있는 자에 대하여 그 신변의 안전을 확보하기 위한 경찰활동"이라고 정의하고 있다.[11]

이상의 경호에 관한 정의를 종합하여 볼 때, 경호란 협의의 경호개념으로서의 검색 및 검측활동과 근접경호활동, 즉각조치활동을 포함하는 호위작용과, 특정지역을 경계 · 순찰 · 방비하는 경비작용을 통칭한다고 볼 수 있다. 미국 비밀경호대에서 말하는 '암살, 납치, 혼란 및 신체적 상해로부터 경호대상자를 보호하는 것'은 호위작용을 의미하고, '실제적이고 주도면밀한 범행의 성공기회를 최소화하는 것'은 경비작용을 의미한다고 할 수 있다. 경호산업 측면에서는 여러 가지 위해로부터 개인의 이익이나 생명 및 재산을 보호하기 위하여 특정한 의뢰자로부터 받은 보수에 따라 경호 및 안전과 관련된 서비스를 제공하는 개인 및 단체 그리고 영리기업의 활동[12]이라고 정의한다.

그러므로 「경비업법」상 사람의 생명이나 신체에 대한 위해의 발생을 방지하고 그 신변을 보호하는 '신변보호업무'와, 경비를 필요로 하는 시설 및 장소에서의 도난 · 화재, 그 밖의 혼잡 등으로 인한 위험발생을 방지하는 '시설경비업무'의 영역까지를 포함하는 것을 광의의 경호업무로 볼 수 있다.

각종 취약지역에 대한 정기 및 비정기적 순시를 통하여 위해분자의 침투 기도와 화재 및 기타 사고의 가능성을 최소화하기 위한 감시활동을 말한다.

8) 방비는 침투, 공격, 강습, 방화, 화재 및 정전 등의 모든 사건 및 사고 등의 발생 가능성을 예상하고 이에 대비하는 절차이다.

9) 미국의 경호기관인 SS(Secret Service)는 1865년 재무부 산하 위조지폐 방지 전담부서로 출발하여, 국토안보부의 창설과 함께 同기관으로 편입(2003. 3)되었으며, 경호를 직접 담당하는 경호처를 비롯하여 금융범죄 및 경호사범 수사를 하는 수사처, 행정업무를 담당하는 행정처 등으로 구성되어 있다. 주요 임무로는 대통령 등에 대한 경호업무와 위조지폐 및 금융관련 범죄사건에 대한 수사업무가 있다.

10) 美 SS팸플릿(1978), Protective Services, p. 20.

11) 이병헌(1994), 일본경호제도에 관한 연구(공무원 국비 단기 국외훈련), p. 2.

12) Bilek, Arthur J.& Lejins, Peter P.(1977), Private Security, Cincinnati Ohio: Anderson Publishing Co., p. 3.

2. 경호의 개념

일반적인 경호의 개념은 모든 가용한 수단과 방법을 동원하여 경호대상자에게 가해질 수 있는 직·간접적인 위험 및 위해 요인을 사전에 방지하거나 제거하고, 근접에서 경호대상자에게 가해지는 위협을 무력화시킴으로써 그 피해를 최소화하고, 궁극적으로는 경호대상자의 안전을 극대화하는 일련의 활동이라 할 수 있다. 이는 곧 경호의 3단계 목표로, 경호의 1단계 목표는 예방적 경호조치로 위험을 최소화하는 것이고, 2단계 목표는 방호적 대응조치로 위험의 발생으로 인한 피해를 최소화하는 것이며, 3단계 목표는 궁극적으로 경호대상자의 신변안전을 극대화하는 것이다.

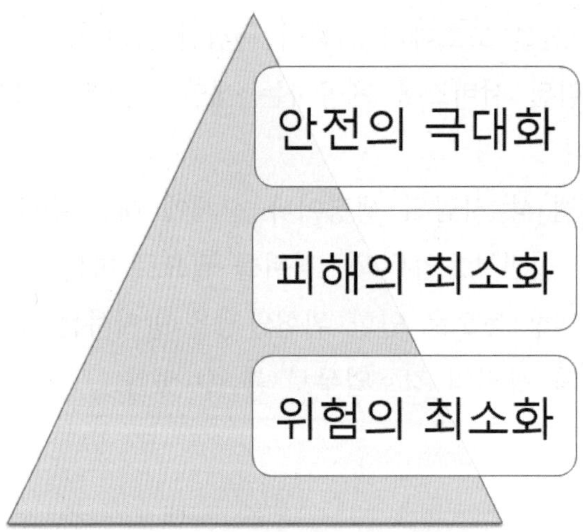

〈표 1-1〉 경호의 3단계 목표

경호대상자의 안전을 극대화하기 위한 경호의 목표는 크게 경호의 예방작용과 대응작용을 통해서 실현된다. 예방작용은 경호대상자에게 위협이 될 만한 위험요소를 사전에 제거하거나 배제함으로써, 경호의 1단계 목표인 위험을 최소화하는 작업을 말한다. 모든 위기관리에는 예방이 최상의 방책이다. 특히 경호위기는 한 사람의 생명을 담보로 하는 것이기 때문에, 무엇보다도 그러한 위기상황이 발생하기 전에 모든 위험요소에 대한 사전 경호조치가 절대적으로 요구된다. 예방작용요소로는 경호정보를 수집·분석·평가하고 경호환경을 분석하는 정보활동, 인적·물적 취약요소를 점검하고 제거하는 안전활동, 인적 · 물적 취약요소를 통제하고 배제하는 선발경호활동을 포함한다. 예방작용의 활동중점은 복잡하고 다양한 위험요인을 사전에 제거하거나 최소화함으로써, 미래의 불확실한 위기상황에 대비하고 방지하는데 두어야 한다.

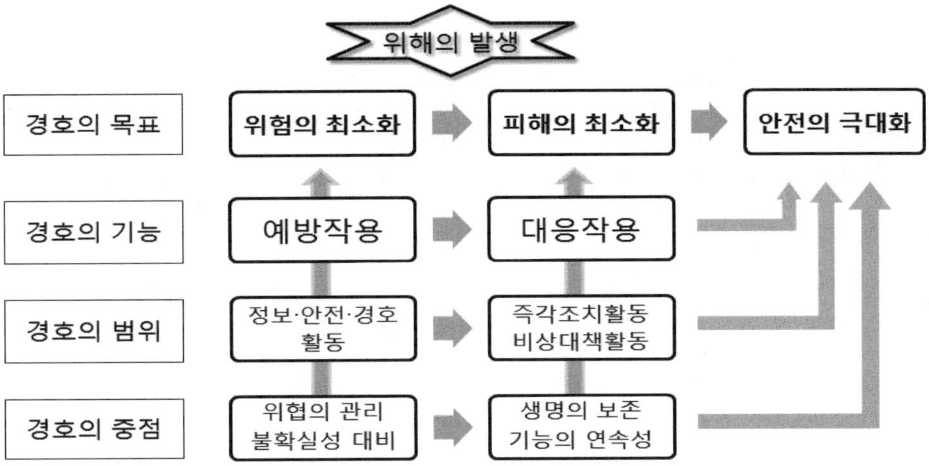

〈표 1-2〉 경호의 개념

한편 대응작용은 불행히도 사전 예방작용이 잘못되거나 실패하여 경호대상자가 직접 공격을 받은 상황에서, 경호의 2단계 목표인 피해의 최소화를 구현하기 위한 최후의 경호작전이다. 경호도 사람이 하는 작업인 만큼 완벽이란 결코 있을 수 없다. '완벽한 경호작전이었다'라는 것은 다행히도 아무 일도 일어나지 않았다는 것에 불과하다. 따라서 경호행사 시에는 항상 만약의 사태에 대비한 예비계획을 철저히 준비하고, 만전의 대응태세를 갖추어야 한다.

근접에서 인적 · 물적 취약요소의 접근을 거부하는 근접경호활동은 위험의 발생에 대비한 대응수단이다. 위해공격 등의 우발상황이 발생하였을 경우, 경호대상자에게 가해질 수 있는 피해를 최소화하기 위한 일련의 대응조치를 즉각조치활동이라 부른다. 즉각조치활동의 중점은 경호대상자의 생명 보존과 그 직의 연속성 확보에 두어야 한다. 따라서 즉각조치활동의 경호행위는 경호대상자의 보호에 총력을 기울여야 하며, 결코 위해기도자의 제압이나 검거에 치중해서는 안 된다. 또한 즉각조치활동이 한 치의 오차도 없이 계획하고 훈련한 대로 시행되기 위해서는 사전에 그에 대비한 준비가 철저해야 하는데, 이러한 사전 대비활동을 비상대책활동이라 한다. 비상대책활동에는 발생 가능한 각종 우발상황에 대비한 점검과 조치가 수반되어야 한다.

경호대상자의 신변 안전을 위협하는 위험요소를 정확히 예측하고 파악하여 그에 상응하는 대응책을 마련함은 경호의 시작이자 핵심이다. 위험 예측의 문제는 잘못된 긍정(false positive)과 잘못된 부정(false negative)의 문제를 야기할 수도 있다. 위험함에도 위험하지 않은 것으로 예측된 위험(false negative)은 경호의 실패를 가져올 수 있고, 반대로 위험하지 않음에도 위험한 것으로 예측된 경우(false positive)는 불필요한 자원과 인력의 낭비를 가져올 수 있다.

경호원에게 있어서 사격, 무도 및 체력 등의 기초전술능력이 중요하기는 하나, 정확한 위험의 예측과 대응은 두뇌의 작용에 의한 것으로, 이는 과학적이고 합리적인 위협분석을 통한 위기의식에서 비롯된다. 따라서 경호원은 눈앞의 위험에 직접 대처하는 물리적인 전술능력을 배양함과 더불어, 잠재적인 피해자인 경호대상자에게 가해지는 위험을 최소화하기 위하여 철저하게 예측하고(anticipation), 계획하고(planning), 준비하는(preparation) 자세를 견지해야 한다. 경호는 예상되거나 예상되지 않는 위험까지도 세밀하게 예측하고, 예측된 위험에 대한 경호대책을 치밀하게 준비하고, 그렇게 수립된 경호계획을 하나하나 철저하게 준비해가는 과정이다. 예측-계획-준비(APP)의 세 가지 요소가 경호대상자의 안전을 위협하는 위험을 최소화하기 위한 경호의 핵심으로, 바로 경호전문가의 임무이다. 경호는 위험요소에 대한 인식과 예방의 계획된 프로그램으로, 결코 사전 준비 없이 현장에서 상황에 따라 처리하려는 안이한 자세는 버려야 한다.

3. 경호의 특성

경호는 장차 경호대상자에게 미칠 수 있는 위해를 사전에 예방함으로써 경호대상자의 신변안전을 보장하기 위한 것으로, 이는 경호의 목표라고 할 수 있다. 이러한 위해의 예방이라는 경호목표는 위험, 즉 인적 · 물적 · 지리적 위험 또는 위해요소의 효과적인 통제를 통해서 달성될 수 있다. 경호목표를 달성하기 위한 통제수단을 어떻게 사용하느냐 하는 문제는 매우 복잡하고 다양하다. 성공적인 경호는 경호와 관련된 인적 · 물적 · 지리적 요소의 특성을 고려한 유연하고 상대적인 경호조치를 취할 것을 요구한다.

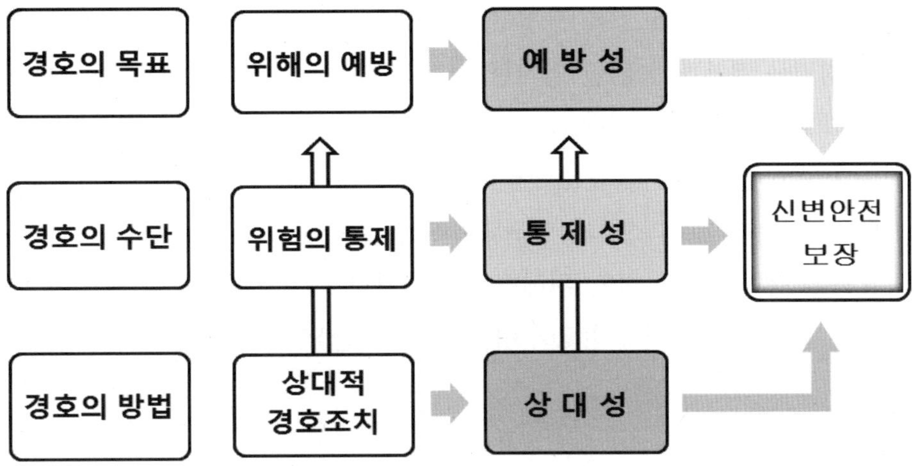

〈표 1-3〉 경호의 특성

1) 예방성

위해의 예방은 경호의 핵심이자 경호의 목표이다. 위해행위는 전적으로 위해기도자의 선택에 따라 좌우되는 만큼, 위해행위가 실제로 발생한다면 경호대상자의 신변안전 보호에 실패할 확률이 높다. '첫 발은 막을 수 없다'는 교훈처럼, 미국의 레이건 대통령 저격사건[13]에서 보여준 미국 SS요원들의 기민한 대응조치도 결코 경호 실패의 책임을 면할 수는 없다. 도덕경에서 말하는 "일이 일어나기 전에 처리하고, 어지러워지기 전에 다스린다"[14]는 말은 위험상황이 발생하기 전에 조치를 취해야 하는 예방경호의 필요성과 중요성을 그대로 말해준다.

효과적인 예방경호를 위해서는 조직적이고 체계적인 정·첩보활동, 치밀하고 기술적인 안전활동과 적극적이고 예리한 경호활동이 요구된다. 정보활동의 범위에는 인적·물적·지리적 정보는 물론, 기상·교통·행사계획 등 경호에 영향을 주는 광범위한 정보가 포함되고, 이렇게 수집된 정보를 정확하게 분석하고, 그 위해 정도를 평가해서, 그에 상응하는 치밀한 경호계획을 수립한다.

13) 1981년 3월 30일 워싱턴의 힐튼호텔에서 행사를 마치고 전용출구로 나온 레이건 대통령이 환영군중들에게 답례를 하는 순간, 기자단석에 위치하고 있던 범인 John Hinckley(26세)가 레이건대통령을 암살하기 위하여 권총 6발을 발사하였다. 그러자 티모시 맥카시 경호원은 사선방향으로 몸을 날려 제3발을 몸으로 막아내고, 수행과장 Parr와 수행팀장 Shaddick은 즉각 레이건대통령을 차 안으로 밀어넣고 현장을 이탈하였다.(제6장 제4절 즉각조치 참조)

14) 도덕경 64장 : 爲之於未有 治之於未亂 合抱之木 生於毫末 九層之臺 起於累土 天里之行 始於足下 (일이 일어나기 전에 처리하고, 어지러워지기 전에 다스린다. 아름드리나무도 털끝만한 씨앗에서 생기고, 구층 높은 집도 한 삽의 흙에서부터 시작되고, 천릿길도 한 걸음부터 시작한다.)

또한 행사장 내의 위해요소를 사전에 제거하거나 무력화시키고, 행사장 안으로의 위해요소 침입을 봉쇄하기 위한 철저한 안전조치가 이루어져야 한다. 동시에, 행사 참석자에 대한 철저한 본인 확인과정과 위해기도자의 공격방법에 대한 대비책 강구 및 주요 예상침투로나 취약요소에 경호근무자를 배치하는 등 위해기도자의 침투를 거부하기 위한 제반 조치가 강구되어야 한다. 그리고 최종적으로는 기민한 즉각조치활동을 통하여 직접적인 위해행위를 차단하고 경호대상자를 안전하게 보호할 수 있는 만반의 대응태세가 갖추어져 있어야 한다.

2) 통제성

경호는 통제다. 통제는 경호의 가장 강력한 수단이다. 위해요소가 경호대상자에게 접근하지 못하도록 사전에 통제하는 것이 경호다. 특히 공경호는 시스템을 통한 통제를 통하여 경호행위를 한다. 시간적·공간적·대상별 통제활동을 통하여 경호위해요소의 접근이나 침투를 방지함으로써, 위해행위의 발생을 미연에 방지한다. 인가되거나 확인되지 않은 사람이나 물건이 경호활동의 주요 통제대상이 되지만, 특히 경호대상자 주변의 사람들은 경호활동의 잠재적인 위해대상으로 간주되면서, 경호요원들로부터 직·간접적으로 많은 감시와 통제를 받게 된다.

행사참석자들을 시차별로 입장시킴으로써 충분한 확인과 검색 시간을 확보할 수 있고, 나아가서 혼잡방지 및 질서유지 효과를 기대할 수 있다. 또한 행사시간이 가까워짐에 따라 경호조치의 강도를 강화하는 단계별 통제를 통하여 사전의 불필요한 통제를 배제하고, 경호근무자의 불필요한 노력 및 체력 소모를 배제한다.

3선 개념에 의한 공간적 통제를 통하여 효율적인 경호조치를 취함으로써, 경호의 예방성 및 집중성을 높일 수가 있다. 행사장을 중심으로 3선인 외곽은 경계구역으로 설정하여 인적·물적 취약요소에 대한 사찰 및 거부활동을 실시하고, 2선인 내곽은 경비구역으로 설정하여 부분적인 통제 및 안전활동을 실시하고, 1선인 내부는 안전구역으로 설정하여 완벽한 통제와 경호조치를 취함으로써, 체계적이고 조직적인 경호를 실시한다. 1선 내에서도 비표의 운용을 통하여 참석자의 출입 및 활동범위를 제한함으로써 통제의 효율성을 높일 수가 있다.

또한 대상별로도 통제를 다르게 함으로써 경호효과를 극대화한다. 행사참석자별로 입장시간을 다르게 하고, 그 활동범위를 제한하며, 참석 위치를 구분하고, 경호대상자의 근접에 접근할 수 있는 사람을 구분하고 그 수를 제한함으로써 경호의 질적 통제를 추구한다.

3) 상대성

경호가 항상 일정한 틀이나 원칙에 입각하여 동일하게 이루어진다면 참으로 쉽고도 편할 것이다. 그러나 경호는 경호대상자를 안전하게 보호한다는 그 목표에 있어서만 변함이 없을 뿐, 같은 행사장이라도 같은 상황이 아니고, 경호조치는 다양한 요소에 의하여 영향을 받기 때문에 경호원의 위기관리 능력을 절대적으로 필요로 한다.

경호는 경호작전과 관련된 인물과 환경 및 행사의 성격에 따라 그 방법이나 규모가 크게 달라진다. 경호와 관련된 인물은 우선 경호의 직접적인 대상인 경호대상자와 그 경호대상자에게 위해를 가하려는 위해기도자, 그리고 행사에 참석한 행사참석자 등을 고려할 수 있다. 경호대상자가 경호의 형태에 미치는 영향은 지대하다. 경호의 방향이나 범위 등은 경호대상자 자신의 성격이나 직업, 가치관과 경호대상자가 안고 있는 위험도 등에 따라 다른 형태로 나타난다. 경호대상자를 노리는 위해기도자의 능력이나 규모도 경호의 수준을 결정하는 중요한 요소이고, 행사참석자의 성격도 경호방법을 결정하는 중요한 고려사항이다. 경호행사 참석자가 경호대상자에 대하여 우호적인지 적대적인지, 과격단체나 요주의인물이 포함되어 있거나 특정한 이해관계를 가진 사람들인지, 아니면 순진무구한 어린이들인지 등은 경호방법 결정에 많은 영향을 미친다. 행사참석자들이 우호적인 사람들이라면 호의적 개념의 유연한 경호조치가 이루어질 수 있겠지만, 비우호적 입장에 있는 참석자들에 대해서는 상대적으로 철저한 검색과 강력한 통제가 수반되는 강화된 경호조치가 수반될 것이다.

경호의 방향은 주변 환경의 영향을 많이 받게 되는데, 경호행사장을 포함하는 지역의 치안환경이나 지리적 특수성이 우선 고려대상이다. 특정 사회를 구성하는 계층이나 조직 간의 갈등이 적은 통합된 사회는 살인이나 강도 같은 강력범죄는 물론, 폭력성 시위 등의 불법행위도 상대적으로 적은 양호한 경호환경을 제공할 것이다. 또한 직접적으로는 행사장이나 행사 지역의 정치적·폭력적 성향 등의 지역적 특성도 경호행위에 큰 영향을 미친다. 경호는 행사의 성격에도 영향을 받는다. 경호행사가 공식적이고 의례적인 행사라면 의전 절차에 입각한 근엄한 경호조치가 수반될 것이지만, 비공식의 간소한 행사라면 자연스럽고 유연한 경호조치가 요구된다.

경호에는 원칙이 없다. 원칙이 있다면, 그것은 경호대상자가 항상 안전해야 한다는 명제가 있을 뿐이다. 통제를 기본으로 하는 경호로 인한 불편요소를 최소화하는 가운데 경호대상자의 신변안전을 담보하기 위해서, 경호는 항상 그 상황에 적합한 최선의 경호방안을 모색하고 추구해야 한다. 그만큼 경호는 다양한 환경의 변화와 경호대상자의 요구수준, 행사의 성격 및 행사참석자의 성향에 따라 신축적이고 탄력적인 경호조치가 필요함을 의미한다. 그래서 경호는 상대적이다.

4. 경호의 기본 원칙

경호대상자의 신변 안전이라는 경호의 목표를 달성하기 위해서는 경호원들의 헌신과 노력이 절대적으로 필요하지만, 이에 못지않게 경호임무 수행의 기본적인 원칙의 준수가 필요하다. "예외 없는 원칙은 없다."라는 말은 원칙을 벗어난 예외성을 인정하는 말이기는 하지만, 모든 예외에도 그에 합당한 설명과 이유가 제시되어야 할 것이다. 조직에는 조직을 유지하고 지탱하기 위한 규칙이 있어야 하고, 임무수행에는 그 행위를 지배하는 기본적인 규칙이 있어야 한다. 그것이 원칙이다. 원칙은 행위자의 행동을 지배하여, 행동 방향과 지침을 부여하게 된다.

경호 원칙은 경호조치에 필수적인 기본사항들이다. 이러한 경호 원칙에는 예방경호, 경호 원리에 입각한 경호, 우발상황에 대비한 경호, 예외 없는 경호 및 경호보안의 유지 등이 있다.

1) 예방경호

위해상황의 발생은 경호원이 쉽게 예측할 수 있는 상황이 아니다. 위해 상황은 전적으로 위해기도자에 의해서 주도되기 때문에 그 시기, 장소, 방법을 예측하고 대비하는 노력이 곧 경호의 성패를 좌우한다. 예방경호는 곧 경호의 존재 이유이며, 경호의 목표이다. 경호원은 가능한 모든 위해상황을 가정하여 그에 대비한 경호대책을 강구하여, 위해의 발생을 미연에 방지하여야 하는 것이 그 임무이다.

"첫 발은 막을 수 없다."라는 말이 있다. 그만큼 일단 위해상황이 발생하고 나면

작건 크건 간에 피해가 발생할 가능성이 높으며, 이는 경호의 실패를 의미한다. 경호대상자를 안전하게 지키는 핵심은 위해의 가능성이 있는 모든 위험요소를 사전에 차단, 제거 또는 무력화시킴으로써, 위해상황의 발생을 원천적으로 차단하는 것이 최상이다. 이것이 예방경호다.

2) 경호원리에 입각한 경호

경호가 체계적이고 과학적이지 못했던 과거에는 경호조치를 어떻게 하여야 한다는 원칙이 따로 없었다. 경호원리가 제대로 정립되지 않아, 말 그대로 그때그때 사람에 따라 다르게 조치되고 적용되면서 경호조치의 일관성이 결여되었었다. 그러나 이제는 경호구역을 어떻게 설정하고, 경호조치에는 어떠한 내용들이 포함되며, 우발상황 발생 시에는 어떻게 행동하고 조치해야 한다는 명확한 이론이 정립되어 있다. 이러한 경호원리는 경호의 효율성과 완벽성을 기하기 위한 기본 지침으로, 경호원의 행동을 통제하는 규범이다.

3) 우발상황에 대비한 경호

경호가 필요한 이유는 우발상황에 대비하여 경호대상자를 안전하게 보호하기 위한 것이다. 우발상황이라는 위험요인이 없다면, 경호원의 효용은 크게 떨어질 것이다. 따라서 경호원은 예상 가능한 우발상황에 대한 대비책을 철저히 강구하여, 우발상황에 효과적으로 대처할 수 있어야 한다. 위해정보를 광범위하게 수집하여 그에 대비한 경호조치를 강구하고, 나아가 각종 비상대책을 철저히 준비함은 물론, 발생한 우발상황에 효과적으로 대처할 수 있는 작전요소 간의 협조체제가 구축되고, 또한 위해상황을 제압하거나 벗어나기 위한 즉각조치훈련이 충분히 되어 있어야 한다. 효과적인 즉각조치는 경호대상자의 생명을 살릴 수 있다는 것을 명심해야 한다.

4) 예외 없는 경호

경호에는 예외가 없다. 경호조치의 대상인 인적 · 물적 · 지리적 모든 위해요소에 대하여 경호조치가 이루어져야 한다. 경호대상자를 제외한 모든 사람이 검색 대상이고, 경호구역 내 모든 물품과 시설물이 철저히 검측되어야 하며, 경호에 영향을 미칠 수 있는 모든 건물과 지형이 확인되어야 한다. 설마 하는 작은 예외가 바로 경호의 실패를 의미함을 기억할 필요가 있다.

5) 경호보안

경호의 기본은 보안에서부터 시작한다. 경호대상자에 관련된 사항과 경호활동에 관한 사항은 철저히 그 비밀이 유지되어야 한다. 특히 행사와 관련된 일정과 장소 등에 대한 보안의 누설은 경호에 있어서는 치명적이다. 경호보안의 누설은 경호의 부담을 가중시켜, 불필요한 인력과 비용의 낭비를 초래할 수 있다.

경호보안의 누출은 그 정보를 아는 사람으로부터 나갈 수밖에 없다. 따라서 경호대상자와 가장 가까이 있는 사람, 또는 행사와 직접 관련된 사람에 대한 교육과 보안활동이 지속적으로 필요하다.

제2절 경호의 목적 및 기능

Ⅰ. 경호의 역할

일반적인 경호의 주목적은 경호대상자의 신변안전이다. 그렇다면 경호의 가장 주요한 목적인 경호대상자의 신변안전을 도모하기 위한 경호의 역할범위는 어디까지일까? 경호에 있어서 '안전하다(safe)'함은 경호대상자가 신체적으로나 정신적으로, 또는 재정적으로나 사회적으로 각종 위험 및 사고로부터 보호되고 있는 상태를 가리킨다.

따라서 경호가 경호대상자의 신체적 안전을 도모하는 것은 가장 기본적인 임무이고, 경호는 경호대상자의 심리적 안정도 고려함은 물론, 사생활도 적극적으로 보호해주어야 한다. 경호대상자가 신체적 또는 정신적으로 일말의 불안감도 없이 안정된 상태에서 본연의 업무에 매진할 수 있는 상황과 환경을 제공해주어야 한다. 그러기 위해서 경호담당자는 끊임없이 경호대상자에게 일어날 수 있는 예상 위험을 분석하여 신중하게 계획을 수립하고, 비판적으로 위험을 관리하고 시험함으로써, 위험분석 결과에 입각한 비용효과적인 경호대책을 강구하는데 많은 노력을 경주해야 한다.[15] 나아가 경호는 경호대상자가 외부의 위협이나 자녀들의 안전을 걱정하는 등의 심적 동요 없이 본연의 직무의 전념할 수 있는 환경을 제공하고, 자신만의 사생활을 영위할 수 있는 자유도 확보해주어야 한다.

경호대상자의 신변 안전이라는 절대 목표를 달성하기 위해서 경호원은 경호대상자의 안전을 위협하는 외부로부터의 위해행위를 차단하고(security), 내부로부터의 위험을 방지하며(safety), 각종 질병의 위험으로부터 경호대상자를 보호하고(health), 경호대상자의 정신적 · 심리적 안정도 도모해야 한다(well-being).[16] 이것은 경호의 책임이자, 경호가 유용한 경호가 되는 길이다. 경호는 예상되는 위험에 선제적이고 적극적으로 대처하여 예방경호를 실현했을 때 보다 유용해지는 것이다.

---

15) 이두석(2005), 경비위험 분석 및 관리의 최적화 방안에 관한 연구, 경호경비연구 제10호, p. 195.
16) June, Dale L.(1999), op. cit., p. 57.

1. 의도적인 위해의 방지(security)

의도적인 위해는 위해기도자가 계획적으로 경호대상자의 생명이나 재산을 빼앗을 목적으로 행하는 위해행위로, 아마도 경호의 역할 중에서 가장 중요한 것은 이러한 의도적인 범죄행위로부터 경호대상자를 보호하는 일일 것이다. 경호대상자 자신이나 경호팀의 부주의나 실수로 인해 발생하는 비의도적인 위험에 비하면 그 가능성이나 발생확률은 높지 않지만, 그 결과는 훨씬 치명적이다.

위해기도자에 의한 의도적인 위해는 경호의 가장 중요한 관심사이다. 따라서 경호팀에게는 암살을 비롯해서, 폭력행위, 강도, 절도 등의 신체에 직접적으로 가해지는 위험성을 줄이기 위한 철저한 경호대책이 요구된다. 경호대상자의 가계, 성장환경, 사업관계, 정치성향이나 최근의 활동내용 및 발언 등을 추적 분석하여 경호대상자와 적대적 관계에 있는 사람들이나 단체의 동향에 주목한다. 또한 숙소나 사무실의 경비상태를 점검하고 적절한 방범대책을 강구하여 외부의 침입시도에 대비한다.

2. 비의도적인 위험의 예방(safety)

안전(safety)이란 위험이나 사고가 발생할 염려가 없는 상태를 말하고, 안전한 상태란 위험의 원인이 없는 상태 또는 위험 원인이 있더라도 인간이 위해를 받는 일이 없도록 대책이 세워져 있는 상태를 뜻한다. 그런 의미에서 안전이란 만들어지는 상태를 의미한다. 공장에서는 작업자의 안전을 위하여 안전 칸막이, 안전 통로, 안전 장치 등을 설치하고, 안전 장구나 복장 등을 착용함으로써 위험한 작업 환경에 대비한다.

경호에 있어서도 경호대상자가 비의도적인 위험에 노출되지 않도록 사전에 위험요인을 제거하거나 그에 대한 안전대책을 강구한다. 행사장이나 숙소 등에서의 불안전요소를 제거하여 발생 가능한 정전, 화재, 폭발, 추락 등의 사고에 대비하고, 이동 간 미끄러지거나 넘어질 위험성에 대비한다. 또한 경호팀의 부주의나 실수로 인해서 위험에 노출되지 않도록 항상 최상의 경계태세를 유지한다.

〈표 1-4〉 경호의 역할

3. 건강 관리(health)

세계보건기구(WHO)는 "건강이란 질병이 없거나 허약하지 않은 것만 말하는 것이 아니라 신체적 · 정신적 · 사회적으로 완전히 안녕한 상태에 놓여 있는 것"이라고 정의하고 있다. 신체적 안녕은 몸이 육체적으로나 기능적으로 이상이 없는 상태를 말한다. 육체적 건강은 질병으로부터 자유로운 상태를 의미하고, 기능적 건강은 정상적인 생활을 영위할 수 있는 신체상태를 의미한다.

경호대상자가 급격한 온도나 기상의 변화에 노출되어 감기나 알레르기 등의 계절성 질병에 걸리지 않도록 유념하고, 또한 전염성 질병에 감염된 행사참석자나 일반인과의 접촉을 가급적 차단하여 질병 감염의 위험성을 방지한다. 나아가 경호대상자가 청결하고 위생적인 음식을 제때에 섭취할 수 있도록 지원하고, 기호음식이나 건강상태에 따른 기피음식 등을 숙지하여 필요한 조치를 강구함으로써, 잘못된 음식으로 인한 신체적 기능이상에 대비한다. 더불어 경호대상자가 규칙적인 운동과 생활습관을 유지할 수 있도록 조언하고 유도한다.

4. 정신적 안녕(well-being)

정신적 안녕은 신체적 안녕과 더불어 또 다른 형태의 건강상태를 의미한다. 정신적 안녕은 일상생활에서 행복감을 느끼면서 불안감이나 스트레스가 없는 상태를 말한다고 할 수 있다. 경호대상자의 안전은 경호대상자의 신체적 안전뿐만 아니라 정신적 안정까지도 포함한다. 경호책임자는 경호대상자가 스토커나 정신이상자의 등의 스토킹이나 협박으로부터 자유롭게 필요한 경호조치를 강구해야 한다. 경호대상자는 가족의 안전에 대한 불안감이 없어야 하고, 자신의 안위에 대한 스트레스도 없어야 한다. 경호가 그렇게 되도록 조치하고, 그렇게 되도록 만들어야 한다.

나아가 경호는 경호대상자의 신변안전보호 임무 이외에, 경호대상자의 업무를 보좌하는 부차적인 임무를 수행하기도 한다. 일상생활에서 경호대상자의 관심사항과 관련한 각종 정보를 적시에 수집하고 제공하여, 경호대상자가 시의적절하고 현명한 판단과 선택을 하는데 일조할 수 있다. 또한 공사다망한 경호대상자를 대신하여 각종 행사에 참석하거나 경호대상자의 안부를 전달할 수도 있다.

특히 민간부문에서는 경호대상자의 정신적 안정이나 사생활 보호도 경호의 임무에 포함시켜야 하는가에 대해서는 논란의 여지가 있을 수도 있으나, 그것은 자신의 역할을 스스로 축소하는 것이며, 오히려 경호대상자의 생명뿐만 아니라 정신적 안정과 사생활 보호까지도 적극적으로 도모함으로써 경호의 활동영역을 넓혀갈 필요가 있다.

Ⅱ. 경호의 목적

경호는 이제 우리 사회, 아니 우리 생활의 일부분이 되었다. 사회 도처에 경호 관련 인원이나 시설이 없는 곳이 없을 정도로 중요한 사회 안전기능을 수행함은 물론, 새로운 성장산업으로 대두되었다. 미국의 국가법무위원회와 법무부가 지원한 연구결과에 따르면, 경호경비산업은 국가 법집행기능보다 73퍼센트를 초과하는 기능을 수행하고, 고용인원도 2.5배에 달하며, 이러한 추세는 앞으로도 계속될 전망이라고 한다.17) 이는 우리나라도 예외가 아니어서, 1962년 청원경찰법 제정과 더불어 시작된 민간경비는 하루가 다르게 기하급수적으로 성장하고 있다.18)

민간에 의해 주도되는 이러한 경호서비스는 민간 경호업자가 고용한 경호요원이 경호를 필요로 하는 개인이나 조직이 제공하는 비용에 의해 그들이 필요로 하는 경호를 제공하는 것이며, 이들은 경호의 방법이나 수단 및 경호요원의 법적 권한에 있어서 공적인 법집행기관 요원들과 구별된다. 따라서 민간 경호요원이나 조직은 보다 체계적이고 조직적이며 숙련된 경호 기법을 필요로 하고 있다. 더욱이 극한으로 치닫고 있는 테러리즘의 팽창, 인터넷 사용과 컴퓨터 범죄의 증가, 격심한 빈부의 차로 인한 양극화 현상의 심화, 이념과 종교의 갈등과 대립, 마약 등의 향정신성 의약품의 남용 등으로 인한 범죄의 증가는 이에 대응해야만 하는 경호전문가의 교육훈련이 전문적이고 체계적이기를 요구한다.

따라서 이제 경호전문가나 관계자는 전문적이고 윤리적인 관점에서 경호업무에 새롭게 접근해야 한다. 경호가 개인의 사적인 비윤리적 도구로 사용되는 것을 경계해야 한다. 경호 관계자는 경호의 개념과 전략을 정확히 이해하고, 그 방법을 연구해야 함은 물론, 비윤리적인 일에 자신들을 파는 일이 없어야 한다. 경호요원은 경호대상자가 경호를 필요로 하는 이유가 무엇이고, 자신이 경호를 제공하는 목적이 무엇인지를 정확히 인식하고, 그 목적에 맞는 적법하고도 도덕적인 경호대책을 강구해야 한다.

---

17) Purpura, Philip P., CPP(1998), Security and Loss Prevention, Boston : Butterworth-Heinemann, pp. 21~22.

18) 1976년 용역경비업법 제정 당시에는 9개 용역경비업체에 경비원수도 5,022명에 불과하였으나, 그 10년 후인 1986년에는 78개 경비업체에 12,625명으로, 20년 후인 1996년에는 975개 경비업체에 52,489명으로 증가하였고, 30년 후인 2006년에는 2,671개 경비업체에 127,620명으로, 40년이 지난 2016년에는 4.570개 경비업체에 147,049명이, 그리고 현재(2022년말 기준)는 4,294개 경비업체에 190,015명이 종사하는 거대 산업으로 성장하였다. 더불어 1999년 용역경비업법이 경비업법으로 개정되고, 2001년에는 경비업법에 특수경비업이 신설되고, 2024년에는 혼잡 · 교통유도경비업무가 추가되는 등의 제도적 발전도 뒷받침되었다.

1. 대통령(행정수반) 행사의 의미

1) 의전적 의미

우리나라의 대통령은 국가의 원수이다. 간단한 일상생활이나 특별한 경우를 제외하고, 대통령이 참석하는 행사는 대부분 일정한 의전절차에 따라 진행된다. 의전은 공적인 행사에서 지켜야 할 예의와 규범을 의미함과 동시에 사회구성원으로서 개개인이 지켜야 할 예의범절까지 포함하는 광범위한 개념으로, 의전에는 예절과 절차와 격식과 에티켓이 요구된다.

의전은 상대방에게 그의 지위에 합당한 예를 통하여 경의를 표하기 위한 것이다. 대통령에 대한 의전은 국가원수인 대통령의 권위를 확립하고, 국민적 통합과 국민의식을 고취하며, 국가 사회의 질서를 유지하는 수단의 하나이다.

2) 행정적 의미

또한 대한민국의 대통령은 행정부의 수반이다. 대통령의 행위는 정부의 정책을 집행하는 행정권의 행사를 의미한다. 행정권은 국가의 목적 달성을 위하여 일반 행정을 행하는 국가의 통치권을 말하며, 대통령을 수반으로 하는 정부에 속한다. 대통령이 각종 행사에 참석하여 국민과 소통하고, 정책을 집행하는 등의 모든 행위가 행정수단의 하나이다.

3) 정치적 의미

정치란 국가권력을 통하여 이해관계의 대립이나 의견의 차이를 조정해 나가고 국가의 통일적인 질서를 유지시키는 작용이라고 할 수 있다. 대통령의 통치행위를 통해서 공공정책의 집행이 이루어지고 정치가 이루어진다. 이러한 정치작용의 정점에 대통령이 위치하며, 따라서 대통령은 가장 정치적인 인물이라고 할 수 있다.

2. 행사경호의 목적

경호는 대통령 또는 조직 내 주요인사가 참석하는 행사의 의전적 · 행정적 · 정치적 의미를 충분히 이해하고, 행사의 목적이 달성될 수 있도록 적절한 경호대책을 강구해야 한다. 경호행사 시 경호원은 경호대상자의 신변안전과 품위유지를 도모하고, 행사참석자에 대한 예우를 통하여 경호대상자와 행사참석자 사이의 친화도모에 기여하며, 절서유지를 통하여 행사의 품격과 경호의 효용성을 증대시킬 수 있도록 조치하고 행동하여야 한다.

1) 신변 보호

경호의 주목적은 경호대상자의 생명과 신체에 대한 안전을 지켜내는 것이다. 경호원은 경호대상자의 생명과 신체를 보호하기 위해서는 자기 자신을 희생할 준비가 되어 있어야 한다. 자기 자신을 희생할 준비가 되어있지 않은 경호는 자기 기만이 될 수 있다. 경호원의 최종적인 방어수단은 경호원 자신의 신체이기 때문이다.

모든 시큐리티 전략은 다음의 세 가지 모델중 하나로 귀착된다고 한다. 즉, 사람과 재산을 보호하는 유용한 시큐리티(useful security), 아무 소용도 없는 비경제적인 시큐리티(wasteful security), 그리고 오히려 침입자를 도와주는 해로운 시큐리티(harmful security)이다[19]. 경호도 예외는 아니어서, 경호가 비용만 축내고 제 기능을 다하지 못한다거나, 경호로 인해 괜한 신상정보나 유출되고 이미지에 나쁜 결과만 초래한다면, 그런 경호는 차라리 없느니만 못할 수도 있다. 경호가 꼭 필요하고도 유용한 경호가 된다는 것은 경호대상자의 신체적 안전만을 도모하는 차원을 넘어, 몸과 마음을 다같이 평안하게 보호한다는 것을 의미한다. 경호의 궁극적인 목표는 각종 위해로부터 경호대상자의 신변을 안전하게 보호하는 것이다.

2) 품위(권위) 유지

경호는 경호대상자의 품위를 유지하는 데에도 중요한 역할을 한다. 경호대상자가 다른 사람들의 비웃음을 사거나 폄하의 대상이 되지 않도록 사회의 전통적인 관습이나 의례를 준수하도록 유도함으로써, 그 신분이나 직위에 맞는 권위와 품위를 유

---

19) Purpura, Philip P., CPP(1998), op. cit., p. 48.

지할 수 있도록 경호가 도와주어야 한다. 경호대상자의 사회적 명망이나 공적인 이미지가 실추되지 않도록 세심한 배려가 요구된다. 일반요인의 경우에 있어서도 경호대상자가 약속된 장소에 약속된 시간에 정확히 도착할 수 있도록 하는 것도 경호대상자의 품위를 높여주는 한 방편이며, 그것만으로도 요즘처럼 교통이 예측을 불허하는 불확실한 상황에서는 경호의 임무를 충실히 했다고 할 수 있다. 또한 경호대상자가 많은 사람들 앞에서 마이크선이나 전깃줄에 발이 걸려 넘어지거나 미끄러지는 등의 볼썽사나운 장면이 발생하지 않도록 하는 것도 중요하다. 경호에는 정말로 사소하다고 생각하는 부분까지 세심히 챙기고 조치하는 섬세함이 필요하다.

3) 참석자 예우(친화도모)

경호는 경호대상자가 주관하는 행사에 참석하는 사람들을 예우하는 수단이기도 하다. 참석자 안내는 의전의 임무라고 제쳐놓을 수도 있지만, 경호요원들이 주빈이거나 주최측이 되는 경호대상자를 대신하여 행사참석자들을 정중히 안내함은 물론, 경호조치를 하는 과정에서도 품위 있는 언어와 행동으로 손님에 대한 예를 다함으로써, 궁극적으로는 경호대상자와 참석대상자와의 우호적인 관계를 더욱 돈독히 할 수 있다. 통제와 감시를 기본으로 하는 경호에는 많은 불편요소가 수반되기 마련이어서, 이러한 예우적 경호조치는 상대에 대한 배려이자 존경의 표시이다. 경호의 예우적 경호조치는 상대방이 기존에 갖고 있던 경호에 대한 부정적 인식을 바꾸게 하고, 상대의 우호적인 경호협조를 이끌어내는 데에도 매우 효과적이다.

4) 질서 유지

일반적으로 경호행사에는 많은 사람들이 모이는 경우가 많기 때문에, 혼잡과 무질서의 우려가 높다. 따라서 경호는 사전에 행사참석자의 규모와 행사장의 배치 및 입장통로 등을 고려하여, 행사참석자가 질서정연하게 입장할 수 있도록 주최측과 협조해서 적절한 입장계획과 안내계획을 확인하고 수립하여야 한다. 또한 소란행위 등의 문제 발생 여지를 사전에 차단하고, 행사 중에도 불필요한 유동인원을 통제하여 행사질서를 유지한다. 질서유지는 무질서로 인한 안전사고를 미연에 방지하고, 우발상황 발생 시 경호의 신속하고 효과적인 대응을 가능케 하며, 나아가 경호행사의 품격을 높여주는 역할을 한다.

Ⅲ. 경호의 기능

경호대상자의 신변을 안전하게 보호하기 위한 광의의 경호는 단순히 위해기도자의 접근을 거부하거나 근접에서 차단하는 협의의 경호 외에도 많은 기능과 요소를 필요로 한다. 이러한 기능은 경호임무를 완수하기 위하여 경호원들이 수행해야 하는 분야별 임무를 말하며, 경호의 10대 기능이라고 한다. 경호가 단순히 행사 시 참석자를 확인하고 경호대상자 주변에서 위해요소를 차단하는 경호원만 필요로 하는 것은 아니다. 경호에는 숙소나 사무실의 안전도 확보되어야 하고, 차량도 움직여야 하고, 폭발물도 찾아내야 하고, 마이크도 확인해야 하고, 전기나 가스의 이상 유무도 점검해야 하고, 위해정보도 수집해야 하고, 위험물에 대한 안전조치도 강구해야 하고, 음식물의 안전성도 확인해야 하고, 구급대책도 강구되어야 한다.

경호조직의 구성과 활동범위를 어떻게 정할 것인가 하는 문제는 국가나 경호기관에 따라 다소의 차이를 보이고 있기도 하나, 대부분의 경우는 크게 다르지 않다. 미국의 SS는 통신기능이 없으나 수사기능을 갖고 있다. 반면에 한국의 대통령경호실은 통신기능은 있으나 수사기능은 없다. 민간부문의 경호조직도 조직의 규모나 능력 및 주어진 여건에 따라 수행하는 경호기능의 범위가 결정된다.

1. 경 호

1) 선발경호

여기에서 말하는 경호는 협의의 경호를 의미하며, 이는 크게 선발경호와 수행경호로 구분한다. 선발경호는 경호팀이 예정된 행사장에 본대보다 먼저 출동하여 행사장의 취약요소를 판단하여 필요한 안전조치를 강구하고, 핵심지역에 대한 인원의 출입 및 물품의 반입을 확인하고 통제함으로써, 행사장을 안전하게 확보하고 유지하는 경호활동이다. 선발경호는 경호대상자의 신변에 위협이 되는 행사장 내의 위험요소를 제거하고 행사장 내로의 위해요소의 접근을 거부하기 위한 것이다.

그러나 2000년 2월 26일 팔레스타인을 방문한 프랑스의 조스팽 총리 경호팀은 행사장인 '비르 자이트' 대학에 대한 선발경호활동이 미흡하여 조스팽 총리가 학생들의 돌멩이 공격을 받는 결과를 초래하였다. 반조스팽 구호를 외치는 학생들의 운집에도 아무런 조치를 취하지 아니 하였고, 비상대피소나 비상대기차량을 준비하는 등의 비상계획이 마련되지 않아, 급기야는 학생들의 돌멩이 공격을 받으며 가까스로 차량으로 이동하였다.

〈조스팽 총리 돌멩이 투척 사건〉

- 일시 : 2000. 2. 26(토) 13:30경
- 장소 : West Bank의 팔레스타인 지역 내 'Bir Zeit' 대학
- 내용

  프랑스의 Lionel Jospin 총리가 요르단강 서안 라말라 지역의 비르제이트 대학에서 강연을 마치고, 학교건물에서 나와 차량으로 이동 중, 反조스팽 구호를 외치며 항의시위를 벌이던 2천여 명의 하마스(Hamas)[20]를 지지하는 대학생들이 조스팽 총리에게 돌멩이 세례를 퍼부은 사건이 발생하였다.
- 사건의 발단

  바로 전인 24일 조스팽 총리가 레바논의 이슬람 테러조직인 헤즈볼라(Hezbollah)[21]를 테러리스트라고 비난한데 대하여 '배신자'라고 외치며 항의 시위
- 문제점
  - 방문국의 국내동향 및 국제 정치환경 분석 등의 경호 관련 정·첩보 활동 미흡
  - 방문지역의 경호환경·학생동향을 파악하거나, 항의시위에 대비한 후속 대책이 마련되지 않는 등의 위기의식 결여 및 경호대책 준비 소홀
  - 비상대피소 및 비상대피로, 예비차량을 준비하는 등의 비상대책(대피계획) 준비 미흡 및 순간 대처능력 부족(차량→비상대피소, 비상대기차량)
  - 강력한 차단선 설치로 안전공간을 확보하는 등의 승하차지점에 대한 안전대책 미비(안전거리 미확보)

---

20) 1987년 창설된 이스라엘에 저항하는 팔레스타인의 이슬람 무장단체로, 2006년 팔레스타인 자치정부의 집권당이 되었다. 이스라엘의 점령하에 있는 모든 팔레스타인의 즉각적이고 완전한 해방 및 이슬람 교리를 원리원칙대로 받드는 국가 건설이 목표이다.

21) 레바논의 이슬람교 시아파 교전단체이자 정당조직으로, 4000여명의 민병대조직 등 7개의 결사조직을 거느리고 있으며, 이 조직을 통해 납치·테러 등의 무장투쟁을 벌이고 있다.

2) 수행경호

수행경호는 경호의 마지막 방어선으로서, 경호대상자의 신변을 보호하기 위하여 실시하는 근접호위활동을 말한다. 근접경호원은 자신의 신체를 방벽으로 삼아 경호대상자를 보호해야 하는 만큼, 경호대형 형성 및 책임구역에 사각이나 허점이 생기지 않도록 유념해야 한다.

1995년 11월 4일 라빈 수상을 경호하던 이스라엘의 경호기관 SHABAK의 근접경호팀은 마지막 방어선인 경호막을 지켜내지 못하고 수상을 잃고 말았다. 근접경호팀이 형성하는 경호막은 최후의 안전장치로, 이 경호막 내로는 어떠한 위험요소도 허용되어서는 안 된다. 그러나 이날 범인은 근접경호막을 통과하여, 라빈 수상 바로 뒤까지 접근하여 수상의 등에 대고 권총을 발사하였다.

〈라빈 수상 암살사건〉

- 일시 : 1995. 11. 4(토) 22:00경
- 장소 : 텔아비브 시청 앞(Kings Square)
- 내용

  이스라엘의 Yitzhak Rabin 수상이 당일 21:15경, 10만 명이 참석한 텔아비브 시청에서의 '라빈 수상의 중동평화 정착계획 지지 군중대회' 에서의 연설을 마치고, 텔아비브 시청 2층 계단을 내려와 차량에 탑승하려는 순간, 이미 세 차례의 암살기도 전력이 있는 범인(Yigal Amir, 25)이 수상 뒤로 접근하여 Beretta 9mm권총 3발을 발사하였다. 그 결과 수상의 팔과 등에 2발이 명중하였고, 수상은 곧바로 Ichilov 병원으로 옮겨졌으나, 결국 라빈 수상은 사건 발생 1시간여 만에 사망하였다.
- 문제점
  - 군중들의 근거리 접근 방치 등 안전구역 미확보 및 유동인원에 대한 검문 검색 소홀
  - 근접경호원의 책임구역 확보 및 사주경계 소홀
  - 상황 발생 후 후속조치 미흡 (현장 이탈 및 후송 과정에서 많은 시간 지체)
  - 자국민에 대한 맹목적인 믿음으로 우익단체의 수상 암살 계획설 무시

2. 경 비

경호대상자의 숙소나 유숙지 및 집무실에 대한 경계, 순찰 및 방비활동을 통하여 위해요소의 침투를 거부하는 경호조치를 말한다. 대상 시설물에 대한 출입인원 및 반출입물품을 확인 · 검색하고, 주요 출입구나 접근로에 대한 경계활동을 실시하며, 순찰이나 무인감시시스템을 통하여 외부로부터의 침입이나 화재 등에 대한 예방활동을 실시한다. 경호대상자의 신변보호를 위해서는 경호대상자의 주거 및 업무공간에 대한 경계활동이 필수적이어서, 경호와 경비는 불가분의 관계에 있다.

1950년 11월 1일 미국 SS의 백악관경찰대[22]는 트루먼 대통령을 암살하기 위하여 블레어하우스를 공격한 푸에르토리코인 2명을 외부 경비초소에서 죽음으로 저지함으로써 대통령을 지킬 수 있었다.

〈블레어하우스 침투 기도사건〉

- 일시 : 1950. 11. 1 14:00경
- 장소 : 미국 워싱턴 Blair House
- 내용

  트루먼 대통령이 임시숙소인 블레어하우스 2층에서 낮잠을 자고 있는 사이, 2명의 푸에르토리코 민족주의자(Griselio Torresola, Oscar Collazo)가 트루먼 대통령을 암살할 목적으로 각각 동쪽과 서쪽에서 접근하였다. 정면 출입구에서는 Collazo가 Birdzell에게, 서쪽 경비초소에는 Torresola가 Coffelt에게 총격을 가함으로써 시작된 총격전은 총 27발의 사격을 주고받은 끝에, Torresola는 현장에서 사살되고 Collazo는 총상으로 체포되면서 사건은 종결되었다. (백악관 경관 Leslie Coffelt는 수술 후 사망하고, 워싱턴시 경관 Donald Birdzell과 백악관 경관 Joseph Downs는 중상을 입음.)
- 결과
  - 경호구역 내에서의 조직적인 경비태세와 대응태세
  - 경호원들의 살신성인의 근무자세와 용기로 침입자 격퇴

22) 당시의 백악관경찰대(White House Police Force)는 현재의 정복경호과(Uniformed Division)로, 백악관, 부통령 공관과 국토안보부 청사 등에 대한 경비임무와 경호행사 시 저격조 및 비상대응팀 임무, 탐지견 및 금속탐지기 운용 등의 기술적 임무를 수행한다.

3. 기 동

경호대상자의 각종 이동수단을 운용하고 관리하는 것도 경호의 중요한 일부분이다. 가장 일반적인 이동수단이 차량임을 감안할 때, 경호대상자차 및 경호차량은 항상 최고의 성능을 발휘할 수 있도록 철저한 정비 및 관리가 요구된다. 특히 차량을 이용하여 이동하는 경우, 연도는 위해기도자의 접근 및 은폐가 용이하기 때문에 행차로에 대한 보안유지 및 예비기동로 확보가 필수적이며, 가능하면 무정차 기동으로 적에게 공격기회를 제공하지 말아야 한다. 이동 간 차량이 기능 고장을 일으키거나 연료가 떨어지는 등의 상황은 적에게 좋은 공격기회를 제공할 것이다.

또한 철도나 항공기, 또는 선박을 이용하여 이동할 경우에도 각 기동수단의 특성에 따른 경호대책에 만전을 기해야 한다.

〈대통령 전용기 회항 사건〉

- 일시 : 2011. 3. 12 08:40경
- 장소 : 인천공항
- 내용

  대통령 전용기(보잉747-300)는 3월 12일 오전 8시10분께 아랍에미리트(UAE)를 향해 서울공항에서 이륙했지만, 30분 뒤 기체 하부에서 소음과 진동이 발생해 인천공항으로 회항하여 오전 9시50분께 착륙하였다.
- 결과

  점검 결과 객실 에어컨 시스템의 공기흡입구 3개 중 1번 공기흡입구 개폐기문이 부서진 것이 발견됐고, 소음과 진동은 부서진 문이 풍압에 의해 주변부와 부딪히면서 발생한 것으로 확인되었다.

  공기 개폐기는 항공기의 안전 운항에 영향을 주지 않는 부품이어서 새 것으로 교체한 뒤, 이날 오전 11시25분께 다시 이륙하였다.
- 원인

  객실 에어컨 시스템의 공기흡입구의 해당 개폐기에서 작동축을 연결하는 볼트가 위에서 아래로 잘못 끼워져 있었다.

  (항공기에 사용하는 대부분의 볼트는 통상 머릿부분이 위로 가게 장착하는 것이 일반적이지만, 해당 볼트는 구조물과 접촉을 피하기 위해 볼트 머릿부분이 아래로 향하게 설계되었다.)

4. 검 측

검측활동은 행사장 내의 시설물에 대한 안전검측과 행사장에 참석하는 인원에 대한 검색을 포함한다. 안전검측은 행사장 내의 물적위해요소 및 불안전요소를 탐지하여 필요한 안전조치를 취하고 이와 관련된 비상대책을 강구하는 안전활동을 말하며, 검색은 참석자의 위해물질 소지 여부를 확인하여 위험인물이나 위해물질의 침투를 거부하고 비인가자의 참석을 배제하기 위한 활동으로, 경호행사의 가장 기본적인 선결과제이다.

2004년 5월 9일 체첸공화국의 승전 기념행사 도중, 귀빈석 밑에서 폭발물이 폭발하여 단상에 있던 아흐마디 카디로프 대통령을 비롯한 국내외 요인 수십 명의 사상자가 발생하였다. 폭발물은 3개월 전부터 시작된 단상 보수공사 기간 중 매설된 것으로 추정되나, 사전 검측활동 시 이를 찾아내지 못하였다.

〈카디로프 대통령 암살사건〉

- 일시 : 2004. 5. 9 10:35경
- 장소 : 체첸공화국 그로즈니 디나모 스타디움
- 내용
  러시아의 제2차 세계대전 승전 59주년 기념행사가 열리던 도중, 체첸군과 경찰의 퍼레이드가 끝나고 기념음악회가 막 시작하는 순간, "쾅"하는 폭발음과 함께 귀빈석 밑에 장착된 지뢰가 폭발하면서, 아흐마드 카디로프 체첸 대통령을 포함하여 최소 32명이 사망하고 46명이 부상을 입었다.
- 범인
  - 체첸반군 웹사이트는 여자 자살특공대원 소행이라고 주장
  - 체첸반군은 8천여 명 정도를 중심으로 활동하고 있으며, 러시아 주둔군과 카디로프 행정부에 참여하고 있는 인물을 주된 공격목표로 삼고 있다.
- 문제점
  - 스탠드 보수공사 작업자에 대한 관리 및 검색 소홀
  - 사전 안전검측 시 폭발물 검측 실패
    (폭발물은 152mm 포탄으로 제조된 것으로, TNT 1kg 이상의 위력)

5. 안 전

안전은 행사장 내에서 경호에 영향을 미칠 수 있는 취약요소에 대한 점검 및 안전조치를 하는 기능을 말한다. 이에는 전기, 가스, 소방, 유류, 냉·난방 및 공조 시설, 승강기 등에 대한 안전점검 및 보완대책이 포함된다.

전기대책은 행사장에 적정수준의 조도를 유지하고, 누전여부를 점검하여 조치하며, 적정수준의 전기용량을 확보하고, 단전될 경우 가동할 수 있는 예비 발전설비를 확인점검하거나 비상등 등을 준비하는 조치이다.

가스 안전대책은 대부분의 시설에서 사용하는 연료가스의 안전성을 확인점검하고, 유독가스의 누출이나 유입 등으로 인한 위험성을 사전에 예방하기 위한 조치이다.

소방대책으로는 화재 발생요인을 제거하고, 전기나 가스 등으로 인한 예기치 못한 화재 발생할 경우 작동하게 되는 경보장치의 이상유무를 확인하며, 소화시설이나 소화기를 점검하여 필요한 곳에 재배치하고, 화재 시 대피수단 등을 강구한다.

그 외에 유류에 대한 안전조치, 냉·난방 및 공조시설에 대한 안전점검과 승강기의 정상 작동여부를 확인한다.

〈리셉션 행사 시 정전사례〉

- 일시 : 1993. 11. 17
- 장소 : LA 센츄리 프라자 호텔 센츄리홀
- 내용
  LA의 센츄리 프라자 호텔 1층 센츄리홀에서 LA지역 교민 초청 리셉션 행사 시 대통령 연설 도중에 정전이 되어 연설이 중단되는 상황이 발생하였다.
- 원인
  - 호텔 종사자가 벽에 기대면서 전기스위치를 눌러 정전이 됨.
  - 스위치가 눌린 것을 확인하고, 바로 복구 후 행사 계속함.

〈엘리베이터 정지 사례〉

- 일시 : 2000. 12. 9(토)
- 장소 : 노르웨이 노벨연구소
- 내용
  노벨연구소 3층에서의 행사를 마치고 엘리베이터를 이용하여 1층으로 이동 중, 엘리베이터가 3층과 2층 중간에서 정지한 사례이다.
- 원인
  - 엘리베이터 내부 탑승자중 1명이 돌출형 비상정지(E-STOP)버튼을 건드려서 정지함.
- 결과
  - 기계실에 대기 중이던 엘리베이터 기술자가 엘리베이터 문을 열어 탑승자를 내리도록 조치.
  - 다음날 현지의 Dagbladet지는 1면에 관련기사를 게재하고, "노벨위원회는 이 사건을 웃어 넘겼지만, 한국경호팀은 그렇지 않았다." "한국 경호팀은 승강기 기술자를 대기시킬 것과, 승강기 점검일지를 보여 줄 것을 요구했었다"고 보도.

〈조명등 파열 사례〉

- 일시 : 1986. 10. 21(화)
- 장소 : 세종문화회관 대강당
- 내용
  제41주년 경찰의 날 기념식 행사 시, 대통령 유시 도중 대강당 천정의 조명등 1개가 "퍽"하는 소리와 함께 파열되면서 유시가 중단된 사례이다.
- 원인
  - 할로겐 전구가 과열되어 내부의 가스가 팽창하여 파열된 것으로 추정
- 결과
  - 유사총성으로 인식하여 방호벽을 형성하고 대적 및 사주경계를 실시함.
  - 잠시 후 조명등 파열로 확인되어 행사 재개함.

6. 통 신

통신대책은 경호대상자와 행사참석자간의 소통의 수단이며, 경호원과 경호원, 경호원과 경호조직, 경호조직 상호간을 연결하는 신경과 같은 기능이다. 경호대상자가 사용하는 마이크나 음향시설 등 행사 음향의 안정성 확보는 경호대상자와 행사참석자 간의 소통의 고리가 되는 중요한 기능이자 임무이다. 행사 간 마이크가 불통이 되거나, 소리 울림 현상이나 심한 잡음이 발생하고, 계획된 행사 효과음에 장애가 생기거나 하면, 경호대상자와 행사참석자 간의 소통에 장애가 될 것이기 때문에, 음향시설도 철저히 확인하고 점검한다.

또한 경호원 상호간의 유·무선망 확보와 경호요소간의 통신망 구축은 경호조직에 생명을 불어넣는 중요한 임무이다. 경호원들이 사용하는 유·무선망은 경호원 상호를 연결하는 중추신경으로, 경호의 생명줄과도 같다.

무선조종에 의한 외부공격에 대비하여 전파차단기를 설치·운용한다. 행사장이나 집무실에 대한 외부의 방해전파를 차단하여, 전파를 이용한 위해공격이나 외부의 도청을 차단하고, 소음없는 행사진행으로 행사의 품격을 높임으로써, 경호의 안전성을 증대시킨다.

나아가 경호대상자의 신변안전은 물론, 중요기밀의 보안유지를 위한 철저한 도청방지시스템의 구축이 요구된다. 현대인은 누구나 도청으로부터 자유롭지 못하다. 집, 사무실, 골프장, 호텔 등 어떤 장소도 도청으로부터 안전하지 않다. 전화, 팩스, 이메일, 모니터 화면 등 모든 전기 신호는 도청이 가능하다. 미 국가안보국(NSA)이 운영하는 세계적인 감청망 '에셜론(ECHELON)'은 하루 30억 건의 통화를 감청하는 것으로 알려졌다.[23)]

더불어 시설물에 대한 CCTV 및 침입방지시스템의 운용으로 경호경비의 효과성을 증대시키고, 해킹 등의 사이버 공격에 의한 전산망 마비나 정보의 유출 방지를 위한 보안프로그램의 운용은 경호의 신뢰성을 높이는 중요한 기능이다.

---

23) 에셜론은 유·무선 전화와 팩스, 전자우편, 무선통신 등 지구상을 떠다니는 신호를 닥치는 대로 빨아들여 그 내용을 분석한다. 이를 위해 120개가 넘는 인공위성과 음성 분석 능력을 가진 수퍼컴퓨터가 동원된다. 통화내용 중 '테러' '핵무기' '대통령' 등 특정 단어가 포착되면 수퍼컴퓨터는 이 통화내용을 정밀 분석을 하게 된다. (주간조선 2005년 8월 18일사)

7. 정 보

정보활동은 경호대상자의 신변안전을 도모하는데 필요한 모든 정·첩보를 사전에 수집·평가·전파함으로써 예방경호를 실현하기 위한 활동을 말한다. 위험의 발생요인을 사전에 차단하고 제거하거나 회피함으로써 예방경호를 실현하기 위해서는 경호의 상대인 경호위해요인에 대한 정확한 정보를 알아야 비로소 가능하다. 결국 정보활동은 효과적인 경호대책을 수립하기 위하여 적(경호위해요인)을 알기 위한 과정이다.

경호는 정보의 수집에서부터 시작하며, 광범위하고 정확한 정보는 성공적인 경호의 핵심이다. 따라서 폭넓은 정보 네트워크를 통해 수집한 다양한 정보를 정확히 분석하고 평가하여 필요한 사람에게 적시에 제공함으로써 명확한 경호계획을 수립하고 적절한 경호대책을 강구할 수 있도록 지원해야 한다. 적시에 제공되는 정확한 정보는 적절한 경호대책의 수립은 물론, 합리적인 경호 운영으로 경호의 완전성 및 효율성을 증대시키는 중요한 요소이다.

그러나 1983년 10월 9일, 미얀마를 방문한 한국의 경호팀은 전두환 대통령을 노리는 북한 특수공작원의 동태에 관한 아무런 정보를 제공받지 못함으로써 필요한 경호대책을 협조하고 수립하는데 실패하였다.

〈아웅산 사건〉

- 일시 : 1983. 10. 9 10:27
- 장소 : 미얀마 랑군시 아웅산 묘소
- 내용

  버마를 방문 중인 전두환 대통령을 살해할 목적으로 북한의 특수공작원 3명(북한 인민무력부 정찰국 소속 진 모 소좌, 강민철 대위, 신기철 대위)이 아웅산 묘소에 잠입하여 천장에 2개의 폭발물을 설치하였다. 그러나 이들은 본대 도착 전 판단 착오로 폭발물을 일찍 폭파시켜, 전두환 대통령 일행은 무사하였으나, 양측에서 모두 67명(한국 31명, 버마 36명)의 사상자가 발생하였다.
- 문제점
  - 북한의 위해기도 움직임에 대한 정보 부재
  - 북한 공작원의 잠입에 대한 정보 및 동향파악 부재
  - 아웅산 묘소에 대한 검측 미실시

8. 보 안

보안은 경호와 관련된 인원, 문서, 시설 및 통신 등에 대한 완벽한 보호대책을 수립하여 불순분자에게 관련 정보가 유출되지 않도록 지속적으로 관리해나가는 활동을 말한다.

보안대책에는 행사 관련 정보의 수집과 통제가 포함된다. 위해나 행사 방해책동이 예상되는 인물이나 단체에 대한 추적 감시는 물론이고, 행사장 주변의 위험물이나 위험시설에 대한 관리와 통제가 필요하다. 다이너마이트 등의 폭발물이나 독극물을 취급하는 장소 및 이들 위험물질의 이동에 관한 주의가 요망되며, 사격 연습장이나 주변 군부대 등의 화기류에 대한 통제 및 감시도 요구된다.

1981년 이집트 경호팀은 군사퍼레이드에 참가하는 신원특이자에 대한 보안조치나 교체병력에 대한 신원확인, 행사 참가병력에 대한 안전조치 등을 소홀히 하여 대통령을 잃는 불행한 결과를 초래하였다.

〈사다트 대통령 암살사건〉

- 일시 : 1981. 10. 6. 13:00
- 장소 : NASR 공설운동장 사열대
- 내용

  같은 해 9월 반정부주의자에 대한 대대적인 숙청작업을 단행한 이집트의 사다트 대통령은 1973년의 중동전 8주년 기념 군사퍼레이드 참관 중, 그의 친서방 노선에 반대하는 정통회교 극단주의자인 "칼리드 이슬람불리" 중위 외 3명으로부터 약 45초간의 수류탄 및 기관단총 저격을 받아 군병원으로 긴급후송되었으나, 이내 사망하였다.
- 문제점
  - 신원특이자에 대한 보안조치 미흡
    (군내 반정부주의자 방치, 이슬람불리 중위의 신원 특이사항 통보에 미조치 및 교체 병력에 대한 신원확인 미실시)
  - 사주경계의 개념을 무시하는 비효율적인 경호병력 배치
  - 행사 참가병력에 대한 안전조치 미흡(형식적 실탄 및 공이 제거 검사)
  - 경호원들의 위기의식 결여로, 퍼레이드 도중 미계획된 인원의 하차 및 접근에도 무반응하는 등 즉각대응조치 미흡

9. 검 식

검식활동은 경호대상자에게 제공되는 음식물의 이상유무(위해성, 위생상태, 조리상태, 양, 맛, 모양, 온도 등)를 검사하고 확인하는 경호활동을 말한다. 음식물에 독극물을 투여하여 위해대상자를 죽음으로 몰아가는 수법은 예부터 자행되어온 주요한 암살수단의 하나이다. 행사장에서 경호대상자에게 제공되는 음식물은 물론, 평상시 숙소로 반입되는 식재료의 안전성 확보와 조리과정의 철저한 위생관리가 필요하다.

실제로 2004년 우크라이나의 대통령후보였던 Viktor Yushchenko는 유세기간 중인 9월 5일, 자국의 정보기관인 SBU(Security Service of Ukraine)의 부국장 Satsyuk의 숙소에서 고위관리들과 가진 만찬 후 TCDD라는 다이옥신에 중독되어 얼굴과 몸 등에 심한 병변이 발생하여 오스트리아에서 치료를 받은 적이 있다.

〈표 1-5〉 주요 독극물의 종류

농 약	약독물	천연독	화학물질	중금속
파라쿼트 (제초제)	천 남 성 (Conine)	복어독 (Tetrodotoxin)	청 산 (KCN)	비 소 (As)
메소밀 (살충제)	부 자 (Aconitine)	곰팡이독 (Aflatoxin)	수산화나트륨 (NaOH)	수 은 (Hg)
엔도설판 (살충제)	행 인 (Amigdalina)	마비성패독 (Saxitoxin)	브 롬 (Br)	납 (Pb)
파라치온 (살충제)	호미카 (Strichinin)	두꺼비독 (Bufotoxin)	메탄올 (CH3OH)	카드뮴 (Cd)
모노크로토프스 (살충제)	독버섯 (Lampterol)	아주까리 (Ricin)	염소산칼륨 (KClO3)	질산은 (AgNO3)

10. 의 무

의무기능은 경호대상자를 각종 질병의 위험으로부터 보호하고 위급상황에 대비하는 경호활동을 말한다. 경호원은 경호대상자를 신변의 위협으로부터 보호함은 물론, 경호대상자가 건강하게 사회생활을 영위할 수 있도록 각종 질병의 위험으로부터도 차단될 수 있도록 조치하여야 한다.

눈병이나 독감 등에 걸린 사람과의 접촉을 가급적 지양토록 조치하고, 기상 변화에 따른 복장 등을 적절히 준비하도록 조언하는 것은 감각 있는 경호원의 행동이다. 또한, 경호대상자의 지병 등과 관련된 상비약을 준비하고, 경호대상자의 혈액형을 숙지하며, 담당 주치의나 지정병원과의 긴밀한 협조체제 유지로 위급 시에 대비해야 한다.

〈레이건 대통령 저격사건〉

- 일시 : 1981. 3. 30 13:30
- 장소 : 워싱턴 힐튼호텔 앞
- 내용

범인(John Hinkley Jr., 26)이 레이건 대통령을 향하여 권총 6발을 발사하자, VIP차량 문을 잡고 있던 경호원 Timothy McCarthy는 그 즉시 사선방향으로 몸을 돌려 총탄을 몸으로 받아내고, 수행과장 Parr와 수행팀장 Shaddick은 신속히 대통령을 차안으로 밀어넣고 황급히 현장을 이탈하였다. 그러나 이 과정에서 레이건 대통령은 범인이 발사한 6발 중 차 옆을 스친 유탄 1발을 왼쪽 가슴에 맞았다.

☞ 백악관으로 대피기동 중, 레이건대통령은 '입에 상처가 난 것 같다'고 말하였다. 그러나 대통령의 입을 막았던 손수건에 묻은 피가 거품피(foamy blood)로, 단순한 충격에 의한 것이 아님을 직감한 수행과장 Parr는 차량을 곧바로 조지 워싱턴 병원으로 향하게 하였다. 유탄 한 발이 대통령의 왼쪽 겨드랑이 밑부분에 맞았던 것이다. 결국 레이건 대통령은 병원 도착 즉시 약 1시간에 걸친 수술을 받고 생명을 구할 수 있었다. 레이건 대통령은 약 2리터의 출혈이 있었으며, 즉시 수혈을 하지 않았으면 생명이 위험할 수도 있었다고 한다.
(제6장 제4절 즉각조치 참조)

제3절 경호의 구성요소

경호는 경호대상자(경호의 객체)의 신변 안전에 위협이 되는 제반 경호환경(경호의 상대)을 경호원(경호의 주체)이 관리하고 통제하는 과정이다. 경호원과 경호대상자 및 경호환경은 경호활동에 작용하여 경호의 성과에 영향을 미치는 요소들로, 이를 경호의 구성요소라 한다. 따라서 경호원은 경호의 주체인 자신의 능력과 경호의 객체인 경호대상자의 특성은 물론, 경호의 상대가 되는 위해환경에 대한 면밀한 검토를 거쳐 철저하고 효율적인 경호방안을 수립해야 한다.

Ⅰ. 경호의 주체(경호원)

경호의 주체가 되는 경호원은 경호를 담당하는 개인이나 경호조직의 구성원을 말한다. 경호원은 위기의 순간에는 자신의 몸을 던져 경호대상자를 보호해야 하지만, 가장 바람직한 경호는 위해의 가능성을 사전에 포착하여 제거하는 예방경호에 있기 때문에, 항상 발생 가능한 상황에 대한 철저한 대비와 대응태세가 요구된다. 또한 경호원은 경호대상자와 일반인을 연결시켜주는 매개체임을 인식할 필요가 있다. 따라서 경호원은 경호대상자와의 충분한 교감을 통하여 경호대상자의 행동과 상호 조화를 이루어야 하며, 경호원은 경호대상자의 이미지를 실추시키는 언행을 삼가고, 경호원 자신의 태도나 언행이 경호활동에 영향을 미칠 수 있다는 것을 인식하고, 항상 정중하고 예의바른 언행을 견지해야 한다. 나아가 사회적 변화의 흐름에 능동적으로 대처하고, 전문적이고 계획적인 경호전문가와 비교되는 비과학적이고 비체계적이며 무계획적인 보디가드(bodyguard)의 수준에서도 탈피해야 한다.

보디가드는 세련되지 못하고 융통성이 없으며 주인에게 충직한 거한의 이미지와 근육질의 건장한 사설 경호원의 이미지가 혼재되어 있다. 보디가드와 경호전문가의 차이는 교육과 훈련 및 경호기법에 있다. 보디가드가 규모와 전투능력 및 위협적 태도에 의존한다면, 경호전문가는 계획과 예측 및 준비성에 의존한다. 이제 보디가드라는 용어는 전문성과 훈련도 및 진실성을 함축하는 이미지의 경호전문가(executive protection specialist)라는 용어로 대체되고, 사설 경호원은 고도의 교육훈련을 이수한 전문가에게 자리를 내주었다. 새 시대의 경호전문가는 body(사체)를 지키는 것이 아니라, 살아있는 사람에게 경호를 제공한다. 경호의 목표는 경호대상자를 안전하게 살아있도록 지키는 것이다. 경호대상자가 body가 되면 경호는 이미 실패한 것이다.[24] 경호가 단순히 신체(body)를 지키는 수준을 넘어서, 이제는 경호대상자의 정신적 안정과 질병 예방 및 이미지 관리까지 도모하는 차원에 이르렀다.

1. 경호원의 자격

경호원은 경호대상자의 생명과 재산을 지킴은 물론, 경호대상자의 사생활을 비롯한 일거수일투족을 지켜보며 임무를 수행하게 된다. 나를 희생하여 경호대상자의 생명과 재산을 지키기 위해서는 그에 필요한 올바른 가치관, 경호업무 수행을 위한 전문적 역량, 긍정적인 정신자세, 그리고 경호원으로서의 신체적 능력을 갖춰야 한다. 또한 경호원은 경호대상자의 일거수일투족을 접하게 되기 때문에, 경호대상자와의 사이에 두터운 신뢰감이 형성되어야 하며, 경호대상자의 비밀을 보장해주고, 불의와 타협하지 않는 도덕성이 요구된다.

1) 올바른 가치관

가치관이란 삶의 목적과 시비선악에 대한 윤리적 태도를 의미한다. 나는 왜 경호원으로 살고, 경호업무를 하면서 맞닥뜨리게 되는 각종 사안에 대하여 어떠한 태도를 취하는가에 대한 행동체계를 말한다. 경호원은 신의를 지킴으로써 경호대상자에게 충성을 다하고, 정직한 말과 행동으로 신뢰감을 주어야 한다.

경호의 전제조건은 경호원인 나를 희생하여 경호대상자인 제3자를 보호하는 것이다. 하나뿐인 생명을 희생한다는 것이 말처럼 그리 쉬운 일이 아니기 때문에, 경호원으로서의 확고한 사생관과 직업관의 정립이 필요하다. '나는 무엇 때문에 경호를 하는가' 또 '나는 왜 이 사람을 경호하는가'라는 질문에 분명하게 답할 수 있어야 한다. 진정한 경호는 나를 희생하여 경호대상자를 보호하는 것이 나 자신을 희생하는 것보다 더 숭고한 가치가 있다는 판단과 확신이 있을 때만 가능한 일이다.

24) June, Dale L.(1999), op. cit., p. 43~46.

2) 유능성(전문적 역량)

경호원의 유능성이란 경호업무를 수행하는데 필요한 숙달된 기술이나 역량을 말하는 것으로, 경호에 관한 전문적 지식과 이를 뒷받침할 기본적 소양을 말한다. 경호원은 아무리 환경이 열악하고 조건이 나빠도 경호대상자를 위한 최상의 결과를 도출해내야 한다. 최악의 상황에서도 최상의 경호환경을 만들 수 있는 힘은 경호원의 유능성이다. 경호를 하기 위해서는 경호이론은 물론 사격, 무도, 체력, 정보처리 능력, 외국어, 경호 관련 법규, 검측기술, 대테러전술, 범죄심리, 국가의전, 국제 경호관례 등 많은 전문적인 지식이 요구된다.

또한 경호원은 다양한 부류의 사람들과 접촉하면서 경호임무를 수행하기 때문에, 그들을 설득하고 그들의 적극적인 경호협조를 구하기 위해서는 사회 각 분야에 걸친 다양한 식견과 정보를 갖추고 있어야 한다. 나아가 경호원은 비상사태 시나 혼란한 주위 여건 속에서도 흐트러짐 없이 순간적으로 대응할 수 있는 냉철한 판단력과 두뇌순발력을 필요로 하게 되는데, 이러한 능력은 풍부한 소양과 지적능력에서 나온다는 것을 인식해야 한다.

'원인 없는 결과는 없다'는 말처럼, 특정인에 대한 위해를 기도하는 사람은 그 나름대로의 논리나 이유가 있을 것이다. 위해의도를 가진 위해분자는 경호대상자의 신념이나 정책에 반대하는 사람들이기 때문에, 그러한 사람들을 미리 알아내서 그들의 접근을 차단해야 한다. 그러기 위해서 경호관계자는 항상 경호대상자를 둘러싸고 벌어지는 정치 · 경제적 상황을 면밀히 관찰하여 반대세력의 움직임을 추적 · 감시해야 한다. 세상의 흐름을 이해하고, 경호환경의 변화에 능동적으로 대처하는 감각이 경호전문가에게는 필요하다.

3) 헌신성

경호대상자의 생명을 책임지는 경호요원은 내적 마음가짐과 외적 행동자세가 무엇보다 중요하다. 경호원의 내적 마음가짐은 경호원의 헌신성을 의미하는 것으로, 이는 경호원이 경호업무 수행에 대해 긍정적인 태도와 자발성을 가지고 있는지 여부를 가리키는 말이다. 성공적인 경호임무 수행을 가로막는 요인은 경호원의 부정적인 생각이다. 상대방에 대한 두려움, 임무에 대한 두려움, 업무에 대한 무지, 목적의식의 결핍, 그리고 부실한 준비 등은 성공적인 경호임무 수행을 저해하고 장애가 되는 걸림돌이다. 임무에 대한 적극적인 자세가 긍정적인 결과를 가져온다.

경호원은 항상 할 수 있다는 자신감으로 결연한 행동과 모습을 보여줘야 하고, 주어진 임무를 끝까지 완수하겠다는 강한 책임감으로 헌신적인 자세를 보여줘야 한다. 경호대상자를 끝까지 지키겠다는 책임감은 결국 위기의 순간에 자신을 던질 수 있는 희생정신으로 나타날 것이다. 책임감이 있는 사람은 경호행사를 치르면서 철저히 준비하고, 완벽히 계획하고, 세심하게 확인·점검하고, 긴장해서 근무에 임할 것이다. 책임감이 있는 경호원은 결코 어느 것 하나도 가벼이 여기거나, 어느 한 순간도 방심하지 않을 것이다. 경호는 임무가 그러하듯, 철저하게 희생과 봉사의 헌신적인 자세로 임해야만 소기의 성과를 얻을 수 있는 그런 일이다.

또한 경호원은 경호대상자의 모든 것을 공유한다고 해도 과언이 아니다. 경호대상자가 경호원을 믿지 못하면 경호원을 멀리 하게 되고, 그렇게 되면 경호원은 경호를 제공할 기회를 상실하게 될 것이다. 따라서 경호원은 경호적 전문성과 성실한 임무수행으로 경호대상자의 업무적 신뢰를 받아야 함은 물론, 경호대상자와 관련하여 보고 들은 모든 정보 및 기밀을 철저히 지키는 도덕적 신뢰도 획득해야만 한다.

4) 신체적 능력

경호원에게는 강인한 정신력과 체력 및 높은 주의력이 요구된다. 경호원의 무기는 자신의 신체, 그 자체이다. 따라서 경호원이 자신의 가장 강력한 무기인 몸을 최상 최적의 상태로 만들고 유지하는 것은 기본이자 필수적인 요소이다. 경호원은 위기의 순간에 자신을 던져 위해기도자를 제압하거나 경호대상자를 방호해야 하기 때문에 고도로 단련되고 훈련된 신체 및 경호기술을 갖춰야 한다.

경호원에게는 지속적으로 경호대상자의 주변에서 발생 가능한 위해상황을 예측하고, 그러한 기도를 사전에 색출하거나 즉각 대처하기 위한 주의력이 요구된다. 경호원의 주의력은 위기의식과 문제의식을 갖고 끊임없이 상황을 분석하면서 문제를 해결하려고 노력할 때 비로소 함양될 수 있다.

2. 경호원의 자세

경호원은 어떠한 위협이나 위급한 상황에서도 결코 두려워하거나 허둥대지 않고 의연하게 대처하는 담력이 있어야 하는 반면에, 아주 작은 부분까지 섬세하게 확인하고 챙기는 세심한 마음가짐 또한 갖고 있어야 한다. 또한 지식이나 지혜는 풍부하고 원만해서 경호상황을 정확히 인식하고 그에 상응하는 적절한 경호조치를 취할 수 있는 균형 잡힌 판단력을 지니고 있어야 하는 반면에, 행동은 항상 떳떳하고 방정해서 타의 모범이 되어야 한다.25)

일반적으로 바른 자세는 양발을 어깨넓이만큼 벌리고, 몸의 중심은 앞꿈치에 두고, 아랫배에 힘을 주고, 양손은 모아서 차렷자세 또는 모아서 혁대 위에 둔다. 경호원의 자세는 경호대상자에게는 신뢰감을 주고, 일반인에게는 권위가 있어 보이고, 위해기도자에게는 위압감을 주는 자세여야 한다.

경호원의 자세는 유연한 가운데 어떠한 상황에도 즉각 대처할 수 있어야 한다. 따라서 경호원의 근무 간 자세는

(1) 즉각적인 행동이 가능하도록 긴장상태를 유지한다.

(2) 얼굴 표정은 부드럽고 온화하면서 친절한 인상을 줄 수 있도록 한다.

(3) 눈과 귀를 비롯한 오관과 육감은 항상 살아 있어야 한다.

경호업무는 일반 사무직에 종사하는 사람들의 업무와는 그 성질이나 성격이 사뭇 다르다. 경호원은 최악의 경우 자신의 생명을 담보로 하는 매우 위험하고도 긴장되는 업무에 종사하는 사람들이다. 따라서 경호업무에 종사하는 경호원의 태도는 단호하고 분명해야 한다. 경호원은 헌신적이고 전문가적이며 신뢰성이 있어야 한다.

(1) 경호서비스에는 헌신이 요구된다. 경호업무에 임하는 경호원에게는 돌다리도 두드려보고 건너는 신중함과 자신의 열과 성을 다하는 헌신적인 태도가 요구된다. 경호원 자신의 생활패턴이나 사고방식까지도 가능하면 경호대상자의 입장에서 생각하고 판단해야 한다. 경호원인 나는 누구를 경호하고, 경호대상자는 나에게 무엇을 요구하는 지를 정확히 인지할 필요가 있다. 임무 수행에 있어서, 마지못해 하는 태도는 잘못된 태도이다. 주어진 임무가 힘들고 어

25) 명심보감 존심편에 나오는 구절로, 손사막(孫思邈)이 이르기를 "담욕대이심욕소(膽欲大而心欲小) 지욕원이행욕방(知欲圓而行欲方)"이라, "담력은 크게 가지도록 하되 마음가짐은 섬세해야 하고, 지혜는 원만하도록 하되 행동은 방정해야 한다."고 하였다.

렵다 하여도 항상 적극적이고 긍정적인 생각으로 접근해야 한다.

경호대상자를 존경심을 갖고 대하고, 경호대상자의 물건이나 재산을 정성을 갖고 조심해서 다뤄야 한다. 항상 좋은 매너와 에티켓을 지키고, 경호대상자와 너무 사적으로 친해져서는 곤란하다. 너무 친해지다 보면 상대방을 낮춰보려는 경향이 있다. 경호대상자와 경호원 사이에는 보이지 않는 선이 있어야 한다.

(2) 전문가다운 태도를 견지해야 한다. 경호원은 경호대상자의 그림자로 남아야 하고, 결코 튀는 행동을 해서는 안 되며, 경호 외적인 문제는 언급을 삼가는 것이 좋다. 그러나 경호 문제에 있어서만은 최고 전문가가 되어야 한다. 경호는 아는 만큼 보이고, 보이는 만큼 조치할 수 있다. 경호대상자의 안전을 위해서 치밀하게 계획하고 준비하는 것은 경호원의 의무이자 책임이다. 그러나 경호를 준비하면서, 결코 위협을 과장해서 경호대상자를 놀라게 해서는 안 되고, 그렇다고 위협을 과소평가해서도 안 된다.[26]

(3) 신뢰로써 경호대상자에게 다가가야 한다. 업무적으로나 인간적으로나 경호대상자와의 신뢰의 고리를 만들고 유지해야 한다. 경호원이 경호임무 수행중 지득한 사항은 보아도 본 것이 아니고, 들어도 들은 것이 아니다. 경호대상자에 대한 일거수일투족에 관한 사항은 철저하게 보안이 유지되어야 하고, 경호대상자에 관한 사항의 언급은 자제되어야 한다. 다른 경호대상자에 관한 사항을 언급하거나 다른 경호대상자와 비교하는 것도 금기사항이다. 또한 개인적인 호·불호를 자제할 줄 알아야 한다. 설령 경호대상자가 경호원을 가족처럼 대해도 경호원은 가족이 아니며, 그것은 특혜일 뿐 권리는 아니다. 경호대상자의 사진이나 사인을 요구하는 행위 등도 전문가답지 못하고, 경호대상자의 불신을 초래하는 결과를 낳는다.

---

26) June, Dale L.(1999), op. cit., p. 110.

Ⅱ. 경호의 객체(경호대상자)

1. 경호대상자와 경호

경호의 객체인 경호대상자는 경호원이 보호해야 하는 대상자를 말하며, 경호를 받는 사람이라는 의미의 '피경호인'이라고 표현하기도 한다. 국가기관에서 경호를 제공하는 공경호의 경호대상자는 법적근거에 의하여 제한적으로 선정되어 있지만, 민간경호의 경호대상자는 민간경호업자와 경호를 필요로 하는 개인 간의 계약에 의하여 무제한적으로 선정된다.

경호대상자는 단순히 경호원이 그의 생명과 재산을 보호해주어야 하는 대상일 뿐이고, 경호대상자와 경호업무와는 별개의 문제라고 생각할 수도 있다. 그러나 경호대상자가 경호에 미치는 영향을 생각하면, 경호대상자와 경호는 결코 분리해서 생각할 수 없다. 경호는 경호대상자를 향한 잠재적인 위험을 경호대상자와 경호원이 힘을 합쳐 대처하고 최소화하는 과정이다. 경호대상자가 안고 있는 위험은 경호대상자의 직업이나 성격, 활동성, 공공 노출성, 생활방식 및 활동지역 등에 따라 상이하게 나타나기 때문에, 경호대상자의 경호에 대한 인식이나 관심은 경호의 결과에 지대한 영향을 미친다.

경호는 위험을 전제로 한다. 경호는 경호대상자와 경호원과의 타협에 의하여 그 강도와 방법이 결정되며, 이 때 필연적으로 위험이라는 문제가 남게 된다. 만약에 위험이 없다면, 경호도 경호원도 필요 없을 것이다. 경호가 신변 안전 외에도 많은 기능을 수행하지만, 극단적으로 말하면 경호원은 위험이 있기에 존재하고, 위험이 있기에 필요하게 되는 것이며, 그 위험은 경호대상자 자신이 보유하고 있거나 초래한 것이다.

따라서 경호대상자 자신이 안고 있는 위험에 대처하는 데에는 경호대상자 자신의 적극적인 협조가 반드시 필요하다. 경호원이 끊임없이 경호대상자 주변의 정치적 상황이나 사업관계 등을 추적 확인해서 경호대상자가 안고 있는 위험요소를 찾아내고 파악할 수도 있지만, 경호대상자 자신이 안고 있는 위험은 경호대상자 자신이 가장 잘 알기 때문이다.

케네디 대통령 암살과 관련한 Edgar Hoover 전 FBI국장의 메모를 참고할 필요가 있다.

경호의 강도는 상당 부분 대통령이 요구하는 일반 대중과의 접촉의 정도에 달려 있다. 절대안전(absolute security)은 실용적이지도 않고, 가능하지도 않다[27]. 완전경호(complete security)는 대통령이 진공상태에 들어가고, 대중과 격리되며, 난공불락의 장벽 뒤에 있을 것을 요구한다. 대통령의 방문은 비밀이 유지되어야 하고, 대중에의 노출은 방탄유리 뒤에서나 이루어질 것이다. 보다 실질적인 접근은 타협을 요구한다. 모든 방문이나 대중과의 접촉은 대통령과 그의 경호를 책임지고 있는 사람들의 입장에서 계산된 위험을 안고 있다. 이러한 위험은 대통령이 경호문제를 인식하고, 자신을 위해 목숨을 내놓을 준비가 되어있는 경호원을 신뢰하며, 그들이 요구하는 필요한 경호조치를 수용할 때 비로소 줄일 수 있다.[28]

2. 경호대상자의 유형

정치학자 드와이트 테이즈(Dwight L. Tays)는 경호에 대한 대통령들의 반응 방식을 분석하여 역대 미국 대통령의 유형을 세 가지로 분류하였다. 첫째는 '경호 사절형(less-restrictive)'으로, 경호조치의 필요성을 거의 느끼지 않으며, 경호를 거의 무시하다시피 행동한다(케네디, 루즈벨트, 존슨, 클린턴). 둘째는 '소극적 협력형(passive-cooperative)'으로, 경호의 필요성은 느끼지 않으나, 가능하면 경호부서와 불화를 일으키지 않고 문제를 어렵게 만들지 않으려고 노력한다(트루먼, 포드, 카터). 셋째는 '적극적 지원형(supportive-preference)'으로, 일반적으로 경호조치에 수용적이고, 오히려 경호조치로 인한 대중과의 일정한 격리를 즐기는 경향이 있다(아이젠하워, 닉슨, 레이건, 부시). 이처럼 경호의 질과 방식은 대통령의 심리적 성향에 큰 영향을 받는다. 상당 부분, 대통령들은 자신의 성격이나 정치 스타일에 따라 경호에 관한 나름대로의 규칙을 정해놓고 있다.[29]

경호방식은 경호원(경호의 주체)과 경호대상자(경호의 객체)와의 타협의 산물이

27) "Absolute security is neither practical nor possible."
28) Report of the President's Commission on the Assassination of President Kennedy, p. 428 (http://www.archives.gov/research/jfk/warren-commission-report/).
29) Melanson, Philip H.(2005), The Secret Service, New York; Carroll & Graf Publishers. pp. 294~299.

다. 경호대상자가 경호원의 말을 무시할 수는 있지만, 그렇다면 그는 일정 부분 위험을 감수해야 할 것이다. 경호대상자가 경호에 대하여 협조적이건 비협조적이건 간에, 경호는 경호대상자 주위에 안전공간을 확보함으로써 경호대상자가 위험에 노출되지 않고 안전하게 움직일 수 있도록 해주는 사람들이다. 경호대상자도 이러한 경호원들의 노력을 이해하고, 경호의 울타리 안에서 생활하고 소통하는 법을 배우고 적응해야 한다.

경호는 경호대상자의 협조가 필수적이다. 경호안전도를 향상시키기 위한 경호대상자의 협조를 유도하기 위해서는, 경호대상자의 심리적 성향을 이해하고 그 대상에 적합한 경호기법을 개발하여 신뢰감을 얻는 것이 중요하며, 경호환경에 대한 인식과 경호조치에 대한 협조내용을 이해시키는 활동이 병행되어야 한다.30)

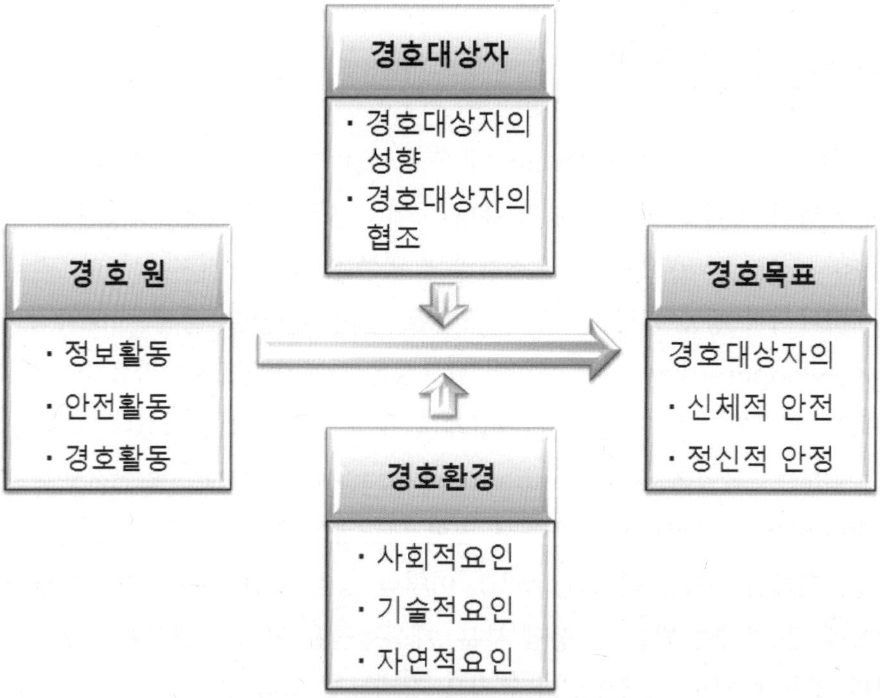

〈표 1-6〉 경호임무 수행에 미치는 영향요소

30) 최기남(2004), 중동테러리즘에 대한 한국경호 안전도 극대화 방안, 경기대학교 대학원 박사학위논문, p. 105.

Ⅲ. 경호의 상대(경호위해요인)

경호의 상대는 경호가 맞서 상대해야 하는 목표를 지칭한다. '경호환경'이라고 할 수 있으며, 경호활동에 영향을 미칠 수 있는 경호대상자를 둘러싸고 있는 제반 위해요인을 말한다. 경호는 이러한 경호환경을 경호대상자에게 유리하게 조정하고 통제하고 지배해가는 과정으로, 경호업무를 계획하고 준비하는 과정에서 최우선적으로 고려해야 할 요소이다.

경호의 상대는 거시적 관점에서 경호에 영향을 미치는 환경요인별로 분류하거나, 미시적 관점에서 경호조치의 대상인 위해요소별로 분류할 수 있다. 거시적 관점의 경호환경은 사회 전반에 걸친 경호적 취약성을 평가하는 것이고, 미시적 관점의 경호상대는 하나의 행사장에 국한된 경호적 취약성을 평가하는 것이다.

1. 환경요인별 분류

경호환경은 사회적 제 현상을 반영한다. 경호에 영향을 미치는 요인을 거시적으로 보면 사회적 요인과 기술적 요인 및 자연적 요인으로 분류할 수 있다.

1) 사회적 환경

사회적으로 경호에 영향을 미치는 요인으로는 이웃국가와의 대립, 사회적 관습, 지역사회 간의 갈등, 사회조직 간의 이념적 갈등, 사회 계층 간의 정치적·경제적 분열과 효과적인 경호를 지원하는 법과 제도의 정비 여부 등을 들 수 있다. 한 사회의 통합성은 범죄의 발생과 밀접한 관계가 있으며, 사회 구성원이나 계층 간의 갈등은 정치적으로, 경제적으로, 종교적으로, 역사적으로 혹은 이념적으로 표출되어 사회적 혼란과 범죄를 야기하며, 이는 경호조치나 결과에 크나 큰 영향을 미치게 된다.

현대의 사회는 과학의 발달과 정보의 범람으로 인하여 새로운 모습으로 변화하고 있다. 이러한 현대사회의 특징으로, 기술의 발달에 따른 산업화, 인구의 도시 집중에 따른 도시화, 미스미디어와 인터넷 매체의 발달에 따른 정보화, 그리고 이동수단과 정보매체의 발달에 따른 세계화 등을 들 수 있을 것이다. 이와 같은 현상은 일반적으로 현대사회에서 보이는 특징이며, 이와 더불어 특정한 사회 고유의 조직, 풍습 및 규범 등이 경호에 영향을 미치게 되는데, 이를 일반적인 경호환경이라 말한다.

일반 환경이 현대사회에서 어느 나라에서나 나타나는 보편적인 사회 환경이라면, 특수 환경은 특정한 나라에 국한된 특수한 경호환경을 의미한다. 우리나라의 경우, 남북 분단의 현실은 오랜 세월 우리가 안고가야 하는 멍에이고, 세계에서도 유례없는 고도성장은 양극화라는 부작용을 가져왔으며, 고착화되다시피 한 지역갈등은 사회적 통합을 가로막는 걸림돌이 되고 있다.

2) 기술적 환경

기술적 환경요인은 경호와 관련된 법적 · 제도적 지원체제와 경호조직의 경호조치능력을 말한다. 경호조직의 경호행위를 뒷받침할 법규와 정부 내 각 기관과의 유기적인 지원 및 협조체제의 구축이 필요하다. 또한 경호조직 내부적으로도 경호와 관련된 정보의 수집 · 분석 능력과 전달체계의 확립, 경호조직의 구조적 통합성 및 협력성, 경호현장에서 인적 · 물적 · 지리적 취약성을 정확히 평가하고 필요한 조치를 적절히 취할 수 있는 경호원 개개인의 전문성이 요구된다.

경호의 기본적인 수단은 통제이다. 위험요소가 경호대상자에게 접근하지 못하도록 통제하고 제어하는 방법이 바로 경호기법이다. 경호 통제의 대상은 인적 위해요소, 물적 위해요소 및 지리적 위해요소를 모두 포함하며, 이들 위험요소를 시간적 · 공간적 · 대상별로 효과적으로 관리하고 통제하는 경호기법의 개발과 함양이 요구된다.

3) 자연적 환경

또한 사회적 환경이나 경호의 기술적 환경과 함께 고려해야 될 요소는 자연적 환경요인이다. 이는 인위적이 아닌 온전히 자연적으로 형성된 경호적 취약요소로, 지형적 요인이나 기후적 요인 및 시간적 요인 등이 이에 포함될 수 있다. 지형적 요인으로는 화산 활동이나 황사의 발생 여부, 해발고도, 산악지대 및 수변도시 등의 지형적 특성과 더불어 도시의 구조나 행사장의 지리적 위치 등이 고려되어야 한다. 기후적 요인으로는 해당지역의 기상 현상이나 기온의 변화 등이 고려되어야 한다. 시간적 요인으로는 이른 새벽의 취약 시간대나 정신적 긴장감이 떨어지는 축제기간이나 휴가철 등의 취약성과 함께, 계절에 따른 일기의 변화 등이 고려될 수 있다.

2. 위해요소별 분류

미시적 관점의 경호환경은 하나의 행사장에서 경호에 영향을 미칠 수 있는 요인을 중심으로 위해의 가능성을 평가하는 것이다. 미시적 경호환경은 다시 인적 위해요소, 물적 위해요소와 지리적 위해요소로 분류한다.

경호에 영향을 미치는 환경요인이 2차적이고 간접적인 영향요인이라면, 행사장 주변에 내재하는 위해요소는 1차적이고 직접적인 위해요인이라고 할 수 있다.

1) 인적 위해요소

인적 위해요소는 경호대상자에게 위해를 가하거나 가할 우려가 있는 자들을 일컬으며, 이들은 다양한 사회적 요인에 의한 개인이나 조직의 불만과 욕구를 해소하거나 표출하기 위한 수단으로 국가나 사회적 요인에 대한 위해를 기도한다. 위해기도자들은 대부분 자신의 정치적 신념이나 종교적 신념에 따라 위해를 기도하기도 하지만, 최근에는 본인의 의지와는 상관없이 정신질환 등의 결과로 충동적 위해를 기도하는 경우도 많이 발생하고 있다. 따라서 이와 같은 위해기도자들의 계획적이고 치밀한 위해뿐만 아니라, 충동적으로 발생하는 우발적 위해 등 다양한 형태의 위해행위를 사전에 찾아내거나 제지하기 위한 노력이 요구된다.

2) 물적 위해요소

물적 위해요소는 행사지역 내에 위치하여 자체적으로 위험성을 내포하거나 위해행위에 사용될 수 있는 물품이나 장비 등을 말한다. 우선 행사장의 시설물을 들 수 있는데, 가스시설, 전기시설, 공조시설 및 승강기 등은 항상 위험성을 내포하고 있는 시설들로 철저한 관리와 점검이 요구된다. 또한 행사장 내의 각종 집기류나 장식품 등도 위해도구를 은닉하거나 위해요구로 사용될 가능성이 있다. 그리고 위해에 이용 가능한 각종 위험물질이 있을 수 있다. 가장 대표적인 위해수단인 총기나 폭발물은 물론, 각종 도검류, 화학물질, 가스 및 유류, 독극물질과 행사장으로 반입되는 모든 물품이 경호조치의 대상이 된다.

3) 지리적 위해요소

지리적 위해요소는 위해기도자에게 은신처를 제공하거나, 위해행위에 유리한 조건을 제공하는 장소나 건물 등을 말한다. 행사장 내의 각종 시설물이나 행사 관련 구조물, 행사장 주변의 고층건물이나 감제고지 및 수림지 등은 위해기도자에게 양호한 은신처를 제공할 수 있다. 또한 탈출로가 제한된 행사장 자체의 지리적 위치, 이동로 상의 건널목이나 교량, 서행이 요구되는 곡각지나 좁은 도로 등은 위해기도자에게 유리한 공격조건을 제공할 수 있다. 지리적 위해요소는 치밀한 점검과 수색, 감시조 운용, 기동수단 및 행차로의 조정, 주의 환기 등을 통해서 지리적 취약성에 대비한다.

〈제8장 경호환경 참조〉

제4절 경호 및 경비의 분류

Ⅰ. 경호의 분류

1. 경호주체에 의한 분류

경호주체에 의한 경호의 분류는 경호임무를 수행하는 경호조직의 성격에 따른 구분으로, 경호조직이나 경호행위의 성격이 공공기관이고 공공성을 띠고 있는가, 아니면 민간조직에 의한 사적인 영리추구가 목적인가에 따라 공경호와 사경호로 구분된다.

1) 공경호

공경호는 법적 구속력을 갖고 있는 국가기관(대통령경호처, 경찰, 국가정보원 등)에 의해서 행해지는 경호활동을 말한다. 공경호의 목적은 정부요인이나 국가적 주요인사의 신변보호, 국가 주요기관의 보호, 공공의 안녕 및 질서유지 등의 공익성의 확보에 있다.

국가기관에 의해서 행해지는 공경호는 국민에 의해서 그 권한을 위임받은 공적 행위로, 법률에 의한 합법적인 물리적 강제력을 행사할 수 있으며, 이는 법적 보호를 받는다.

2) 사경호(민간경호)

사경호는 민간인 신분의 개인 또는 법인에 의해서 행해지는 경호활동을 말한다. 사경호의 목적은 경호사업자의 이윤 추구에 있다. 따라서 사경호는 경호에 소요되는 경비의 일체를 부담하는 의뢰인의 요구에 의하여 경호서비스 공급자와 수요자 간 상호 계약에 따라 경호서비스를 제공하는 것이다.

사경호의 특징은 경호원의 경호행위에 아무런 법적 권한이 없고, 특정한 의뢰인을 대상으로 하며, 영리성을 목적으로 하고 있고, 경호행위 자체가 비강제적 수단에 의존하며, 경호행위의 역할범위에 한계가 있다는 것이다.

2. 임무에 의한 분류

경호팀의 임무에 따른 구분으로, 선발경호와 수행경호로 분류한다. 선발경호는 행사지역에 본대보다 먼저 출동하여 행사장 안전조치 등의 임무를 수행하고, 수행경호는 본대와 같이 움직이며 경호대상자를 지근거리에서 보호하는 임무를 수행한다.

1) 선발경호

선발경호란 경호대상자의 예정된 행사와 관련해서 다양한 기능을 갖춘 경호팀을 행사지역에 먼저 파견하여 행사장의 취약요소를 확인 점검하고 필요한 안전조치를 강구하는 경호활동을 말한다. 선발경호의 목적은 예방경호에 있으며, 이 목적을 달성하기 위하여 선발경호팀은 행사장 내의 위험요인 및 취약요소를 확인하여 제거하거나 최소화시키고, 외부로부터 행사장 내로 위험요소가 침투하거나 반입되지 않도록 통제하는 임무를 수행한다.

선발경호는 행사나 행사장과 관련된 특이사항을 사전에 파악하여 본대에 전달하고, 행사에 동원되는 모든 지원요소를 하나의 지휘체계로 통합하여 각 지원요소의 업무를 조정 통제하며, 행사장 및 행사참석자의 안전을 확보하고 유지하며, 행사간 우발상황 발생에 대비한 각종 비상대책을 강구함으로써 경호의 효용성을 증대시킨다.

2) 수행경호

수행경호란 경호대상자의 신변을 보호하기 위한 근접 호위활동이다. 경호대상자를 계속 따라다니면서 행하는 경호활동이기 때문에 '수행(隨行)경호'라고 한다. 모든 행사가 계획되고 예상된 순서와 절차에 의해서 진행되는 것만은 아니어서, 때로는 예기치 못한 상황과 돌발변수가 발생하기도 한다. 경호상황도 예외는 아니기 때문에 언제, 어디서, 누가, 어떻게 공격을 해올지 알 수 없는 상황에서 경호임무를 수행하게 된다. 따라서 수행경호팀은 항상 경호대상자 주변에서 일어나는 위해행위 등의 돌발상황에 기민하게 대처하고 효과적으로 조치하여, 경호대상자의 신변을 보호하는 데 만전을 기하여야 한다.

3. 이동수단에 의한 분류

경호대상자가 행사장까지 어떻게 이동하는가 하는 이동수단과 방법에 따른 구분으로, 도보경호, 차량경호, 열차경호, 항공기경호 및 선박경호 등 이동수단에 따라 분류한다.

1) 도보경호

도보(徒步)경호란 근거리를 걸어서 이동할 때 실시하는 경호방법을 말하며, 경호대상자 가까이에 붙어서 경호를 하기 때문에 '근접경호'라고 하기도 한다. 도보 이동 시에는 일반 군중과의 접촉 가능성이 높고, 주변에 방호물이 거의 없으며, 이동속도가 느린 관계로, 위해기도자에게 쉽게 노출이 되는 취약성을 안고 있다. 따라서 근접경호원은 도보로 이동하는 동안 주변 상황의 흐름을 정확히 인식하고, 담당구역에 대한 사주경계를 철저히 하며, 우발상황에 즉각 대응할 수 있는 즉각대응태세를 갖추고 있어야 한다.

2) 차량경호

차량경호는 경호대상자가 차량을 이용하여 중거리를 이동할 경우에 실시하는 경호방법으로, 경호대상자차에 동승하여 경호하는 방법과 경호대상자차 앞이나 뒤에서 경호차량으로 호위하는 방법이 있다.

동승경호는 경호원이 1명뿐인 단독경호나 비공식 행사 시 경호대상자차에 동승하여 은밀히 경호임무를 수행하게 되며, 이 때 경호원은 이동로 선정과 교통상황 파악 등의 많은 업무를 단독으로 수행해야 한다. 차량호위방식은 경호대상자차 앞과 뒤에서, 또는 앞이나 뒤에서만 경호대상자차를 호위하면서 경호하는 방식으로, 경호차량의 위치를 적절히 변경하면서 위해요소의 접근을 차단한다.

3) 열차 · 항공기 · 선박 경호

열차경호란 경호대상자가 기차를 이용하여 이동할 경우 실시하는 경호형태로, 전용열차가 아닌 경우 대개 기차역이나 기차 객실은 승객들로 복잡하므로, 철저한 수색과 경계활동이 요구된다. 열차는 기상의 영향을 거의 받지 않고, 많은 인원이 동시에 이동할 수 있으며, 장거리를 안전하게 이동할 수 있는 장점이 있다. 그러나 고정된 철로를 이동하기 때문에 우발상황 발생 시 대피수단이 제한적인 취약점이 있다.

항공기경호란 경호대상자가 비행기나 헬기를 이용하여 장거리를 이동할 경우 실시하는 경호형태로, 탑승수속에 따른 제 규정을 충분히 고려하여 시간계획과 경호계획을 수립한다. 항공기를 이용하면 장거리를 신속히 이동할 수 있고 혼잡한 교통을 피할 수 있는 장점이 있으나, 야간 및 기상의 영향을 많이 받으며 우발상황에 대한 대응수단이 별로 없다는 단점이 있다.

선박경호는 경호대상자가 배를 이용하여 이동 시 실시하는 경호형태로, 파도 등 해상기상을 고려하여 이동계획을 수립한다. 특히 선박 이용 시에는 구급약이나 비상구조장비 등을 철저히 준비하고, 비상상황에 대비한 현장이탈계획을 수립하여 운용한다.

4. 장소에 의한 분류

경호행사가 이루어지는 장소가 어디인가에 따른 구분으로, 기념식 등의 행사가 이루어지는 장소에서 행하는 행사장경호, 유숙지를 지키기 위한 숙소경호, 도로 이동 간 실시되는 연도경호 등으로 구분한다.

1) 행사장경호

행사장경호란 경호대상자가 참석하는 행사장소를 안전공간으로 확보하여 경호대상자의 신변을 보호하기 위한 경호활동으로, 행사장소에 대한 안전조치와 행사참석자에 대한 안전조치가 포함된다. 행사장소에 대한 안전조치로는 시설물 및 반출입품에 대한 안전점검, 위해물질의 탐지 및 제거, 비상대책의 강구 등이 포함된다. 또한 행사참석자에 대한 안전조치로는 행사 종사자 및 참석자에 대한 신분 확인과 검색을 통해서 위해분자의 위장침투를 거부하고, 행사참석자의 이동계획이나 입장계획을 확인 조정하여 혼잡을 방지하는 등의 경호조치가 요구된다.

행사장 경호 시에는 경호대상자가 행사장이라는 고정된 장소에서 비교적 장시간 머물게 되고, 한정된 공간 안에서 많은 행사참석자와 접촉하게 되는 점을 고려한 철저한 경호조치가 요구된다.

2) 숙소경호

숙소경호란 경호대상자가 평소에 거처하는 숙소뿐만 아니라 행사 등으로 인하여 임시로 사용하는 외부 유숙지에 대한 경호활동을 말한다. 숙소에 대한 경호조치도 일반 행사장경호와 마찬가지로 시설물과 출입인원에 대한 안전조치가 주요 조치사항이다. 그러나 경호가 일시적인 행사에 그치는 것이 아니라 항구적이거나 장시간에 걸쳐 이루어진다는 점에서 지속적이고 체계적인 침입방지대책 및 경호대책이 요구된다. 또한 장기간 주·야간에 걸쳐 경호를 실시해야 하는 만큼, 야간 경호대책과 근무교대 및 숙식계획이 별도로 수립되어야 한다.

3) 연도경호

연도경호란 경호대상자가 이동하는 기동로에 대한 안전조치나 도로 상에서 일시적인 행사가 이루어질 경우의 경호활동을 말한다. 차량 이동시에는 교통의 흐름과 주변 차량의 움직임에 유의하여 기동하고, 방어운전을 실시한다. 도로 상에서 행사가 이루어질 경우, 도로는 일반적으로 개방된 공간으로 모든 방면에서의 접근이 가능하고 고층건물 등으로 둘러싸여 있는 점을 고려하여, 철저한 사주경계와 고층건물 감시대책이 요구된다.

5. (행사)성격에 의한 분류

행사성격에 의한 분류는 의전적 측면과 경호적 측면을 동시에 고려하여 구분한 것으로, 의전적 측면에서의 구분은 공식행사와 비공식행사로, 경호적 측면에서의 구분은 노출행사와 비노출행사로 분류할 수 있다.

1) 공식경호

공식경호는 사전에 계획되고 공개된 의전절차에 따라 행사가 진행되고, 선발경호팀도 사전에 행사장에 출동하여 필요한 안전활동을 실시하는 노출된 경호활동을 실시한다. 공식행사는 행사가 사전에 노출되었거나 노출될 가능성이 매우 높기 때문에, 위해 기도의 가능성도 그만큼 농후하다고 할 수 있다. 따라서 경호팀은 행사의 노출을 전제로 그에 상응하는 주도면밀한 경호조치가 요구된다.

2) 비공식경호

비공식경호는 비공개된 의전절차에 따라 행사가 진행되고, 선발경호팀이 행사장에 출동하여, 비노출로 선발활동을 실시하는 경호활동을 말한다. 따라서 비공식경호는 행사에 대한 보안유지가 매우 중요하다. 그러나 비공식 경호행사라 하더라도 선발경호팀이 행사장에 출동한 이후에, 행사가 일반인들에게 노출되었다고 판단되면 적극적인 경호활동이 요구된다.

3) 약식경호

약식경호는 의전절차 없이 불시에 행사가 진행되고, 사전 경호조치도 없는 상태에서, 최소한의 근접경호만으로 실시하는 경호활동을 말한다. 특정 지역 내에서의 짧은 이동이나 산보, 또는 불시에 이루어지는 외출행사 등이 여기에 포함된다. 공식경호행사나 비공식경호행사는 정해진 의전절차에 따라 행사가 진행되지만, 약식경호는 정해진 의전절차 없이 임의적으로 이루어지는 간편행사를 말한다.

Ⅱ. 경비의 분류

1. 경비 주체에 의한 분류

경비를 제공하는 경비기관이 국가기관인가, 아니면 민간단체인가에 따른 분류로, 공경비와 민간경비로 구분한다.

1) 공경비

공경비는 국가의 공권력을 집행하는 국가기관에 의해서 실시되는 경비활동을 말하며, 법집행에 관한 모든 권한을 가지고 교통통제, 공공의 안녕과 질서 유지, 개인의 생명과 재산 보호, 범인의 체포 및 수사, 범죄예방과 같은 공공의 이익을 위하여, 또는 일반 국민들을 위하여 공공의 안전과 보호의 일반적인 업무를 행하는 모든 활동이 포함된다.

2) 민간경비

민간경비는 여러 가지 위해로부터 개인의 이익이나 생명 및 재산을 보호하기 위하여, 특정한 의뢰자인 고객으로부터 받은 보수에 따른 경비서비스를 제공하는 개인 및 단체 그리고 영리기업의 활동을 말한다. 민간경비는 경비업법에 의하여 다시 시설경비, 호송경비, 신변보호, 기계경비, 특수경비 및 혼잡·교통유도경비로 분류된다.

시설경비는 경비를 필요로 하는 시설 및 장소에서의 도난·화재, 그 밖의 혼잡 등으로 인한 위험발생을 방지하는 업무를 말하고,

호송경비는 운반 중에 있는 현금·유가증권·귀금속·상품, 그 밖의 물건에 대하여 도난·화재 등 위험발생을 방지하는 업무를 말하며,

신변보호는 사람의 생명이나 신체에 대한 위해의 발생을 방지하고, 그 신변을 보호하는 업무를 말하고,

기계경비는 경비대상시설에 설치한 기기에 의하여 감지·송신된 정보를 그 경비대상시설 외에 설치한 관제시설의 기기로 수신하여, 도난이나 화재 등의 위험발생을 방지하는 업무를 말하며,

특수경비는 공항 등 대통령령이 정하는 국가중요시설의 경비 및 도난, 화재, 그 밖의 위험발생을 방지하는 업무를 말하고,

혼잡 · 교통유도경비는 도로에 접속한 공사현장 및 사람과 차량의 통행에 위험이 있는 장소 또는 도로를 점유하는 행사장 등에서 교통사고나 그 밖의 혼잡 등으로 인한 위험발생을 방지하는 업무를 말한다.

2. 경비 목적에 의한 분류

1) 경호경비

경호경비란 경호대상자를 각종 위해로부터 보호하기 위하여 실시하는 경계활동의 일환으로, 경호대상자가 참석하는 행사장이나 숙소, 이동로 등 특정한 지역의 안전을 확보하기 위하여 해당 지역을 경계 · 순찰 · 방비하는 모든 안전활동을 말한다.

2) 치안경비

치안경비란 국민의 생명과 재산을 보호하기 위하여, 공공의 안녕과 질서를 저해하는 범죄행위의 발생을 예방하거나 경계하고 진압하는 경비활동을 말한다.

3) 재해경비

재해경비란 천재지변, 홍수, 태풍, 지진 등의 재해로 인해 발생 가능한 위해를 예방 · 경계 · 진압함으로써, 국민의 생명과 재산을 보호하고 공공의 안녕과 질서를 유지하는 활동을 말한다.

4) 혼잡경비

혼잡경비는 기념행사, 각종 경기대회, 제례행사 등의 대규모 행사로 인해 모인 군중들에 의해 발생되는 혼란상태를 사전에 예방하거나 경계하고, 사태가 발생할 경우 신속히 대처하여 혼란상태가 확대되는 것을 방지하는 경비활동을 말한다.

5) 특수경비

특수경비는 총포류, 도검류, 폭발물, 기타 흉기에 의한 중요 범죄 등의 사태로부터 발생할 위해를 예방하거나 경계하고 진압함으로써, 국민의 생명과 재산을 보호하고 공공의 안녕과 질서를 유지하는 경비활동을 말한다.

6) 중요시설경비

중요시설경비는 시설 내의 재산과 문서에 대한 비인가자의 접근을 방지하고, 간첩 · 태업 · 절도 및 기타 침해행위를 예방하거나 경계하고 진압하는 경비활동을 말한다.

3. 경비 방식에 의한 분류

1) 인력경비

인력경비란 각종 위해로부터 경비대상의 인적 · 물적 가치를 인력(사람)을 통해 보호하는 경비형태를 말한다. 인력경비는 경비원에 의한 현장에서의 즉각적인 조치가 가능하고, 범죄자에게 예측 가능성을 불허하는 장점이 있는 반면, 인건비 부담이나 인명피해 및 야간 경비활동의 제약성이 뒤따른다.

2) 기계경비

기계경비란 각종 위해로부터 경비대상의 인적 · 물적 가치를 기계경비시스템을 통해 보호하는 경비형태를 말한다. 기계경비는 넓은 지역을 24시간 감시가 가능하고, 인명피해의 우려가 없는 장점이 있으나, 설치비용의 부담과 범죄자에게 역이용되거나 오경보의 발생 가능성이 있다.

4. 경비 성격에 의한 분류

1) 자체경비

자체경비란 경비를 필요로 하는 조직이 자체적으로 경비부서를 조직하여 경비활동을 실시하는 경비형태이다. 자체경비는 일반적으로 통제와 감독이 용이하고 경비원의 신분 보장과 조직에 대한 충성도는 높으나, 인사관리의 어려움과 고비용의 문제점이 있다.

2) 계약경비

계약경비는 경비상품을 갖춘 용역경비전문업체가 경비서비스를 원하는 용역의뢰자와의 일정한 계약행위를 통하여 경비서비스를 제공하는 경비형태이다. 계약경비는 비용이 적게 들고 고용의 탄력성과 경비원의 전문성이 높은 편이나, 이직율이 높고 충성도와 근무 만족도가 낮은 단점이 있다.

제2장

경호제도

"절대안전은 실용적이지도 않고, 가능하지도 않다."

"Absolute security is neither practical nor possible."

제2장 경호제도

제1절 개 설

제도라 함은 사회의 구성원 사이에서 여러 가지 생활영역을 중심으로 한 규범이나 가치체계에 바탕을 두고 형성되는 복합적인 사회규범의 체계를 말한다. 규범의 내용은 일정한 시대나 사회에서 공권력에 의한 규제의 효력을 가진 형식화된 법률에서부터, 형식화되어 있지는 않지만 한 사회에서 오랫동안 지켜 내려온 질서나 관습에 이르기까지 그 범위는 넓다. 제도는 그와 관련된 행위의 틀을 제공하고 행동의 방향을 제시함으로써, 관련 업무의 능률적 수행을 가능케 하지만, 개인의 자유를 다소나마 규제하고 자유스럽지 못하게 하는 측면도 있다.

모든 나라는 나름대로의 정치제도 · 경제제도 · 교육제도 · 종교제도 등의 사회체제 속에서 존립하고, 여기에는 이 장에서 언급하고자 하는 경호제도도 포함된다. 경호제도는 한 국가의 공 · 사적 주요인사의 신변을 보호함으로써, 체제나 질서의 붕괴로 인한 사회적 혼란을 예방하고 사회질서를 유지하기 위한 장치이다.

따라서 세계 각국은 그 나라의 사회규범에 부합하는 경호법제의 규정을 통하여, 국가 요인의 보호 및 사회질서체제 유지의 방안을 모색하고 있다. 한 나라의 경호제도의 연구는 그 나라의 정부조직 내 경호기관의 구성, 경호기관의 성격 및 규모, 경호기관의 위상과 권한의 정도, 경호기관의 독립성, 경호대상의 범위, 경호 관련 법규 및 경호의 기술적 방법 등을 이해하는 길이며, 이를 통하여 우리나라의 경호제도를 재조명해 볼 수 있을 것이다. 이 장에서는 우리나라의 경호 관련 법적근거와 일반적인 경호조직의 특성과 성격을 개괄적으로 검토하고, 주요국가의 경호제도를 경호기관의 성격별로 분류하여 기술하였다.

제2절 경호의 법적 근거

경호와 관련된 법적 근거는 성문법에 의하여 규정되어 있다. 성문법은 입법기관에 의해 특별한 절차에 따라 만들어지고 문서로 규율된 법을 말하며, 우리나라의 법체계는 헌법-법률-명령(시행령, 시행규칙)[1]-자치법규(조례 및 규칙)-국제조약 및 국제법규 등으로 되어 있다.

우리나라의 경호와 경비에 관한 법률로는 「대통령 등의 경호에 관한 법률」, 「전직대통령 예우에 관한 법률」, 「경비업법」과 「청원경찰법」, 「경찰관 직무집행법」 등이 있고, 이에 따른 시행령과 시행규칙 및 「대통령경호안전대책위원회규정」 그리고 경호와 관련된 조약으로 「외교관 등 국제적 보호인물에 대한 범죄의 예방 및 처벌에 관한 협약」과 「한국군과 주한미군간의 대통령경호에 대한 합의각서」 등이 있다.

Ⅰ. 대통령 등의 경호에 관한 법률

대통령 경호에 관한 법률로는 대통령경호실을 설치하기 위하여 1963년 12월 14일 법률 제1507호로 제정된 「대통령경호실법」이 있고, 이 법은 2008년 2월 29일 법률 제8872호로 「대통령 등의 경호에 관한 법률」로 개칭되었다. 동법에는 1974년에 '대통령경호경비안전대책위원회' 설치 조항이 추가되고, 1981년 개정분에는 '대통령 당선 확정자와 가족의 호위'와 '전직대통령과 그 배우자 및 자녀의 호위' 임무가 추가되었다. 2004년에는 대통령 탄핵에 따라 '대통령권한대행과 그 배우자'에 대한 경호임무가 추가되었다.

1999년 동법 개정으로 경호원의 신분은 별정직에서 특정직 국가공무원으로 바뀌어 정치적 중립과 신분상의 안정을 기할 수 있게 되었다(법률 제6087호). 동 법은 2008년에 대통령 직속기관인 대통령경호실에서 대통령실 소속의 경호처를 두도록 개정되었다가(2008년 2월 29일, 법률 제8872호), 2013년 3월 23일(법률 제

1) 명령은 내용에 따라 법규명령과 행정명령(행정규칙)으로 나누어지고, 발령권자에 따라 대통령령, 총리령과 부령으로 나누어진다(헌법 제75 · 95조). 대통령령을 시행령이라고 하고, 총리령과 부령을 시행규칙이라고 한다.

11689호) 대통령 직속의 대통령경호실로 환원되었다. 또한 동년 개정 법률(법률 제12044호, 2013. 8. 13 공표)은 대통령경호실의 경호대상에서 전직대통령 자녀를 제외하고, 전직 대통령 또는 그 배우자에 대하여는 5년의 범위에서 규정된 기간(10년)을 넘어서도 경호할 수 있도록 하였다. 2017년 개정된 정부조직법에서는 대통령경호실이 대통령경호처로 개편되었다.

1. 경호대상

동법 제4조에서 규정한 경호처의 경호대상은 다음과 같다.

1. 대통령과 그 가족
2. 대통령 당선인과 그 가족
3. 본인의 의사에 반하지 아니하는 경우에 한정하여 퇴임 후 10년 이내의 전직 대통령과 그의 배우자. 다만, 대통령이 임기 만료 전에 퇴임한 경우와 재직 중 사망한 경우의 경호 기간은 그로부터 5년으로 하고, 퇴임 후 사망한 경우의 경호 기간은 퇴임일부터 기산(起算)하여 10년을 넘지 아니하는 범위에서 사망 후 5년으로 한다.
4. 대통령권한대행과 그 배우자
5. 대한민국을 방문하는 외국의 국가 원수 또는 행정수반(行政首班)과 그 배우자
6. 그 밖에 처장이 경호가 필요하다고 인정하는 국내외 요인(要人)으로 정하고, 제1항 제1호 또는 제2호에 따른 가족의 범위는 대통령령으로 정한다고 되어 있다. 또한 전직 대통령 또는 그 배우자의 요청에 따라 실장이 고령 등의 사유로 필요하다고 인정하는 경우에는 5년의 범위에서 규정된 기간을 넘어 경호할 수 있다[2]고 규정하고 있다.

---

2) 2013년 7월 2일 개정된 이 법은 일명 "이희호 경호법"으로 불린다. 이 법의 개정과 동시에 대통령경호처의 경호대상에서 전직대통령의 자녀는 제외되었다.

2. 경호구역

동법 제5조(경호구역의 지정 등)에서 경호처장은 경호업무의 수행에 필요하다고 판단되는 경우 경호 목적 달성을 위한 최소한의 범위로 한정하여 경호구역을 지정할 수 있도록 규정하고 있고, 소속공무원은 경호 목적상 불가피하다고 인정되는 상당한 이유가 있는 경우에만 경호구역에서 질서유지, 교통관리, 검문·검색, 출입통제, 위험물 탐지 및 안전조치 등 위해 방지에 필요한 안전 활동을 할 수 있도록 규정하고 있다.

경호구역의 지정은 "3중경호의 원리"에 입각한 경호의 효율성을 제고함과 동시에, 경호구역 내에서의 경호행위에 대한 정당한 법적 근거를 제공하고, 또한 그 범위를 최소한으로 한정하도록 규정하여 일반국민의 불편을 최소화하도록 한다는 점에서 그 의의가 있다.

3. 경호 및 안전 관리

동법 제5조의2항(다자간 정상회의의 경호 및 안전관리)에서는 대한민국에서 개최되는 다자간 정상회의에 참석하는 외국의 국가원수 또는 행정수반과 국제기구 대표의 신변(身邊)보호 및 행사장의 안전관리 등을 효율적으로 수행하기 위하여 대통령 소속으로 경호·안전 대책기구를 둘 수 있도록 규정하고 있다.

다자간 정상회의는 많은 경호경비 인력의 수요로 인하여 경호처의 업무능력을 뛰어넘는 행사이기 때문에 외부로부터의 경호인력의 지원이 요구되고, 범국가적이고도 종합적인 안전대책이 필요하게 된다. 따라서 경호처를 포함한 외부의 많은 지원기관과 지원인력을 효과적으로 조정·통제할 필요성이 제기된다. 이 조항은 경호정보의 효율적인 관리와 인력의 통제를 담당할 주체를 명시하고 있다.

한편, 제16조(대통령경호안전대책위원회)에서는 경호처의 경호대상에 대한 경호업무를 수행할 때에는 관계 부처의 책임을 명확하게 하고, 협조를 원활하게 하기 위하여 경호처에 대통령경호안전대책위원회를 두도록 규정하고 있다.

4. 비밀의 엄수

경호공무원에 대한 의무조항으로 제9조(비밀의 엄수)에서 소속공무원[퇴직한 사람과 원(原) 소속 기관에 복귀한 사람을 포함]은 직무상 알게 된 비밀을 누설하여서는 아니 된다는 비밀엄수의무와 더불어, 제18조(직권 남용 금지 등)에는 소속공무원은 직권을 남용하여서는 아니 된다는 직권남용금지 조항을 두고 있다.

그렇지만 경호공무원도 특정직 국가공무원으로서, 「국가공무원법」 제7장(복무)에서 규정한 7대 의무(성실의무, 복종의 의무, 친절공정의 의무, 종교중립의 의무, 비밀엄수의 의무, 청렴의 의무, 품위 유지의 의무)와 5대 금지(직장 이탈 금지, 영리업무 및 겸직 금지, 정치 운동의 금지, 집단 행위의 금지, 직권남용의 금지) 조항을 준수할 의무를 진다.

5. 보상

제13조(보상)는 직원으로서 제4조제1항 각 호의 경호대상에 대한 경호업무 수행 또는 그와 관련하여 상이(傷痍)를 입고 퇴직한 사람과 그 가족 및 사망(상이로 인하여 사망한 경우를 포함한다)한 사람의 유족에 대하여는 「국가유공자 등 예우 및 지원에 관한 법률」 또는 「보훈보상대상자 지원에 관한 법률」에 따른 보상을 하도록 규정하고 있다.

경호업무는 경호원의 희생을 전제로 한다. 최악의 경우는 경호원의 희생으로 경호대상자의 생명을 살리는 것이다. 위험한 순간 자신을 희생하여 국가의 상징인 대통령을 보위한 경호원에 대한 보상은 경호원의 충성심과 책임감 고취에 중요한 요소이다.

6. 파견 및 협조 요청

제15조(국가기관 등에 대한 협조 요청)는 직무상 필요하다고 인정할 때에는 국가기관, 지방자치단체, 그 밖의 공공단체의 장에게 그 공무원 또는 직원의 파견이나 그 밖에 필요한 협조를 요청할 수 있다고 규정하여, 관련 기관의 협조의무를 부과하고 있다.

이는 경호처의 한정된 인원과 장비로는 경호임무 수행에 한계가 있을 수밖에 없기 때문에, 외부의 전문인력이나 시설 및 장비를 활용하여 보다 전문적이고 효과적으로 경호임무를 수행하기 위한 조치이다.

7. 무기의 휴대 및 사용

또한 제19조(무기의 휴대 및 사용)에는 직무를 수행하기 위하여 필요하다고 인정할 때에는 소속공무원에게 무기를 휴대하게 할 수 있고, 무기를 휴대하는 사람은 그 직무를 수행할 때 필요하다고 인정하는 상당한 이유가 있을 경우 그 사태에 대응하여 부득이하다고 판단되는 한도 내에서 무기를 사용할 수 있도록 규정하여[전문개정 2011.4.28], 경호공무원의 임무수행에 필요한 포괄적인 법적근거를 제공하고 있다.

그러나 무기의 사용도 1) 정당방위와 긴급피난에 해당할 때, 2) 경호공무원의 공무집행에 항거하거나 도피하려고 할 때 무기를 사용하지 아니하고는 다른 수단이 없다고 인정되는 상당한 이유가 있을 때, 그리고 3) 야간이나 집단을 이루거나 흉기나 그 밖의 위험한 물건을 휴대하여 경호업무를 방해하기 위하여 소속공무원에게 항거할 경우에 이를 방지하거나 체포하기 위하여 무기를 사용하지 아니하고는 다른 수단이 없다고 인정되는 상당한 이유가 있을 때 등으로 엄격히 제한하고 있다.

Ⅱ. 전직대통령 경호

전직대통령 예우에 관해서는「전직대통령 예우에 관한 법률」과 동시행령에, 전직대통령 경호에 관한 사항은「대통령 등의 경호에 관한 법률」과 동시행령에 근거한다.

「전직대통령 예우에 관한 법률」은 전직대통령 예우에 관한 사항을 규정하기 위하여, 1969년 1월 22일 법률 제 2086호로 제정 공포되었다. 전직대통령에 대한 예우로는 본인 또는 유족에게 연금을 지급하고, 민간단체 등이 전직대통령을 위한 기념사업을 추진하는 경우에는 필요한 지원을 할 수 있도록 되어 있다. 동법은 1988년 2월 24일 법률 제 4001호에 의거하여, 전직대통령 또는 그 유족에 대한 예우 규정을 일부 개정하여

1. 필요한 기간의 경호 및 경비
2. 교통 · 통신 및 사무실의 제공 등의 지원
3. 본인 및 그 가족에 대한 치료
4. 그 밖에 전직대통령으로서 필요한 예우를 제공하도록 하고 있다.

또 제6조(그 밖의 예우) ① 항에서는 전직대통령은 비서관 3명과 운전기사 1명을 둘 수 있고, 전직대통령이 서거한 경우 그 배우자는 대통령령으로 정하는 기간 동안 비서관 1명과 운전기사 1명을 둘 수 있도록 규정하고 있다. 그러나 전직대통령이 전직대통령 예우에 관한 법률의 기본 취지에 반하는 행위를 한 경우, '필요한 기간의 경호 · 경비'를 제외한 모든 예우를 하지 아니한다.

제7조(권리의 정지 및 제외 등) ②전직대통령이 다음 각 호의 1에 해당하는 경우에는 제6조제4항제1호에 따른 예우(필요한 기간의 경호 · 경비)를 제외하고는 이 법에 의한 전직대통령으로서의 예우를 하지 아니한다.

1. 재직 중 탄핵결정을 받아 퇴임한 경우
2. 금고 이상의 형이 확정된 경우
3. 형사처분을 회피할 목적으로 외국정부에 대하여 도피처 또는 보호를 요청한 경우
4. 대한민국의 국적을 상실한 경우

한편 「전직대통령 예우에 관한 법률」에 근거한 전직대통령에 대한 '필요한 기간의 경호 및 경비'는 「대통령 등의 경호에 관한 법률」제4조 경호대상에서 규정한 대로 "퇴임 후 10년 이내의 전직 대통령과 그의 배우자"에 대하여 제공한다. 다만, 대통령이 임기 만료 전에 퇴임한 경우와 재직 중 사망한 경우의 경호 기간은 그로부터 5년으로 하고, 퇴임 후 사망한 경우의 경호 기간은 퇴임일부터 기산(起算)하여 10년을 넘지 아니하는 범위에서 사망 후 5년으로 한다. 그러나 전직 대통령 또는 그 배우자의 요청에 따라 처장이 고령 등의 사유로 필요하다고 인정하는 경우에는 5년의 범위에서 규정된 기간을 넘어 경호할 수 있도록 하고 있다.

또한 대통령경호처은 전직대통령과 그의 배우자의 경호를 위하여

1. 경호안전상 별도주거지 제공(별도주거지는 본인이 마련할 수 있다)
2. 현거주지 및 별도주거지에 경호를 위한 인원의 배치, 필요한 경호의 담당
3. 요청이 있는 경우 대통령전용기, 헬리콥터 및 차량 등 기동수단의 지원
4. 그 밖에 대통령경호처장이 관계기관과 협의하여 정한 사항을 지원한다.
   (「대통령 등의 경호에 관한 법률 시행령」 제3조)

대통령경호처의 경호대상에서 제외된 퇴임 후 10년 이후의 전직대통령 및 그의 배우자에 대한 경호는 경찰에서 담당한다. 이는 「전직대통령 예우에 관한 법률」상의 '필요한 기간의 경호 및 경비' 규정과 「경찰법」 및 「경찰관직무집행법」상의 '주요인사경호' 규정에 따른 경찰청의 「경호규칙」에 근거한다.

Ⅲ. 경비업법과 청원경찰법

1. 경비업법

「경비업법」은 경비업의 육성 및 발전과 그 체계적 관리에 관하여 필요한 사항을 정함으로써 경비업의 건전한 운영에 이바지함을 목적으로, 1976년 12월 31일 법률 제2946호 '용역경비업법'으로 제정 공포되고, 1999년 3월 31일 법률 제5940호 '경비업법'으로 개정되었다.

동 법은 제5차(1995) 개정에서 신변보호업무를 추가하고, 경비원의 지도 · 감독 및 교육을 전담하는 경비지도사제도를 신설하였다. 제8차(2001) 개정에서는 국가중요시설 경비를 위한 특수경비제도가 도입되고, 경비원도 일반경비원과 특수경비원으로 구분하여 특수경비원에게는 무기를 소지할 수 있도록 하였다. 그 외에도 기계경비업은 종전의 신고제에서 허가제로 개정되었고, 경비회사에 대해서는 5년 주기의 허가갱신제를 도입하였으며, 경비업자는 경비업 이외의 타 영업을 겸영할 수 없도록 하는 등의 대폭적인 법 개정이 이루어졌다. 또한 경비업무에 종사하는 관계전문기관 또는 단체의 임직원에 대하여 「형법」 제129조부터 제132조까지의 규정(수뢰, 제삼자뇌물제공, 수뢰후부정처사, 알선수뢰)을 적용할 때에는 공무원으로 간주하여, 경비업자에 대한 벌칙이 강화되었다[법률 제16316호, 2019. 4. 16]. 2024년에는 경비업의 업무 범위에 '혼잡 · 교통유도경비업무'를 추가하여, 각종 축제나 대규모행사 등에서의 혼잡이나 교통문제 해결과 관련해 민간경비업의 활성화를 기대하고 있다.

이 법이 정하는 경비업의 범위는 다음과 같다.

가. **시설경비업무** : 경비를 필요로 하는 시설 및 장소에서의 도난 · 화재 그 밖의 혼잡 등으로 인한 위험발생을 방지하는 업무

나. **호송경비업무** : 운반중에 있는 현금 · 유가증권 · 귀금속 · 상품 그 밖의 물건에 대하여 도난 · 화재 등 위험발생을 방지하는 업무

다. **신변보호업무** : 사람의 생명이나 신체에 대한 위해의 발생을 방지하고 그 신변을 보호하는 업무

라. **기계경비업무** : 경비대상시설에 설치한 기기에 의하여 감지 · 송신된 정보를 그 경비대상시설외의 장소에 설치한 관제시설의 기기로 수신하여 도난 · 화재 등 위험발생을 방지하는 업무

마. **특수경비업무** : 공항(항공기를 포함한다) 등 대통령령이 정하는 국가중요시설의 경비 및 도난 · 화재 그 밖의 위험발생을 방지하는 업무

바. **혼잡 · 교통유도경비업무** : 도로에 접속한 공사현장 및 사람과 차량의 통행에 위험이 있는 장소 또는 도로를 점유하는 행사장 등에서 교통사고나 그 밖의 혼잡 등으로 인한 위험발생을 방지하는 업무

동 법은 사람의 생명이나 신체에 대한 위해의 발생을 방지하고, 그 신변을 보호하는 신변보호업무를 경비업의 범위로 규정하여, 민간경비업자에 의한 경호사업의 근거를 제공하고 있다. 또한 경비업을 영위하고자 하는 법인은 도급받아 행하고자 하는 경비업무를 특정하여 그 법인의 주사무소의 소재지를 관할하는 시 · 도경찰청장의 허가를 받도록 하고 있고, 경비원을 지도 · 감독 및 교육하는 경비지도사를 선임하여야 한다. 선임된 경비지도사는 대통령령으로 정하는 바에 따라 경찰청장이 실시하는 보수교육을 받아야 한다. 더불어 경비원은 직무를 수행함에 있어 타인에게 위력을 과시하거나 물리력을 행사하는 등 경비업무의 범위를 벗어난 행위를 하여서는 안 되도록 규정하여, 무분별한 경비업자의 난립과 경비원의 권한 밖의 행위를 제한함으로써 민간경비의 공공성을 확보하도록 하고 있다.

2. 청원경찰법

「청원경찰법」은 1. 국가기관 또는 공공단체와 그 관리 하에 있는 중요 시설 또는 사업장, 2. 국내 주재 외국기관, 3. 그 밖에 안전행정부령으로 정하는 중요 시설, 사업장 또는 장소에 해당하는 기관의 장 또는 시설·사업장 등의 경영자가 경비(청원경찰경비)를 부담할 것을 조건으로 경찰의 배치를 신청하는 경우 그 기관·시설 또는 사업장 등의 경비를 담당하게 하기 위하여 배치하는 청원경찰의 원활한 운영을 위하여 1962년 4월에 제정된 법이다.

급격히 팽창하는 국가 및 산업시설을 경비하는데 턱없이 부족한 경찰력을 보완하여, 특정 시설의 경비를 목적으로 과도기적으로 만들어진 청원경찰법은 1962년 4월 3일 법률 제1049호로 제정되었다가 폐지되고, 다시 1973년 12월 31일 법률 제2666호로 제정되어 오늘에 이르고 있다.

청원경찰은 해당 경비구역만의 경비를 목적으로 필요한 범위 내에서 「경찰관직무집행법」에 따른 경찰관의 직무를 수행하게 하고 있다. 따라서 청원경찰은 해당 경비구역 내에서 불심검문, 보호조치, 위험발생의 방지 조치, 범죄의 예방과 제지, 경찰장구의 사용, 무기의 사용 등을 할 수 있다. 그러나 청원경찰이 직무를 수행할 때 직권을 남용하여 국민에게 해를 끼친 경우에는 6개월 이하의 징역이나 금고에 처하도록 하고, 청원경찰(국가기관이나 지방자치단체에 근무하는 청원경찰은 제외한다)의 직무상 불법행위에 대한 배상책임에 관하여는 「민법」의 규정을 따르도록 하여, 타인의 권익을 침해하는 월권행위를 금하고 있다.

청원경찰제도는 정부의 입장에서는 국가예산의 지출 없이 경찰력이 강화되는 효과를 거둘 수 있고, 청원주의 입장에서는 일정 비용으로 경찰공무원에 준하는 청원경찰의 배치를 받을 수 있어서 시설경비에 효과적이라는 쌍방의 이해가 합치되어 발전을 거듭하여 왔다. 그러나 2001년 경비업법의 개정으로 경비업에 특수경비업무가 추가되면서, 국가 중요시설의 경비를 담당하던 청원경찰은 점차 특수경비원으로 대체되어가는 추세로, 1997년에 30,632명이었던 청원경찰이 2022년에는 13,135명으로 감소하는 경향을 보이고 있다.

Ⅳ. 경찰법 및 경찰관직무집행법

우리나라는 행정안전부 소속으로 경찰청을 두어 치안업무를 관장하게 하고 있다. 경찰의 민주적인 관리·운영과 효율적인 임무수행을 위하여 경찰의 기본조직 및 직무범위 기타 필요한 사항을 규정하고 있는 「경찰법」은 1991년 5월 31일 제정되었으며(법률 제4369호), 「경찰관직무집행법」은 국민의 자유와 권리의 보호 및 사회공공의 질서유지를 위한 경찰관(국가경찰공무원)의 직무수행에 필요한 사항을 규정함을 목적으로 1981년 4월 13일 제정(법률 제3427호) 공포되었다.

「경찰법」 제3조(국가경찰의 임무)와 「경찰관직무집행법」제2조(직무의 범위)는 국가경찰의 임무와 그 직무범위를 다음과 같이 규정하고 있다.

1. 국민의 생명·신체 및 재산의 보호
2. 범죄의 예방·진압 및 수사

2의2. 범죄피해자 보호

3. 경비, 주요 인사(人士) 경호 및 대간첩·대테러 작전 수행
4. 치안정보의 수집·작성 및 배포
5. 교통 단속과 교통 위해(危害)의 방지
6. 외국 정부기관 및 국제기구와의 국제협력
7. 그 밖에 공공의 안녕과 질서 유지

경찰은 주요인사경호를 기본 임무로 하는 이 규정에 의하여 국내외요인에 대한 경호임무를 수행하고 있다. 국내적으로는 대통령경호처의 대통령 등에 대한 경호업무를 지원하고, 대통령경호처의 경호가 종료된 전직대통령 및 그 배우자에 대한 경호와 국회의장, 대법원장, 국무총리, 헌법재판소장, 대통령선거 후보자 등의 요인에 대한 경호임무를 수행한다.

경찰은 또한 방한하는 외빈에 대한 경호임무도 수행하는데, 행정수반이 아닌 총리, 부총리, 왕족, 전직대통령, 전직총리, 국제기구 및 국제회의의 의장, 기타 장관급 외빈으로서 경찰청장이 경호가 필요하다고 인정하는 자 등 대통령경호처의 경호대상이 아닌 주요 국외요인에 대하여 경호를 제공한다.

V. 명령

1. 대통령 등의 경호에 관한 법률 시행령

「대통령 등의 경호에 관한 법률 시행령」은 「대통령 등의 경호에 관한 법률」의 시행에 필요한 사항을 규정하기 위하여 제정된 명령이다. 동법에는 가족의 범위, 전직대통령 등의 경호, 경호등급, 경호구역 등에 관한 규정이 포함되어 있다.

시행령 제2조(가족의 범위 등)에 따른 '가족'이란 대통령 및 대통령당선인의 배우자와 직계존비속을 말한다. 또한 경호처가 경호하는 전직대통령의 가족은 그의 배우자로 국한되고, 전직대통령의 자녀는 경호대상에서 제외된다.

경호처장은 경호대상자의 경호임무를 수행하기 위하여 해당 경호대상자의 지위와 경호위해요소, 해당 국가의 정치상황, 국제적 상징성, 상호주의 측면, 적대국가 유무 등 국제적 관계를 고려하여 경호등급을 구분하여 운영할 수 있다〈제3조의2(경호등급)〉.

또한 다자간 정상회의에 참석하는 외국의 국가원수 또는 행정수반과 국제기구 대표의 신변(身邊)보호 및 행사장의 안전관리 등을 효율적으로 수행하기 위하여 설치되는 경호·안전 대책기구의 장은 다자간 정상회의의 경호 및 안전관리 활동에 관한 업무를 총괄하고〈제4조의3(경호·안전 대책기구의 구성 및 운영 등)〉, 그에 따른 인력 배치 및 장비 운용을 주관하여 실시한다〈제4조의4(국가중요시설 등에 대한 인력 배치 등)〉.

2. 대통령경호안전대책위원회규정

대통령경호안전대책위원회 설치는 「대통령 등의 경호에 관한 법률」제16조(대통령경호안전대책위원회)에 근거한다.

주요 내용으로는 ①대통령 등(제4조제1항)의 경호대상에 대한 경호업무를 수행함에 있어 관계부처의 책임을 명확하게 하고, 협조를 원활하게 하기 위하여 경호처에 대통령경호안전대책위원회를 둔다.

②위원회는 위원장과 부위원장 각 1인을 포함한 20인 이내의 위원으로 구성한다.

③위원장은 처장이 되고, 부위원장은 차장이 되며, 위원은 대통령령이 정하는 관계부처의 공무원이 된다.

④위원회는 다음 각 호의 사항을 관장한다.

1. 대통령 경호에 필요한 안전대책과 관련된 업무의 협의
2. 대통령 경호와 관련된 첩보 및 정보의 교환과 분석
3. 그 밖에 대통령 등 제4조제1항 각 호의 경호대상에 대한 경호에 필요하다고 인정되는 업무

⑤위원회의 구성 및 운영에 관하여 필요한 사항은 대통령령으로 정한다.

또한 제2조(구성)에서 규정한 대통령경호안전대책위원회 위원은 국가정보원 테러정보통합센터장, 외교부 의전기획관, 법무부 출입국·외국인정책본부장, 국방부 조사본부장, 문화체육관광부 관광산업정책관, 과학기술정보통신부 통신정책국장, 국토교통부 항공안전정책관, 식품의약품안전처 식품안전정책국장, 관세청 조사감시국장, 대검찰청 공공수사정책관, 경찰청 보안국장, 소방청 119구조구급국장, 해양경찰청 경비국장, 합동참모본부 작전본부 소속 장성급 장교 중 위원장이 지명하는 1명, 군사안보지원사령부 소속 장성급 장교 또는 2급 이상의 군무원 중 위원장이 지명하는 1명, 수도방위사령부 참모장과 위원장이 임명 또는 위촉하는 자로 구성한다.

제4조에서는 대통령경호안전대책위원회의 책임에 관하여 기술하고 있는 바, 대통령경호안전대책활동에 관하여는 위원회 구성원 전원과 그 구성원이 속하는 기관의 장이 공동으로 책임을 지며, 각 구성원은 위원회의 결정사항, 기타 안전대책활동을 위하여 부여된 임무에 관하여 상호간 최대한의 협조를 하여야 한다.

Ⅵ. 국제조약 및 국제법규

1. 외교관 등 국제적 보호인물에 대한 범죄의 예방 및 처벌에 관한 협약

본 협약은 국제평화 유지와 국가 간의 우호증진 및 상호 협조를 위한 유엔헌장의 정신에 입각하여, 외교관이나 국제적 보호인물의 안전을 위협하는 범죄는 정상적인 국제관계의 유지에 심각한 위협이 될 수 있다는 인식 하에 1973년에 체결되었다. 그리하여 당사국은 그러한 범죄에 대하여 적절하고도 효과적인 대책을 강구할 것을 규정하고 있다.

제1조는 '국제적 보호인물'을 다음과 같이 규정하고 있다.

(가) 관계국의 헌법상 국가원수의 직능을 수행하는 집단의 구성원을 포함하는 국가원수, 정부수반 또는 외무부장관으로서 그들이 외국에 체류하는 모든 경우 및 그들과 동행하는 가족의 구성원

(나) 일국의 대표나 공무원 또는 정부 간의 성격을 지닌 국제기구의 직원 또는 기타 대리인으로서 범죄가 이들 본인, 그의 공관, 그의 사저, 또는 그의 교통수단에 대하여 행해진 시기와 장소에서 국제법에 따라 그의 신체, 자유 또는 존엄에 대한 공격으로부터 특별한 보호를 받을 자격이 있는 자 및 그의 세대의 일부를 구성하는 가족의 구성원

또한 제2조에서는 이들의 안전에 위협이 되는 각종 범죄는 당사국의 국내법상의 범죄로 규정하여 필요한 조치를 취할 것을 본 협약은 규정하고 있다.

본 협약은 외국을 방문하는 국가원수나 외교단의 안전을 확보하여 국제평화와 국제관계 질서를 유지하기 위한 것으로, 이들에 대한 국가 차원의 경호 제공의 근거가 되고 있다. 이에 따라 우리나라에서는 의전 1등급인 외국의 국가원수와 의전 2등급에 해당하는 행정수반인 총리와 그 외 경호가 필요하다고 인정되는 국내외 요인에 대한 경호를 대통령경호처에서 제공하고 있다. 의전 3등급에 해당하는 행정수반이 아닌 총리, 부통령 및 왕세자 등과 의전 4등급인 외교부장관에 대한 경호는 경찰에서 담당하고 있다.

2. 한국군과 주한미군간의 대통령경호에 관한 합의각서

본 합의각서는 한 · 미간의 SOFA협정[3] 제3조[4] 및 제25조[5]를 근거로 하여 대통령 경호경비에 관한 협조절차를 규정하기 위하여 1987년에 체결되었다. 본 합의각서는 한국 및 외국의 국가원수가 주한 미군부대나 한 · 미연합군부대 그리고 그 인근지역 및 부대를 방문시 적용하여, 원활한 업무 협조와 안전조치로 경호대상자에 대한 경호업무를 효과적으로 수행하기 위한 것이다.

본 합의각서 제3조에서는 구체적인 협조내용을 다음과 같이 규정하고 있다.

제3조(협조체제) ① 대통령 경호경비에 관한 협조는 대한민국 대통령경호처 및 한국군 보안부대와 주한미군부대 간에 실시한다.

② 대통령 경호경비 업무를 효과적으로 수행하기 위하여 한 · 미 관계관회의를 통하여 정보를 상호교환하고 아래 세부사항에 관하여 긴밀히 협조한다.

1. 경호경비 책임사령관의 임명
2. 안전조치 문제
   1) 총기, 탄약, 화약류에 대한 안전조치
   2) 대공화기 및 비행통제 조치
   3) 인원, 장비 및 시설에 관한 안전조치
3. 보안활동 조치
4. 필요에 따라 추가 협의가 요구되는 사항

---

3) Status of Forces Agreement in Korea 또는 주한미군지위협정은 주한미군의 법적인 지위를 규정한 협정이다. 1950년 7월 12일 체결된 '재한(在韓) 미국군대의 관할권에 관한 대한민국과 미합중국간의 협정'에 대체해 1966년 7월 9일에 체결된 협정이다. 정식명칭은 '대한민국과 아메리카합중국간의 상호 방위조약 제4조에 의한 시설과 구역 및 대한민국에서의 군대의 지위에 관한 협정'이다. 국제법과 국제관례상 외국군대는 주둔하는 나라의 법률질서에 따라야만 한다. 다만 외국군대는 주둔하는 나라에서 수행하는 특수한 임무의 효율적 수행을 위해 두 나라 법률의 범위 내에서 일정한 특권과 면제를 제공받게 되는데, 이는 파견국과 체류국 간에 주둔군지위협정(SOFA)의 체결로 보장된다.

4) 제3조(시설과 구역-보안 조치)
   1. 합중국은 시설과 구역 안에서 이러한 시설과 구역의 설정, 운영, 경호 및 관리에 관한 필요한 모든 조치를 취할 수 있다. 대한민국 정부는, 합중국 군대의 지원, 경호 및 관리를 위하여 동 시설과 구역에의 합중국 군대의 출입의 편의를 도모하기 위하여, 합중국 군대의 요청과 합동위원회를 통한 양 정부간의 합의에 따라, 동 시설과 구역에 인접한 모든 그 주변의 토지, 영해 및 영공에 대하여, 관계 법령의 범위 내에서 필요한 조치를 취하여야 한다. 합중국은 또한 합동위원회를 통한 양 정부간의 협의에 따라 전기의 목적상 필요한 조치를 취할 수 있다.

5) 제25조(보안조치)
   대한민국과 합중국은 합중국 군대, 그 구성원, 군속, 제15조에 따라 대한민국에 체류하는 자, 그들의 가족 및 그들의 재산의 안전을 보장하는데 수시로 필요한 조치를 취함에 있어서 협력한다. 대한민국 정부는 대한민국 영역 안에서 합중국의 설비, 비품, 재산, 기록 및 공무상의 정보의 적의한 보안과 보호를 보장하기에 필요한 입법 조치와 기타 조치를 취하며, 또한 제22조에 따라 대한민국 관계 법률에 의거하여 범법자의 처벌을 보장하기로 동의한다.

제3절 경호 조직

Ⅰ. 경호조직의 특성 및 원칙

1. 경호조직의 특성

일반적으로 조직이란 특정한 목표를 달성하기 위하여 모인 사람들의 집합체를 말한다. 일반 조직의 특성은 첫째, 달성하고자 하는 특정 목표를 지향한다. 둘째, 구조화된 활동체제를 갖고 있다. 셋째, 구성원이 바뀌더라도 적정 구성원을 유지하면서 조직목표를 수행하는 연속성을 갖고 있다. 넷째, 조직의 동질성을 확인하면서 타조직과 경계를 두고 있다. 다섯째, 주변 환경과 지속적인 상호작용을 한다.

경호조직도 일반 조직이 갖는 일반적인 특성을 그대로 갖고 있으면서, 경호조직만이 갖는 독특한 특성으로 인해 타조직과 비교된다.

1) 전문성(專門性)

과학기술의 발달과 다원화된 사회로의 변화는 그에 따른 위해수법도 지능화 · 고도화 · 과학화되는 결과를 가져오기에 이르렀고, 그에 대처하는 경호조직도 보다 전문화되고 기능적으로 분화되어가는 추세에 있다. 경호는 고유임무를 수행하는 개별조직의 완벽한 임무수행을 통하여 조직의 목표인 경호대상자의 안전이 실현된다는 점을 고려 할 때, 개별 단위조직의 완벽한 임무 수행은 필수적이며, 단위조직의 완벽한 임무 수행은 곧 해당 업무의 전문성에 기인한다. 전문성에 근거한 기능적 분화와 경호기법의 과학화는 역설적으로 경호조직의 통합적이고 과학적인 관리의 필요성을 제기한다.

이제는 고도화된 위해기도에 대비하는 경호조치가 임기응변식 대응만으로는 불충분하며, 치밀하게 계산되고 계획된 경호 준비와 대응태세를 갖추어야 한다. 산업화 자본주의의 발전과 정치민주화에 편승한 이익집단의 무차별적 난립과 권리 주장은 경호문제를 더욱 복잡하고 어렵게 만들고 있다. 이제 경호조직의 권위는 권력의 힘에 의존하는 데서 탈피하여 경호의 전문성에서 찾아야 하고, 경호조치도 강압적이고 권위적인 통제 위주의 경호가 아니라 과학적이고 유연한 합리적 경호에 근거해야 한다. 고도로 전문화된 경호전문가의 양성을 통해 경호조직의 권위를 확립하고, 국민의 이해와 협조 속에 국민과 함께 하는 경호가 요구된다.

2) 기동성(機動性)

기동성은 상황에 따라 재빠르게 움직이거나 처하는 능력을 나타내는 말로, 현대사회가 도시화되고 산업화됨에 따라 경호조직은 물론 모든 사회 조직이 변화에 신속하게 대처하기 위한 기동성을 요구하는 시대가 되었다. 특히 경호조직은 국가적으로나 사회적으로 중요한 위치에 있는 경호대상자의 업무를 효율적으로 지원하기 위한 기동성의 확보가 필수적이다. 경호대상자가 필요한 시간에 필요한 장소에서 자신의 업무를 차질 없이 수행할 수 있도록 지원하는 경호기동은 경호의 중요한 기능이자 임무이다. 세계화 · 국제화 사회로의 진입과 사회의 유동성 증가는 전천후 · 전방위 기동수단의 필요성을 배가시키고 있다.

또한 원활한 행정지원과 적시의 정보제공은 일선에서 경호임무를 수행하는 경호팀의 성공적인 경호임무 수행을 위한 선결과제이다. 신속한 행정지원을 위한 사무자동화와 화상회의시스템, GPS 등 첨단기술과 통신기기의 경호에의 활용, 신속한 정보 전달체계 등은 효율적이고 과학적인 경호를 위한 필수요소들이 되어가고 있다.

3) 통합성(統合性)

조직은 조직의 목표를 효과적이고 효율적으로 달성하기 위하여 필요한 단위조직으로 구성되어 있다. 경호조직도 완벽한 경호임무 수행에 필요한 다양한 기능을 가진 조직요소들로 구성되어 있다. 경호조직의 단위조직은 경호임무 수행에 필요한 분화되고 전문화된 조직요소로, 경호의 결과는 이들 단위조직이 얼마나 하나의 목표를 향하여 통합된 힘을 발휘하느냐에 달려있다.

경호조직의 단위조직은 철저히 분화되어 최상의 전문성을 유지하고, 지휘체계와 명령계통은 단일화 되어 있어야 한다. 그리하여 경호조직은 단위조직의 전문화된 분화활동을 지휘 감독하여 통합된 경호역량을 발휘할 수 있도록 조직되고 운영되어야 한다.

4) 보안성(保安性)

경호의 성패는 보안에 달려있다고 해도 과언이 아니다. 경호임무를 완전무결하게 수행하기 위해서는 경호대상자의 일정과 경호기법의 비노출 등의 보안의 중요성이 강조될 수밖에 없다.

손자병법에서 말하는 「知彼知己 百戰不殆」, 즉 '적을 알고 나를 알면, 백번 싸워도 위태롭지 않다'라는 말을 뒤집어 보면, 적이 나를 몰라야 내가 위태롭지 않을 수 있다는 것이다. 경호 안전의 핵심은 위해기도자의 공격을 받지 않는 것이고, 위해기도자의 공격을 받지 않으려면, 철저하게 경호대상자의 움직임이나 경호조직의 경호기법이 위해기도자에게 노출되지 않아야 한다.

5) 협력성(協力性)

경호임무 수행의 근간이 되는 것은 정보이다. 정보는 행사나 행사장과 관련한 인적·물적·지리적 정보는 물론이고, 기상정보나 교통정보에 이르기까지 실로 다양하고 광범위하기 때문에, 하나의 경호조직이 단독으로 경호임무 수행에 필요한 모든 정보활동을 다 수행할 수는 없다. 또한 경호임무 수행에 필요한 인원을 충분히 확보하기 위해서는 조직이 비대화되고, 비효율적으로 운영될 것이다. 따라서 경호조직을 적정규모로 유지하면서 효율적인 경호임무 수행과 조직 관리를 위해서는, 경호와 관련이 있는 업무를 담당하는 유관기관과의 유기적인 협조가 필수적이다.

공경호의 경우에는, 특히 대통령 경호를 위해서 경호처에 「대통령경호안전대책위원회」를 두어, 대통령 경호에 필요한 안전대책과 관련된 업무를 협의하고, 대통령 경호와 관련된 정보·첩보의 교환을 원활히 수행하도록 하고 있다. 국가원수인 대통령의 경호에는 대통령경호처와 경찰이나 군 및 국정원 등 유관기관과의 유기적인 협력과 정보 공유가 요구됨은 물론, 일반 국민의 협조가 절대적으로 필요하다. 민간경호의 경우에도 지역 경찰이나 타 민간경호조직과의 긴밀한 유대관계가 필요하고, 평소에 많은 우호적 공중을 확보하기 위한 노력이 요구된다.

2. 경호조직 관리의 원칙

대통령경호처의 경호임무 수행에는 경호처 내의 여러 기능조직 이외에도 군과 경찰의 지원과 협조를 받아 이루어진다. 따라서 경호 임무수행에는 경호처의 제 기능과 다양한 지원조직이 각자의 기능과 임무를 충실히 수행할 수 있도록 자율성을 보장함과 동시에, 이러한 다양한 요소가 하나의 전체로서 기능하도록 상호 협력하고 질서를 유지함이 중요하다.

현대사회의 경호조직은 현대 행정의 지도이념인 민주성, 효율성, 합법성, 논리성, 중립성 등을 바탕으로 하여 지휘단일성의 원칙, 체계통일성의 원칙, 기관단위작용의 원칙, 협력성의 원칙 등에 따라 조직되고 운영되어야만 완전무결한 경호경비를 할 수 있다.[6]

1) 지휘단일성의 원칙

'사공이 많으면 배가 산으로 올라간다'고 하였다. 한 가지 일에 책임이 있다고 주장하는 사람이 많으면 의견 통일이 안 될 뿐만 아니라, 업무의 방향을 잡지 못해 일을 추진하기가 어렵다. 경호는 고유한 기능을 갖고 있는 개별 조직의 완벽한 임무수행을 통하여, 전체적인 경호의 목표가 달성되는 것이다. 어떤 한 조직단위의 체계적이지 못한 임무 수행은 곧 전체 경호임무의 실패를 가져온다는 점을 고려할 때, 경호임무는 단일 지휘체계 내에서 일사분란하고 조직적이고 체계적인 임무수행을 요구한다.

특히 경호업무는 현장을 중심으로 이루어지는 행위로, 상황에 대한 경호적 판단의 신속성과 통일성이 무엇보다도 중요한 업무이다. 그만큼 경호행위는 긴급성과 중대성의 특성을 갖고 있다는 것이다. 경호임무 수행중 긴급사태에 효과적으로 대처하기 위해서는 지휘자의 신속한 판단과 지휘명령이 요구되고 있어, 계층제적 원리에 입각한 지휘권의 단일화가 무엇보다 중요하다. 이는 일반적인 조직 관리의 원칙중 하나인 「명령 통일의 원칙」에 부합하는 것으로, 경호조직의 각 구성원은 오직 하나의 상급기관(지휘관)에게만 보고하고, 그의 명령지휘를 받고, 그에게만 책임을 진다는 것이다. 그래야 업무의 책임과 권한의 한계가 분명해지고, 업무의 혼란을 방지할 수 있다.

6) 경찰대학(1994), 경찰학개론, pp. 110~115.

2) 체계통일성의 원칙

Drape L. Kauffmann에 따르면, "체계 즉, 하나의 시스템은 전체로 기능하기 위해 서로에 대해 영향을 주는 부분들의 모음"으로서 "필요에 의하여 요구되는 결과 또는 산출을 달성하기 위해 함께 작용하면서 동시에 독립적으로 작용하는 부분들의 총체"를 의미한다.

결국 경호체계란 경호임무 수행을 위하여 각각의 고유한 업무경계를 갖고 있는 다양한 하위 체제들이 상호 작용을 하면서 상호 의존성을 지니고 움직이는 시스템을 말한다.

나라마다 경호조직 설립체계나 운영체계가 다르지만 우리나라의 경우만 보더라도, 경호행사에는 대통령경호처 뿐만 아니라, 외부의 경찰이나 군 등의 지원을 받음은 물론, 내부적으로도 많은 지원부서의 협조 아래 경호임무가 수행되고 있다. 또한 경호처 내부에서도 다양한 기능을 가진 많은 부서들이 각자의 기능을 100% 완수함으로써 하나하나의 경호임무를 완벽하게 수행하고 있다.

이러한 다양한 부서와 조직은 경호행사의 주무부서를 중심으로, 나아가서는 주무기관을 중심으로, 경호조직 각 수준간의 책임과 권한, 명령과 복종의 지위와 역할의 체계가 통일되어야 한다. 경호체계가 통일되어 있어야 하나의 경호목표를 갖고 통일된 경호업무를 수행할 수가 있다. 통일된 체계 하에서라야 경호기관 상호간의 원활한 지원과 협조가 가능하다.

3) 기관단위 작용의 원칙

경호임무 수행에는 기관별 고유임무를 수행하고 있는 다양한 분야의 많은 기관이 참여하여 이루어진다. 각 기관은 기관단위로 주어진 임무를 수행하고, 그 결과에 대하여 책임을 진다. 기관단위(機關單位)라는 것은 그 경호기관을 지휘하는 지휘자가 있고 지휘를 받는 하급자가 있으며, 하급자를 관리하기 위한 지휘권과 장비가 편성되며, 임무수행을 위한 보급지원체제를 갖추고 있어야 한다.[7]

경호임무 수행간 업무협조는 상대기관의 지휘자를 통해서 기관 대 기관으로 실시해야 한다. 비록 임무수행상 상급기관의 구성원이라 하더라도 타 기관의 직원에게 임의대로 명령을 하거나 업무를 지시해서는 안 된다. 지원기관의 직원은 「지휘

---

7) 김두현(2003), 경호학개론, 서울: 백산출판사, p. 206.

단일성의 원칙」에 따라 오직 그 기관의 지휘관에게만 명령을 받고 책임을 지게 되기 때문이다.

4) 협력성의 원칙

경호협력성의 원칙이란 경호조직과 국민과의 결합을 의미한다. 경호조직이 비록 완벽하고 경호원의 수가 아무리 많다고 하여도, 모든 위해요소를 전부 직접 인지할 수 없을 뿐만 아니라, 기타 모든 사태에 대응하기가 사실상 여의치 못할 것이다.[8] 현대사회에서의 경호임무 수행에는 일반 국민의 협조가 필수적이며, 국민의 협력을 얻지 못하면 경호는 실패할 확률이 높다.

따라서 경호조직도 이제는 국민과 함께 호흡하며, 경호에 우호적인 공중의 확보로, 경호에 유리한 사회환경을 스스로 만들어가야 한다. 우호적 공중은 자발적으로 경호 관련 위해정보도 제공하고 수상한 사람에 대한 감시나 동향을 제공함으로써, 제2의 경호원 역할을 톡톡히 해낼 것이다. 경호대상자가 누구이건 간에 국민의 신망과 지지를 잃으면, 그 사람에 대한 경호는 그만큼 어려워진다. 국민과 함께 하는 총력경호가 필요한 까닭이다. Mitroff에 따르면, 위기가 발생했을 때 위기관리계획을 충분히 활용하고 빠른 회복을 이루기 위해서는 오래 전부터 공중과 좋은 관계를 유지하고 있어야 한다.[9]

8) 김두현(2003), 상게서, p. 206
9) 김영욱(2002), 위기관리의 이해, 서울: 책과 길, pp. 123~124.

Ⅱ. 경호조직의 성격

특정인의 신변을 보호할 목적으로 조직된 경호조직은 공경호의 국가기관이 될 수도 있고, 개인이나 민간경호기관은 법률이 정하는 바에 따라 민간인을 대상으로 한 경호행위를 할 수도 있다. 여기서는 공경호 조직을 중심으로 경호조직의 성격과 특징에 관하여 알아보고자 한다.

각 나라는 통일적이고 체계적인 국가행정 사무를 수행할 수 있도록 정부조직을 구성하는데, 정부조직 내에서 국가의 요인에 대한 경호를 담당하는 경호조직의 구성은 나라마다 그 성격이나 지위를 달리한다. 한 나라의 경호조직 구성은 그 나라의 역사와 문화, 권력구조와 정부형태에 따른 정치적 역학 관계, 경호·치안 상황 및 국민적 이해관계에 영향을 받는다. 대부분의 경호조직은 경호임무만을 수행하는 독립된 경호기관, 경찰이나 군 및 정보기관에 속해서 경호임무를 수행하는 경호기관, 또는 군과 경찰로 혼합 편성된 경호기관의 형태로 구성되어 있다.

정부형태에 따라서 일반적으로 대통령중심제 국가에서는 별도의 독립적 경호기관이, 내각책임제 국가에서는 경찰이, 이원집정부제 국가와 사회주의국가 및 군주제 국가에서는 경찰과 군이 국가 주요인사의 경호임무를 수행하는 것이 일반적이다.

1. 전문 경호조직

전문 경호조직은 경호임무를 전문적으로 수행하는 독립된 기관을 말한다. 대한민국의 대통령경호처가 여기에 해당하고, 미국의 SS나 러시아의 연방경호실도 이러한 범주에 속한다고 할 수 있다. 미국의 SS는 위조화폐 등과 관련된 경제범죄를 수사하는 임무도 수행하고 있으나, 경호국에 속한 직원들은 전문 경호요원으로서의 경호임무만을 수행하고 있다. 러시아의 연방경호실(FSO, Federal Protective Service)은 1996년에 창설된 대통령 직속의 경호기관으로, 국가 경호대상에 대한 안전 보장과 연방 국가기관의 건물에 대한 경비를 제공하는 경호전문기관이다.

경호전문기관으로 경호조직을 운영하면, 경호요원들의 경호에 관한 전문성 제고로 수준 높은 경호를 제공할 수 있고, 외부 기관의 영향을 덜 받아 소신껏 경호임무를 수행할 수 있는 장점이 있는 반면, 기관 간의 이해관계로 인해 경호 지원이나 경호 관련 정보 등을 충분히 제공받지 못할 가능성도 배제할 수 없다.

2. 경찰 경호조직

경찰에서 경호임무를 수행하는 경호조직은 주로 내각책임제 국가에서 많이 볼 수 있다. 일본은 동경경시청의 경호과(SP)에서, 영국은 런던경찰청의 특수작전국(SOD)에서 국가 주요인사에 대한 경호임무를 수행하고 있다.

경찰에서 경호임무를 수행할 경우, 경호팀은 타 경찰조직의 협조를 구하거나 대규모 행사 시 경호인력의 지원을 받기가 용이하고, 경찰이 갖고 있는 각급의 위해정보를 실시간으로 신속히 제공받을 수 있는 장점이 있으나, 자칫 순환보직에 따른 잦은 자리 이동으로 경호요원들의 전문성이 떨어져 수준 높은 경호를 제공하지 못할 가능성도 있다.

3. 군 경호조직

군에서 경호를 제공하는 경호체제를 갖고 있는 나라는 대부분 강력한 권한을 갖은 대통령책임제나 국왕중심제의 정부형태, 또는 사회주의를 취하고 있는 나라가 많다. 군 경호조직의 예는 인도네시아의 대통령경호부대(Presidential Security Force)나 멕시코의 대통령경호실(Presidential Security Service), 중국의 당 중앙경위국 같은 경우이다.

군 경호기관은 일반적으로 많은 병력을 동원하여 통제 위주의 강력한 경호를 펼치는 경향이 있다. 일반 국민의 편의를 고려하기 보다는 경호대상자의 안전만을 고려한 투박하고 엄격한 경호가 제공된다. 경호요원들은 세련된 경호기법의 경호 전문성에 의존하기 보다는 수와 힘에 의존하는 경향이 있다.

4. 정보 경호조직

국가의 정보조직에서 경호임무를 수행하는 나라로는 이스라엘을 들 수 있다. 이스라엘의 SHABAK은 Aman과 Mossad와 함께 이스라엘 3대 정보기관의 하나로, 국내정보 및 방첩업무를 담당하는 정보기관이다. 주로 국가 안보활동과 대테러작전 및 방첩활동을 수행하면서, 경호보안국(Protective Security Department)에서는 국가 요인에 대한 경호임무를 수행하고 있다.

정보기관에서 경호임무를 수행할 경우에는 정보기관 고유의 폭넓은 정보활동과 풍부한 정보자료를 바탕으로 한 안정적인 경호를 제공할 수 있는 장점이 있을 수 있다. 그러나 정보에만 지나치게 의존하다 보면 경호활동의 실행적인 측면이 소홀해지거나 경찰 등 유관기관과의 업무협조가 원활하지 못할 가능성도 배제할 수 없다.

〈표 2-1〉 주요국가의 경호조직

국가명	경호기관	성 격
대한민국	대통령경호처	전문경호기관
미국	The Secret Service	전문경호기관
러 시 아	FSO(연방경호실)	전문경호기관
중국	당 중앙경위국	군
일본	SP(경호경찰)	경찰
프 랑 스	대통령경호대(GSPR)	경찰 및 군
영국	런던경찰청 특수작전국(SOD)	경찰
독일	연방범죄수사청(BKA)	전문경호기관
이스라엘	SHABAK(ISA)	정보기관
멕 시 코	대통령경호실	전문경호기관(군)
사우디아라비아	Royal Guard	전문경호기관(군)
베트남	경호사령부	군 및 경찰
카 나 다	RCMP	경찰
인도네시아	대통령경호부대	군 및 경찰
말레이지아	경찰청 국내보안부	경찰
호주	호주 연방경찰 경호국	경찰
필 리 핀	대통령 경호사령부	군
이집트	공화국경호대	군
이탈리아	경찰본부 대통령궁경호대	경찰
헝가리	경찰청 정부경호실	경찰

제4절 주요국가의 경호제도

Ⅰ. 서 설

법과 제도는 정의를 구현하기 위한 사회규범으로서, 한 나라의 법과 제도는 그 나라의 역사와 시대에 따라 그 모습을 달리할 수밖에 없다. 법과 제도는 사회 구성원간의 권력관계를 반영한 것이며, 이는 사회 구성원의 요구와 이해관계에 따라서 끊임없이 변화하고 진화한다. 법과 제도는 사회 구성원의 생활과 삶을 구속함과 동시에 사회 질서를 유지하는 수단이기 때문에, 상호 유기적으로 연결되고 합리적으로 집행되어야 한다.

경호제도는 국가원수를 비롯한 한 나라의 주요인사의 신변안전을 효과적으로 보호하기 위한 법적 규범이나 사회규범적 체계로, 경호의 방향과 방법을 제시한다. 세계 여러 나라의 경호제도도 그 나라의 정치 · 경제 · 사회 · 문화 · 역사 등의 제 현상을 반영한 결과물이며, 그 사회 구성원간의 합의적 산물이다. 따라서 어떠한 경호제도가 우수하고 어떠한 경호제도가 더 바람직하고의 논의는 무의미하다. 특정한 사회현상을 반영한 특정한 경호제도를 또 다른 사회현상을 표방하는 다른 국가에 적용하는 데는 한계가 있기 때문이다.

한 나라의 경호제도를 결정하는 요소는 다양하다. 그 나라의 역사적 배경, 정치환경, 정부형태, 치안상황, 사회구성요소간의 이해관계 등이 복잡하게 작용하여 경호제도를 결정하게 된다. 그러나 일반적으로 볼 때, 국내외에서 많은 위협에 노출되어 있거나 강력한 통치기반을 필요로 하는 대통령중심제 국가에서는 별도의 경호조직이나 군에서 국가의 주요 요인에 대한 경호를 실시하게 하고 있다. 상대적으로 사회불안의 정도가 낮고 사회적 변동성이 낮은 국가에서는 내각책임제와 더불어 경찰에서 경호임무를 수행하는 경우가 많다. 또한 강력한 경호능력과 더불어 경호위협의 정도가 높은 일부 국가에서는 경호정보의 효율적 활용의 필요성에 따라 정보기관에서 경호임무를 수행하기도 한다.

Ⅱ. 한국의 경호제도

1. 삼국시대

문헌상의 최초의 고대국가는 고조선이나, 고조선은 기원전 109년 한무제의 침공을 받아 기원전 108년 멸망하였다. 당시 위만조선의 왕인 우거왕은 왕검성에서 한무제에 끈질기게 대항하였으나 내분으로 인하여 암살당하면서 경호의 실패로 인해 국왕을 잃는 첫 번째 사례가 되었다.

기원전 37년에 주몽에 의해 건국된 고구려는 동명성왕 4년(기원전 34년) 가을 7월에 성곽과 궁실(宮室)을 지었다는 기록이 삼국사기에 기록되어 있다. 이는 왕과 왕실 보호의 필요성에 의한 국왕 경호행위의 일환으로 중요한 의미를 갖는다. 그러나 왕과 왕족 보호를 위한 경호조직이 별도로 편성된 것은 아니며, 왕과 왕실의 보호는 궁성 수비대가 담당하였던 것으로 보인다.

백제는 기원후 18년 고구려 주몽의 아들 온조가 남쪽으로 내려와 주변 부족들을 규합하여 위례성에 세운 나라로 전해진다. 백제는 고이왕(234~286) 때에 이르러 국가체제를 정비하였는데, 6좌평을 두어 국가의 일을 담당하게 하였다. 이들 중 위병(衛兵)을 관장하는 위사좌평(衛士佐平)이 왕과 왕실을 호위하는 임무를 담당하였다고 알려진다.

신라는 기원후 1세기 말에 국가형태로 발전한 후, 내물왕(356~402) 대에 이르러 국가체제를 대대적으로 정비하여 중앙집권체제를 갖추었으며, 6세기 초에 국호를 신라로 정하고, 왕호는 '왕'으로 바꾸었다. 신라는 진평왕 46년(624)에 이르러 시위부(侍衛部)를 설치하고, 궁성의 숙위(宿衛) 및 국왕 행차시의 호종(扈從)을 담당하게 하였다.[10] 시위부는 병부의 지휘를 벗어난 국왕 직속의 경호부대로, 역사적 의미가 있다고 볼 수 있다.

---

10) 숙위는 숙직하면서 지킨다는 뜻으로 경비에, 호종은 호위하여 따른다는 뜻으로 근접경호에 해당한다.

2. 고려시대

1) 고려 초기

송악지방의 호족이었던 왕건은 918년 궁예를 몰아내고 고려를 개국하였고, 드디어 936년 후삼국을 통일하였다. 고려 초기는 호족 연합정권의 성격이 강했던 관계로, 태조는 자신의 약한 군사적 기반으로 인하여 정권 유지에 필요한 근위조직이 필요하게 되었다. 태조는 자신의 친위군[11]의 일부로 위사(衛士)를 조직하여 왕권 수호에 나섰다. 광종은 호족세력을 척결하고 왕권 강화를 위하여 내군을 장위부(掌衛部)로 개편하여 친위조직을 강화하였다.

고려의 중앙 군사조직은 성종(成宗, 981~997)부터 목종(穆宗, 997~1009) 때까지 2군과 6위[12]로 편성되었고, 2군은 근장(近仗)이라 하여 국왕의 친위대인 응양군(鷹揚軍)과 용호군(龍虎軍)으로 구성된 중앙군의 핵심세력이었다. 6위는 주로 전투부대로, 좌우위(左右衛), 신호위(神虎衛), 흥위위(興威衛), 금오위(金吾衛), 천우위(天牛衛), 감문위(監門衛)로 구성되었다. 또한 지방군은 주현군(州縣軍)과 주진군(主鎭軍)으로 편성되어, 주현군은 교주도 · 양광도 · 경상도 · 전라도 · 서해도와 경기지역에 배치되었고, 주진군은 동계와 북계의 국경지대에 배치되었다.

정상적인 절차에 의하여 왕위에 오르지 못한 숙종은 숙종 7년(1102)에 왕권의 안정을 위하여 군제를 개편하였다. 왕권 강화를 위하여 기존의 2군 외에 견룡군(牽龍軍)이라는 친위금군[13]을 설치하였고, 중앙군을 개편하여 별무반을 창설하였다.

2) 무신집권기

12세기에 들어서면서 귀족사회가 분열되고 중앙정부의 통제력이 약화되고 문반에 비하여 심한 차별을 받던 무반들의 발호로 무신정권이 출현하게 되었다. 1170년 의종(毅宗, 1146~1170)을 폐하고 명종(明宗)을 옹립함으로써 무신정권을 탄생

11) 태조는 후백제와의 전쟁시 군대를 좌강(左綱) · 우강(右綱) · 중군(中軍)의 3군으로 편성하였는데, 중군에 속했던 우천군(祐天軍) · 천무군(天武軍) · 간천군(杆天軍)이 핵심 친위부대이다.

12) 2군은 태조의 친위3군[우천군(祐 天 軍) · 천무군(天武軍) · 간천군(杆天軍)]을 개편한 것이다. 또한 6위 가운데 좌우위(左右衛) · 신호위(神虎衛) · 흥위위(興威衛)의 3위는 개경의 수비와 변방의 방위를 담당한 경군의 핵심부대였으며, 금오위(金吾衛)는 치안 임무를 담당하였고, 천우위(天牛衛)는 의장 임무를 담당하고, 감문위(監門衛)는 궁문의 수비를 담당하였다.

13) 금군(禁軍)은 국왕 시위와 궁성 수비를 주임무로 하는 친위조직으로, 견룡군 외에 순검군(巡檢軍), 내순검군(內巡檢軍), 중금(中禁), 도지(都知), 백갑(白甲), 공학군(控鶴軍) 등이 있다.

시킨[14] 정중부를 살해하고(명종 9년, 1179) 정권을 장악한 26세의 청년장군 경대승은 자신의 신변보호를 위하여 결사대를 조직하고, 이를 도방(都房)이라 하였다. 도방은 전근대사회에서 왕과 왕실의 경호가 아닌, 일개 개인의 경호를 목적으로 제도적인 장치를 만들었다는 점에서 상당한 의미가 있다.[15] 도방은 경대승의 죽음과 함께 해체되었지만, 최충헌이 집권하면서 다시 부활시킨 후 무신정권이 막을 내릴 때까지 존속되었다.

최충헌의 아들 최우는 신변보호와 의장 임무를 위하여 마별초(馬別抄)라는 친위조직을 설치하고, 궁성의 수비와 경찰 임무 강화를 목적으로 야별초(夜別抄)를 조직하였다. 이는 다시 삼별초(三別抄)[16]로 확대되면서 최씨정권[17]의 보위와 봉기 진압 및 몽고의 침략 저지에 이용되었다. 그러나 삼별초는 개경 환도에 반대하면서, 1273년 여몽 연합군에 의하여 진압되어 역사 속으로 자취를 감추게 된다.

충렬왕 이후 몽고의 영향으로 중앙관제에 많은 변화가 있었다. 왕과 왕실을 숙위하는 별도의 부대가 만들어지면서 성중애마(成衆愛馬)[18]가 제도화되었다. 성중애마는 공민왕 이후 잦아진 왜구의 침입에 대비해서 전투에 동원되기도 하였으나, 궁실의 숙위를 위한 친위대의 성격이 강하였다.

---

14) 의종24년(1170년) 8월 30일 정중부(鄭仲夫), 이고(李高), 이의방(李義方)이 이끄는 무신들은 수박희(무술대련) 도중 문신 한뢰(韓賴)가 대장군 이소응(李紹膺)의 빰을 때린 것에 격분하여, 의종이 보현원으로 돌아간 뒤 의종을 모시던 문관과 대소신료, 환관 등 100여 명을 순식간에 살해하고, 9월 1일에는 의종을 수행하던 환관 등 10여 명을 살해하였으며, 9월 2일에는 의종을 거제에, 태자를 진도에 유배 보내고 태손은 죽여버렸다. 그리고 의종의 동생이자 인종의 셋째 아들인 익양공이 고려 19대 명종으로 즉위함과 더불어 무인정권시대가 들어서게 된다.

15) 김창호(2006), 한국경호발달사, 서울: 백산출판사, p. 86.

16) 야별초에 소속한 군대가 증가하자 이를 좌별초와 우별초로 나누고, 몽골 병사와 싸우다 포로가 되었다가 탈출한 병사들로 조직된 신의군(神義軍)을 합하여 삼별초의 조직을 만들었다.

17) 최충헌(1149~1219년), 최이(?~1249년), 최항(?~1257년)과 최의로 이어진 최씨정권은 최의가 집권한지 1년밖에 안 된 고종45년 4월에 국자감 대사성 류경이 최의의 폭군적 행태를 문제 삼으며 별장 김인준, 장군 박송비, 도령낭장 임연(林衍) 등과 모의하여 최의의 집을 습격해 최의와 그 일당을 제거함으로써, 4대 60년에 걸친 집권에 종말을 고하였다.

18) 성중애마는 忠勇四衛, 近侍四衛, 司楯, 司衣, 司饔 등으로 구성되었다가, 尙食局, 上藥局, 尙舍局, 尙乘局, 尙衣局 등을 포함하는 조직으로 확대 개편되어 조선 건국 초기까지 존속되었다.

3. 조선시대

1392년 7월 17일 조선을 건국한 태조 이성계는 1394년10월 한양으로 천도하고 경복궁과 도성을 축조하면서 왕조의 기틀을 다져나갔다. 그러나 조선왕조의 정치조직은 성종 때에 이르러 경국대전이 완성되면서 그 틀을 갖췄다고 볼 수 있다.

1) 조선전기(개국~임진왜란 이전)

조선의 건국과 더불어 설립된 중앙군인 10위[19]의 하나였던 의흥친군위(義興親軍衛)는 이성계의 친영사병들로 구성된 왕실의 사병적 성격을 띤 조직으로, 주로 궁성을 시위(侍衛)하고 왕의 행행(行幸)[20]에 시종(侍從)하는 게 주임무였다. 정종은 사병을 혁파하고, 이들 중 무예가 우수한 자를 선발하여 갑사(甲士)로 편성하고, 세종 중엽에 이르기까지 금위병으로서 궁성 시위와 도성 경비 임무를 담당하였다.

태종은 성중애마의 사순과 사의를 혁파하여 별시위(別侍衛)를 설치하고, 별사금(別司禁)과 응양위(鷹揚衛)를 조직하여 국왕의 近侍를 담당케 하였다. 태종 7년 10월에는 궁중 숙위를 담당하던 내상직을 개편한 내금위(內禁衛)를 조직하고, 태종 9년에는 내시위(內侍衛)를 설치하여 왕의 近侍 임무를 수행케 하였다. 태종 15년(1415)에는 10사의 하위 군인들로 구성되어 역사에 동원되었던 자들 중 甲士가 되지 못한 자들 가운데 우수한 자를 선발하여 방패(防牌)라는 시위조직을 설치한 외에, 상비군의 성격을 가진 섭육십(攝六十), 왕의 시위를 담당한 근장(近仗) 등의 특수 시위조직이 설치되었다. 세종조에는 충의위(忠義衛)와 충찬위(忠贊衛) 및 충순위(忠順衛) 등의 특수 숙위주직이 설치되었다.

문종은 기존의 10사가 확대된 12사를 5사로 개편하였고, 5사는 세조 3년(1457)에 5위제도로 개편되었다.

한편 내금위와 같은 근시부대의 하나인 겸사복(兼司僕)은 궁중의 가마·말·외양간 및 목장에 관한 일을 보던 사복사(司僕寺)에서 세자의 호위까지 담당하기에 이른다. 서얼 출신으로 편성된 우림위(羽林衛)는 성종 23년(1492)에 설치되어 1666년(현종 7년)에 내금위·겸사복과 함께 금군청에 속하였다가, 영조 31년(1755) 내

19) 10衛는 고려 때의 2군 6위의 8위군에 의흥친군좌위와 의흥친군우위의 2위를 통합한 중앙군으로, 10위는 이후 10司로 개칭되어 중군·좌군·우군의 3군으로 나누어 편성되었다.
20) 임금이 대궐 밖으로 거동함.

금청이 용호영으로 개칭됨에 따라 용호영에 소속되었다.

또한 성종은 도적의 근절과 예방을 위하여 포도절목(捕盜節目)을 반포하고 포도장(捕盜將)을 두었으며, 성종12년에는 포도사목(捕盜事目)을 다시 제정하기에 이른다. 중종대에는 포도청이란 명칭이 등장하고, 고종 31년(1894) 7월 경무청으로 개편될 때까지 지속되어 도성 및 경기도 일원의 치안을 담당하였다.

2) 조선후기(임진왜란~갑오개혁 이전)

조선전기의 5위체제는 훈련도감을 시작으로 금어영이 설치되면서 5군영체제로 개편되었다. 5군영 중 훈련도감(訓練都監)[21] · 어영청(御營廳)[22] · 금위영(禁衛營)[23]의 3군영은 국왕 호위와 수도 방위를 담당하였고, 총융청(摠戎廳)과 수어청(守禦廳)은 경기도 일대의 수도권 방위를 담당하였다.

금군도 호위청, 금군청, 숙위소 및 장용영 등으로 재편성되었다. 인조는 원년(1623) 9월에 인조반정 훈신들의 사병들을 조직화하여 호위청(扈衛廳)을 설치하고 국왕의 호위를 담당케 하였다. 호위청은 정조 대에 이르러서는 장용영(壯勇營)에 통합되었다. 효종은 3년(1652)에 내금위 · 겸사복 · 우림위를 내삼청(內三廳)으로 통합하고 기병화하였다. 내삼청은 현종 대에 이르러서는 금군청(禁軍廳)으로 축소 개편되었다가, 영조 31년에는 용호영(龍虎營)으로 개칭되었다.

정조[24]는 원년에 궁궐 및 도성 경비를 위한 숙위소(宿衛所)를 설치하였으나, 2년 뒤인 정조 3년에 이를 폐지하고, 정조9년(1785)에 국왕의 호위를 담당하는 금군조직으로 장용위(壯勇衛)를 설치하였다. 장용위는 정조 17년(1789) 중앙군영인 장용영[25]으로 발전하여 국왕의 친위체제를 강화하였으나, 순조 2년(1802)에 폐지되었고, 왕권 호위임무는 용호영에서 담당하고 궁궐 숙위는 무예별감에서 담당하였다.

---

21) 훈련도감은 임진왜란 후인 선조27년(1594)에 설치되어 국왕 호위와 궁궐 시위 및 도성 파수를 담당한 5군영의 핵심조직이었다.
22) 어영군은 인조 원년(1623)에 설치되어 국왕 호위를 담당하였으며, 효종 때 어영청으로 확대되었다.
23) 금위영은 숙종8년(1682)에 설치되었으며, 주로 도성(수도) 방위를 담당하였다.
24) 정조는 조선의 22대 왕(1776~1800)이다.
25) 장용영에 내영과 외영을 두어, 내영은 근위체제의 강화를 목적으로 도성에 두고, 외영은 수원부에 두어 현륭원을 지키게 하였다.

3) 구한말(갑오개혁~한일병합)

고종10년(1873)에 대원군이 실각하자 고종[26]은 궁궐 수비를 강화하기 위하여 무위소(武衛所)를 설치하였다. 고종 18년(1881)에는 종래의 훈련도감 · 용호영 · 호위청을 합하여 무위영(武衛營)으로 통합하고, 금위영과 어영청을 통합한 장어영(壯禦營)과 함께 2군영제로 개편하였다. 무위영은 왕궁을 지키는 근위부대이고, 장어영은 수도 방위부대의 성격을 지닌 것이었다.

1894년 12월 기존의 호위청 등이 폐지되고, 고종 32년(1895) 1월에는 일본의 주도 하에 왕실 호위를 위한 훈련대가 창설되었으나, 고종은 미국인 군사교관들의 훈련을 받은 구식병사들로 시위대를 설치하였다. 그러나 시위대는 을미사변[27]의 황후 시해에 협력하지 않았다는 이유로 해산되어 훈련대에 편입되었다. 그러나 1897년 대한제국[28]의 성립과 함께 친위대 병력을 주축으로 한 시위대가 다시 편성되어 궁중시위 임무를 담당하였다. 한편 을미사변 후 혼미한 정국을 틈타 내각은 육군편제강령을 반포하여 육군을 친위군과 진위군으로 개편하고, 친위군은 경성에 주둔하면서 왕성 수위를 전담케 하였다. 그러나 1905년 을사보호조약이 체결되고 1907년 일제에 의해 군대가 해산되면서 시위대도 해산되고, 시위대 중 일부를 근위대로 개편하여 왕실 호위를 담당케 하였다. 그러나 1931년 근위대마저 폐지되면서 왕실 호위는 일본군 헌병사령부로 넘어가는 비운을 맞게 되었다.

갑오경장[29] 이후 경찰조직도 개편되어 기존의 포도청을 폐지하고, 내무아문(內務衙門) 소속으로 경무청을 설치하여 한성 5부 내의 경찰행정을 관장하였으며, 경무청 내에 궁중업무를 담당하는 경무서를 별도로 두었다. 1901년 경무서의 후신으로

---

26) 조선의 제26대 왕(1864~1907)인 고종(1852~1919)은 영조의 현손(玄孫)인 흥선군(興宣君) 이하응(李昰應)의 둘째아들로, 익종의 대통을 계승하고 철종의 뒤를 이어 1863년 즉위하고 1897년에는 연호를 광무(光武)라 하고 대한제국의 수립을 선포하여 황제위에 올랐으나, 일제의 강요로 한일협약을 위배한 책임을 지고 1907년 7월 20일 퇴위하였다.

27) 조선 26대 왕인 고종 32년(1895년 9월 1일)에 일본 공사 미우라 고로(三浦梧樓)가 낭인들을 이끌고 궁궐에 침입하여 민비와 궁내부 대신 이경식 등을 살해한 사건

28) 1884년의 갑신정변과 1894년의 갑오개혁의 영향으로 드디어 1897년 10월 12일 황제즉위식과 더불어 대한제국이 탄생하였으나, 1910년 8월 29일 한일병합조약이 공포됨으로써 막을 내리고, 국호는 다시 조선으로 바뀌었다.

29) 1894년(고종 31년) 7월초부터 1896년 2월 초까지 약 19개월간 3차에 걸쳐 추진된 일련의 개혁운동으로, 일본의 지원을 받은 제1차 김홍집 내각이 설치한 군국기무처를 중심으로 전개되었다. 중앙관제를 의정부와 궁내부로 개편하고, 2심제의 사법제도가 도입되었으며, 서울에 경무청을 두어 수도 치안을 담당케 하고 지방은 각 도 관찰사 아래 경무관을 배치하여 치안을 담당케 하였다.

궁내부에 경위원(警衛院)이 설치되어 궁중의 내 · 외곽 경비와 수위 임무를 담당하였다. 경위원은 1905년 황궁경위국(皇宮警衛局)으로 개편되어 왕궁의 경비를 담당하였다. 1910년에는 경무통감부에 8개 경찰서를 두고, 그 중 황궁경찰서(창덕궁경찰서)로 하여금 창덕궁과 덕수궁에 대한 경비임무를 담당케 하였다.

4. 대한민국

1910년 8월 29일 한일 합방이 되고, 1945년 8월 15일 해방이 되기까지 정부 없는 암흑기를 보낸 우리나라는 이후 1948년 8월 15일 대한민국 정부가 수립되기까지 미군정(美軍政)의 통치를 받아야만 했다. 1948년 7월 7일 신공화국 헌법이 공포되고, 7월 24일에는 이승만 대통령이 초대 대통령으로 취임하고, 마침내 8월 15일 대한민국 정부가 출범하였다.

1) 경무대경찰서

1949년 2월 23일에는 그동안 왕궁을 관할하고 있던 창덕궁경찰서를 폐지하고 경무대경찰서가 신설되면서, 경찰[30]이 대통령 경호임무를 담당하게 되었다. 1949년 12월 29일에는 내무부훈령 제25호에 의하여 경호규정이 제정되었으며, 이는 최초로 "경호"라는 용어의 사용과 경호업무의 체제가 정비되었다는 점에서 의의가 있다고 하겠다. 전문 24조로 구성되어 있는 이 규정은 ① 경호에 필요한 사항은 본령에 의하고(제1조), ② 경호대상은 대통령, 부통령, 외국의 원수, 국회의장, 대법원장, 국무총리 및 각부 장관 또는 외국의 사절 기타 내무부장관 및 도지사가 필요하다고 인정하는 인사(제2조), ③ 경찰관은 도상 · 열차 및 선박 기타 필요하다고 인정하는 장소에 소정의 경호원을 배치하여 피경호자의 신변의 안전을 기한다(제3조)는 등의 내용이 규정되어 있다. 경무대경찰서는 중앙청 및 경무대 구내가 관할구역이었으나, 1953년 3월 20일 경찰서직제의 개정으로 그 관할구역을 경무대 구내로 제한하였다.

30) 경찰은 1945년 미군정의 경무국에서 출발하여 1946년 경무부, 1948년 내무부 치안국, 1974년 내무부 치안본부를 거쳐 1991년 8월 1일 경찰청으로 발전하였다.

2) 청와대 경찰관파견대

1960년 4 · 19혁명으로 제1공화국이 끝나고, 동년 6월의 3차 개헌을 통해 정부형태가 대통령중심제에서 내각책임제로 바뀌면서 대통령 경호를 담당하던 경무대 경찰서가 6월 29일 폐지되고, 경무대 지역의 경비업무는 서울시경찰국 경비과에서 담당하게 되었다. 이어서 동년 8월 13일 민주당 정부의 제2공화국이 수립되면서 청와대 경찰관파견대[31)]를 설치하여, 서울시경찰국 경비과에서 담당하던 대통령 경호 및 대통령관저의 경비를 담당케 하였다.

3) 국가재건최고회의 의장경호대

5 · 16혁명으로 정권을 장악한 박정희 장군의 신변보호는 군인들이 수행하여오다가, 1961년 5월 20일 군사혁명위원회가 국가재건최고회의로 출범하면서, 국가재건최고회의 의장경호대가 임시로 편성되었다. 동년 6월 1일 중앙정보부 창설과 동시에 국가재건최고회의 의장경호대가 중앙정보부로 예속되고, 그 해 9월 9일에는 중앙정보부 내훈 제2호로 경호규정이 제정 시행되면서 11월 8일 정식으로 중앙정보부경호대[32)]가 발족되었다.

4) 대통령경호실

제3공화국은 1963년 12월 14일 법률 제1507호로 대통령경호실법과 동년 12월 16일 각령 제1679호로 대통령경호실법시행령을 각각 제정 공포하고, 동년 12월 17일 박정희 대통령 취임과 동시에 대통령경호실을 출범시켰다.

1974년의 8 · 15사건은 경호실에 많은 변화를 가져오게 하였다. 이후 '대통령경호경비안전대책위원회'가 설치되고, 청와대 외곽경비가 경찰에서 군(55경비대대)으로 이양되었으며, 22특별경호대와 666특공대가 창설되고, 경호행사 시 3중경호의 원칙이 도입되는 등 조직과 제도가 대폭 보강되었다. 그러나 1979년 10월 26일, 대통령경호실은 경호대상자를 잃는 아픔을 겪게 된다.

10 · 26사건의 시련을 딛고 일어선 대통령경호실은 대대적으로 조직을 정비하고,

31) 1960년 12월 30일 윤보선 대통령이 '경무대'를 '청와대'로 개칭하였다. 청와대 경찰관파견대는 경비계와 수행계 및 행정반으로 편성되었다.

32) 중앙정보부경호대의 정원은 37명으로 구성되고, 조직은 행정과, 사전기획과, 경호과, 정보과 및 기동경호과의 5개과로 편성되었다(경호대설치령,1961.11.14 중앙정보부령 제25호〉).

대통령경호실법을 개정하여(1981년) '대통령 당선 확정자와 가족의 호위'와 '전직 대통령과 그 배우자 및 자녀의 호위'가 임무에 추가되었다. 1983년 10월 1일 버마(미얀마)에서 발생한 아웅산묘소 폭파사건은 경호실의 작전체계를 새로 짜게 하는 계기가 되었다. 이어서 출범한 제6공화국이 시작된 1988년에 경호실은 비로소 경호실 직원을 공개 채용함으로써 경호실 발전의 토대를 마련하게 되었다.

제5공화국과 제6공화국 시기가 경호실의 성장기였다면, 문민정부와 국민의 정부 시기는 경호실의 발전기라고 할 수 있을 것이다. 문민정부는 대통령경호실 최초로 경호실 출신의 전문경호원을 경호실장에 임명하였고, 경호실은 전담교관을 선발하여 이들에 의한 체계적인 경호교육을 실시함으로써 경호전문화의 초석을 마련하였다. 또한 국민의 정부 시절인 1999년에는 경호원의 신분이 별정직에서 특정직 국가공무원으로 바뀌면서, 경호원의 정치적 중립과 직업의 안정화를 기할 수 있게 되었다.

참여정부 이후의 대통령경호실은 안정기에 접어들면서, 경호의 전문성과 경호실의 국제적 위상을 제고할 수 있게 되었다. 2004년에는 대통령 탄핵에 따라 대통령 권한대행에 대한 경호임무를 추가로 수행하였다. 2005년 대통령경호실법 제4차 개정 (3. 10)으로 경호구역 지정 및 경호안전활동 근거조항이 신설되었다. 이명박 정부가 시작된 2008년 2월 29일 법률 제8872호로 대통령경호실법은 '대통령 등의 경호에 관한 법률'로 개칭되고, 소속도 대통령 직속기관인 대통령경호실에서 대통령실에 경호처를 두도록 변경되었다. 2010년에는 전직 대통령과 그 배우자에 대한 경호기간이 10년으로 개정되었다.

이후 대통령실 경호처는 박근혜정부 출범과 더불어(2013. 3. 23. 법률 제11689호) 대통령 직속의 독립기관인 대통령경호실로 환원되어 전문적인 경호기관으로서의 위상을 되찾게 되었다. 또한 대통령경호실의 경호대상에서 전직대통령 자녀를 제외하고, 전직 대통령 또는 그 배우자에 대하여는 5년의 범위에서 규정된 기간(10년)을 넘어 경호할 수 있도록 개정되었다(법률 제12044호, 2013. 8. 13).

그러나 박근혜 대통령에 대한 탄핵 결정(2017. 3. 10)과 그에 따른 대통령직 상실로 새로 출범한 문재인정부(2017. 5. 10)에서 대통령경호실은 다시 대통령경호처로 개편되었다.

(1) 조직

대통령경호실은 2실(기획관리실, 상황실) 4처(경호1처/행정처, 경호2처/경호처, 경호3처/안전처, 경호5처/통신처) 체제를 유지해오다, 2006년 조직 개편을 통하여 1실(혁신기획실) 3본부(행정본부, 경호본부, 안전본부) 1원(훈련원)의 본부제도를 도입하였다. 이명박정부 초기에는 1실(기획실) 3본부(경호본부, 안전본부, 지원본부) 1원(경호안전교육원)으로 일부 부서명만 바뀌었다가, 후기에 들어서는 지원본부가 행정본부와 기술본부로 나뉘면서 1실 4본부 1원으로 개편되었다. 박근혜정부에서의 대통령경호실은 행정본부가 해체되고 경비본부가 신설되어, 기획관리실, 경호본부, 경비본부, 안전본부, 지원본부와 경호안전교육원으로 조직되었다. 문재인 정부에서의 대통령경호처는 경비본부가 안전본부와 통합되어, 기획관리실, 경호본부, 경비안전본부, 경호지원단(현재의 경호지원본부), 경호안전교육원으로 개편되었다.

기획관리실은 국회·예산 등 대외업무와 인사·조직·행정지원업무 등을 담당한다.

경호본부는 대통령 및 가족에 대한 경호업무와 방한하는 외국의 국가원수 및 행정수반 등의 요인에 대한 경호 임무를 수행한다.

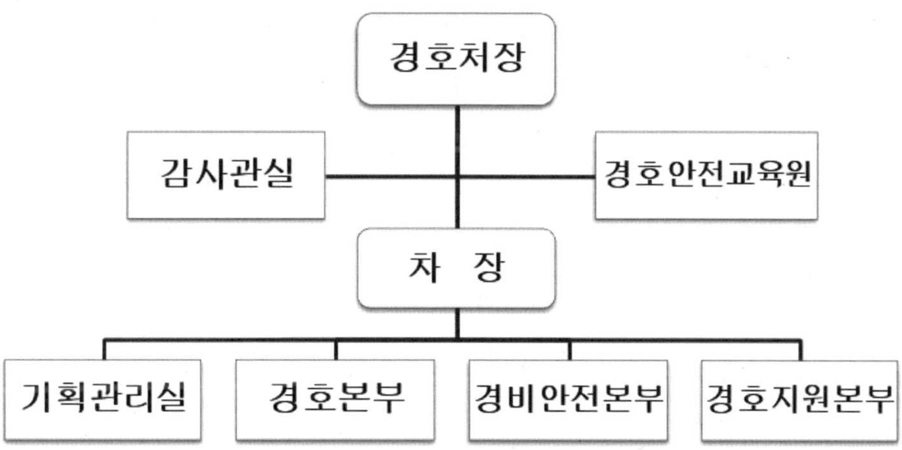

〈표 2-2〉 대통령경호처의 조직도

경비안전본부는 청와대와 주변지역의 안전 확보를 위한 경비업무를 총괄하고, 청와대 내·외곽의 경비를 담당하는 군 및 경찰의 경호부대를 지휘하며, 국내외 경호

관련 정보수집 및 보안업무와 행사장에 대한 안전대책 강구 및 전직 대통령에 대한 경호 임무를 수행한다.

경호지원본부는 시설관리 및 경호차량 운용 등의 경호행사 지원업무와 국가지도 통신망 운용 및 청와대 정보통신업무 등을 수행한다.

경호안전교육원은 경호안전관리와 관련되는 학술연구 및 장비개발, 직원 교육 및 경호안전업무 종사자에 대한 수탁교육을 실시한다.

(2) 임무

① 대통령경호처의 임무는 다음과 같다.

1. 대통령과 그 가족
2. 대통령당선인과 그 가족
3. 본인의 의사에 반하지 아니하는 경우에 한정하여 퇴임 후 10년 이내의 전직대통령과 그 배우자. 다만, 대통령이 임기 만료 전에 퇴임한 경우와 재직 중 사망한 경우의 경호 기간은 그로부터 5년으로 하고, 퇴임 후 사망한 경우의 경호 기간은 퇴임일부터 기산(起算)하여 10년을 넘지 아니하는 범위에서 사망 후 5년으로 한다.
4. 대통령권한대행과 그 배우자
5. 대한민국을 방문하는 외국의 국가원수 또는 행정수반(行政首班)과 그 배우자
6. 그 밖에 처장이 경호가 필요하다고 인정하는 국내외 요인(要人)

② 제1항제1호 또는 제2호에 따른 가족의 범위는 대통령령으로 정한다.

③ 제1항제3호에도 불구하고 전직 대통령 또는 그 배우자의 요청에 따라 처장이 고령 등의 사유로 필요하다고 인정하는 경우에는 5년의 범위에서 같은 호에 규정된 기간을 넘어 경호할 수 있다.

5) 대통령경호 지원기관

(1) 경찰

경찰법 제3조 국가경찰의 임무와 경찰관직무집행법 제2조 경찰관 직무의 범위에는 '경비, 주요 인사(人士) 경호 및 대간첩 · 대테러 작전 수행' 임무가 명시되어 있어, 대통령을 비롯한 국가 주요 요인에 대한 경호를 제공하도록 하고 있다. 이에

따라 경찰청의 경비국 경호과에서 경찰의 경호계획 수립 및 협조에 관한 업무를 담당하고 있다. 또한 서울지방경찰청에서는 경비부 경비2과 경호계에서 경호업무를 담당하고 있고, 산하에는 청와대 경비를 위한 제101경비단과 경호임무 지원을 위한 제22경찰경호대, 그리고 경호임무 지원 및 대테러임무 수행을 위한 경찰특공대를 두어 대통령경호처의 경호업무를 지원한다.

(2) 군

군에서는 군대 내의 보안 및 방첩업무를 담당하는 국군기무사령부가 주로 경호와 관련된 경호계획 및 협조업무를 담당하고 있다. 또한 수도방위사령부의 제55경비대대는 특정경비구역에 대한 작전임무를 수행하고, 제33헌병경호대는 대통령경호처의 경호임무를 지원하며, 제88지원대는 군수지원 임무를 수행한다.

또한 국군지휘통신사령부는 대통령의 직무수행 및 대통령경호처의 경호임무 수행에 관련된 통신망의 구축 및 운용(국군지휘통신사령부령 제2조 임무)에 대한 임무를 수행하면서, 제90정보통신단으로 하여금 대통령경호처의 통신업무를 지원토록 하고 있다.

Ⅲ. 미국의 경호제도

1. 정치체제

1607년 영국이 제임스강 연안에 식민지를 조성한 이후 영국의 식민 상태였다가, 1775년 미국독립혁명 후 1776년 독립을 선언하고, 1783년 파리조약에서 독립이 승인된 미합중국(United States of America)은 본토와 알래스카 및 하와이로 구성된 연방공화국이다. 연방헌법은 견제와 균형을 기하는 3권 분립주의에 따라 정부를 행정부, 입법부, 사법부로 나누어, 국가권력의 전횡을 방지하고 국민의 인권과 자유를 보호한다.

미국 행정부의 수반은 대통령으로, 부통령과 함께 4년 임기로 선출되며, 대통령의 연임은 2회로 제한된다. 대통령은 국가정책의 최고 책임자로서 의회에 법안을 발의할 수 있고, 의회를 통과한 법안에 대하여 거부권을 행사할 수 있다. 또한 대통령은 군의 최고 통수권자이며, 행정부를 통할한다.

미국 의회는 상원과 하원으로 구성된 양원제로 미국에서 유일하게 법률안 제출권을 가진다. 상원과 하원의 권한은 대등하며, 법률안은 상·하원을 모두 통과해야만 의결의 효력이 발생한다.

미국의 사법부는 헌법에 의해 설치된 연방대법원이 이끌고 있으며, 항소법원과 연방지방법원은 의회에 의해 설치되었다. 미국의 사법제도는 연방과 주 체계로 이원화되어 있다는 점이 특징이다. 연방법원과 주법원은 서로 다른 법적 영역과 관할권을 가지고 있으며, 주법원의 판결과정에서 연방헌법 규정에 대한 위반이 발생했을 때에는 연방법원이 주법원의 판결을 다룬다.

미국은 대표적인 대통령중심제 국가로, 미국의 헌법은 "행정권은…대통령에 속한다"(2조 3항)는 간결한 조문으로 대통령을 규정하고 있지만, 미국의 대통령은 국가적 위기에 처하여서는 '헌법적 독재체제'로 이행할 수 있을 만큼 강력한 권한을 가지고 있다.

2. 경호제도

1) The Secret Service(SS)

(1) 초창기

미국의 경호기관인 SS는 1865년 7월 5일에 재무성 산하 위조지폐 방지 전담부서로 발족하였다. 연방 최초의 법집행기관으로 출범한 SS는 현재는 경호임무와 수사임무를 담당하는 국토안보부 소속의 경찰기관이다.

남북전쟁이 시작된 1861년에 1,600개의 주 은행에서 각기 다른 화폐를 발행함으로써 수천 종에 달하는 진권이 전국에 넘쳐나고 있었다. 1965년 남북전쟁이 종료될 당시에는 미국에서 유통되는 통화의 1/3에서 1/2은 위조된 것일 정도로 금융질서가 극도로 혼란한 상황이었다.

1865년 4월 14일 오후, 재무장관 「휴 맥컬로우」는 링컨 대통령에게 위조화폐의 심각성을 설명하고, 화폐위조범들을 단속할 항구적인 정식 기관의 설립의 필요성을 건의하여 인가를 받았다. 그러나 바로 그날 밤, 링컨 대통령은 「존 윌키스 부스」에게 포드극장에서 암살당하였다.

그러나 맥컬로우 재무장관은 후임 대통령인 존슨 대통령의 지원 하에 링컨 대통령과 약속한 위조화폐 단속부서를 재무부에 설립하고, 1865년 7월 5일 Secret Service 초대국장으로 「윌리엄 P. 우드」를 임명하였다. 이 날 10명의 요원이 배치되고, 다음 달에는 위조전문가 등으로 구성된 30여 명의 추가요원을 고용하였다.

SS 출범 초 4년간, SS요원들은 200명이 넘는 화폐위조범들을 검거하여 국민의 신뢰를 얻었다. 또한 SS는 워싱턴 D.C에 본부를 두고 11개 도시에 지부를 설치하여, 24시간 비상근무체제를 확립하였다.

1869년 제2대 국장으로 취임한 「H. C. 휘틀리」는 강력한 리더십을 발휘하여 조직을 중앙집권화되고 전문화된 법집행기관으로 정비하였다. 그는 SS본부를 화폐위조범들의 비공식적인 수도라고 할 수 있는 뉴욕시로 옮기고(1874년 다시 워싱턴으로 이전), 모든 지부 요원들에게 주간보고서를 제출케 하여 중앙 통제를 강화하였다. 또한 1873년 8월 5일 별 모양의 공식적인 배지를 도입하였다.

SS가 창설된 지 15년이 지난 1880년까지도 SS는 국민의 지원이나 의회의 정치적 지원들 얻지 못하고 있었다. 그러다 1890년대 초에 이르러 예산도 늘어나고 임무도 확대되면서 의회의 지원을 받기 시작하였으나, SS에 대통령을 경호할 수 있는 권한을 부여하지는 않았다. 결국 1881년 9월 20일, 「제임스 A. 가필드」 대통령이 「찰스 귀토」가 쏜 두발의 총을 맞는 사건이 발생하였다.

1894년 봄, SS 역사상 처음으로 「윌리엄 P. 헤이즌」 국장은 두 명의 요원을 「그로버 클리블랜드」 대통령을 경호하기 위해 백악관에 배치하고, 이들의 임무를 은폐하기 위해 이들 경호요원을 '특별 경찰관(special policemen)'으로 불렀다. 그 해 여름에는 대통령 여름 휴양지에 세 명의 경호원을 배치하기도 하면서, SS는 대통령 경호의 세계로 발을 들여 놓았다. 대통령 주변에는 항상 수 명의 요원들이 공공연히 배치되었다. 그러나 헤이즌 국장의 이러한 권한 밖의 조치들로 인하여, 그는 결국 지부 요원으로 강등되는 문책을 당하였다.

1898년에 발생한 미국과 스페인의 전쟁은 SS가 대통령 경호를 합법적으로 수행하게 되는 계기가 되었다. 1898년 2월 20일, 헤이즌 국장의 후임으로 제8대 SS국장으로 취임한 「존 E. 윌키」는 「윌리엄 맥킨리」 대통령을 24시간 경호하기 위하여 대통령관저(Executive Mansion)에 4명의 요원을 배치하였다. 더불어 전쟁 수행에 필요한 정보활동은 SS를 미국 내 최고의 정보기관으로 자리매김하게 하였다.

1901년 9월 6일 발생한 맥킨리 대통령에 대한 암살 기도를 계기로 17건 정도의 의안이 의회에 제출되었으나 모두 부결되었다. 맥킨리 대통령 암살 후 5년이 지난 1906년에 의회는 'The Sundry Civil Expenses Act for 1907'에 "미국의 대통령 경호를 위한"[33] 예산 사용을 합법화하는 법안을 삽입하여 통과시켰다.

1908년 「윌리엄 하워드 태프트」 대통령이 당선된 이후부터 대통령당선자에 대한 경호임무가 추가되었다.

1909년에는 8명의 SS요원을 법무부에 파견하여 범죄수사 임무를 수행하게 하였는데. 이들은 1908년 현재의 연방수사국(FBI) 창설의 주축이 되었다.[34]

(2) 발전기

1913년 의회는 SS에 대통령에 대한 경호임무 권한을 보다 광범위하게 부여하였으나, 이는 1951년까지는 매년 의회의 승인을 받아야만 하였다. 1917년부터 SS는 대통령 직계가족에 대한 경호를 시작하였고, 1922년 10월 1일에는 백악관 경찰대

33) "for the protection of the person of the President of the United States"
34) Melanson, Philip H.(2005), op. cit.. pp. 3~33.

(White House Police Force)가 창설되었다.

1930년 5월 13일 한 시민이 「허버트 후버」 대통령의 식당까지 아무런 제지 없이 들어가는 사건이 발생한 이후, 후일(1977년) SS의 정복경호과(Uniformed Division)로 바뀌게 되는 백악관경찰대는 SS에 예속되었다. 그러나 더 이상 SS는 국가의 경호와 수사 및 정보 기능을 수행하는 유일한 정부의 법집행기관이 아니었다. FBI가 1920년대에 들어서서 급격하게 발전하게 되면서, 결국 1938년에 SS는 정보업무에서 제외되었다.

1950년 11월 1일에 발생한 트루먼 대통령에 대한 암살기도사건은 SS 역사상 새로운 전환점이 되었다. 1951년 5월 21일 하원은 '하원결의안 2395호'를 만장일치로 통과시키고, 7월 16일 마침내 트루먼 대통령이 서명함으로써, SS는 대통령과 그 직계가족, 대통령당선자, 그리고 본인이 원할 경우 부통령에 대한 경호를 항구적으로 제공하게 되었다.

1961년부터는 전직 대통령에 대한 경호를 상당기간 동안 제공하고, 1962년부터는 부통령과 부통령당선자에게까지 확대되었다.

1963년 11월 22일 발생한 「J. F. 케네디」대통령 암살사건은 경호를 받는 대통령이 희생된 최초의 사건으로, 다른 수사기관과의 긴밀한 협조체제 강화 및 위험인물에 대한 정보관리를 강화하는 계기가 되었다.

1965년에는 전직 대통령과 그 배우자에 대한 종신경호와 16세 미만의 자녀에 대한 경호가 의회의 승인을 받았고, 1968년에는 주요한 대통령 및 부통령 후보와 지명자에 대한 경호가 인가되었으며, 1971년부터는 미국을 방문하는 외국 국가원수나 행정수반에 대한 경호가 시작되었다.

1984년부터는 신용카드와 직불카드 사기, 컴퓨터 범죄 및 신분증명서 사기와 관련된 범죄 수사임무를 부여받았다.

1986년부터는 '대통령 훈령'에 의하여 외국 국가원수나 행정수반과 동행하는 배우자에 대한 경호임무가 추가되었다.

(3) 현 대

1994년 통과된 법안은 1997년 1월 1일 이후에 선출된 대통령은 퇴임 후 10년간 SS의 경호를 제공받고, 그 이전에 선출되었던 대통령은 예전대로 종신경호를 제공받도록 규정하고 있다.

1998년에는 통신판매 사기와 불법행위를 할 목적의 신분도용 범죄에 대한 수사가 임무에 추가되고,

2000년에는 국가적으로 중요한 특별행사(National Special Security Event)에 관한 계획수립, 협조 및 경호작전의 수행에 참여할 수 있는 권한이 부여되었고,

2002년 국토안보부가 신설되면서, 2003년 3월 1일부로 SS는 재무부에서 국토안보부로 소속이 변경되었다.

2008년에는 '전직 부통령 경호법률 2008(Former Vice President Protection Act of 2008)'에 의하여, 전직 부통령과 그 배우자 및 16세 이하의 자녀에 대하여 퇴임 후 6개월까지 경호를 제공하도록 하였다.

2012년에는 '전직 대통령 경호법률 2012'를 제정하여, 1997년 이후에 선출된 대통령과 그 가족(16세 이하의 자녀 포함)에 대하여 10년간 제공하던 경호기간을 다시 종신토록 제공하는 것으로 개정하였다.

2) SS의 임무

SS의 임무는 경제의 온전성을 보존하기 위하여 국가의 금융기반과 지불제도를 보호하고, 국가지도자, 방문하는 외국 국가원수와 행정수반, 지정 장소 및 국가특별경비행사(National Special Security Event)를 보호하는 것이다.[35]

(1) 경호 임무

SS는 국가의 최고위 선출직 지도자, 미국을 방문하는 외국 요인, 국가 시설물과 주요 행사에 대한 물리적인 보호를 제공한다.

SS의 경호대상은 다음과 같다.

①대통령, ②부통령, ③대통령과 부통령의 직계가족, ④전직대통령과 그 배우자 및 16세 이하의 자녀, ⑤미국을 방문하는 외국 국가원수와 그 배우자, ⑥주요 대통령 및 부통령 후보자와 그 배우자, ⑦국토안보부장관이 지정한 국가특별경비행사.

35) The Secret Service 홈페이지(http://www.secretservice.gov/)

(2) 수사 임무

SS가 창설된 이래 지속되어온 기본임무는 미국 화폐의 위조를 수사하는 것이다. 오늘날도 가장 주요한 수사 임무는 미국 통화와 주화의 온전성을 보존하기 위하여 금융 및 지불시스템을 보호하는 것이다. 1984년 이후에 금융기관 사기, 컴퓨터 및 통신 사기, 허위 신분증명서, 접근장치 사기, 선급금 사기와 온라인자금이체 및 돈세탁 등과 관련된 범죄에 대한 수사 임무가 추가되었다.

3) SS의 조직

SS는 국토안보부의 1개 부서로 조직되어 있다. SS는 미국 전역에 위치한 국내지부와 해외지부를 포함하여 총 150여 개의 지부를 두고 있으며, 경제범죄 관련 수사와 주요 인사의 경호 임무를 수행하고 있다.

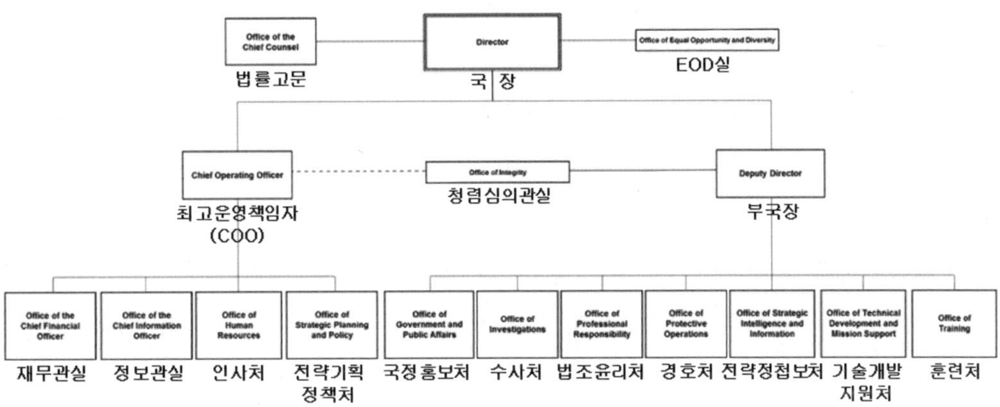

〈표 2-3〉 SS의 조직도

Ⅳ. 일본의 경호제도

1. 정치체제

일본은 입헌주의에 기반을 둔 입헌군주제 국가[36]이고, 국민 주권을 원리로 하는 의회민주주의 국가이다. 일본국 헌법에서 주로 사용되는 3대 원리는 국민 주권의 원칙, 기본적 인권의 존중, 평화주의이다.

일본국 헌법에는 국가 원수에 관한 규정이 없고, 다만 "천황은 일본국의 상징이며 일본 국민의 통합의 상징"(헌법 제1조)이라고 규정되어 있으며, 헌법이 정한 국사행위만을 행하고, 국정에 관여하는 권능은 없다(헌법 제4조 제1항).

일본은 정치상의 권력을 입법 · 사법 · 행정의 삼권으로 나누어, 각각 국회와 내각, 재판소에 부여한 삼권 분립의 체제를 가진다. 일본은 "국회는 국권의 최고 기관으로, 국가의 유일한 입법 기관"(헌법 제41조)이라고 규정한 헌법에 따라 의회제도를 채택하고 있다. 일본은 국회와 내각을 통해 국정이 운영되는 의원내각제 국가로, 국정의 최고책임자는 수상(내각 총리대신)이다. 일본 국회는 중의원과 참의원의 양원제로, 중의원이 참의원보다 우월한 지위에 있으며, 내각 불신임권은 중의원에 있다.

행정권은 내각 · 지방 공공단체 · 행정 기관이 담당한다. 내각은 행정의 최고기관으로 관료조직을 통솔하고 의회에 대해서 책임을 지며, 의회의 신임을 내각 존립의 조건으로 한다는 의원내각제를 채용하고 있다. 사법권은 재판소가 행사한다.

---

36) '일본은 입헌군주제 국가'라는 1973년 6월 28일 참의원에서의 내각법제국 장관의 답변이 있음.

2. 경호제도

1) 일본의 경찰조직

일본의 경찰조직은 국가경찰기관으로 국가공안위원회의 관리 아래에 경찰청과 그 지방 기관인 6개의 관구경찰국(管区警察局)[37]이 설치되어 있다. 경찰청과 관구경찰국은 주로 정책·관리적인 업무를 담당하고, 수사·단속 등 경찰 본래의 업무는 경시청과 도(都)·도(道)·부(府)·현(県) 경찰본부가 맡고 있으며, 일본 왕실의 경호를 담당하는 황궁경찰본부는 경찰청의 부속기관으로서 설치되어 있다.

지방경찰기관으로서는 각 도도부현[38] 공안위원회(公安委員会)의 아래에 각 도도부현 경찰본부가 설치되어 있다. 다만 동경도의 경우에는 동경도 경찰본부가 아닌 '경시청'으로 불린다. 동경도와 북해도에는 국가 기관으로서의 경찰청 지방 기관이 설치되어 있지 않다.

2) 일본의 경호체제

일본에서는 경호작용을 경호와 호위로 구분하고 있다. 경호는 정부요인이나 외국요인에 대한 신변보호로서 경찰청에서 담당하고, 호위는 일본천황이나 황족에 대한 보호작용으로서 경찰청의 부속기관인 황궁경찰본부가 전담하고 있다.[39] 일본 경찰에서 경호란 '신변에 위해가 있을 경우 국가 공공 안녕질서에 영향을 줄 우려가 있는 자에 한하여, 그 신변의 안전을 확보하기 위한 경찰활동'으로서, 경호대상의 범위도 총리, 국무대신, 각 정당의 간부, 국빈 등의 일정 범위 내로 제한되어 있다.[40]

(1) 경찰청 경비국

일본은 공안조사청과 내각 정보조사실에서 경호정보 및 위해첩보를 제공 받아 경찰청에서 경호업무를 수행한다. 경찰청에서는 전반적인 경호업무의 계획 및 조정·통제와 외국 경호기관과의 업무협조를 실시하고, 행사장 경비는 도도부현 경찰본

37) 도호쿠(東北), 간토(関東), 주부(中部), 긴키(近畿), 주고쿠시코쿠(中国四国), 규슈(九州) 관구경찰국
38) 일본의 행정구획은 도도부현(都道府県)이라 하여, 1도(東京都) 1도(北海道) 2부(京都府,大阪府) 43현의 총 47개 지역으로 나누어진다.
39) 김두현(2003), 전게서, p. 167.
40) 이재진(2002), 국가위기관리를 위한 요인경호시스템에 관한 연구, 성균관대학교 경영대학원 석사학위논문. p. 22.

부에서 담당한다. 경찰청에서 경호경비 업무를 담당하는 부서는 경비국이며, 경비국은 경비운용부와 외사정보부로 구성되어 있다. 공안과에서는 경호 관련 정보를 수집 · 분석 · 평가하고, 수상을 비롯한 국내외 요인(경호실) 및 황실(경위실) 경호에 대한 지휘 · 조정 · 감독 · 협조 등의 업무를 수행한다.

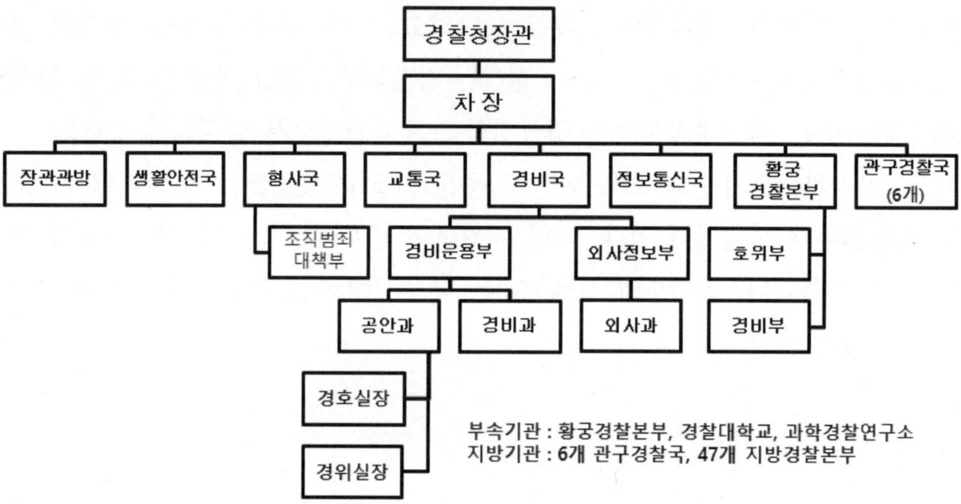

〈표 2-4〉 일본 경찰청 조직도

(2) 동경도 경시청

경시청은 일본의 실질적인 경호의 책임부서로, 경비부에서 경호경비 임무를 수행한다. 경비부 경호과는 SP(Security Police)라 불리는 경호의 주무부서로 경호계획 수립 및 근접경호를 담당한다. SP는 1975년 6월 16일 '사토' 전수상의 국민장에 참석한 '미키' 수상이 일본 무도관 정현관에서 피습당한 사건과 1975년 7월 17일 오키나와 해양박물관 개회식에 참석한 황태자부부가 화염병 공격을 받은 사건을 계기로, 동년 9월 13일 창설되었다. 경비과는 중요시설과 행사장에 대한 경비임무를 담당하고, 경위과는 황족 경호와 황거에 대한 경비를 지원한다. 또한 공안부 공안과에서는 경호첩보 수집 및 위해인물에 대한 동향파악 등의 임무를 수행하고, 외사과에서는 외교관과 외국인 보호임무를 수행한다.

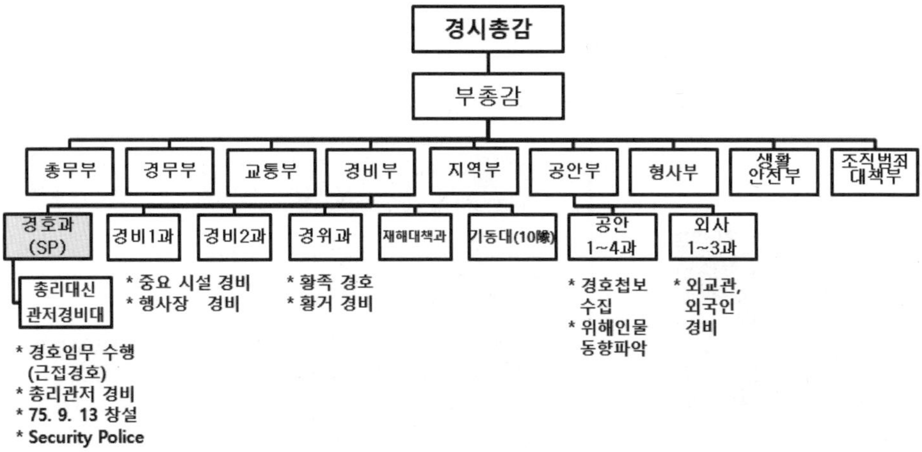

〈표 2-5〉 일본 동경경시청 조직도

경시청의 주요 경호대상은 내각총리대신과 국빈, 양원의장, 최고재판소장, 국무대신, 외교사절단장, 내각 관방장관, 정당의 고위간부 및 경찰청장관이 지정하는 자이다.

(3) 황궁경찰본부

황궁경찰본부는 천황 내외와 황족의 호위 및 황거 등 천황의 거처에 대한 경비를 전담한다. 황궁경찰본부는 1886년(명치 19년)에 궁내성 내의 황궁경찰서로 탄생한 후, 경찰청의 부속기관인 황궁경찰본부로 개칭되어 현재에 이르고 있다.

조직은 호위부, 경비부와 경무부문의 내부 조직과 황궁경찰학교 및 4개 지방호위서로 구성되어 있다. 천황 내외와 황족을 최근접에서 호위하는 호위부는 천황내외와 황족의 신변보호와 안전을 확보하고, 경비부와 각 호위서는 황거를 비롯한 거처에 대한 경비임무를 담당하고, 경비에 필요한 기획, 장비 및 기자재의 배치와 개발 운용을 시행한다. 경무부문은 황궁경찰 활동의 원활한 운영을 위한 근무체제, 채용, 인사관리, 교양, 예산 및 복리후생 등과 같은 업무를 지원한다.

황궁 내에서는 황궁경찰이 경호임무를 수행하고, 황궁을 벗어나는 행차 시에는 도(都) · 도(道) · 부(府) · 현(県) 경찰의 경호 지원을 받는다.[41]

41) https://www.npa.go.jp/kougu/outline/index.html

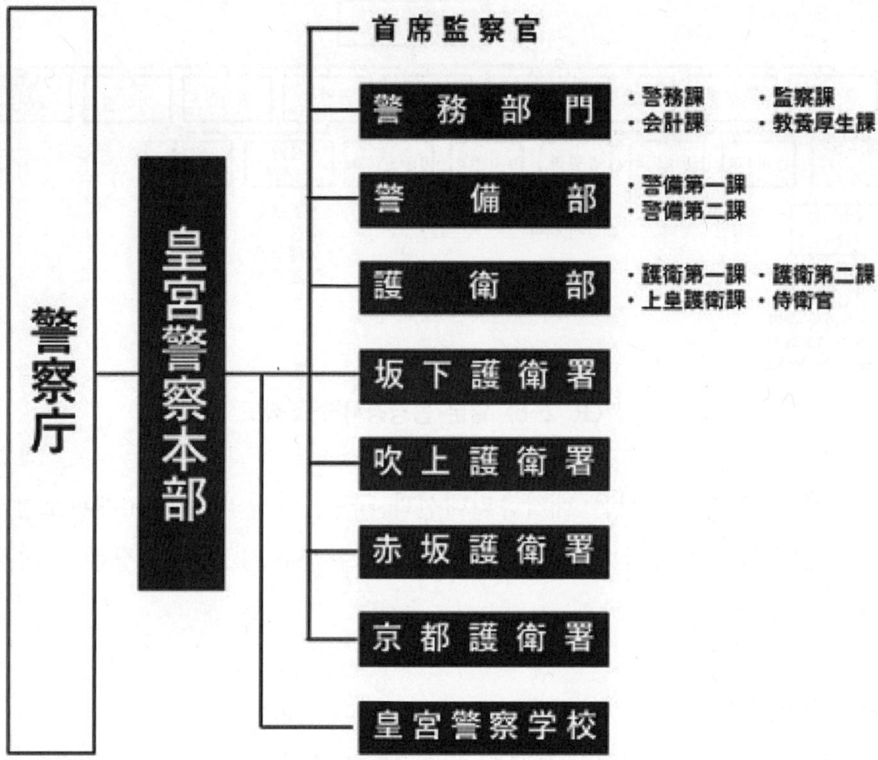

〈표 2-6〉 황궁경찰본부 조직도

V. 중국의 경호제도

1. 정치체제

1949년 창설된 중화인민공화국은 노동자 계급이 주도하는 노동연맹을 기초한 사회주의국가이다(신헌법 제1조). 정치체제는 당(党)과 정(政)으로 구성되어 있으며, 당은 중국공산당(中國共產党: 특히 중앙정치국 상무위원회)이, 정은 전국인민대표대회(국회)와 국무원(행정부)이 대표하고 있다. 국가조직은 전국인민대표대회(전인대)를 정점으로 중앙의 통일적 관할 아래 행정 및 사법, 검찰 기구 등이 중앙에서 지방으로 연계되어 있다. 전인대 상무위원회와 국가주석, 그리고 국가중앙군사위원회 등은 전인대와 병렬적인 위치에 있으며, 국무원과 최고인민법원(법원), 최고인민검찰원(검찰) 등은 예속적 위치에 있다.

중국의 정치 체제는 형식적으로 당(党)·정(政)이 분리되어 있지만, 실제적으로는 당이 국가의 주요 정책을 결정하고, 국가조직은 단지 당의 결정을 집행하는 공산당의 하급기관에 불과하다. 중화인민공화국 헌법 제4조는 "중국은 공산당의 영도 아래 마르크스-레닌주의, 모택동사상, 인민민주주의독재와 사회주의의 길을 견지한다"라고 규정하고 있다. 즉 중국의 모든 정치권력의 핵심은 공산당에게 있으며, 중국 공산당이 입법, 사법, 행정의 정(政)과 군(軍)까지 모두 주도하는 공산당 1당 독재체제이다. 중국공산당은 피라미드 형태의 조직으로, 그 정점에 중앙정치국 상무위원회와 총서기가 있다.

헌법상 중국의 최고권력기관은 전국인민대표대회이다. 전국인민대표대회는 국가의 대내외 중요사안에 관한 최고의 의결기구이며, 각 지역과 인민해방군에서 선출된 2,900여 명(최고 3,500명)으로 구성된다.

국무원은 중앙인민정부라고도 하며, 산하 각 성(省)과 자치구에 지방인민정부를 두고 있다. 국무원은 중국의 최고 행정기관으로, 전국인민대표대회에서 결정된 중요사안을 집행한다. 국무원은 국가행정에 관한 법률의 결의나 결정, 예컨대 국민경제와 사회발전계획, 국가예산 등은 국무원이 집행한다.[42]

42) 네이버백과사전(http://100.naver.com/100.nhn?docid=714956)

2. 경호제도

공산당을 중심으로 모든 정치체제가 이루어져 있는 중국은 경호조직도 공산당 중앙경위국과 국무원 공안부로 이원화되어 있다. 당 중앙경위국은 당 중앙 군사위원회 소속으로 국가주석, 총리 및 당 고위직 경호와 중남해(중국 고위 지도자 거주지역) 경비업무를 수행하고 있으며, 신분은 군인이다. 공안부 경호국은 당 중앙경위국의 업무를 지원하는 임무를 수행하고 있으며, 우리나라의 경찰에 해당한다. 이 두 기관은 업무상 직접적인 지휘관계는 없고, 상호 긴밀한 협조관계에 있다.

당 중앙경위국에서는 국내외 요인의 근접경호를 담당하고, 공안부 경호국에서 교통과 경비 등의 주변 경호를 담당한다. 공안부 경호국은 외국 국빈의 경호, 경호계획의 수립, 국내 요인의 주변 경호(행사장 안전조치, 교통관리 등) 및 유관기관과의 협조업무를 담당한다.43)

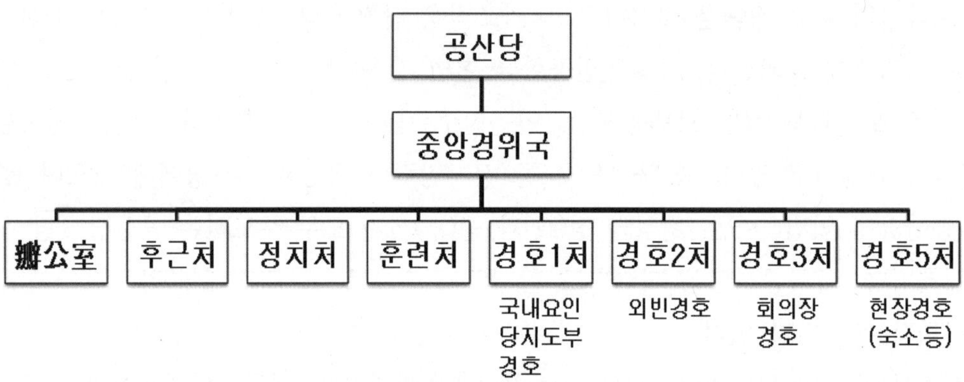

〈표 2-7〉 공산당 중앙경위국

공안부(公安府)는 중화인민공화국 내에서 행정집행 및 형사사법에 관계된 업무를 담당하는, 경찰에 가까운 기능을 하는 기관이다. 공안기관이라고도 하고, 약칭은 공안이다. 중국 공안기관은 범죄통제와 사회질서 유지뿐만 아니라 화재예방과 출입국관리 등 사회 전체의 안전을 위한 광범위한 업무를 수행한다.44) 공안부는 총 21개 국으로 구성되어 있고, 경호 관련 주요 부서로는 경호국 외에 치안관리국, 변방

43) 김형수(2007), 국가요인에 대한 경호활동 발전방안 연구, 동국대학교 행정대학원 석사학위논문, p. 20.
44) 안황권 외(2007), 비교시큐리티제도론, 인천; 진영사, p. 189.

관리국, 형사수사국, 출입경관리국, 소방국, 교통관리국, 외사국, 과학기술국 및 마약단속국 등이 경호업무를 직·간접으로 지원하고 있다.

국무원 산하에 공안부를 두고, 각 성 및 자치구 별로 공안청을, 각 직할시는 공안국을 둔다. 주요 대도시 및 소도시는 공안국을, 각 지구 별로 공안처를 둔다. 시의 각 구마다 공안분국을, 각 현마다 공안분국 산하의 공안파출소를 둔다.

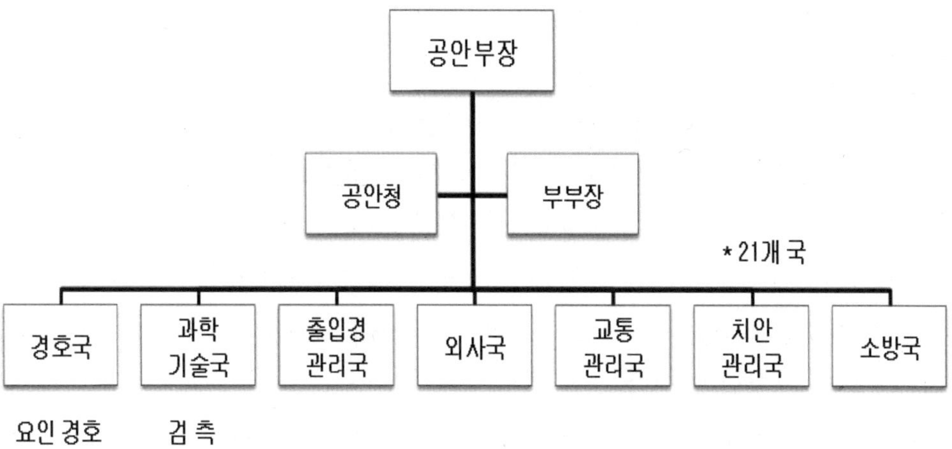

〈표 2-8〉 공안부 주요 경호 관련부서

Ⅵ. 이스라엘의 경호제도

1. 정치체제

BC 1세기 경 로마의 속주(屬州)로 편입된 후 멸망하여, 세계 각지로 흩어져 오랫동안 살게 되었던 유대민족은 제2차 세계대전 후 팔레스타인에 아랍과 유대의 개별국가를 각각 건설한다는 UN의 결정에 따라, 1948년 이스라엘[45]이라는 국명으로 건국되었다.

이스라엘은 입법부, 행정부 그리고 사법부를 갖는 내각제 민주주의 국가이다. 국가의 수장은 대통령(Nasi)으로, 대통령의 업무는 대개 의전과 의례적인 것이다. 대통령은 국가의 원수이며 국가의 통합을 상징하고, 정당을 초월하여 고귀한 위엄과 도덕성을 갖추어야 할 의무를 가진다. 대통령은 개인적 위상과 국가의 공헌도를 기준으로 선정된 후보 가운데, 의회의 과반 수 이상의 지지를 받아 선출되고, 임기는 단임 7년으로 규정되어 있다.

이스라엘의 입법기관인 크네셋[46](의회)은 120명의 의원으로 구성되는 일원제이다. 크네셋(Knesset)은 회기 중 15개의 상임 위원회를 통해서 운영된다. 크네셋 의원들은 매 4년 마다 전국적인 총선을 통해 정당별 지지 투표수에 의하여 비례대표제로 선출된다. 노동당(Labor)과 보수당 리쿠드(Likud)가 다수당이나, 이스라엘 독립 이후 어느 정당도 크네세트의 과반수 의석을 차지한 적이 없기 때문에, 제1당은 여타 정당들과 연합하여 정권을 구성해 오고 있다.

총선거에서 과반수 의석을 확보한 정당이 행정부(내각) 구성의 권한을 부여받게 된다. 직접 선거에 의해 선출되는 내각의 수반인 수상은 실질적인 권한을 가지며, 각료를 임명하는 등 의회 정치의 모든 책임을 지고 있다.

사법부는 완전히 독립된다. 법관은 대법원 판사, 법조계 인사, 공직자(장관, 의회의 의원 등)로 구성된 특별 지명위원회의 추천으로 대통령이 임명한다. 법관은 70세가 정년으로, 70세 까지는 종신제이다.

---

45) 국명은 헤브라이어(語)로 '하느님이 지배하신다'는 뜻으로,《구약성서》〈창세 32:28〉에 나오는 이삭의 둘째 아들 야곱의 이름에서 따온 것이다. 북쪽으로 레바논, 동쪽으로 시리아, 남서쪽으로 이집트와 국경을 접한다. 팔레스타인 지방에서 아랍 세계에 둘러싸여 존재하는 세계 유일의 유대인 공화국이며, 중동에서 하나뿐인 의회민주주의 국가이다.

46) 크네셋 하게돌라는 기원전 5세기 경 에즈라와 느헤미아에 의해 예루살렘에서 소집된 유대인 대표위원회이다.

2. 경호제도

군사정보를 담당하는 아만(Aman), 해외정보기관인 모사드(Mossad)와 더불어 이스라엘의 3대 정보기관의 하나인 샤바크(Shabak 또는 Shin Bet)[47]는 이스라엘이 독립을 선언한 후 이스라엘 방위군의 일부로 창설되었으나, 현재 국내정보를 담당하는 샤바크의 첩보 활동은 이스라엘의 총리가 지휘한다. 비록 1957년까지 관련 법안이 공개되지는 않았지만, 경호임무는 1949년 2월 8일 공식적인 법으로 명문화되었다. 그러나 샤바크의 기능, 구조 및 권한 등에 관한 규정은 2002년에 와서야 법제화되었다.

샤바크는 제1차 중동 전쟁 당시에는 국내 보안을 담당하였고, 전쟁이 끝난 후에는 방첩 대책과 아랍계 이스라엘인들의 감시를 맡게 되었다. 샤바크는 국내 방첩과 비밀 경호로 유명하며, 일명 보안대라고도 한다. 특히 1957년 이후 정부 요인들을 그림자같이 따라다니며 팔레스타인 과격파들의 암살 시도를 완벽하게 차단하는 등 한 치의 오차도 없는 경호로 세계적인 명성을 얻었다. 요인 경호 외에 이스라엘 점령지 등에 거주하는 아랍인들에 대한 정보 수집도 담당한다.

국내 정보 및 보안을 담당하는 기관인 샤바크(Israel Security Agency)는 3개 작전부서와 5개 지원부서로 조직되어 있고, 약 5,000여 명의 직원이 있는 것으로 알려져 있다. 샤바크는 테러활동 및 폭력혁명에 대비한 국가안보 유지, 이스라엘인 테러조직 색출, 테러용의자 심문, 서안과 가지지구에 대한 대테러작전을 위한 정보제공, 방첩활동, 정부 고위인사 경호, 주요 정부 기반시설 및 정부청사 보호, 이스라엘 항공사 안전 보호, 이스라엘 대사관 안전 보호 등의 임무를 수행한다.

47) Shabak은 히브리어 Sherut haBitachon haKlali(General Security Service)의 두문자어 표기이며, 히브리어 Sheruth Bitachon의 약칭인 Shin Bet는 Secret Service(security service)를 의미한다.

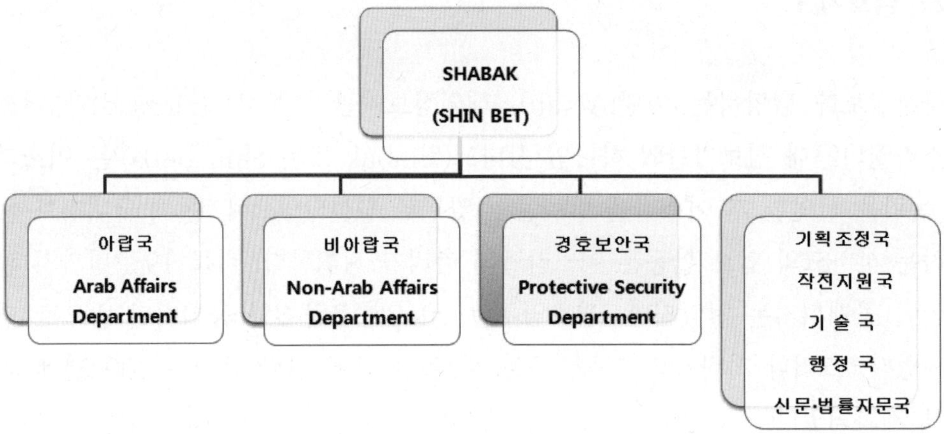

〈표 2-9〉 이스라엘 SHABAK 조직도

샤바크의 3개 작전부서는 아랍국, 비아랍국과 경호보안국으로, 아랍국은 대테러 작전, 정치적 전복, 아랍테러리스트에 관한 정보 유지 임무를 수행한다. 비아랍국은 비아랍국가와 관련된 방첩활동, 외국 정보기관과의 교류, 외국 대사관과 이민자 관리 업무를 담당한다. 경호보안국은 정부요인 경호, 정부청사 및 대사관 보호, 국방산업 · 과학시설 · 국적항공사 보호 등의 임무를 수행한다.

제3장

경호의 이론

경호에는 원칙이 없다.
다만, 상황에 맞는 최선의 선택이 있을 뿐이다."

제3장 경호의 이론

제1절 개 설

경호를 어떠한 절차와 방법으로 수행하느냐 하는 문제는 대단히 중요하다. 모든 일에는 그 일을 효과적으로 수행하기 위한 절차라는 것이 있다. 절차를 무시하면 업무의 비효율적, 고비용적, 편법적, 월권적 수행을 초래할 가능성이 있으며, 특히 경호에 있어서는 심각한 위험을 초래할 가능성이 있다. 방법도 매우 중요하다. 방법이란 주어진 목표에 이르는 길이라고 할 수 있다. 방법의 문제는 적법성, 타당성, 효과성의 근거를 제시한다. 경호를 어떠한 방법으로 수행하느냐 하는 문제는 그 경호방법이 제도적 법과 절차를 얼마나 준수하였고(적법성), 주어진 상황에 얼마나 적합하며(타당성), 경호효과를 얼마나 거둘 수 있는 방법인가(효과성)에 대한 해답을 제공해야 한다.

경호를 작전적 관점에서 보면 예방작용과 대응작용으로 크게 구분할 수 있다. 또한 위기관리적 관점에서 보면, 예방-대비-대응-평가 및 학습의 위기관리절차에 입각하여, 경호의 준비-대비-대응-학습의 단계로 구분이 가능하다. 이 책에서는 위기관리적 관점에서 경호업무절차를 기술하였다. 경호는 한 조직의 근간인 사람, 대개의 경우 그 조직의 수장을 지키기 위한 대단히 중요한 위기관리수단의 하나이다.

또한 경호임무 수행에 필수적인 기본이론은 경호를 학문으로서 접근하게 하는 토대라 할 수 있다. 경호이론을 현장에서 실제 경호상황에 적용하는 경호기법은 많은 연구와 경험을 필요로 한다. 어떠한 경호절차가 효율적이고, 어떠한 경호방법이 효과적인가를 자문하면서, 기본적인 경호이론과 경호기법을 제시하여, 경호전문가로서의 기본 소양을 충족시키고자 하였다.

제2절 경호업무 수행단계

Ⅰ. 경호의 위기관리

1. 경호위기관리의 의의

경호는 위기관리의 한 수단이다. 위기는 Lerbinger(1997)가 정의한 대로 "조직의 미래성장과 이익, 혹은 생존에 위협을 가할 가능성이 있는 사건"으로, 특히 경호위기는 국가사회나 특정 조직의 체제유지 및 생존에 위협이 될 정도로 중대하고 심각한 결과를 초래한다. 따라서 경호는 단순히 한 사람의 생명과 재산을 보호한다는 차원의 의미를 넘어, 국가나 특정 조직의 체제유지 및 생존을 담보로 하는 중차대한 과업이다.

위기관리에는 항상 '최악의 사태를 설정하고, 위기가 발생하지 않도록 예방·방지를 위한 계획이 입안되어 훈련된다'라는 위기통제(crisis control)와, 만일 위기(비상사태)가 발생할 경우 인적 및 경제적 손실을 최소한으로 그치게 하기 위한 위기관리(crisis management)가 있다. 즉 전자는 주도적 또는 능동적인 의미가 있고, 후자는 수동적인 의미가 있다. 위기관리란 때와 장소를 가리지 않고 생각지도 않은 형태로 발생하는 긴급사태를 미리 알고 예방하는 것이며, 만일 그러한 사태가 발생했다 하더라도 재빠르게 대응해서 피해를 최소화하는 것이다.[1] 경호의 목적이 바로 여기에 있다. 경호는 긴급사태를 미리 알고 예방하는 위기통제와 발생한 위기에 대응해서 피해를 최소화하기 위한 위기관리가 유기적으로 조합되어야 한다.

경호위기는 현실이다. 그러나 어떠한 종류의 위기든, 위기는 관리할 수 있는 부분이 있기 때문에 위기는 어떻게 대처하느냐에 따라 기회로 활용될 수 있으며, 조직에 긍정적인 동력으로 작용할 수도 있다. 경호위기는 사전 예고가 없는 돌발적 상황으로 나타나고, 그 결과는 조직의 연속성에 중대한 위협이 되며, 의사결정을 위한 시간이 짧은 특성이 있는 관계로, 고도의 전문적인 전략적 판단과 경험적 지혜를 총동원하여 체계적으로 관리하여야 한다.

---

1) 이영재, 윤정원(2004), BCP입문, 서울: 디지털타임스, p. 10.

경호위기관리는 위기상황을 예방하고, 위협을 감소시키며, 위기발생 시 신속한 문제 해결 및 대처를 하고, 위기 발생의 결과 예상되는 피해를 최소화하고, 조직의 연속성을 보장하기 위해서 철저하게 위협을 평가하고 치밀하게 계획해서 한 치의 빈틈도 없이 실행해야 한다.

2. 경호위기의 특성

Dutton(1986)과 Mitchell(1986)은 위기의 속성으로 중요성(importance), 즉각성(immediacy)과 불확실성(uncertainty)을 들고, 이러한 세 요소 중에 하나라도 조직원들에 의해서 높은 점수를 받게 되면 그것은 위기로 불릴 수 있는 비일상적인 사건이 될 수 있다고 보았다. 또 Lerbinger(1997)는 위기의 특성으로 급작성(suddenness), 불확실성(uncertainty) 및 시간제약성(time compression)을 들었다. 급작성은 위기의 징후들을 포착할 수 없는 것은 아니지만, 대부분의 위기는 갑자기 다가온다는 것이다. 따라서 위기는 예방을 위한 징후 포착도 중요하지만, 일어날 것을 전제하고 위기상황을 봉쇄하기 위한 준비활동도 중요하다는 것을 알아야 한다. 불확실성에 대비하기 위한 위기관리는 일어날 확률이 적은 일에도 관심을 가져야 한다는 것이다. 또한 위기와 관련한 시간은 언제나 급박하게 돌아간다. 이러한 시간제약성은 위기관리 담당자와 일반 조직원들에게 엄청난 스트레스와 불안감을 가져다준다.

경호위기의 특성도 일반적인 위기와 유사하다고 볼 수 있다. 경호위기의 첫 번째 특성은 불확실성이다. 위기가 언제, 어디서, 누구에 의해서, 어떠한 형태로 발생할지 사전에 알 수가 없기 때문에, 경호는 항상 불확실성 속에서 예측 가능한 우발상황에 대비해야 하는 어려움이 따른다. 결국 경호는 보이지 않는 적과의 두뇌싸움인 것이다. 따라서 경호적 위기관리는 능률성의 원리가 아닌 경계성의 원리에 의해 계획되고 평가되어야 한다. 특히 준비와 대응단계에서 구조적 · 기능적으로 특화된 전문성을 요구한다. 우선 위기의 발생이 우발적이고 불확실하므로, 이에 대비하여 신속하고 조직적인 기능을 갖춘 시스템이 필요한 것은 당연하다.[2)]

둘째, 돌발성이다. 위기는 사전에 예고가 없다. 특히 경호대상자에게 위해를 가하

2) 김태윤(2000), 국가재해재난 관리체계 구축방안 연구, 한국행정연구원, p. 29.

려는 공격은 기습적으로 이루어질 때 성공 확률이 가장 높기 때문에 위해기도자는 이를 십분 활용할 것이다. 돌발적 위해상황에 대비하기 위해서는 항상 위해상황이 발생할 수 있다는 전제 하에, 내가 가장 불리한 조건을 염두에 두고 선제적 경호조치를 취해야 한다.

셋째, 시간제약성이다. 일단 공격을 받으면 경호관계자의 입장에서는 돌발적인 사건이라 미처 위기상황에 대처할 시간적 여유가 별로 없다. 상황을 판단하느라 우왕좌왕하고, 무엇을 어떻게 처리해야 할지 잘 생각도 나지 않을 것이다. 그러므로 평상시의 지속적인 준비와 교육훈련에 의한 반사적인 즉각 대응 및 조치가 요구된다.

넷째, 중대성이다. 경호위기의 결과는 경호대상자 개인이나 조직에 치명적인 결과를 초래한다. 최악의 경우, 경호대상자를 잃을 수도 있고, 그 조직이 와해되는 결과를 초래할 수도 있다. 경호위기로 인한 피해의 심각성을 최소화하여, 개인이나 조직의 연속성을 보존하는 것이 경호의 존재 이유이자 목표이다.

다섯째, 현장성을 들 수 있다. 위기에 대응하는 경호조치는 현장에서 즉각적으로 이루어져야 하며, 현장책임자에게 모든 최종적인 권한이 주어져야 한다. 위해기도가 발생한 상황 하에서의 경호는 시간과의 싸움이다. 위해 공격에 얼마나 신속하게 대응하고 효과적으로 조치하느냐에 따라 경호의 성패가 달려있다.[3]

3) 이두석(2007), 위해사례 분석을 통한 경호 위기관리시스템 설정 방안, 용인대학교 박사학위 논문, pp. 57~58.

Ⅱ. 경호업무 수행절차

1. 위기관리단계

경호의 기본은 위험 발생 전에 위험요소를 확인하고 이를 제거하는 것이다. 즉 예방경호가 경호의 최우선 목표가 되어야 한다. 그러나 경호 현장에서는 다양한 우발상황이 발생하고, 경호는 효과적으로 이러한 곤경에 대처해나가야 한다. Coombs(1999)은 위기관리를 "위기상황에 대응하고, 위기에 의해 야기되는 실제적인 피해를 줄이는 활동"이라고 정의하였다. 따라서 경호위기관리는 경호활동시 발생되는 위기상황에 대응하고, 위기에 의해 야기되는 경호대상자의 생명과 재산에 대한 실제적인 피해를 줄이는 활동이라고 할 수 있다. 경호는 위기의 원인을 제공하는 위험을 최소화함으로써, 그로 인한 피해를 최소화하기 위한 제반활동으로, 경호행위 자체가 위기관리의 한 방편이라고 할 수 있다.

〈표 3-1〉 위기관리단계

구분	Zimmerman	Petak	Coombs	Fink	Mushkatel & Wescheler	Mitroff & Pearson & Harrington
1단계	경감과 예방	경감과 예방	예 방	징후단계	대 비	징후발견
2단계	대 비	대비와 계획	준 비	발생단계	대 응	대비와 예방
3단계	대 응	대 응	실 행	진행단계	복 구	봉쇄 및 피해방지
4단계	복 구	복 구	학 습	종결단계	경 감	회 복
5단계						학 습

〈표 3-1〉에서 보는 바와 같이, 많은 학자들은 위기관리를 주로 4단계로 구분하고 있다. 1단계는 징후를 발견하고 경감과 예방조치를 취하는 단계이고, 2단계는 위기에 대비하고 계획을 수립하는 단계, 3단계는 위기를 봉쇄하고 피해를 방지하기 위하여 위기에 대응하는 단계이고, 4단계는 위기로부터의 복구와 학습을 실시하는 단계이다.

2. 경호업무 수행절차

경호의 흐름을 보면, 경호조직은 안전한 경호환경을 조성함과 동시에 위해행위의 사전 예방을 위하여 정보활동을 실시하고, 이를 바탕으로 경호계획을 수립하고, 위험요소를 확인하고 제거하는 안전활동을 실시하며, 실제로 경호인력을 취약지점에 배치하여 위험요소의 접근이나 침투를 거부하고, 경호적 위기상황에 직접 대응하는 경호활동을 실시하며, 행사 실시간 발견된 문제점을 평가 및 보완하고 그에 따른 교육훈련을 실시하는 학습활동을 하게 된다. 즉, 경호는 크게 정보활동, 안전활동, 경호활동 및 학습활동으로 구성된다고 할 수 있다.

경호의 기본은 위험 발생 전에 위험요소를 확인하고 제거하는 것이다. 경호위기도 사전 예방조치가 필요하고, 위기에 대비하는 계획이 필요하며, 위기상황에 직접 대응하고, 위기 대응을 위한 교육훈련을 실시하는 학습과정이 필요하다. 따라서 경호위기 관리단계도 예방단계, 대비단계, 대응단계 및 학습단계로 구분할 수 있을 것이다. 이를 경호활동 내용에 적용해 보면, 정보활동은 예방단계에 해당되고, 안전활동은 대비단계에, 경호활동은 대응단계에, 그리고 학습활동은 Coombs과 Mitroff 등이 말하는 학습단계에 해당된다고 할 수 있다.

예방단계인 정보활동단계에서는 법과 제도를 정비하여 우호적인 경호환경을 조성하고, 경호와 관련된 정보와 첩보를 수집하고 분석하여 경호위협을 평가하고, 이를 토대로 경호계획을 수립하는 경호준비과정이다.

대비단계인 안전활동단계에서는 경호계획을 근거로, 행사보안의 유지와 위해정보 수집을 위한 보안활동을 전개하며, 행사장의 취약요소에 대한 안전대책을 강구하고, 경호위기상황에 대비한 비상대책활동을 실시하며, 위험요소에 대한 거부작전을 실시한다.

대응단계인 경호활동단계에서는 잠재적인 위해기도자에게 공격기회를 주지 않기 위하여 경호인력을 배치하여 지속적인 경계활동을 실시하며, 경호위기상황에 즉각적으로 대응하고 조치하는 즉각조치활동을 실시한다.

학습단계인 평가 및 학습활동단계에서는 경호 실시결과를 분석하고 평가하여 존안하며, 평가 결과 대두된 문제점을 보완하기 위한 교육과 훈련을 실시하고, 평가 결과를 차기 행사에 반영하기 위한 적용(feedback)을 실시한다.

〈표 3-2〉 세부 경호업무 수행절차

관리단계	주요활동	활동내용	세부 활동사항
예방단계 (준비단계)	정보활동	경호환경 조성	◆ 법과 제도의 정비 ◆ 경호지원시스템 구축 ◆ 우호적인 공중의 확보(홍보활동)
		정보 수집 및 평가	◆ 정보 네트워크 구축 ◆ 정보의 수집 및 생산 ◆ 위협의 평가 및 대응방안 강구
		경호계획 수립	◆ 관계부서와의 협조 ◆ 경호계획서의 작성 ◆ 경호계획 브리핑
대비단계 (안전활동 단계)	안전활동	정보보안활동	◆ 보안대책 강구 ◆ 위해동향 파악 및 대책 강구 ◆ 취약 시설 확인 및 조치
		안전대책활동	◆ 행사장 안전확보 ◆ 취약요소 판단 및 조치 ◆ 검측활동 및 통제대책 강구
		거부작전	◆ 주요 감제고지 및 취약지 수색 ◆ 주요 접근로 차단 ◆ 경호영향요소 확인 및 조치
대응단계 (실시단계)	경호활동	경호작전	◆ 모든 출입요소 통제 및 경계활동 ◆ 근접경호 ◆ 기동경호
		비상대책 활동	◆ 비상대책 ◆ 구급대책 ◆ 비상시 협조체제 확립
		즉각조치 활동	◆ 경고 ◆ 대적 및 방호 ◆ 대피
학습단계 (평가단계)	학습활동	평가 및 자료 존안	◆ 행사결과 평가(평가회의) ◆ 행사결과보고서 작성 ◆ 자료 존안
		교육훈련	◆ 새로운 교육 프로그램 준비 ◆ 교육훈련 실시 ◆ 교육훈련의 평가
		적 용	◆ 새로운 이론의 정립 ◆ 전파 ◆ 행사에의 적용

이러한 경호업무 수행절차를 실제적인 경호행사에 적용해보면 그 흐름은 다음과 같을 것이다.

1) 준비단계 : 일정 접수(임무 수령)
행사장 답사
정보 수집·분석 및 경호적 판단
경호계획 수립
경호계획 브리핑

2) 대비단계 : 선발대 출동
경호지휘소 설치, 현장 답사, 관계관 협조(회의)
안전활동(검측 및 안전확보)
기능별 및 임무별 행사준비

3) 대응단계 : 경호인력 배치
참석자 입장(비표교부 및 검색)
행사 실시(경호대상자 도착 - 출발 : 사주경계 및 근접경호)
정리 및 철수

4) 평가단계 : 경호평가회의
경호결과보고서 작성 및 보고
자료 존안 및 교리 반영

제3절 경호의 기본 이론

Ⅰ. 기본 원리

경호에는 원칙이 없다고 한다. 다만, 주어진 상황에 적합한 최선의 경호적 선택이 있을 뿐이다. 원칙이 있다면, 경호원은 경호대상자의 안전을 절대적으로 지켜내야 한다는 원칙이 있을 뿐이다. 그러나 경호대상자를 안전하게 지켜내는 것이 그렇게 말처럼 쉬운 일이 아니기 때문에, 경호원은 상황에 맞는 최선의 경호방법을 찾아내기 위하여 많은 노력을 기울여야 한다.

모든 상황에 적용되는 절대적인 원칙은 없으나, 최선의 경호방책을 강구하는데 도움이 될 만한 기본적인 원리는 있다. 나라마다 경호조직의 성격이나 경호하는 방법이 다 다르지만, 기본적인 경호조치와 경호원들의 행동수칙에 있어서는 다음의 원리들이 일반적으로 적용되고 있음을 부인할 수 없다. 경호학의 과제는 이러한 기본적인 이론들을 실증적으로 규명하여, 합리적이고 과학화된 이론체계를 확립하는 것이다.

1. 3중 경호의 원리

3중 경호의 원리는 경호계획의 틀을 제공하는 가장 기본적인 이론이다. 3중 경호의 구조는 경호대상자가 위치한 장소로부터 1선(내부, Inner Ring, 안전구역), 2선(내곽, Middle Ring, 경비구역), 3선(외곽, Outer Ring, 경계구역)으로 구분하여, 구역별로 차등화된 경호조치를 취함으로써 경호효과를 극대화하기 위한 개념이다. 평면적 개념으로는 '3선경호'라고도 하나, 공중과 지하를 포함하는 입체적 개념으로는 '3중경호'가 타당하다.

1선은 안전구역으로, 경호대상자에게 직접적인 위해를 가할 수 있는 위험지역이다. 따라서 1선은 완벽한 통제가 이루어져야 하며, 경호원의 확인을 거치지 않은 인원의 출입과 물품의 반·출입을 금지한다.

2선은 경비구역으로, 경호대상자의 신변 안전과 행사에 직·간접적으로 영향을 미칠 수 있는 구역이다. 소총 등에 의한 직접적인 위해공격도 가능하고, 문제 발생 시 행사에 심각한 영향을 미칠 수 있는 지역이다. 2선에 대해서는 부분적 통제가 실시되나, 경호원의 확인을 거치지 않은 인원이나 물품도 감시의 영역을 벗어나서는 아니 된다.

3선은 경계구역으로, 경호대상자의 안전에 직접적인 위협은 되지 않으나, 행사에 간접적으로 영향을 미칠 수 있는 영향권을 말한다. 3선에 대해서는 경호행사나 경호대상자의 안전에 영향을 미칠 수 있는 요소들에 대한 사찰활동과 제한적 통제가 실시된다.

3중 경호는 경호영향권역을 공간적으로 구분하여, 해당구역의 인적·물적 위해요소에 대해 상대적으로 차등화된 경호조치와 경호인력의 배치 및 중첩된 통제를 통하여 경호의 효율화를 기하고자 하는 경호방책이다. 3중의 경호막을 통해서 종심[4]을 확보하여 조기경보체제를 구축하고, 위해분자의 침투를 중첩되게 차단하며, 공간적·시간적·대상별로 차등화된 통제를 통하여 완벽한 경호를 추구하고,자원과 시간과 인력의 낭비적 요소를 제거하며, 행사와 관계 없는 일반인들에 대한 불필요한 통제를 최소화하는데 3중 경호의 의의와 효과가 있다.

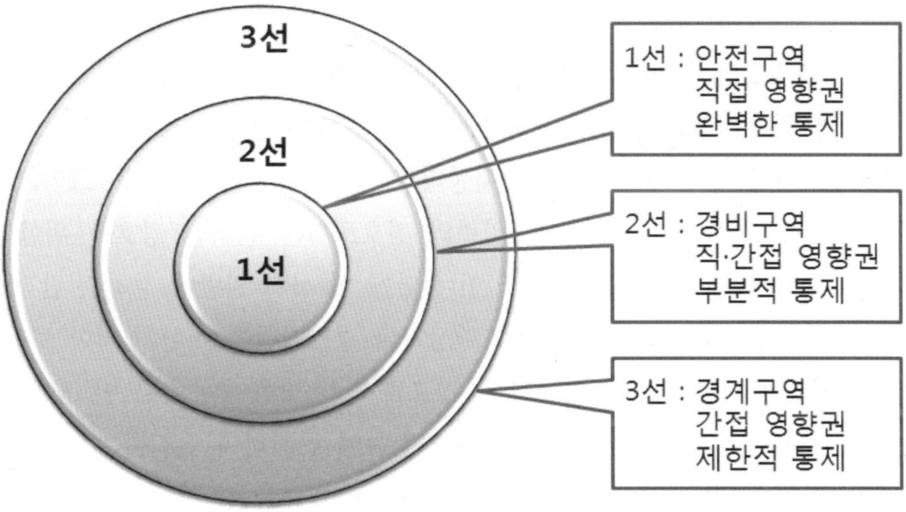

〈그림 3-1〉 3중 경호의 원리

4) 종심(縱深) : 앞뒤로 늘어선 대형·진지·방어 지대 따위의 전방에서 후방까지의 거리를 이르는 말로, 외곽의 3선에서 1선인 안전구역까지의 경호거리를 뜻한다.

1선, 2선, 3선의 거리 개념은 행사장의 특징이나 지형적인 특성을 고려하여 정할 수 있으나, 일반적으로 1선은 권총 등의 유효사거리를 고려한 건물 내부, 2선은 소총 등의 유효사거리를 고려한 울타리 내곽, 3선은 소구경 곡사화기의 유효사거리를 고려한 외곽의 개념으로 설정한다.

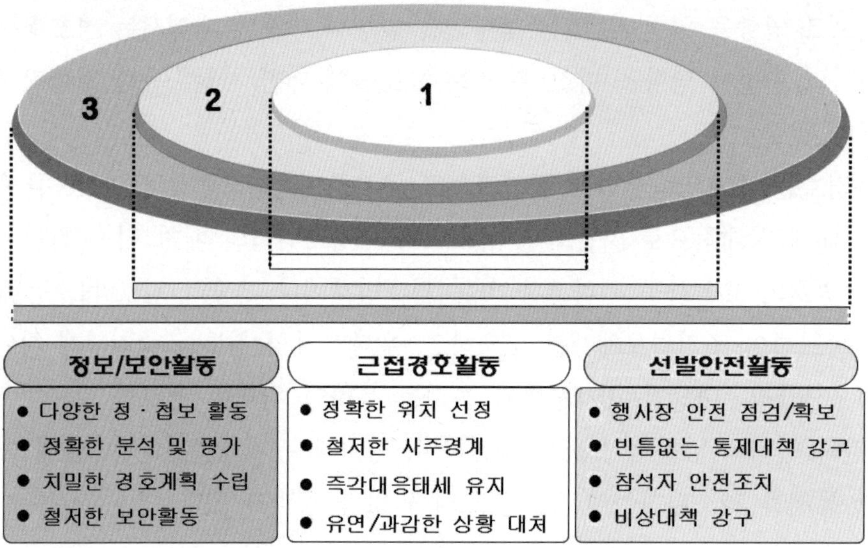

〈그림 3-2〉 3중 구조의 경호활동

또한 3중경호의 원리는 비단 공간적 개념으로만 적용되는 것은 아니다. 3중경호의 원리에 입각한 3중 구조의 경호활동〈그림 3-2〉은 경호의 효율성을 크게 향상시킨다. 경호의 근거가 되는 정보보안활동과 그에 따른 선발안전활동, 그리고 최종적으로 근접경호활동으로 이어지는 일련의 경호조치는 완벽한 경호를 위한 단계적 절차이다. 위해기도가 예상되는 개인이나 단체 및 사회 일반에 걸친 전반적인 경호환경에 대한 광범위 정보활동과 경호대상자나 경호기관에 대한 철저한 보안활동은 경호의 기초가 되는 중요한 활동이다. 경호의 기본 방향이나 틀은 이 정보·보안활동에 근거하여 정해지게 된다. 정보·보안활동에 근거하여 실시하는 선발안전활동은 행사장과 행사참석자에 대한 안전조치와 비상대책을 강구함으로써 경호의 골격을 형성한다. 그리고 최종적으로 철저한 경계태세와 즉각대응태세로 단 한 치의 실수도 허용하지 않는 근접경호활동은 경호를 완성하는 마지막 보루가 된다.

2. 자연방벽효과의 원리

방벽이란 위해기도자의 공격을 막아내는 방호벽을 말하고, 경호대상자는 경호원이 형성하는 자연적인 방벽에 의해 보호된다. 근접경호원은 상호간 유기적인 협조를 통하여 자신들의 신체로 자연스럽게 방벽을 형성하여 경호대상자를 보호하게 되는데, 이에는 수평적 방벽효과와 수직적 방벽효과가 있다.

1) 수평적 방벽효과

근접경호원은 경호대상자와 위해기도자의 중간에 위치하여 위해기도자의 공격선을 차단하게 되는데, 경호원의 위치에 따라 경호대상자를 보호하는 범위의 크기, 즉 방벽효과에 차이가 있게 된다.

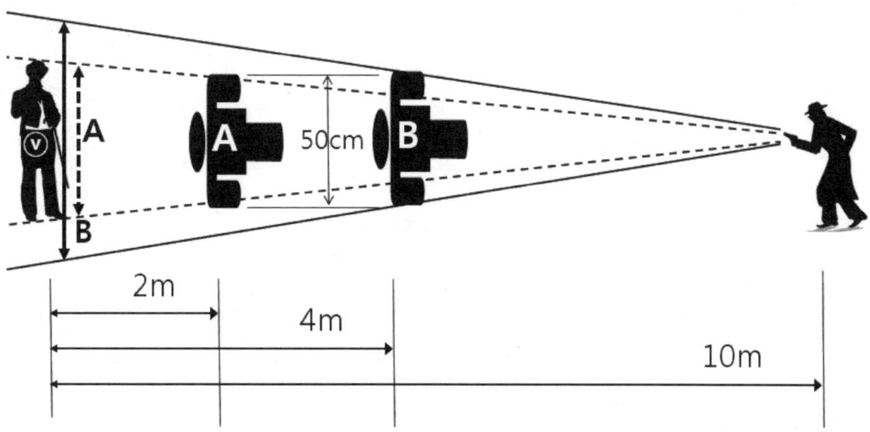

〈그림 3-3〉 수평적 방벽효과 1

〈그림 3-3〉에서 경호대상자와 위해기도자와의 거리가 10m이고, 각각 경호대상자로부터 2m 떨어진 위치에 경호원 A가 있고, 4m 떨어진 위치에 경호원 B가 있다고 가정해보자.

경호원의 체위를 50cm라고 하면,

경호원 A가 형성하는 방벽의 크기는 62.5cm[0.5:x=8:10]가 되고,

경호원 B가 형성하는 방벽의 크기는 83cm[0.5:x=6:10]가 된다.

결국, 경호원 B의 방벽크기가 83cm이고 경호원A의 방벽크기가 62.5cm라는 것

은, 고정된 위해기도자의 위치에서 볼 때, 경호원의 위치가 위해기도자와 가까울수록 방벽효과는 증대된다는 것을 의미한다.

그러나, 경호대상자의 위치에서 볼 때에는〈그림 3-4〉,

경호원 A로 인한 위해기도자의 이동요구거리는 2.5m[0.5:x=2:10]가 되고,

경호원 B로 인한 위해기도자의 이동요구거리는 1.25m[0.5:x=4:10]가 된다.

즉, 고정된 경호대상자의 위치에서 볼 때에는, 경호원의 위치가 경호대상자와 가까울수록 위해기도자는 좌우로 더 많은 거리를 이동해야만 목표(경호대상자)를 확보하여 공격을 가할 수가 있다.

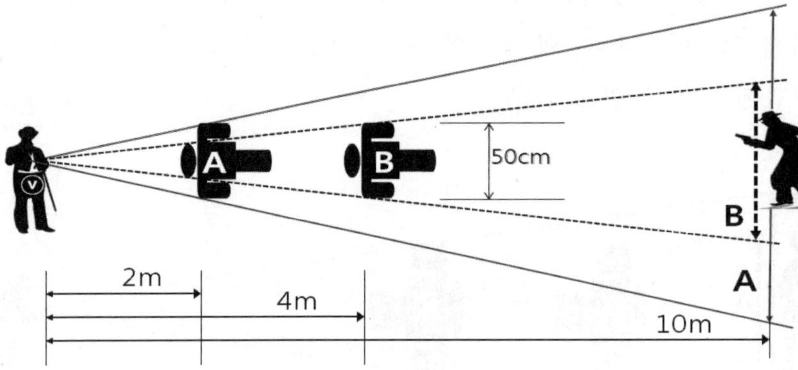

〈그림 3-4〉 수평적 방벽효과 2

자연적인 수평적 방벽효과는 경호원이 위해기도자와 가까이 위치할수록 크게 나타나나, 개활지 등에서 위해기도자의 위치를 모르는 경우에는 경호원이 경호대상자와 가까이 위치할수록 위해기도자의 이동요구거리를 증대시켜 높은 방벽효과를 기대할 수 있다. 한편 경호원은 우발상황 발생 시 신속히 경호대상자를 대피시켜야 하는 점을 고려할 때, 경호원은 경호대상자와 일정한 거리를 항상 유지하고 있어야 한다.

결국 경호원은 경호대상자의 활동공간을 충분히 확보해주면서 우발상황 발생 시 신속히 대응도 할 수 있는 최적의 위치를 확보하기 위해서는, 위해기도자가 위치할 만한 장소를 충분히 고려하여, 그 일직선상에서 자신의 위치를 선정해야 한다. 그러나 고정된 위치가 아니라, 이동하는 경호대상자를 보호하기 위하여 위치를 알 수 없는 위해기도자와의 사이에서 수평적 방벽효과를 기대하기란 매우 어렵기 때문에, 경호원은 항상 주변의 변화하는 상황에 따라 주도면밀하게 자신의 위치를 선정해야 한다.

2) 수직적 방벽효과

위해기도자가 개활지나 고층건물 등에서 공격을 시도한다고 가정할 경우, 경호대상자와 가까이 위치한 경호원 A가 그보다 멀리 떨어져 있는 경호원 B보다 높은 방벽효과를 제공한다는 점을 〈그림 3-5〉에서 알 수 있다. 경호원의 신장의 차이가 수직적 방벽효과에 큰 영향을 미치는 것이다. 경호원이 경호대상자에 대한 수직적 방벽효과를 극대화하기 위해서는 항상 바른 자세로 똑바로 서서 근무에 임해야 한다. 결코 몸을 움츠리거나 어정쩡한 자세를 취해서는 안 된다.

▪ A의 방벽효과 > B의 방벽효과

〈그림 3-5〉 수직적 방벽효과

위해기도자의 위치를 모르는 야외에서의 경호행사 시에는 경호원이 경호대상자에게 보다 가까이 위치할수록 높은 방벽효과를 제공하기 때문에, 주변의 상황을 고려하여 경호원의 위치를 확보한다. 그러나 경호원은 한편으론 경호대상자의 자연스런 활동공간을 확보해주어야 하기 때문에, 경호대상자와 일정거리를 유지해야 한다. 따라서 경호원은 위험이 예상되는 지점이나 방향을 정확히 감지하여, 위해기도자의 공격선상에 자신을 위치시킴으로써 위해기도자의 공격기회를 박탈해야 한다.

3. 주의력효과와 대응효과의 원리

주의력이란 경호원이 이상 징후를 포착하기 위하여 기울이는 힘을 말하며, 대응력이란 위해기도에 반응하여 취하는 태도나 행동 능력을 말한다. 주의력이란 위해기도자를 사전에 색출해내기 위한 노력으로, 최대한 자신을 은폐시켜 위해의 성공확률을 높이려는 위해기도자를 찾아내기란 그리 쉬운 일이 아니기 때문에, 철저하고도 예리한 사주경계가 요구된다. 대응력이란 위해기도자가 위해공격을 감행할 경우, 신속하고도 효과적으로 경호대상자를 보호하고 대피시켜 경호대상자의 신변을 보전하는 경호능력으로, 무조건 반사적이고 기민한 경호행동을 요구한다.

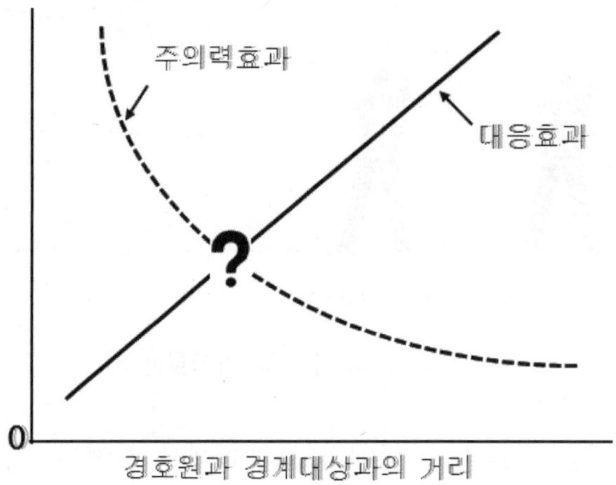

〈그림 3-6〉 주의력효과와 대응효과의 상관관계

경호원의 주의력을 높이기 위해서는 경계 대상(군중)을 보다 잘 살필 수 있도록 경계대상과의 거리를 좁히는 것이 효과적이나, 그러면 자연히 경호대상자와의 거리는 멀어지게 되어 경호대응력은 떨어지게 된다. 대응력을 높이기 위해서는 우발상황 발생 시 신속하기 대처하기 위하여 경호대상자와의 거리를 좁히는 것이 효과적이나, 이때는 경계 대상과의 거리가 멀어지게 되어 경호원의 주의력은 떨어지게 된다. 이처럼 주의력효과와 대응효과는 서로 상반된 개념이기 때문에, 경호원은 주의력효과와 대응효과를 고려한 위치의 선정에 신중해야 한다.

4. 경호원 이격거리

1) 군중과 경호원의 이격거리

주의력효과를 높이기 위해서는 경호원이 경계 대상인 군중과 밀착하여 있는 것이 효과적일 것이나, 이 경우 가까이에 있는 위해기도자가 공격을 시도한다면 과연 경호원이 위해기도자를 안전구역인 경호선 밖에서 막아낼 수 있는가 하는 의문이 제기된다. 따라서 경호원은 위해기도자의 움직임을 포착하여 그의 공격이나 접근을 경호선 밖에서 제지할 수 있는 적정거리의 확보가 무엇보다 중요하다.

근접경호원의 첫 번째 임무는 경호대상자와 군중 사이를 차단하는 것이다. 위해요소인 군중이 경호대상자에게 접근하기 전에 차단해야 한다. 따라서 경호원과 경호원을 연결하는 보이지 않는 경호막, 즉 경호선 밖에서 위해기도자를 차단하기 위해서 경호원은 군중과 어느 정도 떨어져 있어야 하는가? 라는 문제가 제기된다. 이 문제의 답을 얻기 위해 한국스포츠개발원에서 실시하는 국민체력실태조사[5]의 50m 달리기 결과를 참고하였다. 동 조사의 최근 5차례 조사 결과에 의하면, 가장 빠른 20대 초반 성인 남성의 50m 달리기 속도는 〈표 3-3〉에서 보는 바와 같이 평균 7.73초인 것으로 나타났다.

신체감응시간은 인간이 외부의 자극에 대하여 위협을 인지하고 뇌의 판단과 명령을 통하여 신체적 반응을 개시할 때까지의 시간을 말하며, 일반 성인의 평균 신체감응시간은 0.3초가 소요되는 것으로 알려져 있다.[6]

---

5) 한국스포츠개발원에서 2~3년마다 주기적으로 실시하는 조사로, 조사 항목 중에는 제자리 멀리뛰기와 50m 달리기 등 기능 관련 체력 2항목이 포함되어 있다. 50m 달리기는 한국스포츠개발원 측정 종목 중 가장 짧은 달리기 거리이다.

6) 인간이 주어진 자극을 분석하고 자극이 요구하는 반응을 선택 및 결정하며 목적을 달성할 수 있는 반응을 계획 및 조직하는데 필요로 하는 시간을 반응시간(reaction time)이라고 하며, 일반적으로 예견할 수 없는 시점에 신호가 갑자기 제시되면서부터 그에 대한 반응을 시작할 때까지 소요되는 시간을 말한다. 반응시간은 단순반응시간(simple RT)과 선택반응시간(choice RT)으로 분류된다.
Hick의 법칙은 선택해야 할 반응의 수가 증가할수록 그 동작들 중에서 한가지에 반응하는 데 소요되는 선택반응시간이 점차 길어지는 현상을 말한다. Woodworth(1938)와 Merkel(1885)은 선택 대안 수가 하나에서 둘로 증가할 때 반응시간은 급격하게 길어진다는 것을 발견하였는데, 선택 대안 수가 하나인 단순반응시간은 190ms인 반면, 선택 대안 수가 둘인 선택반응시간은 300ms로 증가하였다(김선진, 2009: 112). 경호에 있어서는 군중의 행동을 인지한 후 그 행동의 위해성 여부를 판단하여 그 에 따른 대응을 해야 하기 때문에 선택반응시간이 적용된다고 할 수 있다.
한편, 미국의 Gun Digest('96. 5)는 단순반응시간은 0.16~0.17초, 조건반응시간은 0.28~0.3

20대 초반 성인 남성의 50m 달리기 속도인 평균 7.73초와 성인 남성의 평균 신체감응시간인 0.3초를 적용하면, 성인 남성이 0.3초에 달릴 수 있는 거리는 약 1.94m가 된다.[7] 이는 50m를 전력으로 질주할 때를 기준으로 한 평균 이동거리이기 때문에 정지상태에서의 이동거리는 이보다는 짧아질 것이다. 이는 신체감응시간으로 인하여 위해 기도를 인지하고 0.3초 후에 반응할 수밖에 없는 인간의 특성상, 경호원은 적어도 1.94m 이상, 즉 2m 정도는 경계 대상과 거리를 두고 있어야 위해기도자가 경호원이 있는 위치에 도달하기 이전에 위해기도자를 저지할 수 있다는 것을 의미한다.

〈표 3-3〉 성인 남성의 평균 50m 달리기 및 제자리멀리뛰기 결과

구분	50m 달리기(초)	제자리멀리뛰기(cm)
2001년	7.77	225.6
2004년	7.5	232.1
2007년	7.5	231.5
2009년	8.1	214.3
2011년	7.8	222.7
평균	7.73	225.24

*자료: 한국스포츠개발원 http://www.sports.re.kr. 연구사업/정책자료/국민체력실태.

2) 경호대상자와 경호원의 이격거리

(1) 경호대상자와 경호원의 관계

i) 사회적 관계

인간은 사회적 동물이라고 한다. 인간은 유일적 존재가 아니라 다른 사람과의 상호관계 속에서 살아갈 수밖에 없는 존재라는 것이다. 인간은 타인과의 상호활동(상호접촉 · 상호작용)을 통하여 삶을 영위하고 성장하는 것이며, 사회생활은 대인적인 교섭이나 행동으로 영위된다. 이러한 대인적 상호활동을 내용으로 하는 사회과정이

초, 복합조건반응시간은 0.35~0.4초라는 연구결과를 발표하였다.

7) 스포츠과학연구원(현 한국스포츠개발원)의 자료에 의하면, 성인 남성의 100m 평균 질주속도는 14.02초이고, 이 기준에 의하면 신체감응시간 0.3초 내에 이동할 수 있는 거리는 약 2.14m가 된다. 경호원 이격거리 판단에 100m 달리기 속도를 적용하는 것은 한계가 있다. 대부분의 위해공격은 근거리에서 발생하고, 100m 달리기는 중반 이후 가속도가 붙어 속도가 빨라지기 때문에, 가급적이면 100m보다 짧은 단거리의 측정치를 적용하는 것이 보다 정확한 결과를 기대할 수 있다.

반복에 의하여 상대적으로 지속되고, 그 방향이나 성격이 명확한 동시에 안정을 얻고 있는 경우를 사회관계라 한다.

경호원과 경호대상자의 사회적 관계는 인간의 사회화 과정에서 정치적·경제적으로 규정된다. 과거의 군주시대에는 정치적 결합에 의한 주종관계적 입장에 있었으나, 현대에 이르러서는 경제적 관계에 의하여 고용과 피고용의 계약적 관계로 형성되고 있다. 인간은 1차적으로 사회의 기본 구성단위인 가정을 구성하게 되는데, 이렇게 형성되어 정서적으로 깊은 유대를 맺고 있는 관계를 1차적 관계라고 한다. 또한 일정한 범위의 사람들과 교류를 하고 거래를 하며 사회생활을 영위하게 되는데, 이렇게 형성된 인간관계가 2차적 관계로, 회사 등에서 공식적이고 부분적인 관계가 형성된다. 경호원과 경호대상자와의 관계는 경제적 사회화과정에서 형성된 2차적 관계에 해당된다. 3차적 관계는 나와 직접적인 관계는 없으나, 인터넷 등에서 사이버 공간을 통하여 맺어진 관계를 말한다.

경호원과 경호대상자의 관계는 또한 상황적 판단에 의해서도 검토해 볼 수가 있다. 사람들의 인간관계는 서로가 차지하고 있는 정치적·경제적 위치에 따라 수직적 관계 또는 수평적 관계에 놓이게 된다. 수평적 관계는 친구나 동료 사이와 같이 동등한 입장에서 형성된 관계를 말하고, 수직적 관계는 상사와 부하의 관계와 같이 직급이나 권력의 차이가 있는 관계를 말한다. 경호원과 경호대상자의 관계는 정치적·경제적 권력에 의해 형성된 수직적 관계라고 볼 수 있다.

한편 E. T. Hall은 사람은 자기 신체 주변에 타인의 침입을 거부하는 자신만의 심리적 영역을 갖고 있으며, 이를 개인공간(Personal Space)[8]이라고 부른다. 사람은 또 타인과의 관계에 따라 일정한 거리를 유지하게 되는데, 개인공간은 타인과의 친밀도와 관계에 따라 다시 4개의 영역으로 구분되고, 여기서 Hall은 사회적 거리(1.2m~3.6m)를 사교상의 거리(1.2m~2.1m)와 일방적 전달거리(2.1~3.6m)로 분류하고 있다. 일방적 전달거리는 다른 사람에게 신경쓰지 않고, 자기 일을 할 수 있으며, 남에게 폐가 되지 않는 거리로, 경호대상자와 경호원과의 관계가 여기에 해당된다고 볼 수 있다.

경호원은 경호를 한다는 구실 하에 경호대상자의 자유로운 활동에 장애가 되어

---

8) 개인공간(Presonal Space)은 Edward T. Hall이 제시한 공간학의 개념으로, 그의 저서 "The Hidden Dimension" (1966)에서 주장하였다. 또한 개인공간은 친밀도에 따라 친밀한 거리, 개인적 거리, 사회적 거리, 공공적 거리로 분류한다.

서는 안 되며, 경호대상자의 신변보호 목적을 달성하기 위한 경호행위를 하는 가운데에서도 상호간 서로의 존재가 부담이 되거나 방해가 되지 않아야 한다. 결국 경호원과 경호대상자의 관계는 2차적 수직적 관계에 의한 일방적 전달관계에 있다고 보는 것이 타당할 것이다.

ii) 경호적 관계

근접경호를 수행하는 경호원은 경호대상자의 안전하고 자유로운 활동을 보장해줌과 동시에 위험의 발생 시 신속히 경호대상자를 보호하는 임무를 수행한다. 그러나 위험은 예상되지 않을 때 발생하고, 예상되지 않는 곳에서 발생한다. 위험이 예상되지 않았던 상황에서도 경호대상자를 신속히 방호하기 위해서 근접경호원은 경호대상자와 어느 정도의 거리를 유지하고 있어야 하는가? 이 문제는 결국 경호원이 얼마나 신속하게 경호대상자를 방호할 수 있는가 하는 문제로 귀착된다.

위해상황이 언제 일어날지, 일어나기는 하는 건지, 위해상황이 발생하면 그로 인한 피해는 어느 정도가 될지도 모르는 상황에 대비하기 위해서, 경호원이 경호대상자에게 바짝 붙어서 밀착경호를 할 수는 없다. 말 그대로 불가근불가원의 관계가 근접경호원과 경호대상자의 관계라 할 수 있다. 그렇기 때문에 경호원은 경호대상자에게 최대한의 자유로운 활동공간을 제공해줌과 동시에, 위해상황 발생 시에는 즉각 위험에 대처할 수 있는 적정 거리를 확보할 수 있는 지혜를 발휘해야 한다.

(2) 경호원 이격거리

경호원은 어떠한 위험상황에서도 한걸음에 경호대상자를 보호할 수 있는 적정거리를 유지할 필요가 있는데, 이 때 고려해야 할 사항이 경호원은 어느 정도의 거리를 한걸음에 이동할 수 있는가 하는 문제이다. 사람들이 한걸음에 이동할 수 있는 거리의 근거를 제시해주는 단서는 제자리멀리뛰기이다. 제자리멀리뛰기는 정지상태에서 이동할 수 있는 거리를 측정한 것이지만, 근접경호는 정지간이나 이동 간 이루어지기 때문에 적절한 근거를 제시한다고 할 수 있다.

한국스포츠개발원의 최근 5차례에 걸친 국민체력실태조사 결과에 의한 제자리멀리뛰기 기록은 〈표 3-2〉에 나타난 바와 같이 가장 체력이 좋은 20대 남성을 기준으로 약 2.25m로 나타났다. 이는 위기의 순간에 경호원이 한걸음에 경호대상자를 보호할 수 있는 이격거리가 이 정도가 될 수 있다는 것을 의미한다. 즉 경호원은 경호대상자와 대략 2m 정도의 거리를 유지하면, 경호대상자와의 사이에 형성된 사회적 관계의 결과에 의한 일방적 전달거리도 충족시킴으로써 경호대상자에게 어느 정도 자유로운 활동공간도 확보해주고, 근접경호원의 주임무인 경호대상자의 신변보호 임무를 위한 즉각적인 방호도 제공할 수 있다고 할 수 있다.

경호대상자라 할지라도 자신의 개인공간이 침해당하는 것을 좋아할 사람은 없을 것이다. 경호대상자와 경호원과의 거리는 상황에 따라 달라지게 된다. 군중이 가까이 있다면, 경호대상자와 경호원과의 거리도 가까워질 것이나, 위협이 없거나 위협적인 군중이 둘러싸고 있지 않다면, 경호대상자에게 최대한의 개인공간을 확보해주는 것이 바람직하다. 경호원은 경호대상자가 경호원에게 신경쓰지 않고 자기 일을 할 수 있는 활동공간을 확보해 줌과 동시에 위해상황 발생 시 신속하게 경호대상자를 방호할 수 있는 위치에 있어야 한다.

결국 경호원은 경계대상인 군중과의 거리를 2m 이상 유지하여 위해기도자의 공격에 대비하고, 경호대상자와의 거리도 2m 정도를 유지하여 경호원의 존재가 경호대상자의 사회활동에 방해가 되지 않으면서, 경호원 본연의 방호임무를 다 할 수 있도록 해야 한다. 그러나 경호대상자와 군중이 어느 정도 떨어져야 하는가에 대한 규정은 어디에도 없다. 이에 대한 기준은 유사한 상황을 통한 경험의 산물이다. 경호원과 경호대상자, 경호원과 군중과의 거리는 이론보다는 현실적인 환경요인에 따라 좌우되는 것으로, 경호원은 경계심을 갖고 위험이 경호대상자에 미치지 못하도록 상황에 따라 적절한 위치를 잡는 영리함을 발휘해야 한다. 또한 군중과의 접촉이 많은 일부 경호대상자를 경호할 경우, 이론적 경호거리를 확보하는 것은 현실적으로 어렵기 때문에, 그러한 상황에 대비한 경호기법의 개발과 적용이 요구된다.

5. 촉수거리의 원칙

촉수거리란 팔을 뻗어 닿을 수 있는 거리를 말한다. "촉수거리의 원칙(Arm's Reach Principle)"이란 우발상황 시 경호원은 촉수거리에 있는 경호대상자를 신속히 방호하거나 위해기도자를 제압하고, 또는 위해기도자와 촉수거리에 있을 정도로 가까이에 있는 경호원이 위해기도자를 대적한다는 원칙을 말한다.

위해상황 발생 시 경호원은 경호대상자의 신변보호를 위해서 경호대상자를 방호할 것이냐, 아니면 위해기도자를 제압할 것이냐 하는 문제의 기로에 봉착하게 된다. 이때에 경호원에게 중요한 판단적 근거를 제시해주는 것이 촉수거리의 원칙이다. 〈그림 3-7〉에서 경호원은 경호대상자를 방호할 것인지, 아니면 위해기도자를 제압할 것인지를 결정해야 한다. 기본적으로 위해기도자와의 거리(②)보다 경호대상자와의 거리(①)가 더 가깝다면 경호원은 경호대상자를 방호해서 신속히 현장을 이탈하는 것이 효과적이다. 그러나 경호는 방어개념이고 경호의 주임무가 경호대상자의 신변보호지만, 위해기도자와의 거리(②)가 경호대상자와의 거리(①)보다 더 가깝고 촉수거리에 위치한다면, 경호원은 과감하게 위해기도자를 제압함으로써 경호대상자도 보호하고 위해기도도 무력화시키는 것이 바람직하다.[9] 이러한 원칙은 1~2명의 경호원으로 경호임무를 수행중 경호위기에 대처하는 경호원의 판단 기준이 된다.

〈그림 3-7〉 '촉수거리의 원칙'의 적용

9) Oatman, Robert L.(1997), The Art of Executive Protection, second edition, Baltimore: Noble House, p. 54.

그러나 국가원수를 경호하는 등의 대규모 경호조직에서는 다르게 해석할 필요가 있다. 대규모 경호조직에서는 많은 수의 경호원이 동원되고, 경호원 개개인의 임무가 상황에 따라 부여되고 훈련되어 있을 것이다. 위해상황 발생 시 대적과 방호의 임무가 각자에게 명확히 주어지게 되고, 이 경우 위해기도자는 위해기도자와 가장 가까이에 있는 경호원이, 즉 촉수거리에 위치한 경호원이 제압하는 것이 효과적이다.

6. 체위확장의 원칙

"체위 확장의 원칙(Body-Expansion Principle)"은 우발상황 발생 시 경호원 자신의 몸을 최대한 크게 벌려서 경호대상자에 대한 방호효과를 극대화해야 한다는 것이다. 모든 동물에게는 보호본능이란 것이 있다. 사람도 위험상황에 노출되면 자기 자신을 보호하기 위하여 회피행동을 하게 되는데, 몸을 움츠리거나 바닥에 납작하게 엎드리는 행동을 취하게 된다.

그러나 위해상황에서 경호대상자를 방호해야 하는 경호원은 인간의 보호본능에 반하는 행동을 취하도록 강요받는다. 즉 두 팔과 상체를 최대한으로 크게 벌려서 신체에 의한 자연적 방벽효과를 극대화하고, 위해기도자의 공격선상에서 위해공격을 몸으로 막아냄으로써, 경호대상자가 조금이라도 덜 위험에 노출되도록 해야 한다. 목숨이 경각에 달린 위험상황에서의 체위 확장은 자기보호본능의 벽을 넘어서는 부단한 훈련과 자기암시를 통해서만 가능하다.

경호원에 의한 이러한 신체 확장 자세는 비단 위해상황에서만 요구되는 것은 아니다. 경호원은 항상 허리를 펴고 고개를 들고 가슴을 활짝 편 바른 자세를 통하여 경호원의 자연방벽효과를 최대한 살림은 물론, 그러한 자세를 통하여 경호원의 당당함을 과시해야 한다.

〈그림 3-8〉 체위 확장의 원칙

7. 대응시간의 원리

경호행사를 하는 중에 발생한 우발상황에 대하여 경호원이 대응행동을 취하는 데에 소요되는 시간을 대응시간이라고 한다. 경호를 하는 중에 발생하는 상황은 철저한 예측과 준비로 어느 정도 대응이 가능하다. 또한 경호원은 다양한 우발상황에 대응하는 훈련을 부단히 실시한다. 그러나 예측하고 대비한 우발상황이 발생하였다 하더라도, 실제로 그러한 상황이 발생하면 대응작용이 훈련한 대로 진행되지 않을 수 있다. 발생한 위험에의 대응이 적절했는가 하는 문제는 대응행동의 적합성과 대응시간의 신속성에 따라 결정될 것이다.

우발상황 시 근거리에서 무기를 들고 공격해오는 적을 대적할 경우에 경호원은 총을 뽑을 시간에 몸을 날려 위해자의 공격방향을 편향시키거나 제압하는 것이 훨씬 효과적인데, 이를 "대응시간의 원리"라고 한다. 미국의 SS교범에 따르면, 경호원이 위해사건 발생 시 즉각적인 대응으로 총을 뽑아 목표를 겨냥하여 총을 발사하는데 소요되는 시간은 약 2.5초라고 한다.[10] 2.5초라면, 성인 남성이 50m를 7.73초에 주파한다고 가정할 때〈표 3-3〉 약 16.2m를 이동할 수 있는 시간이다. 그렇다면, 대부분의 경우, 위해를 가하려는 자에게 대항하여 경호원이 총을 뽑느라 2.5초를 허비하는 동안에 위해자는 이미 경호대상자에게 접근하여 위해를 가하고도 남을 것이다. 따라서 경호원은 공격해오는 위해기도자를 총을 뽑아 사격으로 대응하는 그 시간에 경호원의 몸을 과감히 날려서 경호대상자를 신속히 방호하는 것이 보다 효과적이고 유용할 것이다.

따라서 근접경호원에게는 자기보호 본능을 무시한 무의식적 방어행동이 나올 수 있도록 부단한 반복훈련이 요구된다. 그러나 모든 우발상황이 위해상황은 아니기 때문에 상황을 정확하게 읽고 해석하는 냉철한 판단력 또한 요구된다.

---

10) Melanson, Philip(1988), 테러시대의 미국 비밀경호대, 대통령경호실, p. 155.
* 대응시간 2.5초는 신체감응시간(0.3초) + 총뽑는 시간(0.4초) + 조준시간(1.8초)을 더한 값으로, 신체감응시간은 위험을 인지하고 뇌의 판단과 명령에 따라 신체적 반응을 시작하기까지 소요되는 시간이고, 조준시간은 위험을 인지한 뇌의 명령에 따라 총을 뽑아 조준을 하고 사격을 하는 데까지 소요되는 시간을 말한다.

Ⅱ. 경호 기법

1. 경호 방식

현대사회는 바야흐로 갈등의 시대, 사회가 분화되고 복잡해지면서 각종 이익단체와 집단 및 개인 간의 갈등이 심화되고 있다. 이러한 극단적인 이기주의적 사회현상은 경호에의 위협요소로 작용하며, 경호는 각종 위협에 효과적으로 대처해야 하는 과제를 안고 있다. 경호 위협에 대처하기 위한 방법으로는 경호의 노출 정도에 따라 강력한 경호작전으로 위해기도자의 의도를 사전에 분쇄하는 노출 경호방법(위력경호)과 비노출 경호작전으로 경호대상자에게 불필요한 주의가 쏠리지 않도록 은밀하게 경호하는 방법(비노출경호)이 있다.

1) 위력경호(노출경호)

위력경호는 위해기도자의 위해기도 의사를 제압할 수 있는 유형적·무형적 힘을 이용하여 경호조치를 취하는 경호방식을 말한다. 위력경호는 막강한 권한을 가진 경호조직의 위용이나 경호원들의 위세를 과시함으로써 위해자의 위해기도 자체를 사전에 분쇄시키기 위한 방법이다. 위력경호는 경호원이나 경호장비를 의도적으로 노출시키거나, 경호원의 수를 필요 이상으로 많이 배치하기도 하고, 동일한 제복을 착용한 경호원들을 배치하거나 중무장한 경호요원들을 노출시켜 상대방에게 위압감을 주기도 하며, 지나치다 싶을 정도의 교통통제나 통행의 제한을 통하여 위해기도자의 접근을 차단하는 방법 등을 취한다.

위력경호는 경호대상자의 신변안전을 최우선 가치에 둔 경호조치로, 행사가 경호위주로 이루어짐은 물론, 일사불란한 경호 지휘체계와 지원체제의 구축으로 강력한 경호가 가능하다. 그러나 위력경호는 지극히 세련되지 못한 경호방식으로, 경호대상자와 일반인과의 소통의 단절뿐만 아니라 불필요한 통제로 인한 국민 불편을 초래하고, 그로 인해서 오히려 경호대상자의 위치를 노출시켜 위험상황에 빠질 수도 있으며, 인력과 예산의 낭비를 가져올 뿐만 아니라, 일반 국민의 반감을 초래할 가능성도 있음에 유의할 필요가 있다.

2) 비노출경호

위력경호가 과감한 경호의 노출로 위해기도자의 불순한 위해 의지를 제압하기 위한 경호방식이라면, 비노출경호는 경호원이나 경호장비의 노출을 최대한 억제함으로써 거부감 없는 자연스러운 경호를 구현하기 위한 경호작전을 말한다. 내부가 보이지 않도록 포장을 둘러친 포장마차 개념의 경호작전은 경호원들이 경호대상자 주변에 벽을 형성하는 것으로, 이는 오늘날 대부분의 경호가 이러한 방식이다. 위력경호 개념의 포장마차 경호방식은 경호대상자에게 부담감을 줄뿐만 아니라, 경호대상자와 일반인과의 단절을 초래함으로써, 결국 경호대상자나 경호에 대한 좋지 않은 이미지 형성으로 연결될 가능성이 높다. 경호대상자는 고압적이고 권위적인 이미지로 비춰지고, 일반 대중과의 사이에는 보이지 않는 벽이 형성될 것이다. 이러한 경호방식의 부정적인 역효과를 완화하기 위한 대안이 비노출경호이다.

경호원이 없는 세상이라면 그보다 더 좋은 일은 없을 것이다. 경호가 필요 없다면 위험도 없다는 것을 의미하기 때문이다. 그러나 불행히도 도처에 위험이 도사리고 있는 위험사회에 사는 우리의 일부는 경호원 없이 살 수 없는 사람도 많다. 경호가 꼭 필요하다면, 아마도 경호원이 없는 듯해서 경호원의 존재를 의식하지 않을 수 있다면 최상의 경호가 될 것이다.

경호요원은 가능한 한 경호요원 자신은 물론 자신들이 제공하는 경호가 경호대상자의 편의에 부합되도록 해야 한다. 경호대상자의 공적인 기능이나 사적인 기능이 방해를 받지 않도록 모든 노력을 기울여야 한다. 경호요원이나 경호를 위한 설비는 가능한 한 눈에 띄지 않아야 한다.[11] 비노출경호를 할 필요성이 있을 경우에는 경호원이 무전기의 휴대나 비표의 패용 등을 지양함으로써 경호원 티가 나지 않도록 하고, 보호색의 원리에 입각한 복장과 행동으로 행사의 일부가 되도록 한다.

위압적이고 가시적인 위력경호는 위해기도자에게 위압감을 줄 수도 있는 반면, 경호대상자의 위치를 위해기도자에게 노출시킬 수도 있고 일반 국민들에게는 거부감을 갖게 할 수도 있는 약점도 갖고 있다. 경호행위나 경호원의 행동은 정중동(靜中動)의 자세를 견지하며 위험에 대비하는 것이 최고의 경호이다. 경호원이 꼭 노출되지 않아야 한다기보다는, 경호도 행사의 일부가 되어 경호가 물 흐르듯 자연스러워야 한다는 의미이다.

11) 김두현(2003), 전게서, p. 56.

경호원이나 경호장비의 노출을 최소화하기 위한 비노출경호의 한 가지 방법으로 '위장경호'라는 것이 있다. 위장경호는 경호원의 신분을 노출시키지 않기 위하여, 경호원을 행사의 성격이나 행사장에 어울리는 사람으로 위장시켜 자연스럽게 근무하도록 하는 경호방법이다. 예를 들어, 오·만찬 행사 시에는 서빙요원(웨이터 또는 웨이트리스)으로 위장하여 근무하거나, 운동경기 참관 행사 시에는 심판으로 위장하여 근무하는 방법 등이 있다.

2. 기만경호

손자도 작전의 요체는 적을 혼동시키는 기만전술에 있다(兵者詭道也)고 하였다(손자병법 제1장 시계편). 가까운 곳을 노리면서도 먼 곳을 노리는 것처럼 위장하고, 먼 곳을 노리면서도 가까운 곳을 노리는 것처럼 가장한다. 적의 방어가 소홀한 곳을 공격하고, 적이 예상치 못한 허를 찌른다. 이러한 기만전술은 전쟁에 승리하는 비결이므로 사전에 계획이 누설되어서는 안 된다.[12] 위해기도자의 위협에 대처하는 다양한 경호전술이 있으나, 그 중 최선의 방책은 적을 피해가는 방법이다. 경호의 기만전술이 중요한 까닭이다.

기만경호는 위해기도자로 하여금 행사상황을 오판하도록 유도하여 위해기도가 실패되도록 실제상황을 은폐하고 허위상황을 제공하는 경호기법이다. 현대사회는 정보의 사회로 경호대상자에 관한 웬만한 정보는 거의 노출되어 있다고 보아야 한다. 특히 주요 인사의 일정은 거의 공개되어 있는 실정이다. 또한 사람은 습관의 동물로, 행동이나 생활패턴이 거의 유사하게 매일 반복되고 있다. 각종 위협에 대처하는 경호기법도 이제는 더 이상 비밀사항이 아니며, 그 방법 또한 매우 제한적이다. 더불어 우리가 이용할 수 있는 기동로도 한정되어 있는 상황이다. 위해기도자는 일상적인 패턴(routine)을 노린다. 따라서 경호는 생활패턴의 변화를 요구한다. 그렇기 때문에 기만경호의 필요성과 중요성은 더욱 높아지고 있다.

기만경호기법에는 인물 기만, 기동 기만, 장소 기만 및 시간 기만 등이 있다.

12) 이병호(1999), 손자·군사사상과 병법이론, 울산: 울산대학교출판부. p. 242.

1) 인물 기만

인물을 기만하는 방법은 경호대상자와 비슷하게 생긴 사람을 경호대상자로 행세하도록 하거나, 경호대상자처럼 변장시켜 위장 행동을 하게 하는 기법이다. 이 방법은 이라크의 후세인 대통령이 사용한 것으로 유명하며, 그는 여러 사람을 자신과 닮은 모습으로 변장시켜 각종 행사에 대리 참석케 하는 등의 방법으로 자신을 노리는 세력의 추적에 대비하였다.

2) 기동 기만

기동기만은 경호대상자의 기동수단이나 기동로, 기동대형, 기동시간 등이 제한적이고 거의 고정적일 수밖에 없는 일상의 위험성을 타개하기 위하여 취하는 경호기법이다. 국내외의 주요 암살사건의 35.4%가 이동 간 발생한[13] 사실은 기동기만의 중요성을 상기시키기에 충분하다. 이에 대비하여 위장대형을 운용하고, 대형 내에서 경호대상자 차량의 위치를 바꿔보고, 경호대상자 차량이나 기동로를 바꿔가면서 운용하고, 차량 내에서 경호대상자의 위치도 바꿔가면서, 위해기도자의 표적에서 벗어나는 방법 등이 있다.

Noble(1997)이 제시하는 대표적인 기동기만 전술은 다음과 같다.[14]

① 좌석 위치를 주기적으로 바꾼다.
② 차량 위치를 수시로 바꾼다.
③ 차량의 종류를 수시로 바꾼다.
④ 기만대형(decoy motorcade)을 운용한다.
⑤ 본대는 그냥 보내고, 별도차량으로 은밀히 이동한다.
⑥ 번호판을 수시로 교체한다.
⑦ 기만통신을 실시한다.

13) 이두석(2010), 위해범죄 사례 분석을 통한 경호 효율화 방안, 한국치안행정논집 제7권 제3호, 한국치안행정학회, p. 262.
- 국내외 주요 위해사건 200건을 발생장소별로 분석한 결과, 행사장에서 94건이 발생하여 전체의 47%를 차지하였고, 다음으로 이동 간이 60건에 30%, 숙소에서 34건에 17%, 그리고 집무실에서 12건에 6%의 위해사건이 발생한 것으로 나타났다.

14) Noble, Corwin K.(1997), The Executive Protection Manual, Austin: Thomas Investigative Publications Inc., pp. 87-89.

3) 장소 기만

장소기만은 위해기도자가 예측 가능한 특정한 장소나 통로를 기만하거나 피하는 경호기법을 말하는 것으로, 특정 건물의 승하차지점이나 출입통로, 또는 매일 다니는 출퇴근길 등에 변화를 주어 위해기도자의 예측에서 벗어나기 위한 시도이다. 대부분의 경우, 주요인사의 승하차지점은 건물의 정현관으로 되어 있어 위해기도자의 양호한 표적이 되곤 한다. 그렇기 때문에 승하차지점을 기만하기 위한 방법으로는 노출이 적거나 은폐된 장소(후문, 지하주차장, 주방통로 등)를 승하차지점으로 사용하는 방법이나, 예정된 행사장이나 행차장소를 허위로 노출하는 기만방법을 사용한다.

또한 정현관 이외의 다른 출입문이 없을 경우에는 승하차지점 맞은 편에 차단막을 설치하거나 차벽(차량방벽)을 설치하여, 외부에의 노출을 차단하는 방법도 있을 수 있다.

1981년의 레이건 대통령 피격사건은 경호행사를 많이 하는 힐튼호텔의 VIP출입구에서 발생하였다. 범인 힝클리는 본대 차량이나 기자단 등을 보고 어렵지 않게 레이건 대통령이 어디로 나올지를 알 수 있었다. 이 사건 이후 미국 SS는 승하차지점을 후문이나 지하주차장, 주방 연결통로 등 경호대상자의 안전이 보장된다고 생각되는 곳을 찾아 사용하고 있다.

4) 시간 기만

현실적으로 예정된 주요 행사의 행사시간을 임의로 바꿀 수는 없기 때문에, 시간기만은 주로 출발시간과 도착시간에 변화를 주는 방법이다. 숙소를 출발하는 시간이나 행사장 도착시간에 대한 허위정보를 흘리고, 그 시간보다 출발시간이나 도착시간을 앞당기거나 늦추어서 위해기도자에게 혼란을 야기시키는 방법이다.

전두환 전대통령 일행의 2005년 6월 1일 국립대전현충원을 참배 시, 시민사회단체 회원들이 대전 현충원 정문 앞에서 전 전대통령 일행의 참배를 막으려 했으나, 전 전대통령 일행이 예정보다 20여분 빨리 도착해 뜻을 이루지 못한 사례가 있다.[15]

15) 동아일보 2005년 6월 2일자 보도.

3. 사주경계

경호원이 위해기도자를 색출하여 위해 기도를 사전에 분쇄하는 기본적인 수단이 사주경계와 관찰이다. 사주경계를 통하여 의심 가는 위험인물이나 위해요인을 인지하고, 지속적인 관찰을 통하여 위해성 여부를 판단하여 그에 상응하는 필요한 경호조치를 취하게 된다. 위해 공격은 사전 예고가 없기 때문에, 경호원은 언제 어디서나 공격을 받을 수 있다는 생각으로 항상 위기의식과 문제의식을 갖고 주변에 대한 경계 근무에 임해야 한다.

사주경계란 경호대상자를 중심으로 한 전 방향에 대한 감시로 직접적인 위해나 자연발생적인 위해요인을 사전에 인지하기 위한 경계활동을 말한다. 위험 징후를 포착하기 위한 사주경계의 대상은 흔히 말하는 인원(인적 취약요소) · 물건(물적 취약요소) · 장소(지리적 취약요소)를 불문한다.

인적 경계대상은 경호대상자 주변의 모든 인원이 그 지위나 차림새 등에 상관없이 포함되어야 하고, 특히 행사 상황이나 분위기에 어울리지 않은 행동이나 복장을 착용한 사람들을 중점적으로 감시한다. 물적 경계대상은 행사장이나 주변의 모든 시설물과 물체가 그 대상이다. 또한 지리적 경계대상은 위해기도자가 은폐하기 좋은 장소나 공격하기 용이한 장소가 해당된다.

사람은 눈으로 보고, 귀로 듣고, 코로 냄새를 맡고, 혀로 맛을 보고, 피부로 느끼면서 외부세계를 인식하고 외부세계의 변화에 대응하면서 살아간다. 사주경계를 하는 경호원도 자신의 오관과 육감을 최대한 활용하여, 사람들의 움직임을 보고 소리를 듣고 몸으로 느끼면서 경계활동을 하지만, 그 중에서도 눈과 귀가 가장 중요한 역할을 한다.

1) 사주경계의 수단

(1) 시각

사주경계에는 오관과 육감을 총동원한다고 하지만, 그 대부분은 눈이 담당하게 된다. 경호원은 사주경계를 하면서 무엇을 볼 것인지에 대한 명확한 개념이 서있어야 한다. 구체적으로 무엇을 관찰할 것인가 하는 문제는 위해기도자를 많은 군중 속에서 찾아내는 가장 근본적인 접근방법이다. 위해기도자는 공격행동을 하기 전에 공격을 준비하기 위한 예비행동을 취하게 된다. 따라서 경호임무를 수행중인 경호원의 시선은 항상 주변의 잠재적인 위해요소인 군중을 향하고 있어야 한다.

손 : 모든 공격의 시작은 손이다. 따라서 경호원의 첫 번째 관심은 사람들의 손에 두어야 한다. 특히 무엇인가를 들고 있거나 보이지 않는 손은 첫 번째 의심의 대상이다.

눈(표정) : 위해기도자의 심리적 상태를 읽을 수 있는 통로는 눈이다. 공격을 앞둔 위해기도자의 불안하고 초조한 마음은 주변을 두리번거리거나 부자연스럽고 때로는 시선의 움직임이 없는 상태로 표출된다.

행동 : 경호원의 눈에 가장 크게 들어오는 것은 주변 사람들의 행동일 것이다. 유난히 소란을 피우거나 질서를 파괴하는 행동을 하는 사람, 또는 후방이나 군중 속에서 앞으로 무리하게 헤집고 나오려는 사람, 상황이나 기후에 어울리지 않는 복장을 한 사람 등 일반인들과 무언가 다른 행동을 보이는 사람은 경계의 대상이다.

레이건 대통령 수행경호과장 제리 파는 "눈은 곧 그 사람의 마음의 창이라고 우리 요원들은 느끼고 있다. 대통령이 사람들과 악수를 교환할 때 잘 관찰해 보면, 주변의 경호원들은 상대방의 얼굴과 눈, 손을 주시하고 있음을 알게 될 것이다."라고 말했다. 그는 사주경계시 무엇을 관찰해야 하는지에 대한 명확한 답을 제시하고 있다.

그러나 2000년 8월 16일, 카나다의 장 크레티앙 총리가 샬롯데에서의 여름 축제 참석 후에 환영군중을 격려하던 중, 에반 브라운(23세)이라는 청년으로부터 얼굴에 크림파이 공격을 받는 사건이 발생하였다. 카나다 경호당국이 총리의 대민접근성에 가려 경호의 중요성을 간과한 결과이고, "공격은 손에서 시작된다"는 사주경계의 기본원칙을 무시한 안이한 근무의 결과이다.

반면에 1975년 9월 5일, 미국의 포드 대통령은 새크라멘토에서의 연설을 마치고 캘리포니아주 의사당으로 걸어가면서 일반시민과 악수를 하던 중, 한 여인(Lynette "Squeaky" Fromme, 27세)의 권총 공격을 받았다. 그 순간 Larry Buendorf[16] 경호원은 포드 대통령 앞을 가로막으면서 암살범의 총을 낚아채어 위해를 막을 수 있었다. 근접경호원의 정확한 위치 선정과 예리한 사주경계가 경호대상자를 살린 사례이다.

16) 부엔돌프는 "인파 속에서 손이 하나 빠져 나왔는데 그 손에 권총이 있었다."라고 하며, "제 때에 제 위치에 있었다"라고 회고하였다.

(2) 청각

사주경계에 있어서 시각 다음으로 중요한 역할을 하는 감각이 청각이다. 경호원이 360도 모든 방향을 다 볼 수는 없기 때문에, 주변에서 발생하는 소리에 많은 주의 집중이 요구된다.

미국의 레이건 대통령 피격 당시, 총소리가 나는 방향으로 몸을 틀어 범인의 총탄 한 발을 몸으로 받아낸 티모시 맥카시 경호원은 "힝클리를 실제로 보지는 못하였다. 그것은 소리에 대한 반응이었다"라고 술회하였고, 범인 힝클리를 덮친 데니스 맥카시는 "본능적으로 소리가 난 방향으로 몸을 던졌으며, 그 순간 범인의 총구가 보였다"고 술회하고 있다.

경호원은 본능적으로 위험을 알리는 소리에 익숙해야 하고, 그 소리를 듣기 위하여 온갖 정신을 집중하고 행사에 임해야 한다. 또한 위험을 인지한 순간의 정확한 공격방향 판단은 경호대상자에 대한 방호벽 형성 및 대적방향 판단에 대단히 중요한 만큼, 정확한 방향판단을 위한 훈련이 부단히 요구된다.

이상음(異常音) : 이상음은 정상적이지 않은 소리로, 행사의 성격이나 진행되고 있는 상황에 적합하지 않거나, 또는 사전에 계획되거나 예고되지 않은 소리로, 위험을 예고하는 소리라고 할 수 있다.

경고음(警告音) : 경고음은 무언가 이상이 발생하였음을 알리는 위험신호로, 주변의 다른 경호원이 위험을 알리는 경고나, 화재나 가스 누출 등을 알리는 경보음 등이 있을 수 있다.

행사 관련 효과음 : 행사 관련 효과음도 경호원의 관심사항이다. 행사 관련 효과음은 사전에 계획되어 행사 진행과 더불어 충분히 숙지하고 있어야 이상음이나 경고음이 발생하였을 경우, 이를 정확히 분간할 수 있다.

사주경계는 항상 위기의식과 문제의식 속에서 이행되어야 한다. 사주경계시에는 전체적인 윤곽을 잡아 관찰하고, 한 곳에 2초 이상 머물지 않도록 하는 것이 중요하다. 또 주변 상황에 의문점을 갖고, 저 사람은 양손에 무엇을 들고 있는가, 품안에 무엇(무기)을 감추고 있지는 않은가, 거동이 의심스럽지는 않은가, 어디에 관심을 두고 있는가, 저 물건은 무엇에 쓰는 물건이고 왜 저기에 있는가, 이 소리는 무슨 소리인가 하는 자문자답이 경호근무의 완벽성을 증진시킨다.

(3) 육감

육감이란 5감(시각 · 청각 · 후각 · 미각 · 촉각)을 넘어서는 제6의 감각(the sixth sense)으로, 분석적인 사고에 의하지 않고 직관적으로 사태의 진상을 파악하는 감각을 말한다. 위해공격이 있기 전에 공격을 좌절시켜야만 하는 경호원은 육감에 의지하여 위험 징후를 인지하게 된다. 이는 경호원은 자신의 본능과 훈련에 의존해야 함을 의미한다. "위험 신호를 경계하라...부자연스러운 행동을 하는 사람을 주시하라...장소나 물건이나 상황이 자연스럽지 못한 부분을 찾아내라."와 같이, 경호원들은 지각과 반응을 연결시키는 훈련을 한다.

경호원에게 있어서, 육감은 위험을 예견하고 신속한 예방적 행동을 취하는 능력을 말한다. 장비가 아무리 좋고 경호기술이 아무리 뛰어나다 하여도, 경계심과 신속한 대응만이 훌륭한 경호원의 초석이다. 안전구역을 확보하고, 방탄조끼를 착용하고, 정확한 정보자료의 도움을 받지만, 결국 생사를 가르는 공격의 결과에 가장 큰 영향을 미치는 것은 경호대상자를 둘러싸고 있는 경호원의 반사작용과 기술이다. 경호원은 육감으로 인지하고, 위협에 신속하고 본능적으로 대응해야 한다.[17)]

2) 사주경계의 대상(위험징후)

(1) 행동적 징후

위해를 기도하려는 자는 극도의 흥분되고 초조하고 불안한 상태에 놓이게 된다. 위해기도자는 이러한 자신의 마음을 들키지 않으려고 어떻게든 반대행위를 해서 애써 태연한 척 가장할 것이다. 그러나 그가 말과 행동을 아무리 의식적으로 감추려 해도, 그의 심적 상태는 무의식적인 표정과 행동을 통해서 표출되게 되어 있다. 8 · 15사건 당시 범인 문세광은 허리춤의 권총을 확인하는 과정에서 오발을 하였다. 경호원들은 위해기도자들의 이러한 사전 행동적 징후들을 정확히 포착할 수 있는 눈을 가져야 한다.

- 위해를 가하려는 자는 심리적으로 첫째 줄보다 둘째 줄이나 셋째 줄에 서려는 경향이 있다.
- 공격목표를 이미 마음속에 정한 사람은 대개 목표를 집중하여 주시하며, 몸을 움직이지도 않고 웃지도 않으며 얼굴이 굳어 있다.

---

17) Melanson, Philip H.(2005), op. cit., p. 243.

- 권총이나 무기를 은닉하고 있는 사람은 무의식적으로 무기를 직접 확인해보려는 행동을 취한다.
- 군중 속에서 유난히 떠들거나, 아니면 침묵하며 땀을 많이 흘리는 사람은 범행 전의 긴장상태일 수 있다.
- 더운 날씨에 코트를 입고 있는 사람, 날씨가 추운데도 코트 앞단추를 열고 있는 사람, 주변상황과 전혀 어울리지 않는 복장을 한 사람 등에 주의한다.
- 장애자용 기구를 사용하는 사람, 붕대를 감은 사람, 모자를 쓴 사람 등은 가식적인 행동의 소유자일 수도 있다.
- 의식적으로 행사장이 아닌 다른 방향을 유심히 살피는 사람, 벽에 기대어 경호대형을 살피는 사람, 가까운 거리에서 서성대는 사람은 주목해야 한다.
- 양손이 모두 가려져 있어 보이지 않는 사람에 주의한다.
- 행사장 참석시 유난히 소지품이 많은 사람은 경호의 허점을 노릴 수 있다.
- 고위층이나 경호요원을 잘 안다고 허풍을 떨거나, 행사에 대해 지나치게 잘 아는 사람도 관찰의 대상이다.
- 행사 직전 허겁지겁 도착하여 입장을 시도하려는 사람에 유의한다.
- 행사 직전 반입되는 물건이나 우편물은 의심을 갖고 확인한다.

(2) 생리적 징후

위협적인 상황을 맞이하게 되면 초조해지기 마련이다. 이는 위험에 대한 정상적인 자기 보호반응으로 구체적인 행동에 앞서는 마음상태이다. 사람들이 불안한 상태에 놓이게 되면 심장 박동수와 호흡의 변화가 일어나고, 손바닥에 땀이 나게 된다.[18] 경호원들은 위해를 기도하려는 자들의 이러한 심리적·생리적 변화의 순간을 포착하여 위해기도를 분쇄하여야 한다. 그러나 사람들은 이러한 자신의 심적 상태가 발각될까봐 기만신호를 보내기도 하는데, 이러한 순간을 경호원은 경계해야 한다.

- 긴장을 하거나 불안상태가 되면 평소보다 많은 양의 땀을 흘리게 된다. 사람들은 땀을 숨기기 위해 주머니에 손을 넣거나, 재킷을 똑바로 펴는 등 전혀 다른 일을 하는 것처럼 행동한다.

---

18)피터 콜릿(박태선 옮김)(2004). 몸은 나보다 먼저 말한다. 서울: 청림출판, pp. 256~281.

- 불안하게 되면 호흡수가 증가하고, 가슴으로 쉬는 숨이 많아진다.
- 불안한 사람은 근육이 굳어지고, 경련을 일으키는 듯 보이며, 어색하다. 불안하여 연신 자세를 바꾼다. 자세가 경직되고, 가위자세를 하거나, 다리를 꼬고 앉는다.
- 불안하면 손을 비비거나, 귓불을 잡아당기거나, 턱을 어루만지거나, 손가락으로 머리를 훑는다. 또 불안을 느끼면, 흔히 가까이에 있는 물건들을 주무르거나 만지작거려 불안을 외면화한다.
- 침이 줄어들면서 입술이 마르게 되어, 입술을 적시려 한다. 또 기침을 하거나 침을 삼키고, 입술을 깨물거나 손톱을 깨문다.
- 말을 빠르게 하고 더듬으며, 질문에는 느리게 대답한다.

4. 보호색의 원리

보호색이란 동물들이 다른 동물의 공격을 피하고 자신의 몸을 보호하기 위하여 다른 동물의 눈에 띄지 않도록 주위와 비슷하게 되어 있는 몸의 색깔을 말한다. 경호원도 이러한 보호색의 원리를 준용하여, 일반인의 눈에 크게 띄지 않은 복장과 행동으로 경호원의 노출을 최소화하기 위한 경호기법을 말한다. 경호에 보호색의 원리를 적용하는 목적은 경호대상자에게는 과다한 경호원의 배치로 인한 심적 부담을 완화시키고, 일반인에게는 경직되고 과도한 경호에 대한 거부감을 해소시키며, 위해기도자에게는 경호의 비노출로 인한 위해 기도의 발각과 실패에 대한 두려움을 안겨주는데 있다.

경호요원은 가능한 한 경호요원 자신은 물론 자신들이 제공하는 경호가 경호대상자의 편의에 부합하도록 해야 한다. 경호대상자의 공적인 기능이나 사적인 기능이 방해를 받지 않도록 모든 노력을 기울여야 한다.[19] 경호요원의 존재가 경호대상자나 일반 행사참석자에게는 부담이 되지 않아야 하고, 위해기도자에게는 위협이 되어야 한다.

그래서 경호요원들은 보호색의 원리에 따라 행사 참석자들의 복장과 유사한 복장을 착용하고 참석자들 사이에 위치하기도 하고, 행사 진행요원이나 관계자로 위

19) 김두현(2003), 전게서, p. 56.

장하여 근무하기도 하며, 상황에 따라서는 무전기 등의 장비도 착용하지 않고 거의 눈에 띄지 않게 비노출로 근무하기도 한다. 그러나 어떠한 형태로 경호임무를 수행하든 경호대상자의 신변에 가해지는 위해의 예방과 제거라는 경호임무 완수에는 한 치의 소홀함도 있어서는 안 된다.

5. 통제점의 단일화

경호에서의 통제점이란 출입 인원의 인가여부나 반출입되는 물건의 위해성 여부를 확인하고 통제하는 지점을 말한다. 경호의 입장에서 통제점을 단일화한다는 것은 경호요원의 확인과정을 거치지 않고서는 경호대상자에게 접근할 수 없다는 것을 의미한다. 통제점이 분산되어 있거나 여러 개가 있다는 것은 경호력이 분산되고 주의집중이 분산된다는 것으로, 그만큼 취약요소도 증가한다고 볼 수 있다.

경호대비단계(선발활동단계)에서는 가능하면 주행사장으로 통하는 출입통로(통제점)는 한 두 개만 운용하여 불필요한 출입요소를 차단하거나 출입요소의 확인을 철저히 한다. 행사 간 행사참석자들의 출입은 행사참석자의 규모를 고려한 적정 개수의 출입문(통제점)을 운용하여 효율적인 경호가 되도록 한다. 또한 경호대상자에게 접근할 수 있는 사람은 담당 경호원의 확인을 거쳐 최종적으로 경호책임자의 판단 하에 접근여부를 결정한다.

경호는 제반 위해요소를 장악하고 관리할 수 있는 통제지점을 단일화하거나, 최소화하여 위해요소의 침투 가능성을 최소화하고, 경호인력 운용의 효율성을 기하여 잠재적 위해요소에 대한 통제효과를 극대화하여야 한다. 불필요한 출입요소는 통제하고, 출입도 책임 있는 경호요원의 확인 하에 이루어져야 한다.

6. 즉각조치

우발상황이 발생했을 경우, 경호대상자를 위험으로부터 보호하기 위한 일련의 순간적인 경호조치과정으로, 이는 제6장 제4절에서 자세히 설명한다.

Ⅲ. 경호의 행동원칙

1. 방어경호의 원칙

경호는 위해기도자의 공격행동에 대항하여 경호대상자를 보호하는 행위이다. 경호원은 경호원의 최후의 방어수단인 자신의 몸으로 경호대상자를 안전하게 보호하는 것이 최선이며, 결코 위해기도자를 공격하거나 위해기도자와 결투를 하는 것이 아니다. 그래서 선발경호는 위해기도자의 예상되는 공격이나 침투로부터 행사장을 안전하게 확보하기 위하여, 위해기도자의 침투에 대비한 방어계획을 수립하고 거부작전을 실시한다. 또한 근접경호는 위해공격을 받은 상황에서도 위해기도자에 대한 대적이나 제압이 아닌, 경호대상자의 신속한 방호와 안전구역으로의 대피를 최우선으로 한다.

다만, 근접경호 시 시간상으로나 거리상으로 경호대상자보다 위해기도자가 더 가까이에 있어서, 위해기도자를 제압하는 것이 경호대상자를 보호하는데 더 효과적이라고 판단할 경우에는 위해기도자를 제압할 수 있다.

1974년의 8·15사건[20]은 방어경호에 실패한 한 사례이다.

2. 자기희생의 원칙

경호는 방어행위이기 때문에 일단 공격을 받으면 피해가 발생할 수밖에 없다. 그럼에도 불구하고 경호원은 자신을 희생해서라도 경호대상자의 신변을 안전하게 보호해야 한다. 경호원인 나 자신을 희생해서 경호대상자를 살리는 것이 경호원의 임무이자 존재 이유이다.

그래서 경호원은 사격훈련을 할 때에도 꼿꼿이 서서 사격을 함으로써 위해기도자의 총탄을 피하지 않고 몸으로 받아내겠다는 자세를 견지하고, 방호훈련을 할 때에

20) 1974년 8월 15일 국립극장에서의 광복절 기념식장에서 범인 문세광이 박정희 대통령 암살에 실패하고, 육영수 여사를 사망케 한 사건이다. 문세광이 쏜 제2탄이 연대에 맞은 후, 박종규 경호실장이 대적에 나섰으나, 경호실장은 육영수 여사를 방호했어야 한다(박 대통령은 방탄연대 뒤로 피신한 상태). 또한 육영수 여사는 범인이 초탄 발사(오발) 7초 후에 쏜 제4탄을 맞았는데, 이때까지도 경호원들은 대응태세를 갖추지 못하였다. 경호원들은 위기의식의 결여로 즉각적인 초기 대응에 실패함으로써 경호대상자를 제대로 방호하지 못하였다.

도 체위를 확장하면서 몸을 날리는 훈련을 반복한다. 절체절명의 위기의 순간에 경호원이 살겠다고 몸을 낮추면 경호대상자가 희생되는 결과를 초래할 것이며, 이것은 경호대상자에 대한 배신이자 기만으로, 경호원에게는 결코 있을 수 없는 행동이다.

미국의 레이건 대통령 피격 당시, 주변의 다른 사람들은 모두 몸을 숙였으나, 경호원들, 그 중에서도 티모시 맥카시 경호원이 똑바로 선 자세에서 공격방향을 향해 체위를 확장하여 총탄을 몸으로 받아냄으로써 대통령을 방호한 사례는 경호원의 자기희생을 몸소 실천한 좋은 본보기이다.

3. 담당구역 책임의 원칙

경호는 한 사람이 하건 다섯 사람이 하건 경호원 각자에게는 자신이 처리해야 하는 임무와 지켜야 하는 담당구역이 부여된다. 따라서 경호원은 자신의 책임 하에 주어진 임무를 완수하고 담당구역을 지켜내야 한다. 경호는 어느 한 곳에 문제가 생겼다고, 문제된 곳만 보완하거나 고치면 되는 것이 아니다. 경호는 어느 한 곳이라도 잘못되면, 바로 전체의 경호 실패로 이어지는 것이다. 경호의 10대 기능을 구성하는 각 요소가 제 기능을 100% 발휘해야 하고, 360도 전방위 경계를 담당하는 각자가 자신의 경계구역과 방호임무에 대한 책임을 다 해야 한다.

설마가 사람 잡는다는 말이 있다. 설마 하고 담당구역을 비우거나 경계를 소홀히 하는 순간, 위해기도자는 그 곳으로 그 순간에 공격해 올 것이다. 위해기도자는 상대적으로 약한 상대를 선택하고, 허술한 공간과 시간을 노리기 때문이다. 책임감 있는 경호원은 그래서 자신의 임무 완수를 위하여 혼신의 노력을 다한다.

앞에서 언급한 미국의 트루먼 대통령 암살미수사건은 경호원들이 죽음을 무릅쓰고 범인들과 총격전을 벌이며 자기 담당구역을 사수하고 경호대상자를 지켜낸 성공사례이다. 그러나 이스라엘의 라빈 수상 암살 당시, 주변의 근접경호원은 모두 앞쪽에 위치하여 뒤에서 접근하는 범인을 막을 수 없었다. 또한 1944년 7월 20일의 히틀러 암살미수사건[21]은 비록 실패는 하였으나, 행사장인 회의실을 담당하는

21) 당시 육군참모총장 루트비히 베크는 광적인 나치즘과 민간인을 학살하는 나치의 전쟁수행 방식에 동의할 수 없다며 반(反)나치 세력을 조직하고, 히틀러 제거에 나섰다. 1944년 7월 20일, 히틀러가 회의를 주재할 때 서류가방으로 위장한 폭탄을 터뜨리기로 하고, 클라우스 폰 슈타우펜베르크 대령이 임무를 맡았다. 마침내 슈타우펜베르크는 히틀러 앞에 폭탄가방을 놓

경호원이 있었다면 담당자가 자기 책임을 다하지 못한 결과일 것이다.

4. 경호대상자 보존의 원칙

목표물 보존의 원칙이라고도 한다. 경호대상자 보존의 원칙은 두 가지 개념을 포함한다. 하나는 어떠한 희생을 무릅쓰고라도 경호대상자의 생명을 지켜낸다는 의미이고, 다른 하나는 경호원은 끝까지 경호대상자 곁을 지켜야 한다는 의미이다.

경호대상자를 지키기 위하여 경호원이 아무리 많이 희생되었더라도 경호대상자가 끝내 살지 못했다면 아무런 의미가 없다. 경호는 경호대상자를 살리기 위해 경호하는 것이다. 또한 경호원은 비록 위해기도자가 아무리 만만해 보여도 위해기도자를 잡기 위해 경호대상자를 무방비로 방치해서는 안 된다. 경호원의 수적 여유가 없을 경우 위해기도자의 체포 및 수사는 경찰기관에 맡기고, 어떠한 경우에도 경호원은 경호대상자 옆을 굳건히 지켜서 제2, 제3의 공격에 대비해야 한다.

우리나라의 10 · 26사건[22]이나, 미국의 링컨 대통령 암살사건[23]은 경호원이 경호대상자를 제대로 지키지 못한 대표적인 사례이다.

5. 은밀경호의 원칙

은밀경호는 경호대상자의 존재뿐만 아니라 경호원의 노출을 최대한 억제하여 경호대상자에게 불필요한 주의가 끌리지 않도록 경호조치를 취하는 경호작전을 말한다. 많은 암살 기도는 군중 속에서 발생하였다. 정치인이나 연예인 같은 유명인사는 군중과 함께 행동할 수밖에 없고, 군중이나 취재진은 이들과 같은 유명인사 주

는데 성공했지만 다른 참석자가 회의 진행에 방해된다며 가방을 옆으로 치우는 바람에, 가방은 폭발했지만 히틀러는 부상만 입고 목숨을 건진 사건이다.

22) 1979년 10월 26일 중앙정보부장 김재규가 박정희 대통령을 살해한 사건으로, 이날 경호실장은 권총도 휴대하지 않고 행사장에 갔다가 대응 한 번 제대로 못하고 경호대상자를 잃는 비극을 당하였다.

23) 1865년 4월 14일 미국의 16대 대통령 에이브러햄 링컨 대통령이 포드 극장에서 남부 지지자 존 윌크스 부스(John Wilkes Booth, 26세)에게 암살당한 사건이다. 당시 경호원 Crook은 링컨 대통령에 대한 암살 위협이 심각하였음에도 불구하고, 대통령이 포드 극장에 입장한 후에 근무지를 이탈하여 근처 술집으로 가서 술을 마시고 있었다. 경호원이 경호대상자 곁을 지키지 않았던 것이다.

변에 모여들게 되어 있다. 그러나 군중은 항상 위험하고, 특히 경호대상자가 누구이건 그의 인기가 높을수록 위해가능성은 높아진다는 사실을 기억할 필요가 있다.

위해자는 표적에 대한 정보를 필요로 한다. 위해자에게 정보가 제공되는 경로를 확인하고 그에 대한 대책을 강구해야 한다. 노출을 전제로 하는 위력경호는 경호팀이 위해기도자의 표적정보 획득에 오히려 도움을 주는 결과를 초래할 수도 있다.

은밀경호는 특히 경호기능이 약할 경우에 효과적인 기법으로, 비노출기법과 기만술을 연구하고 효과적인 보안대책을 강구한다. 또한 은밀경호는 경호의 범위가 제한적이어서 다른 지원기관과의 협조체제를 구축하고, 위해자에 대한 정보 수집기능을 강화해야 한다.

경호대상자의 이동 보안성을 극대화하기 위한 은밀경호를 위해서는

우선 경호대상자가 대중의 관심을 끌지 않도록 한다. 벤츠나 대형 리무진 같은 호사스러운 자동차를 멀리 한다.

둘째로는 경호대상자와 경호원들의 눈에 띄는 차림새를 지양한다. 요란한 복장이나 장신구 등을 패용하지 않도록 한다.

셋째로 경호대상자의 지위나 직책을 나타내는 표식을 제거한다. 호텔이나 음식점에 예약을 할 경우에는 가명을 사용하여, 경호대상자의 신분이 노출되지 않도록 한다.[24]

다음으로 보안에 유의해야 한다. 경호대상자와 관련된 일정이나 스케줄이 노출되지 않도록 하거나 허위 일정을 공표함으로써 보안을 강화한다.

24) Noble, Corwin K.(1997), op. cit., pp. 57~59.

제4장 경호준비단계

제1절 서설
제2절 경호정보
제3절 경호계획
제4절 경호장비
제5절 경호복장

"최상의 경호방책은 위험을 회피하는 것이다."

제1절 서설

경호란 경호대상자의 신변 안전을 담보하기 위하여 보이지 않는 적과 벌이는 두뇌게임이다. 누군지 알 수도 없는 위해기도자는 언제, 어디서, 어떻게 공격해올지 예측 불허이며, 경호는 이 모든 가능성을 염두에 두고 하나하나 체계적으로 대응책을 마련해야 한다.

경호전문가는 아무 생각 없이 경호대상자를 따라다니며, 그때그때 일어나는 상황을 즉흥적으로 처리해가는 보디가드(bodyguard)가 되어서는 아니 된다. bodyguard는 말 그대로 몸으로 위해기도자의 공격을 막아내는 총알받이에 불과하지만, 경호전문가는 구체적인 행동계획을 갖고 위해기도자의 공격에 대비하는 경호 디자이너가 되어야 한다.

경호는 위해자인 적과 즉흥적으로 싸우는 것이 아니라, 피할 수 없는 상황에 대하여 계획된 대응을 하는 것이다. 경호대상자를 위험에 노출시키지 않고, 위해기도자의 공격을 좌절시키거나, 그 위험을 회피하는 것이 경호의 목표이다. 위해공격은 급작스럽고 기습적이며 폭력적이기 때문에, 경호대상자를 위험으로부터 떼어놓아야 한다. 경호원의 조치 여하에 따라 경호대상자의 생명이 위태로울 수도 안전할 수도 있다면, 경호원은 그야말로 신중하고 책임감 있게 경호를 준비하여야 한다. 책임감 있는 경호원이라면 사전에 철저하게 예측하고, 치밀하게 계획하고, 꼼꼼하게 준비해서 경호행사에 임할 것이다.

예측은 잠재적인 위험을 예상하고 그에 대한 대비를 하는 것으로, 정보가 핵심이다. 정보가 많을수록 간과되었던 위험의 가능성에 대한 예측이 용이하다. 예측의 범위는 모든 위해행위, 질병, 사고, 자연재해 등을 망라한다.

계획은 예측된 위험에 대비하기 위한 것으로, 행사계획을 중심으로 경호대책을 강구한다. 경호계획은 모든 것이 잘못될 수 있다는 가정하에 작성되고, 발생 가능한 모든 만일의 사태에 대비한 계획이어야 한다.

준비는 경호계획에 따라 현장에서 하나하나 경호조치를 취하는 과정이다. 경호대상자의 행사장 도착에서부터 출발 시까지의 전 과정을 단계별로 경호조치사항을 확인하면서 취약점을 찾아내고, 미비점을 보완한다. 또한 해의 위치나 조명의 방향이 역방향은 아닌지, 시위나 퍼레이드 같이 행사에 방해가 되거나 소음을 유발할 수 있는 요인은 없는지, 정전이나 단수, 문턱이나 미끄러운 곳, 행차로 상의 도로공사나 도로차단 등 행사에 영향을 미칠 수 있는 요소들을 점검하고 대책을 강구한다.

경호준비단계는 예정된 행사에 대한 임무를 수령하게 되면, 그와 관련된 행사자료와 행사장 자료 및 지역 경호정보자료 등을 수집·분석하고 행사장 답사를 통하여 확인하고 협조된 내용을 토대로 모든 발생 가능한 상황을 고려해서 신중하게 경호계획을 수립하여, 행사 관계요원들에게 개인임무 및 정보사항을 공유하는 행사 브리핑을 실시함으로써 앞으로 있을 경호행사를 준비하는 과정이다. 기초가 튼튼해야 좋은 집을 지을 수 있듯이, 경호준비과정이 경호의 성패를 좌우할 수도 있음을 명심하여 철저하고 세밀하게 준비해야 한다.

이 장에서는 경호정보와 경호계획을 중심으로 경호준비과정을 설명한다.

제2절 경호정보

Ⅰ. 위해(Threat)

1. 위해와 위협

위해란 '위험한 재해'를 의미하는 말로, 위험인물이 위험한 물건을 사용하여 특정인물의 신체를 상하게 할 목적으로 행하는 공격행위라고 할 수 있으나, 호위와 경비 개념을 포함하는 경호에 있어서의 위해란 보다 넓게 해석할 필요가 있다.

경호대상자의 암살이나 상해, 납치 또는 경호대상자가 머무르는 시설의 방화 등과 같이 경호대상자의 신체를 해하거나 신체를 구속하는 행위뿐만 아니라, 경호대상자의 명예를 훼손하거나 당혹스러운 상황의 연출 등과 같이 심리적으로 경호대상자를 압박하여 정상적인 업무나 행동을 방해하는 행위를 경호위해에 포함할 수 있다.

경호위해는 그 방법이나 목적에 따라 직접위해와 간접위해로 구분할 수 있다. 직접위해는 경호대상자에게 직접적으로 작용하여 경호대상자의 신체적 또는 정신적인 활동을 방해하거나 구속하는 제반 위해행위로 정의할 수 있으며, 간접위해는 경호대상자에 대한 협박이나 비방, 경호대상자 가족의 납치 등과 같이 경호대상자에게 간접적으로 작용하여 경호대상자의 정상적인 활동이나 심리상태를 방해하거나 구속할 수 있는 위해행위라고 할 수 있다.[1)]

한편, 위협은 '힘으로 으르고 협박함'이라는 사전적 정의뿐만 아니라, 다른 사람에게 벌(罰)이나 해(害)를 가하겠다는 의도의 선언이다. 이러한 위협은 종종 수취인의 특정한 행동에 대해 조건성을 띠게 되며, 명백하거나 은근한 메시지의 형태를 취할 수 있다. 위협은 임박한 위험의 근원이거나 임박한 위험의 경고일 수 있다. 위협이란 경호를 의뢰하거나 국내 법규에 의해 경호를 제공해야 될 경호대상자의 신체, 생명 및 재산에 심대한 손상을 가져올 수 있는 잠재적 사건 사고를 의미한다. 자연적 재난, 각종 음모, 개인 혹은 다중의 잠재적 위해분자에 의해 현실화될

1) 정태황(2004), 경호실무론, 서울: 백산출판사, p. 51.

가능성이 있는 가상공격의 구체적인 시나리오 등이 이에 포함된다.[2)]

또한 Martha Braunig에 의하면, 요인경호에 있어서의 위협은 일반적으로 의도되거나 표적으로 삼은 공격의 위협을 의미한다. 이러한 공격은 암살범, 테러리스트 및 납치범에 의해 자행되며, 표적범죄도 여기에 포함될 수 있다. 결국 위협은 타인을 살해하거나 상해, 납치, 강탈 또는 테러를 가하고자 하는 사람으로부터 야기된다는 것이다.[3)] 이러한 목적으로 위협을 하는 사람을 위해분자 또는 위해기도자라 칭한다.

결국 위협은 협의로 해석해서 직접위해만을 지칭할 수도 있고(Braunig), 광의로 해석해서 직접위해와 간접위해를 통칭하는 개념으로 볼 수도 있다고 할 때, 위해와 위협은 상호 혼용할 수 있는 개념이라고 할 수 있다.

2. 위해의 범위

위해 또는 위협의 범위는 다양하고 광범위하다. Oatman(1997)의 위협의 범위는 암살, 납치, 폭행, 정신이상자나 광신자들에 의한 공격, 직장 폭력, 모독행위, 상해 및 질병 등을 포함한다.[4)] Burt Rapp과 Tony Lesce(1995)는 위협을 비인적 위협(impersonal threats)과 인적 공격(personal attacks)으로 구분한다. 비인적 위협은 화재, 자연재해 및 개인에 의해 유발된 의도적 행위가 아닌 일반적인 형태의 위협을 의미한다. 인적 공격은 납치와 더불어 무기, 폭발물, 독극물, 방화 및 기타 폭력적 수단에 의한 공격 등을 포함한다. 이러한 다양한 위협으로부터 경호대상자를 보호함에 있어서, 가장 사용 가능성이 낮은 공격수단에 대비하는 것은 헛수고일 수 있으며, 공격수단의 사용은 상당 부분 경호대상자의 중요도와 지역 상황에 따라 좌우된다.[5)]

Lonsdale(1995)은 위협의 발생가능성을 고려하여, 경호전문가가 통상적으로 고려해야 할 가장 일반적인 5가지 위협으로 암살, 납치, 폭행, 강탈 및 테러리즘을 들

2) 장기붕(2007), 근접경호론, 서울: 홍익출판사, p. 47.
3) Braunig, Martha J.(1993), The Executive Protection Bible, E.S.I. Education Development Corp., p. 18.
4) Oatman, Robert L.(1997), op. cit., p. 2.
5) Rapp, Burt and Lesce, Tony(1995), Bodyguarding: A Complete Manual, Second Edition, Loompanics Unlimited, pp. 8~9.

었다.6) 그러나 경호가 단순히 경호대상자의 신체적 안전만을 보호하는 것이 아님을 전제로 할 때, 경호대상자에게 당혹감과 모멸감을 안겨주어 정신적 안정을 해칠 우려가 있거나 행사를 방해할 목적의 계란이나 페인트 공격, 케첩이나 밀가루 세례, 침뱉기나 밀치기 등과 같은 모독행위, 그리고 경호대상자의 사생활을 침해하여 스트레스를 유발할 수 있는 스토킹이나 불시의 전화 및 방문 등도 위해의 범주에 속한다고 할 수 있다.

경호의 주요한 원칙은 위험을 최소화하여 모든 잠재적인 위험요소로부터 경호대상자를 보호하는 것이다. 그러면 경호는 구체적으로 어떠한 위험들로부터 경호대상자를 보호해야 하는가? 경호는 의도적인 상해(intentional injury), 비의도적인 상해(unintentional injury), 난처한 상황(embarrassment) 및 비인가된 정보의 유출(unauthorized release of information)로 인한 위험으로부터 경호대상자를 보호해야 한다.7)

첫째로, 의도적인 상해는 죽음에 이를 정도로 심각한 신체적 상해를 입히기 위한 행위로, 상대방에게 암살이나 납치와 같은 큰 피해를 주기 위해 무력이나 폭력을 사용한다.

둘째로, 비의도적인 상해는 사고, 추락, 광적인 팬이나 호의적인 사람들에 의한 상해를 말한다. 경호대상자 혼자 넘어지거나 미끄러질 수도 있고, 카펫, 전선, 케이블, 미끄러운 보도, 계단 등이 상해의 원인이 되기도 한다. 사고는 일어나게 마련이지만, 이러한 잠재적인 사고 요인들은 충분히 예측되고 조치되어야 한다.

셋째로, 경호대상자가 난처한 상황에 빠지지 않도록 해야 한다. 경호대상자 자신의 신념이나 이미지와 배치되는 상황이 발생하지 않도록 해야 한다. 경호대상자에게 야유를 보내고 항의하는 군중들 앞을 지나가거나, 경쟁상대에 있는 회사의 대규모 집회가 있거나 광고물로 도배된 호텔의 로비를 지나가는 모습을 경호대상자는 원치 않을 것이다.

넷째로, 경호대상자에 관한 비인가된 정보의 유출을 통제해야 한다. 경호 정보가 위해자의 수중에 들어가는 것을 차단해야 한다. 또한 경호대상자의 일정이 노출될 경우, 계획된 행사에 늦게 도착해서 궁색한 변명을 해야 할 수도 있고, 위해자에게

6) Lonsdale, Mark V.(1995), Bodyguard : A Guide to VIP Protection, LosAngeles ; S.T.T.U., p. 177.
7) June, Dale L.(1999), op. cit., pp. 50~52.

공격기회를 제공할 수도 있고, 약속시간에 맞추기 위하여 무모하게 과속 운전을 해야 할 경우도 생길 수 있다.

3. 위해의 동기

위협을 분석함에 있어서, 위협의 실체가 무엇이든, 위해분자의 정치적·종교적 이념이 무엇이든, 그것은 그리 중요치 않다. 위해분자들이 좌익이건 우익이건 위협은 위협이며, 경호관계자의 일은 위협으로부터 경호대상자의 안전을 지켜내는 것이다. 위해분자인 테러리스트의 범행동기는 정치적이거나 종교적일 수도 있고, 또 다른 특정한 이유가 동기가 될 수도 있다. 일반적으로 이들의 위해동기는 혼재되는 경향이 있다.

비록 테러리스트들의 위해동기가 종교적이거나 정치적인 용어로 그럴듯하게 포장한다 하여도, 범죄적 테러리스트는 돈에 의해 동기화되곤 하는데, 이들은 범죄활동을 통해서 그들의 재정을 마련하기 때문이다. 정치적으로 동기화된 테러단체도 폭력을 추구하거나, 폭력으로 얻어지는 돈이나 권력을 추구하는 경향이 있다. 테러리스트는 일반적으로 갖가지 합당한 이유로 잘못된 선량한 시민이기도 하다. 또한 그들은 반핵단체, 야생동물 보호단체 등의 회원일 수도 있다. 이들 이유 있는 테러리스트도 종교적 테러리스트와 유사하며, 이들도 심각한 위협이 되고 있음을 명심해야 한다.

테러리스트 또는 위해분자의 목표물 선정에는 몇 가지 동기가 있으며, 각 동기의 중요도는 조직이나 개인에 따라 다르다. 그러나 돈이 상위 순위를 차지하고 있고, 돈이 최종 목표가 되는 경우가 많다. 따라서 특정한 개인이나 회사가 부자라면, 그는 잠재적 표적인 것이다.[8] 또한 테러리스트는 정치적, 종교적, 사회적, 경제적, 이념적, 지정학적 또는 역사적 잘못을 바로잡기 위해 싸운다.[9]

1) 정치적(혁명적 · 적대적) 동기

정치적 동기는 급격한 사회적 변혁을 기대하며 정권을 교체하거나 정부의 재구

8) Braunig, Martha J.(1993), op. cit., p. 21.
9) June, Dale L.(1999), op. cit, p. 192.

성을 시도하기 위하여 현 정부의 수반을 제거하는데 목적을 둔다. 정치적 목적을 가진 개인이나 특정 집단이 암살, 납치, 또는 군사적 쿠데타 등의 방법으로 정부 지도자를 제거하려는 경우가 이에 해당된다. 또한 적대국의 사회적 혼란을 야기하거나 자국에 유리한 국제정치적 환경을 조성하기 위하여 적대국의 지도자를 제거하기도 한다. 정치적 요인에 의한 위해의 기도가 조사된 위해기도사건의 대부분(62.9%)을 차지하고 있다(이두석, 2010).

김재규에 의한 박정희 대통령 암살사건[10]이나 북한이 미얀마의 아웅산 묘지 폭파로 전두환 대통령을 암살하려한 사건[11]들이 대표적이다.

2) 경제적 동기

특정한 개인이나 집단의 경제적 어려움을 타개하거나 현재의 경제적 난관이 특정인에게 있다는 판단 하에 경제정책의 책임자를 향하여 위해를 시도한다. 또한 일부 테러리스트 단체는 재정을 마련하거나 금전적 보상을 위하여 암살을 기도한다.

1981년에 캐나다의 찰스 야노버와 마이클 제롤은 북한의 30만 달러 제공 제의에 전두환 대통령의 필리핀 방문시 암살을 계획하였던 사례가 있다.

3) 이념적(사상적 · 종교적) 동기

특정한 개인이나 조직이 중요하게 여기는 사상이나 종교를 위해의 대상자가 위태롭게 하거나 장애가 된다고 판단하여 위해를 시도한다. 과거 동서간의 냉전으로 인한 사상적 갈등, 남한과 북한 간의 이념적 대립, 개인이나 조직 간의 신념적 차이로 인한 갈등에서 비롯되는 위해행위 등이 있다.

미국의 링컨 대통령은 남북전쟁의 책임이 링컨 대통령에게 있고, 링컨 대통령을 제거하여 남부의 분리 독립을 이루고자 하는 남부의 분리주의자 John Wilkes Booth의 손에 암살을 당하였다. 또한 이스라엘의 라빈 수상은 "나는 신의 명령에

---

10) 1979년 10월 26일 저녁 6시경 서울시내 궁정동 소재 중앙정보부 안가에서 김재규 중앙정보부장이 마련한 만찬에 참석한 박정희 대통령이 김재규 부장이 발사한 총탄에 맞아 서거하였다. 이 사건은 당시 공소장에서는 김재규를 비롯한 일당이 미리 공모하여 박정희 대통령을 시해한 것으로, '내란목적살인 및 내란 미수'가 이들의 주요 혐의였다.

11) 1983년 10월 9일 10:27 버마의 수도 랑군시에 위치한 아웅산 국립묘지에 북한의 특수공작원 3명이 한국의 전두환 대통령을 위해할 목적으로 폭발물을 설치하여, 대통령 일행이 행사장 2.5km 지점에 이르렀을 때 원격조종으로 폭파시켜 총 67명의 사상자를 낸 사건.

따라 단독으로 행동했으며, 아무런 후회도 없다."고 주장하며, 팔레스타인과의 평화정착에 반대하는 유대 근본주의자인 Yigal Amir에 의해 암살당하였다.

4) 심리적 동기

심리적 동기는 분노적 심리, 모방적 심리, 환상적 심리 등으로 구분된다. 분노적 심리는 자신의 열악한 처지와 상대적 박탈감에서 오는 좌절과 분노의 즉흥적이고 감정적인 표출을 말하고, 모방적 심리는 대중매체를 통해 타인의 위해사례를 모방해서 자행하는 위해행위 심리를 말하며, 환상적 심리는 정신분열증이나 조울증 환자 등의 환상이나 망상 등으로 인한 위해행위의 원인이다.

국내에서는 정신착란 증세를 보인 범인 이준규가 교황을 놀래주기 위하여 명동 중앙극장 앞에서 모의 권총으로 저격을 기도한 사건이 있었고(1984. 5. 6), 미국의 레이건 대통령도 욕구불만에 따른 심리적 보상을 추구하려는 존 힝클리의 암살 표적이 되었다.

5) 개인적 동기

개인이나 조직 간의 원한을 해소하거나, 질투나 증오와 같은 지극히 개인적인 동기로 인하여 암살 등의 위해행위가 사행된다. 가장 원초적인 위해의 동기를 부여하며, 전체 위해기도사건의 25.8%가 개인적 동기에 의한 위해사건으로 나타났다(이두석, 2010). 따라서 경호관계자는 경호대상자의 주변 인물이나 사업상 이해관계에 있는 사람들의 동향에 주목할 필요가 있다.

4. 위해기도자의 특징

일반적인 위해기도자의 특징을 단정하여 구별해내기는 참으로 어렵다. 위해기도자는 나름대로 자신을 보호하기 위하여 최대한의 주의를 기울여 위장을 하고 가장을 하게 된다. 그러나 이들은 통상 문제가 있거나, 고통스런 과거가 있고, 대인관계에 어려움이 있고, 손해나 실패를 경험한 사람들이다. 모범적인 삶을 영위하지 못하고, 인간관계 형성에 어려움을 갖고 있는 사람들이다. 이들은 사고나 중요한 인간관계에서의 실패, 또는 지위의 상실과 같은 인생의 하향기에 범죄를 저지르게 된다.[12] 이들의 특징을 연구함은 다음과 같은 전력이나 특성을 갖고 있는 사람들의 위험성을 인지하고 경호적 대응책을 마련하는 데 중요한 자료가 된다.

1) 심리적 특징

(1) 모친에 대한 억압된 증오심과 적대감을 숨기고 있다. 폭력범, 암살범, 스토커, 집단 살인마나 연쇄 살인범들은 모두 공통적인 요소를 갖고 있는 것으로 나타났다. 모친이 살아있는 경우, 잠재적 암살범의 모친에 대한 감정은 겉으로 드러나지 않고, 흔히 모친에 대해 지나치게 보호적이다. 종종 모친의 사망이나 잠적으로 인하여 자식을 버린 경우가 많다. 보통 독자의 경우, 거만하고 과보호적이며 요구사항이 많은 모친이나 친척들의 손에 자라게 되며, 이들은 개인적인 가족의 사랑이나 친밀감을 경험하지 못하고 자란다.

부친이 살아있는 경우, 이들은 강건하고 사랑스런 이미지를 나타내려 하지도 않고, 그렇게 할 수도 없는 불쌍한 존재로 투영된다. 때로 부친은 이들을 때리기도 하면서 요구사항이 많은 엄한 규율주의자가 되어 능력 이상의 것을 기대한다. 어린 시절, 이들은 대부분의 시간을 홀로 버려진 채 스스로 소일거리를 찾아가며 생활한다. 친구도 별로 없고, 특히 이성과의 친밀한 인간관계를 형성하지 못한다.

한편, Miller(1970)는 범죄에 관한 하위계층 문화이론에서 여성이 가장인 가정에서 자라는 소년은 성역할 정체감에 대한 불안으로 가득 차게 되어 가정을 떠나 동성동료 단위인 노상비행집단에서 남성 정체성을 찾게 된다고 한다. 바로 이 남성 청소년동료집단이 남성다움, 지위 그리고 소속감을 추구하는 하류계층의 남성에게 환경과 동기를 제공하게 되어[13] 범죄를 저지르게 된다는 것이다.

(2) 자주 일기를 쓰거나 다양한 쓸거리를 갖고 있다. 자신의 행동을 정당화하고 설명하거나 합리화하기 위하여, 다작을 하는 사람도 많고, 다른 사람에게는 산만하고 앞뒤가 맞지 않아 보이기도 하며, 때로는 일리가 있기도 하였다가,

12) Robert A. Fein andBryan Vossekuil, Assassination in the United States: An Operational Study of Recent Assassins, Attackers, and Near-Lethal Approachers, (Journal of Forensic Sciences, Vol. 44, March 1999), p. 332.

13) 이윤호(2005), 범죄학개론, 서울: 박영사, p. 239.

아주 혼란스럽고 이해하기 어려운 경우도 있다. 그러나 정작 본인이 정상적으로 보일 때 읽으면, 그의 글은 완벽하다. 이들의 글은 그들의 동기와 행동 유발요인을 설명하는데 도움이 된다. 때로 이 글들은 위해기도자의 관심의 초점이나 공인 또는 기관이나 신문 편집인에게 발송이 되기도 하나, 그들의 비밀스런 생활의 일부로 남는 경우가 더 흔하다.

글을 처음부터 읽어보면, 고통 받는 개인이 자신의 살인행위로 자신의 모든 문제를 해결할 수 있다는 확신을 갖는 차갑고 교활한 암살자로 변해가는 정신적 붕괴과정을 그려볼 수 있다. 때로는 정치적 또는 종교적 성향의 비뚤어진 동질성을 나타내기도 한다. 정치적 원인이나 종교적 신념에의 깊은 믿음으로 인하여, 암살범은 자신의 살인행위가 그의 영혼을 정화하고 그의 천국행을 보장하거나 또는 자신은 새로운 세계질서의 도구로서 환영받고 인식될 것이라고 확신한다.

(3) 인정심리를 갖고 있다. 공인에 대한 폭력범은 인정의 필요성이 깊이 뿌리박혀 있으며, 커다란 충격을 통하여 주의를 끄는 어떤 행위에 의해 자신만이 그런 인정을 받을 것이라고 생각한다. 그는 자신이 원하는 주의를 끌만한 어떤 행위를 해야만 한다. 그렇기 때문에 이들은 개인적 동기에 의한 개별적 인물보다는 직위를 목표로 하는 경우가 일반적이다. John Hinckley가 레이건 대통령을 암살하려한 사건이 이 경우이며, 그는 그의 행위가 자신의 광적인 애정의 대상이었던 영화배우 Jodie Foster의 관심을 끌 것이라고 생각했다.

(4) 대부분 사회적으로 소외되어 있다. 때로는 암살범이 조직이나 단체에 속한 경우가 있지만, 그는 소외감으로 인해 진정으로 소속감을 느끼지 못한다. 이들은 표면적으로는 정상으로 보이고 존경받는 생활을 영위하지만, 실은 쓸쓸한 절망감에 빠져 있다. 정상적인 모습이 오히려 그들의 위험성을 증대시키는 요인이다. 그들은 친구나 친척, 또는 이웃들에게 분노나 의도에 관한 어떠한 암시나 단서를 주지 않는다. 종종 폭력이나 암살 후, 이웃들은 "그는 좋은 사람이었다. 매우 조용하고, 자신에 충실했으며, 전혀 아무런 문제도 없었다!"라고 인터뷰할 것이다.

(5) 성격의 변화가 심하다. 조용한 성격은 차분하고 질서있는 모습에서 분노, 폭력 및 혼란스런 모습으로 급격히 변한다. 근무습관이 엉뚱하다. 그는 자신을 감독하고 할 일을 지시하는 상사에게 자신의 무능함을 탓한다. 상사에 대한

분노와 경멸감은 가끔씩 주로 상사나 임원을 향한 일종의 직장폭력의 형태로 나타나기도 하고, 비난이 공인에게 초점이 맞춰지기도 한다. 잠재적인 암살범이 최근에 직장에서 해고되었다면, 그는 살인극으로 자신의 분노를 표현할 가능성이 많다.

(6) 정신적 쇼크를 경험한다. 일상생활에서 정신적 쇼크가 가장 큰 세 번의 시기는 사랑하는 사람이 사망한 경우, 이혼, 그리고 실직했을 때이다. 반사회적 성격적 특성을 숨겨야 하고, 어느 정도 정신적 쇼크가 발생했을 때, 그는 자신의 개인적 곤경에 책임이 있다고 느끼는 사람에게 위험한 위협행위를 할 가능성이 농후하다. 자신의 억압된 감정의 대상은 전 배우자나, 전직 상사, 임원 또는 대통령일 수도 있다.

(7) 유명인사의 열렬한 지지자일 수 있다. 이들은 유명인, 저명인사, 흔히 영화배우나 TV연기자의 강력하고도 열렬한 지지자일 수 있다. 존경이나 사랑과 증오나 분노 사이에는 거의 구분이 없다. 그는 유명인과 눈을 맞추거나 악수를 하거나 몇 마디 말을 나눌 것이다. 그것은 그 사람의 마음속에서는 유명인이 자신에게 품고 있는 유대감과 사랑의 표시이다. 그는 저명인사에게 편지를 보내거나 전화를 하고, 선물을 보내기도 하며, 동시에 대가 없는 사랑을 보내며 그 저명인사를 마음속에 그리기 시작한다. 전화나 편지에 답장이 없고 선물이 반송되면, 사랑은 분노와 증오로 변한다. 그는 모욕감과 당혹감을 느끼게 되고, 복수하기로 작정한다. 저명인사를 따라다니면서 시간과 사건들을 공유하던 것이 이내 자신의 잘못된 사랑의 대상을 해하거나 살해할 의도의 끔찍한 스토킹 게임으로 추락한다.

(8) 죄책감을 느끼지 않는다. 암살범, 연쇄 살인범 및 테러분자의 공통된 특성은 그들이 살해 임무를 성공적으로 완수하지 못했을 때 후회할 뿐이라는 것이다. 뉴욕의 세계무역센터 폭파범인 Ramzi Ahmed Yousef가 종신형에 245년을 추가한 형의 선고를 받고, 판사에게 "그렇다, 나는 테러리스트이고, 나는 그것이 자랑스럽다."라고 말한 것으로 알려졌다.

(9) 치밀하게 계획을 수립하고, 도피계획이 없다. 잠재적인 암살범은 그가 선택한 반사회적 목표를 준비하거나 성취하기 위한 모든 수단을 동원하여 공격 때까지 장기계획을 수립한다. 그의 삶의 초점은 자신의 위업을 예견하고 계획하는 것이다. 일단 행동에 착수하면, 도망갈 계획이 아예 없거나 거의 없다. 물론, 그것도 인정 요소의 일부분이다. 그는 죽거나 악명을 떨칠 준비가 되어 있고,

종말이 그가 원하던 것 이상의 무엇이 되기를 기대하지도 않으나, 많은 경우 칭송받기를 기대한다.

(10) 반면에 전문적인 암살범은 최후의 걸림돌이 모두 제거되고 도피기회가 확실해질 때까지 일에 착수하지 않을 것이다. 그도 아마추어와 마찬가지로 똑같은 심리적 양상을 보이지만, 그의 동기는 감정적인 것이기 보다 금전적인 것이다. 전문 암살범은 그의 공격을 막는 상대자인 경호전문가만큼 예견과 계획을 통하여 생각하는 데 시간과 노력을 경주한다는 점에서 위험하다. 각자는 임무 수행 전에 상대방을 무력화시키려고 노력한다. 전문가는 모든 실수를 제거하려고 노력하고, 모든 우발상황에 대한 계획을 수립하고, 주목받기를 원하지 않고, 목숨이나 자유를 잃는 모험을 원하지 않는 반면에, 비전문가는 실수를 하고 임무 수행 이상의 계획은 수립하지 않는다.[14)]

2) 신체적 · 행동적 특징

타인의 생명을 위협하는 위해기도자들은 어떤 사람들일까 하는 문제는 모든 경호관계자들의 최대 관심사이다. 위해기도자들의 행동특성이나 생김새, 복장 등의 특징을 알 수만 있다면, 그만큼 경호의 대상 범위를 좁힘으로써 경호역량의 낭비적 요소를 줄이고 효과적인 경호조치와 대응을 할 수 있을 것이다.

미국 SS는 "암살자의 모습은 암살기도 전에는 질서정연하고 조직적인 것처럼 보이나, 어딘가 분위기에 어색한 것 같고 행사 현장에 어울리지 않는 것을 인식할 수 있다"고 기술하고 있다. 일반적으로 외견상 나타나는 위해기도자의 모습은 20대에, 비정상적인 생활습관을 갖고 있고, 외모는 단정한 특징을 갖고 있으나, 이를 정형화할 수는 없기 때문에, 위해기도자나 암살범의 내면적 특성을 찾는데 주력해야 할 것이다.

(1) 개별적으로 자행된 위해사건의 경우, 위해기도자들의 연령대는 20대가 31.3%를 차지하여, 20대가 경호상으로는 가장 위험한 연령대임을 보여준다. 사회에 진출하는 시기인 20대에 정상적인 사회 진출에 실패하거나 사회에 제대로 적응하지 못하는 좌절감을 극단적인 방법으로 해결하려는 경향이 있다.

(2) 또한 위해기도자가 확인된 151건을 분석한 결과, 특정 조직이나 집단에 의해 자행된 위해사건이 42.4%(64건)를 차지하여, 이해관계가 얽힌 집단간의 정치적 충돌이 위해의 가장 큰 요인이 되고 있음을 보여준다.

14) June, Dale L.(1999), op. cit., pp. 33~35.

(3) 위해기도자의 인원수별 분포를 보면, 1인 단독범인 경우가 51.9%를 차지하여, 위해공격 시에는 행동의 자유성이나 노출의 우려 등을 고려한 공격의 용이성을 고려한 결과로 분석된다.

〈표 4-1〉 위해기도자의 연령 및 인원

구분		10대	20대	30대	40대 이후	조직	소계
위해 기도자의 연령	국내		9 (36%)	5 (20%)	5 (20%)	6 (24%)	25
	국외	5 (4%)	38 (30.2%)	9 (7.1%)	16 (12.7%)	58 (4.6%)	126
	계	5	47	14	21	64	151
		3.3%	**31.3%**	9.3%	13.9%	**42.4%**	100%
구분			1인	2~3인	4~5인	6인 이상 또는 집단	소계
위해 기도자의 인원	국내		13 (42%)	5 (16.1%)	1 (3.2%)	12 (38.7%)	31
	국외		82 (54%)	14 (9.2%)	2 (1.3%)	54 (35.5%)	152
	계		95	19	3	66	183
			51.9%	10.4%	1.6%	**36.1%**	100%

*자료: 이두석(2010), 위해범죄 사례 분석을 통한 경호 효율화 방안, 한국치안행정논집 제7권 제3호, 한국치안행정학회. p. 270~271.

다음으로는 6인 이상이나 집단에 의한 위해가 36.1%를 차지하였다. 결국 대부분의 위해사건은 정치적 또는 개인적 이해관계를 갖고 있는 20대의 단독범이나 특정 집단에 의해 자행되는 특징을 보이고 있다.

(4) 위해기도자들은 복장이나 용모가 단정하다. 위해 기도를 철저히 감추고 타인에 눈에 띄지 않기 위하여 많은 노력을 하기 때문에, 외관상으로는 위해기도자를 분간해내기가 쉽지 않다.

(5) 위해기도자들은 경호대상자의 비서로 위장하거나[15], 개인적 친분을 내세워 접근을 시도하거나, 청소원이나 수리공 등으로 위장하여 접근을 시도한다.[16]

15) 이스라엘의 라빈 수상 암살범 Yigal은 VIP 운전기사를 가장하여 통제선 안으로 들어갈 수 있었으며, 범행시까지 거의 4시간 동안 아무런 제재도 받지 않고 주변을 서성거렸다.

16) Holder, Philip T. andHawley, Donna Lea(1998), The Executive Protection

Ⅱ. 경호정보(Protective Intelligence)

1. 경호정보의 개념

일정한 목적을 갖고 의도적으로 수집한 첩보를 사용 목적에 맞도록 평가하고 해석한 결과로 작성된 지식을 정보라 한다. 정보의 중요성을 일찍이 간파한 사람은 손자로, 그는 '적을 알고 나를 알면 백번 싸워도 위태롭지 않다'고 하였다. 정보의 가장 중요한 기능이다. 사람들은 알려지지 않은 확률을 기반으로 하는 리스크보다는 알려진 확률을 기반으로 하는 리스크를 감수하는 쪽을 택하는 '모호성의 기피' 현상을 보인다.[17] 정보가 중요한 까닭이다. 그러기 위해서는 다양한 정보 네트워크의 구축을 통하여 광범위한 정보가 획득되어야 하며, 이는 일방적이거나 한 쪽에 치우친 정보로 자칫 정보의 왜곡을 초래할 수 있는 가능성을 미연에 방지하기 위해서도 필수적이다.

셔먼 켄트는 "정보는 지식이며 조직이며 활동이다."라고 하였다. 미래의 활동을 단순한 직감이나 상상에 의존하지 않고 객관적인 사실에 의존하여 수행하고자 하는 경우, 주어진 사상에 관한 내용을 알아야 됨은 당연한 일이다. 시행착오와 경험에 의하여 복잡한 문제들을 해결할 수는 없으며, 보다 합리적이고 과학적인 방식에 의하여 문제를 풀어나가고, 상황에 대처해나가야 한다. 그러므로 우리는 정보행위 내지 정보활동으로 이러한 제 문제를 해결하기 위한 방안을 찾아서 미래의 상황에 대비할 의사결정에 필요하거나 유리한 조건들을 찾는 지식추구의 활동으로 경호의 위기상황에 대처해야 한다.[18]

보이지 않는 적과 싸워야 되는 경호에 있어서는 폭넓고 정확한 정보가 필요하다. 경호정보란 경호작전에 영향을 미칠 수 있는 인적·물적·지리적 취약요소에 대한 자료를 수집하고 분석하여 산출된 결과를 의미한다.

경호정보는 광의의 경호정보와 협의의 경호정보로 구분할 수 있다. 광의의 경호정보는 간접위해정보로서, 세계 테러리즘의 현상이나 정치·사회적 현상 등에서 나타날 수 있는 치안정세 등이 포함된다. 간접위해정보는 경호대상자의 사회활동이나

Professional's Manual, Boston: Butterworth-Heinemann. p. 16.

17) 피터L. 번스타인(안진환·김성우 옮김)(2004), 리스크, 서울: 한국경제신문사, p. 431. (Daniel Ellsberg가 1961년에 'ambiguity aversion'이라고 정의한 현상)

18) 경찰청(1994), 정보개론, 경찰청. p. 15.

신변 안전에 어떠한 영향을 미칠 수 있는지를 분석하여야 한다. 반면에 경호대상자의 사회생활 및 개인적인 관계로 인하여 발생되는 위협정보를 협의의 경호정보 또는 직접위해정보라고 말한다. 그 내용이 경호대상자에 대하여 직접적이고 구체적이며, 위해의 시나리오가 현실화될 가능성이 높은 위협정보는 보다 중요하게 다루어져야 한다.[19]

2. 경호정보의 분류

경호정보는 경호에 영향을 미치는 요소에 따라 인물정보와 물질정보 및 지리정보, 교통정보, 기상정보, 행사정보 등으로 분류할 수 있다.

1) 인물정보

인물정보는 위해를 기도하거나 기도할 가능성이 있는 개인이나 단체의 동향에 관한 정보를 말하며, 경호정보에서 가장 중요한 요소이다. 인물정보는 경호대상자 본인에 관한 정보는 물론, 우호적이거나 적대적인 주변인물을 포함하여 비밀관계에 있는 인물정보까지를 포함한다. 인물정보의 내용으로는 기본적인 현재신상정보와 과거신상정보, 그리고 최근동향 등이 포함된다. [20]

미래의 위해기도자를 식별해내거나, 암살범들은 실제로 어떤 사람들인지, 암살범들은 어떤 것에 동기화되는지에 대한 답은 복잡하고도 어렵다. 그러나 장차 어떤 사람이 위협이 될 것인가를 판단하는 하나의 기준은 다음과 같은 특정인의 관심행동이다.[21]

(1) 암살에 대한 관심
(2) 공인을 공격하고자 하는 생각이나 계획
(3) 경호대상자와 부적절한 내용의 의사소통, 특히 공격을 암시하는 내용
(4) 경호대상자와 관련된 장소의 방문
(5) 경호대상자에게 접근 시도(경호대상자의 예정된 행사장 방문)

---

19) 장기붕(2007), 전게서, p. 66~67.
20) 장기붕(2007), 전게서, p. 68.
21) Melanson, Philip H.(2005), op. cit., pp. 250.

2) 물질정보

물질정보는 자체적으로 위험성을 내포하고 있는 행사장 내의 시설물과 위해의 수단으로 사용되거나 사용될 가능성이 있는 물질의 움직임에 관한 정보를 말한다. 행사장 내의 가스시설, 전기시설, 공조시설 및 승강기 등의 시설물에 대한 관리 및 안전 상태에 관한 정보, 그리고 위해에 이용 가능한 총기류나 폭발물, 각종 도검류, 화약류 및 화학물질, 가스 및 유류, 독극물질 등의 이동 및 거래, 소유자에 대한 정보가 요구된다.

3) 지리정보

지리정보는 행사장이나 이동로에 관한 지리적 정보를 말한다. 행사장의 지형적 위치, 행사장에 이르는 도로망, 행사장이 직시되어 행사에 영향을 미칠 수 있는 주변의 감제고지나 고층건물 및 수림지 등에 대한 정보가 필요하다. 또한 위해기도자가 공격장소로 이용 가능한 이동로 상의 건널목이나 교량, 서행이 요구되는 곡각지나 좁은 도로, 열차 건널목, 교량, 강 등의 취약요소에 대한 정보도 중요하다.

4) 교통정보

교통정보는 행사장에 이르는 행·환차로 및 예비도로에 대한 정보, 도로의 구간별 교통 상황, 사고 및 공사 등과 같은 교통에 영향을 주는 여러 가지 요인에 대한 정보를 말한다. 교통정보는 이동소요시간을 산출하거나 이동로 상의 취약성을 판단하는 중요한 요소로서, 사전에 답사를 통하여 파악하거나, 선발대 이동 간 필요한 사항을 파악하여 전파하고, 실시간 교통상황을 파악하는 등 단계별로 상황을 점검한다.

5) 기상정보

기상정보는 기상 상태에 관한 지식이나 보도, 일기 예보, 기상 통보, 기상 주의보, 기상 경보 따위를 통틀어 이른다. 기상정보는 이동수단의 결정, 행사장의 결정, 행사의 진행 및 준비 등에 많은 영향을 미치기 때문에 수시로 확인하여야 한다.

6) 행사정보

행사정보는 행사에 관한 행사진행순서, 의전계획, 참석자 입장계획 및 안내계획, 주차계획 등 행사 전반에 걸친 정보를 말한다. 행사정보는 경호행사의 뼈대가 되는 만큼, 자세하게 파악하여 상황변화와 진행과정에 적절한 경호계획을 수립하여야 한다. 경호행사를 잘 치르기 위해서는 행사의 흐름을 정확히 숙지하고, 그 흐름에 맞는 적절한 경호조치를 취함으로써 행사의 효과를 극대화하는 적응력과 대응력이 요구된다.

3. 경호정보의 수집

경호의 시작은 정보의 수집이다. 경호정보는 보이지 않는 적인 위해기도자의 모습과 그의 예상되는 공격방법을 우리에게 암시해준다. 정보의 수집방법은 면담, 조사, 자료 수집, 관찰 및 답사 등이 있다.[22] 나아가 정보수집은 신문이나 방송, 인터넷, 각종 인쇄물, 인간정보 및 신호정보 등으로부터의 일반정보는 물론, 경찰이나 국가정보원 등으로부터의 특수정보에 이르기까지 다양하게 접근되어야 한다. 버마에서의 아웅산묘지 폭파사건은 우리에게 정보의 중요성을 여실히 보여준다. 버마는 사회주의 국가로, 당시 버마에서의 북한요원들은 자유로이 활동하고 다녔고, 행사 전에 북한의 화물선 '동건 애국호'가 버마 랑군 해상에 정박해 있었으나, 북한요원들의 동향을 적극적으로 추적하거나 감시하지 못하였던 것이다.

경호정보가 왜 중요한가 하는 것은 Fein and Vossekuil(1999)의 연구가 잘 설명해준다. Fein and Vossekuil의 연구에 의하면, 위해기도자의 77%가 사건 발생 전에 목표에 대하여 은근히 또는 공공연히 위협을 하였다는 사실이다. 이러한 위협의사는 위해대상자에게 직접 전달하거나(23%), 가족(22%), 친구(18%) 또는 직장 동료나 목표의 지인에게 전달되었다. 때로는 일기나 간행물을 통하여 위협의사를 전달한 경우도 있으며(9%), 목표와 관련이 없는 공인에게 전달한 경우도 있다(5%). 목표에 대하여 간접적 · 조건부 · 직접적 위협을 한 경우는 63%에 달했으며, 목표에 관하여 직접 위협을 한 경우도 37%로 나타났다. 적은 수이지만 몇몇은 목표에게

22) 장기붕(2007), 전게서, p. 70

직접적으로 위해의 의사를 전달한 경우도 있으며(4%), 전체적으로는 1/10에 해당하는 7%만이 목표에게 또는 법집행기관에게 목표에 관한 직접 위해의 의사를 전달하였다.[23] 정보 수집체계가 잘 확립되어 있고 정보활동이 제대로만 이루어졌다면, 위해기도의 77%는 사전에 예방할 수도 있었다는 분석이 가능하다.

다양한 위협에 관계된 일반적인 정보 수집 과정은 체계적인 추적작업을 요한다. 미국의 SS는 위협 가능성이 있는 모든 정보를 추적 감시하고 있다. 이에는 과거 대통령을 위협한 적이 있는 개인이나 혁명적 단체, 위협 가능성이 있는 정신이상자뿐만 아니라, 여타 정부기관에서 제공한 단서들을 포함된다. 정보원은 대통령에 대한 악의적인 우편물이나 협박 전화, '그는 죽어야 돼'라는 등의 악의적인 발언을 하는 자와, FBI나 CIA와 같은 타 기관에서 제공하는 대통령을 위협하는 단체나 개인에 관한 정보들을 망라한다. 악의적인 편지의 경우, 잉크와 종이의 종류, 글씨체 등의 감정을 거쳐 그 내용을 분석하는 분류과정을 거친다. 그러나 주목할 것은 이제까지 위해공격에 성공했던 대부분의 경우는 범인들이 단체원이 아닌 외톨이의 개인들이었다는 점이다.[24]

23) Robert A. Fein and Bryan Vossekuil, op. cit., pp. 325~326.
24) Rapp, Burt and Lesce, Tony(1995), op. cit., pp. 31~32.

Ⅲ. 위협의 평가(Threat Assessment)

1. 위협평가의 의의

위협의 분석 및 평가는 경호의 기초이다. 경호원의 임무는 경호대상자의 자유로운 활동을 최대한 보장하는 범위 안에서 그를 최대한 안전하게 보호하는 것이다. 즉, 안전을 전제로 경호대상자의 평상시 생활에 최소한의 불편을 담보하는 수준의 경호가 최상의 경호이다. 경호대상자를 향한 모든 수준의 위협으로부터 그를 경호하려는 시도는 효과적이지도 않고 능률적이지도 않다. 그러하기 때문에 위협의 평가가 선행되어야 한다. 위협의 평가는 위협의 실체를 정확히 인식하고, 가용 자원의 효율적인 분배를 통하여 불필요한 인력과 자원의 낭비를 최소화하기 위함이다. 이를 바탕으로 효과적인 경호적 대안이 마련되어야 한다. 이 때 중요한 것은 경호대상자 자신도 경호업무의 일부분이 되어야 한다는 점을 인식해야 된다는 것이다.

위협을 분석하고 평가하는 일은 경호책임자가 나를 알고 적을 알기 위한 작업이며, 안전한 사회활동을 위해 위험을 최소화하기 위한 시도이자, 위협의 무력화 또는 효율적 대응방안을 강구하기 위한 과정이라는데 위협평가의 의의가 있다. 따라서 위협의 분석 및 평가는 다음과 같은 중요성을 갖는다.

① 위협의 평가는 경호의 시작이다. 보이지 않는 적의 실체를 파악하여 그에 대한 경호방책을 강구하기 위한 첫걸음이다.

② 위협에 대한 정확한 평가를 요구한다. 결코 위협의 크기를 과대평가하거나 과소평가하여서는 안 된다. 과대평가하면 인력과 자원의 낭비를 초래하게 되고, 과소평가하면 위험에 봉착하게 될 가능성이 있다.

③ 최대한의 안전과 최대한의 사생활이 보장되어야 한다. 상반된 개념이지만, 그 접점을 찾아 위협에 대응하는데 있어서 경호는 최소한의 개입에 그쳐야 한다. 경호의 불필요한 개입은 자유로운 활동의 위축을 가져오게 된다.

④ 위협에 상응하는 적절한 대응책이 강구되어야 한다. 결코 과잉대응하거나 과소대응하여서는 안 된다. 그러기 위해서는 다양한 경호기법의 개발과 과학적인 접근이 요구된다.

⑤ 위협에 대하여 적극적인 자세를 요한다. 어떠한 위협이든 사소하게 여기지 말

고 적극적으로 추적하고 분석하여 그 실체를 확인하여야 한다. 결코 가벼운 위협은 없다.

한편, 잠재적인 위협에 대응하기 위한 위협의 평가과정은 다음과 같다.[25)]

① 잠재적인 위협의 확인

② 확인된 위협에 대한 평가

③ 위협요소별 우선순위 부여

④ 경호대상자의 공적 생활에 대한 평가

⑤ 경호대상자의 사적 생활에 대한 평가

⑥ 숙소 및 사무실에 대한 평가

⑦ 현재의 경호경비방식에 대한 평가

⑧ 위험의 감소를 위한 고려사항

⑨ 경호경비자원의 분배

⑩ 새로운 경호경비방식의 실행

2. 위협의 분석

위해기도자는 최상의 목표물을 선정함으로써 공격을 성공시키려 할 것이다. 위해기도자가 특정 표적만을 고집한다면 목표물 선정기준을 무시해도 되겠지만, 그럴 경우 위해기도자는 높은 실패의 위험도 감수해야 한다. 위해기도자의 목표물 선정기준으로는 접근성, 취약성, 중대성 및 회복성을 들 수 있다.[26)] 위해기도자가 목표물을 성공적으로 공격하기 위해서는 목표물에 도달하기 위해 방어선을 뚫고 들어갈 수 있어야 한다. 또한 목표물에 접근했다 하더라도 목표물이 공격할 만큼 취약한가도 고려되어야 한다. 공격의 결과가 상대방에게 심각한 타격을 주어야 하고, 회복이 불가능할 정도의 피해를 입혔다면 최상의 결과라고 평가할 것이다.

위협을 좌절시키고 차단하기 위해서는 위협을 정확히 이해해야 한다. 경호관계자는 위협을 하는 사람들이 누구인지, 경호대상자나 목표물이 위협에 대해 얼마나 취약한지, 취약성에 대한 대책은 무엇이 있는지를 파악함으로써 위협의 실체와 위협

25) Lonsdale, Mark V.(1995), op. cit., p. 176.
26) Braunig, Martha J.(1993), op. cit., pp. 21~22.

의 과정을 규명하고 위협의 결과에 대한 분석이 있어야 한다. 위해분자의 의도가 무엇인가, 위해분자가 노리는 것은 무엇인가, 생명인가 재산인가, 위협의 동기는 무엇인가, 위해분자의 능력은 어느 정도인가에 대한 종합적인 접근이 필요하다. 위협의 형태와 강도를 모르고는 위협대비계획을 수립하는 것 자체가 공허하다. 경호에 있어서 특정한 위협이나 모든 위협으로부터 목표물을 완벽하게 보호할 수는 없으나, 효과적인 위협의 분석을 통하여 가장 발생가능성이 높은 위험으로부터는 보호할 수 있을 것이다. 경호의 요체는 직면하고 있는 위험을 최소화함으로써 피해를 최소화하는 것이다.

위협 분석의 목적은 잠재적인 위해기도자의 실체를 확인하고 그들의 중요한 특징을 규명함과 동시에, 경호대상자의 위험성을 확인하기 위한 것이다. 위해기도자의 실체 규명을 통해서 위해기도자의 수, 위협의 목적, 방법, 장비, 기술 및 위험성 등을 파악할 수 있다. 이러한 분석은 경호 관계자에게 그들이 무엇으로부터 그들의 고객을 보호해야 하고, 제한된 예산 범위 내에서 어떻게 보호해야 하는지에 대한 아이디어를 제공할 것이다. 위협에 대응하는 경호 요원의 규모를 결정하고 위협이 주는 심각성의 정도를 파악할 수 있게 해준다.

적에 대한 위협분석 못지않게 중요한 것이 경호대상자에 대한 정보의 수집이다. 그것도 우리가 아는 취약성이 아니라, 적의 입장에서 바라본 표적의 약점을 파악하는 것이 중요하다. 왜냐하면 공격을 하는 것은 적이지 우리가 아니기 때문이다. 적에게 가장 중요한 정보는 고객의 일상 활동에 관한 것이다. 고객이 특정한 시간에 특정한 이동로를 따라 특정한 장소에 있을 것이라는 정보는 가장 결정적이다. 이러한 정보는 경호대상자의 가족에 대해서도 마찬가지이다. 위해기도자가 목표물의 움직임에 대하여 예측가능성이 높을수록, 공격의 성공 가능성도 높아지는 것이다.

위협분석은 경호원인 내가 경호하는 경호대상자가 어떠한 위험에 직면하고 있으며, 그 위험은 언제, 어디서, 어떠한 방법으로 그에게 닥칠 것인가를 규명하는 작업으로, 위험의 본질을 확인하는 중요한 작업이다. 따라서 위협분석을 위해서는 누가, 언제, 어디서, 무엇을 그리고 왜라는 질문을 통하여 위험을 확인하는 과정을 거치게 되며, 일반적으로 그 질문은 다음과 같을 수 있다.

- 나는 누구를 경호하고 있는가? (회사 사장, 유명인사, 갑부, 논쟁의 대상인 활동가)

- 나는 무엇으로부터 그를 경호해야 하는가? (폭력행위, 당혹감, 유괴, 시달림, 스토킹)
- 나는 언제 그를 경호해야 하는가? (하루 8시간, 하루 24시간)
- 나는 어디에서 그를 경호해야 하는가? (직장, 집, 출퇴근시간, 여행중)
- 나는 왜 그를 경호해야 하는가? (경호대상자의 사생활 보호, 기업 최고의 인적 자원 보호, 지역사회와 외국으로 경호대상자가 안전하게 이동할 수 있도록)

이러한 질문들 중에서 가장 중요한 것은 "나는 누구를 경호하고 있는가?"이다. 경호대상자에 관한 신상정보는 그가 안고 있는 위험의 본질을 파악하고 위험의 존재 여부를 결정하는데 절대적인 것이다. 경호대상자와 그의 가족에 대한 자세한 지식은 위험의 실체가 실제인지 사기인지를 판단하는데도 도움이 될 수 있다.[27]

위협의 실체를 규명하는 방법은 세 가지 기본요소로 구성된다. 첫째로 위협을 규명하는데 필요한 정보 목록을 작성하고, 둘째로 잠재적인 위협에 관한 정보를 수집하고, 셋째로 정보를 사용가능하게 조직화하는 것이다. 적에 관한 정보목록에는 동기, 잠재적인 목표, 전략 및 적의 수와 능력이 포함된다. 위협정보 수집 항목에는 정보의 출처, 범죄분석, 전문 조직, 출판물, 정부의 지침 및 입법 내용 등이 포함된다. 위협정보의 조직화에는 위해분자의 성격을 규명하고, 위협의 종류, 위협의 동기, 위해분자의 능력 등을 정성적 분석방법에 따라 고, 중, 저 등으로 평가한다.[28]

1) 위험성 평가

잠재적인 위협의 대상이 확인되면 그에 따른 위험성을 평가한다. 위험성은 위험인물별, 위험물질별, 위험지형별, 행사성격별, 행사지역별, 참석인원수별 및 참석자 성향별 등으로 구분하여 평가되어야 한다. 이렇게 평가된 위험성은 A : 치명적임(fatal), B : 매우 위험함(very serious), C : 약간 위험함(moderately serious), D : 위험함(serious), E : 비교적 중요하지 않음(relatively unimportant), F : 위험성 없음(criticality unknown) 등과 같이 등급을 매겨 표시한다〈표 4-2〉. 이러한 등급은 조직이나 상황에 따라 가변적으로 구분할 수 있다.

27) Oatman, Robert L.(1997), op. cit., p. 4~5.
28) Garcia, Mary Lynn(2001), The Design and Evaluation of Physical Protection Systems, Burlington; Elsevier, pp. 26~36.

2) 위험 발생가능성 평가

시대는 바야흐로 계량화의 시대이다. 나날이 살아남기 위한 경쟁이 격화되면서 객관적인 기준을 중요시하는 세계화의 추세에 따라 모든 것이 점수화되고 있다. 위험관리도 이제는 계량화(수치화)해야 한다. 과거의 주먹구구식 관리가 아니라, 체계적이고 객관성을 띤 자료에 입각한 과학적인 관리가 되어야 한다. 취약성을 평가하고, 위험의 발생가능성을 측정하고, 그 손실로 인한 충격(위험성)을 계량화해서 과학적으로 위험을 관리해야 한다.

〈표 4-2〉 위험요소별 위험도 평가

위험도	위험 인물별	위험 물질별	위험 지형별	행사 성격별	행사 지역별	참석 인원수별	참석자성 분별	위험성
높음	암살범	총기류	고층 건물	완전공개 행사	야지 행사장	대다수 인원	적대적	**치명적**
↑	납치범	폭발물	도로	공개행사	실외 행사장			**매우 위험**
	비우호적 인 군중	도검류	고지	비공개 행사	넓은실내 행사장	다수인원	무관심	**약간 위험**
	정신 질환자	독극물 독가스	바다/ 하천	완전비공 개행사	좁은실내 행사장			**위험**
↓	치한/ 스토커	폭발성물 질				소수인원	우호적	**비교적 중요치 않음**
낮음	특정인물/ 군중	박격포 포탄				극소수 인원	매우 우호적	**위험성 없음**

*자료: 최찬묵(1999), 신변보호의 체계적인 예방작용에 관한 연구, 재구성

우리는 가변적이고 체계적인 위험의 본질에 대한 이해를 높일 필요가 있다. 위험요소를 최소화하고 대처능력을 강화하기 위한 새로운 접근방법이 필요한 것이다. 위협을 최소화하기 위해서는 피해의 잠재성을 감소시키고 피해가 발생할 수 있는 가능성을 줄이는 접근방법을 본격적인 궤도에 올려놓아야 한다. 심각한 위협에 대처하는 우리의 능력을 강화하기 위해서는 대응능력을 기르고 그 대응이 위력을 발휘할 수 있는 가능성을 높이지 않으면 안 된다.[29)]

29) 마크 헤인즈 다니엘(안종설 옮김)(2000), 리스크의 세계, 서울: 생각의 나무, p. 64.

〈표 4-3〉에 제시된 Healy와 Walsh(1971)의 위험발생가능성과 위험성 매트릭스를 보면, 알파벳순과 숫자순의 등급을 각 평가항목에 메겨 위험발생가능성을 판단할 수 있다. 위험가능성이란 사상이나 사고의 확률(probability)과 심각성(severity)이 조합된 것이다. 확률은 어느 사건이 발생할 가능성이다. 확률은 다양한 방법으로 측정되고 "빈도"라고 표현되기도 한다. 그리고 특정 환경 속에서 이루어지는 과제에 대한 사고 빈도 비율을 사용하여 정확하게 수량화되기도 한다. 그러나 적합한 사고 자료가 부족할 때에는 종종 확률이 추정되어져야 한다. 확률이 추정되면 이것은 매우 빈번하게 발생함(frequent), 자주 발생하는 편임(probable), 가끔씩 발생함(occasional), 거의 발생하지 않음(remote), 전혀 발생하지 않음(improbable)과 같은 위계적 척도로 다시 범주화되기도 한다. 심각성은 대개 부상의 심각성에 따라 척도화된다.

이를 바탕으로 경호위기의 위험가능성을 판단해 볼 수 있다. JIS Q 2001[30]에서는 리스크를 '사태의 확실성과 그 결과의 조합' 또는 '사태의 발생확률과 그 결과의 조합'이라고 정의하고 있다. 즉, 리스크란 어떤 사태가 일어날까, 일어나지 않을까, 일어난다고 하면, 어느 정도의 확실성으로 일어난다고 생각해야 하는가 라는 것과 생각한 사태가 실제로 일어난다고 할 때, 어느 정도의 결과, 혹은 피해를 가져올 것인가라는 두 가지의 요소를 갖고 있다. 이러한 리스크의 두 가지 요소를 고려해 보면, 리스크 즉, 위험도는 사건이 일어날 가능성과 사건의 결과(피해)로 나타낼 수 있다.[31]

"위험도 = 위험발생가능성 x 위험성(피해)"

〈표 4-3〉 위험발생가능성/위험성 매트릭스

위험발생가능성(Probability)	위험성(Criticality)
1. 실제로 확실함(virtually certain)	A. 치명적임(fatal)
2. 확률 높음(highly probable)	B. 매우 위험함(very serious)
3. 확률 보통임(moderatelyprobable)	C. 약간 위험함(moderately serious)
4. 확률 있음(probable)	D. 위험함(serious)
5. 확률 거의 없음(impossible)	E. 비교적 중요하지 않음 (relatively unimportant)
6. 확률 없음(probability unknown)	F. 위험성 없음(criticality unknown)

*자료: Richard J. Healy and Timothy J. Walsh(1971), Industrial Security Management (New York: American Management Association), p. 17, 재인용.

30) JIS(Japanese Industrial Standard) : 일본공업규격.
31) 이영재, 윤정원(2004), 전게서, p. 24~25.

3. 위협의 평가

위험의 실체가 확인되면, 그 위험이 실제로 발생할 가능성은 어느 정도이고, 실제로 발생했을 경우의 위험성은 어느 정도인지를 판단하는 작업이 필요하다. 〈표 4-4〉에서 위험성과 위험발생가능성이 A5(Ax5)라면, 최우선적 안전조치가 필요함을 나타낸다. 또한 F0(Fx0)라면 정말로 안심해도 될 사항이 될 것이다. A0처럼 발생확률이 없다고 판단되더라도 그 결과가 치명적이라면, 그에 대한 만반의 대비를 하여야 한다.

이렇게 특정 위협을 하나하나 평가하는 과정에서, 만약 경호관계자가 위험발생가능성이나 위험성을 어느 항목에도 넣을 수 없다면, 그 위험성은 치명적이라고 가정하고, 발생가능성은 실제로 확실하다고 가정해야 한다. 그렇게 하지 않으면 그것은 자살행위와 마찬가지다.

굳이 결정을 내려야 한다면, 위험성을 가장 우선시해야 한다. 그러나 경호책임자는 그 대책들이 가능성 없음의 수준까지 위협을 감소시키기 위한 경호경비안전대책을 지속적으로 강구하고 보강해야 한다.

〈표 4-4〉 위험성/위험발생가능성 매트릭스

위험성/위험발생확률 매트릭스			위험발생가능성					
			0	1	2	3	4	5
			가능성 없음	가능성 거의 없음	가능성 약간 있음	가능성 보통임	가능성 높음	실제로 확실함
위험성	F	위험성 없음						
	E	비교적 중요치 않음						
	D	위험함						
	C	약간 위험함						
	B	매우 위험함						
	A	치명적						

위험요소별로 조직에 미치는 영향과 조직의 대비태세 등을 종합하여 평가된 결과를 토대로 하여 위험요소별로 평가등급을 부여하고, 최종적인 위험수준을 결정하게 되며, 그 결과를 바탕으로 조직은 경호경비안전시스템에 대한 보완대책을 강구하게 된다. 위협의 수준을 나타내는 단계나 방식은 나라나 기관마다 상이할 것이나, 미국의 국토안보부(DHS)와 영국의 합동테러분석센터(JTAC)는 위협수준을 5단계로 구분하여 경고하고 있다〈표 4-5〉.

〈표 4-5〉 위협수준의 평가

위협수준	미국(국토안보부)	영국(종합테러분석센터)
Level 1	Severe(red): 심각한 위험	Critical - 공격 임박
Level 2	High(orange): 높은 위험	Severe - 공격가능성 높음
Level 3	Elevated(yellow): 중대한 위험	Substantial - 공격가능성 상당함
Level 4	Guarded(blue): 일반적인 위험	Moderate - 공격 가능하나, 실제 가능성 낮음
Level 5	Low(green): 낮은 위험	Low - 공격 가능성 낮음

4. 위협에의 대응 방안

경호에 있어서 위험의 관리는 일반 기업의 위험관리와는 근본적으로 차이가 있다. 경호의 위험관리 실패로 인한 손실은 생명을 잃는 것으로, 기업의 위험관리 실패로 인한 재산상의 손실과는 비교할 수 없다. 기업의 금전적인 손실은 보험이라는 유용한 관리수단이 있으나, 경호 실패로 인한 생명의 손실을 담보로 한 보험은 무의미하다. 위협의 평가에 따른 경호 대응방안으로는 다섯 가지 방법을 고려해 볼 수 있다.

1) 위험의 회피

위험으로 인한 손실가능성을 회피하면, 별다른 위험관리 수단이 필요 없게 된다는 점에서 가장 이상적인 위험관리 방법이라고 할 수 있다. 경호의 정보활동은 잠재적인 위험요소의 동향을 파악함으로써 위험과의 조우를 회피해나갈 수 있도록 도와주며, 또한 다양한 기만전술과 은밀경호작전이 위험회피수단으로 활용된다. 내재된 위험이 예상되는 상황이라면, 그 상황을 피해야만 한다. 이라크의 후세인 대통령은 자신과 용모가 유사한 인물(Saddam Hussein double)을 내세워 위험을 회피한 것으로 알려졌다.[32]

경호의 핵심전략은 위협을 피하는(avoid) 것이다. 전쟁의 요체이자 경호의 요체는 이기는 것이다. 그것도 싸우지 않고 이기는 것이다.[33] 자신의 강인함을 드러내지도 않고, 용감하기는 하나 무모한 전투에서 생명을 잃지도 않으면서 이기는 것이다. 경호전문가가 적을 능가하지 못하면, 적이 우위를 차지하게 된다. 정확한 정보와 치밀한 계획, 불가측성 및 위험의 회피로 적을 제압하는 것이 경호전문가의 임무이다.[34]

설령 경호원이 강도를 만나서 그를 물리쳤다 하더라도, 그 상황은 경호대상자를 짜증나게 할 것이다. 경찰서에 가서 진술서도 써야 되고, 원치 않는 언론의 관심도 끌 수가 있다.[35] 경호에서 이긴다는 것은 위험과의 조우를 회피하여 경호대상자의 신변을 온전히 보호하는 것임을 명심할 필요가 있다.

2) 위험의 통제

위험의 통제는 위험의 발생횟수나 발생규모를 줄이려는 기법이나 도구 또는 전략을 위미한다. 위험통제의 목적은 위험의 발생빈도나 규모를 줄이고 소요되는 위험비용을 축소함으로써 위험관리의 효율성을 제고하는 것이다.[36] 경호에 있어서는 행사장 내에, 아니면 경호대상자 주변의 일정 공간 안에 위해요소가 들어오지 못하도록 통제하는 경호조치이다. 선발경호는 행사 참석자를 선별하여 비표를 운용하고, 검색을 통하여 위험요소의 접근을 원천적으로 통제한다. 또한 근접경호는 경호대상자 주위에 일정공간의 인적 경호막을 형성하여 그 안에 위해요소가 들어오지 못하도록 조치한다. 그러나 이론적으로 고도의 공격태세는 잠재적인 위해분자를 모두 쫒아버릴 수는 있지만, 그러한 접근방법은 경호대상자의 행동을 극히 제한하게 되며, 오히려 그의 사업동료나 친구 혹은 가족이 공격받을 위험을 내포할 수도 있다.[37]

---

32) 인터넷자료 www.thedailyfarce.com(2003. 12. 1).

33) 손자병법 제3장 모공편에 나오는 말로, 용병의 원칙은 싸우지 않고 적의 침략의도를 봉쇄하는 것이 최선의 방책이고(伐謀), 다음은 적을 외교적으로 고립시켜 승리하는 것이며(伐交), 그 다음은 적의 야전군을 격파하는 것이고(伐兵), 최하의 방책이 적의 요충지를 공격하는 것(攻城)이라고 하였다.

34) Oatman, Robert L.(1997), op. cit., Introduction p. xiv~xv.

35) Rapp, Burt and Lesce, Tony(1995), op. cit., p. 106.

36) 김두철 외 8인(1999), 보험과 위험관리, 서울: 문영사, p. 28.

미국의 Wallace 주지사 암살기도사건[38]은 범인이 Nixon 대통령의 경호망을 뚫지 못하자 공격목표를 변경한 사례이며, 앞의 이스라엘 라빈 수상 암살사건은 근접 경호막이 붕괴된 사례라고 볼 수 있다. 주도면밀하고 조직적이고 빈틈없는 경호태세는 위해기도자의 불순한 의도를 꺾을 수 있음을 유념할 필요가 있다.

3) 위험의 제거

경호의 위험요소를 우세한 경호력으로 무력화시키거나 검측활동을 비롯한 안전활동을 통하여 사전에 제거함으로써, 행사장이나 연도 및 숙소 등에 대한 안전을 확보하는 것이다. 인적 위험요소의 제거는 많은 경호인력을 필요로 하고, 또한 많은 부작용을 초래할 가능성이 많기 때문에 신중하게 접근해야 한다. 인적 위험요소의 제거과정에서는 법적인 문제나 인권 문제 등이 대두될 수 있기 때문에 이에 대한 충분한 검토도 요구된다.

물적 위험요소의 제거 대상은 직접적인 위해수단인 폭발물이나 총기 등은 물론이고, 전기나 소방, 가스 등의 시설물과 반입물품 등을 망라한다. 특히 폭발물을 이용한 위해행위가 날로 증가하고 있는 현실을 감안할 때, 위험의 제거를 위한 검측활동의 중요성 또한 지대하다고 할 수 있다. 체첸공화국의 Akhmad Kadyrov 대통령 암살사건은 행사장의 주단상 밑에 설치된 위험을 사전에 발견해서 제거하지 못한 안전활동의 부실이 빚은 참사이다.

---

37) Oatman, Robert L.(1997), op. cit., Introduction p. xiv.

38) 1972년 5월 15일 16시경, 메릴랜드주 로렐시 쇼핑센타 앞에서 유세를 마친 George Wallace 민주당 대통령후보는 청중들을 격려하던 중, 범인 Arthur Bremer(21세)가 쏜 총에 맞아 하반신이 마비되는 증상을 입었다. 범인은 Nixon 대통령을 암살하고자 하였으나, SS의 강력한 경호선을 뚫을 자신이 없자, 목표를 상대적으로 경호가 허술한 야당의 대통령 후보인 Wallace 주지사로 변경하였다.

4) 위험의 감소

위험의 감소는 특정한 사건이나 사고로부터 피해를 입을 수 있는 재산이나 인명의 수와 규모를 줄이는 데 초점을 둔다.39) 경호의 궁극적인 목표는 완벽한 경호일 것이다. 그러나 현실적으로 위험을 완벽하게 예방하는 것은 거의 불가능하다고 할 수 있다. 지금도 세계 도처에서 많은 수의 경호원이 경호임무를 수행하고 있지만, 암살사건은 끊이지 않고 발생하고 있다.

경호는 위험으로 인한 피해의 최소화를 위하여 존재한다고 할 수 있다. 우발상황에 대비한 기민한 즉각조치 능력과 각종 비상대책의 강구는 피해의 최소화를 위한 중요한 수단이다. 레이건 대통령 피격사건에서 보여준 SS요원들의 기민한 대처는 자칫 생명을 잃을 수도 있는 대통령을 살리는 경호원의 존재의 이유를 잘 대변해주고 있다.

5) 위험의 보유

위험의 보유는 장래의 손실을 스스로 부담하는 방법이다. 이 방법에는 예상되는 손실의 발생빈도나 강도가 경미하여 의도적으로 위험을 부담하기로 결정한 적극적 위험보유와, 위험을 예상하지 못하거나 위태를 확인하지 못함으로써 부득이 보유하게 되는 소극적 위험보유가 있다.40)

경호에 있어서 위험의 보유는 무모해보일 수 있으나, 경호는 경호대상자와 경호원 사이의 타협의 산물이다. 자유로운 활동을 원하는 경호대상자와 안전을 최우선으로 생각하는 경호원은 상호간 타협을 통하여 일정부분 계산된 위험을 보유해야만 한다. 그렇지 않으면, 경호대상자는 철옹성 안에 갇혀 있거나 경호원을 두지 않거나 해야 할 것이다. 이는 위협의 과대평가로 인하여 경호로 인한 불필요한 지출을 줄이기 위해서도 어쩔 수 없이 감수해야 한다. 다만 소극적 위험보유는 경호원의 자질과 책임감을 의심받게 될 것이기 때문에, 경호원은 신중하고도 치밀한 위험분석을 통하여 소극적 위험의 가능성을 배제하여야 한다.

39) 김두철 외 8인(1999), 전게서, p. 29.
40) 김두철 외 8인(1999), 상게서, p. 28.

제3절 경호계획

Ⅰ. 경호계획의 개념

경호계획은 경호대상자를 보호하기 위하여 경호대의 편성 및 임무와 경호작전의 절차 및 방법 등을 기술한 기본 지침을 말하며, 평상시 경호대상자의 신변안전보호를 위한 경호대책 뿐만 아니라 예정된 특정 행사에 대한 구체적인 경호계획을 수립한다. 적절한 계획의 필요성은 아무리 강조해도 지나칠 수 없다. 계획은 아마도 모든 조직의 성공에 있어서 가장 중요한 요소일 것이다. 계획은 효율성을 촉진하고, 비용을 줄이며, 낭비요소를 없애기 위한 것이다. 계획이 효과적인 것이 되기 위해서는, 계획은 모든 경영 및 행정 기능에 우선해야 한다. 완벽한 계획은 보다 나은 자원의 활용을 기할 수 있다.

특히 경호계획은 현 경호상황의 분석, 미래에 발생 가능한 사건의 예측, 경호목표 및 우선순위의 설정, 시간의 통제, 구체적인 경호조치사항의 결정, 그리고 경호부서 간의 업무 조정 및 책임한계를 명확히 설정하여, 체계적이고 효율적인 경호업무 수행의 밑거름이 되어야 한다. 경호계획은 위해를 가하려는 적의 상황과 사회상황을 반영함은 물론, 경호대상자의 의중이나 그가 처한 상황이 반영된다는 점에서 매우 중요하다. 따라서 경호계획이 실질적으로 유익한 지침이 되기 위해서는 제공된 정보에 따라 행사장의 여건이나 행사참석자의 성향, 행사장이 위치한 지역사회의 동향 및 행사의 성격 등이 충분히 검토되어 작성되어야 한다.

또한 위해기도자의 행사장 침투와 요인 위해의 가능성의 성공기회를 최소화하고, 각종 사건 사고에 의한 우발적 위해를 방지하려는 세심한 배려가 포함되어야 한다. 경호계획서는 위협분석 등의 상황을 부여하는 것으로부터 기술된다. 이와 함께 행사장의 성격을 규정하고, 통제지침과 작전의 규모를 설정한다. 경호작전의 시행에 대한 책임과 권한을 분명히 하고, 경호원의 개인별 임무를 분명히 하달하여야 한다. 또한 경호원이 사용할 장비와 복장과 급식계획 등의 행정사항과 지휘통신의 방법 등이 기술되어야 한다.[41]

---

41) 장기붕(2007), 전게서, p. 257.

Ⅱ. 경호계획의 수립

1. 경호계획서의 구성

잘 수립된 경호계획은 경호요원들의 임무수행능력을 배가시킬 수 있으나, 부실한 경호계획은 경호작전의 실패를 초래할 수 있다. 경호계획은 한 치의 근무공백도 생기지 않도록 모든 위해의 가능성을 열어두고 주도면밀하게 작성되어야 한다. 경호계획은 경호임무에 대한 명령을 수령하고, 의전이나 주최측 등 관계부서와의 협의를 거쳐 세부일정을 확보하고, 행사장에 대한 답사를 통하여 행사장에 대한 정보(취약요소)를 획득하고, 행사 및 행사장 등에 대한 위협평가 결과를 토대로 작성한다.

경호계획서의 기본 내용은 일반적인 계획의 5개 항목을 준용하여, 상황, 임무, 실시. 행정 및 군수, 지휘 및 통신으로 구성한다. 또한 행사에 영향을 미칠 수 있는 기상의 변화나 경호대상자의 안전에 영향을 미칠 수 있는 다양한 우발상황을 극복하기 위한 예비계획 및 우발계획도 반드시 포함되어야 한다.

경호계획에 포함될 내용으로 June(1999)은 다음과 같은 사항을 제시한다.[42)]

① 행사개요

② 일정

③ 행정 및 군수

④ 행차로(예비 행차로)

⑤ 참고사항(지휘 및 통신)

⑥ 경호요원 배치계획

⑦ 연락망

⑧ 비표운영계획

⑨ 정보사항

⑩ 비상대책(구급병원 등)

⑪ 보도계획

42) June, Dale L.(1999), op. cit., pp. 70~71

〈표 4-6〉 경호계획서의 구성(예시)

1. 상황
   가. 행사 개요
      - 일시, 장소, 참석자 현황, 행사 일정, 세부 진행순서
나. 경호 방침
   1) 정보사항
   2) 안전대책판단

2. 임무
   가. 경호 편성
   나. 임무
      1) 선발경호(행사장별 임무 구분)
      2) 수행경호(차량대형 및 행차코스)

3. 실시
   가. 경호배치계획(개인별 세부임무 부여)
   나. 현장답사계획
   다. 관계관 협조회의 계획
   라. 안전확보계획
   마. 검측계획(수색계획)
   바. 검색계획(MD 운용계획)
   사. 출입자 통제계획
   아. 비표운용계획
   자. 비상대비계획
   차. 참석자 입장계획
   카. 주차장 운영계획(차량통제계획)
   타. 보도계획

4. 행정 및 군수
   가. 경호 이동 및 철수 계획
   나. 경호 복장, 장비, 비표
   다. 식사 및 숙박계획

5. 지휘 및 통신
   가. 사용 주파수(무전기 채널)
   나. 통신망
   다. 지휘 및 통신(비상시 무전기 사용 우선권)

경호계획 작성 시 무엇보다 중요한 것은 가용인력과 자원을 어떻게 효율적으로 배분하고 운용하느냐 하는 것일 것이다. 경호행사의 구성에 없어서는 안 될 주요 임무는 무엇이고, 행사장의 특성상 취약한 장소는 어느 곳이며, 행사장으로의 접근로는 어디이고, 행사장이 직접 관측되는 취약지역이나 건물은 어떠한 것이 있는지를 면밀히 검토하여, 경호요원의 임무를 부여하고, 경호요원을 배치하는 과정이 무엇보다 중요하다.

제1항 상황에는 전반적인 행사개요를 기술하여, 경호원들이 행사의 내용을 숙지하고 행사의 성격과 흐름에 따라 경호대책을 강구할 수 있도록 한다. 행사개요에는 행사 일시, 행사 장소, 참석자 현황, 행사 일정, 행사 세부 진행순서 등을 기술한다. 다음으로 경호방침을 제시한다. 주요 경호위해정보 내용이나 행사장 및 행사 참석자 등에 관한 특이사항을 기술하고, 그에 따른 경호조치 중점사항과 경호의 방향을 제시한다.

제2항 임무에는 행사를 담당할 경호팀의 편성과 출동시간 등 경호팀의 조직과 운영에 관한 사항, 그리고 팀별 또는 개인별 임무를 명시하여, 체계적이고 조직적인 경호를 도모한다. 또한 수행경호에 관련된 사항으로는 본대 이동계획을 수립하고, 차량 이동시에는 차량대형과 행 · 환차코스 등을 명시한다.

개인별 임무는 사전임무(작전, 행정, 차량, 비표, 보도, 장비 등)와 행사 시 임무(경호상황실, 정문, 단상, 보고장, 오(만)찬장, 휴식장, 비표, MD 등)로 구분하여 체계적이고 주도면밀하게 행사를 준비하고 경호대책을 강구한다.

제3항 실시에서는 우선 세부적인 경호인력 운용계획 및 세부 임무를 부여하여 사각지대나 경호상 공백이 발생하지 않도록 유의한다.

그 외 선발활동과 관련된 사항으로 현장답사, 관계관회의, 행사장 안전확보 및 검측계획 등을 기술한다. 또한 효율적인 참석자 통제를 위한 출입자 통제계획, 비표운용계획, 참석자 입장계획 및 주차장 운영계획 등을 기술하고, 비상상황 발생 시에 대비한 비상대책을 상세히 기술한다.

제4항 행정 및 군수에는 경호인력의 행정지원에 관한 사항이 포함된다. 경호인력의 이동 및 철수, 식사 및 숙박, 복장 및 비표 등에 관한 사항을 기술한다.

제5항 지휘 및 통신에는 주요 연락망과 무전기 채널 운용에 관한 사항을 기술하여 지휘의 체계화 및 일원화를 도모한다.

2. 개인별 임무

1) 사전 임무

경호임무를 원활하고 완벽하게 수행하기 위해서는 임무를 수행하는 경호요원들의 철저한 준비와 유기적인 협조가 절대적으로 필요하다. 행사를 총괄하여 준비하는 작전담당은 원활한 행사 준비를 위하여 경호요원들의 임무를 사전 임무와 행사시 임무로 구분하여 임무를 부여한다. 사전 임무는 행사에 관련되거나 경호요원들의 행사 준비에 필요한 사항들을 경호요원들이 분담하여 준비할 수 있도록 임무를 부여한다. 각 경호요원들은 각자가 맡은 임무를 철저히 준비하여, 작전담당이 경호계획서를 작성하는데 완벽을 기할 수 있도록 지원한다.

(1) 작전 담당

작전담당은 행사를 주도적으로 준비하고 총괄하는 주무 담당관을 말한다. 관계부서와 협조하여 행사에 필요한 모든 자료를 취합하고, 행사장을 사전에 답사하여 행사 및 행사장의 취약성을 분석해서 그에 따른 대비책을 강구하고 병력운용계획을 수립한다. 병력운용계획에 따라 경호요원들에게 개인별 임무를 부여해서 완벽한 행사 준비가 될 수 있도록 하고, 각 경호요원들이 준비한 내용을 취합해서 경호계획서를 완성한다.

(2) 행정 담당

행정담당은 선발활동 간 경호요원들에 대한 행정지원(숙소, 식사, 출장비 등)을 담당한다. 출장비를 수령하여 지급하고, 출장지에서의 숙소를 확보하며 배정하며, 식사계획을 수립하여 시행한다.

(3) 차량 담당

차량담당은 선발대의 이동 및 철수계획을 수립하여 시행한다. 또한 선발대 활동에 필요한 차량을 확보하여 운용하고, 현지 차량 지원기사에 대한 교육 및 보안서약서 작성 등 차량 운용 전반에 걸친 임무를 수행한다.

(4) 비표 담당

비표담당은 비표운용계획을 확인하고, 비표 견본을 작성하여 전파 및 교육을 실시한다. 신원특이자 등을 확인하여 전파한다.

(5) 보도 담당

보도담당은 보도요원의 규모를 확인하고, 행사의 성격 및 행사장의 규모를 판단하여 보도계획을 확인한다. 근접촬영 및 원거리촬영을 구분하여 보도요원 통제계획을 수립한다. 보도요원의 이동계획을 협조하고, 행사장별 보도계획을 확인한다.

(6) 장비 담당

장비담당은 행사의 성격을 고려하여 행사에 필요한 개인장비 및 공용장비 일체를 준비하고 관리한다. 특히 총기나 무전기는 경호원의 생명과도 같은 중요한 장비이기 때문에 그 관리에 만전을 기한다.

(7) 주행사장 담당

주행사장담당은 해당 행사의 가장 중요한 주행사를 담당하는 임무이다. 주행사의 진행과 관련된 모든 내용을 숙지하고, 특히 경호대상자와 관련된 사항은 정확하게 파악하고 협조한다. 행사 진행 간 제반 유동요소 및 특이사항을 확인하여 전파한다.

(8) 출입통제 담당

출입통제담당은 모든 참석인원의 출입절차를 확인하고 통제한다. 모든 참석인사에 대한 입장계획, 주차계획, 안내계획 등을 확인하고 협조한다. 또한 참석인원의 규모와 행사장 출입통로의 적절성을 판단하여, 금속탐지기(MD)의 운용계획을 수립한다.

(9) 안전대책 담당

안전대책담당은 행사에 영향을 미칠 수 있는 외부의 영향요소를 파악하고 그 대책을 강구한다. 지역의 동향이나, 중화기 및 위험물질의 이동, 주변 군부대의 이동 및 훈련 상황, 행사장 주변의 감제고지 및 고층건물에 대한 안전대책 등을 확인하고 통제한다.

2) 행사 시 임무

행사 시 임무는 실제로 행사가 진행되는 동안 경호요원들이 수행하는 임무를 말한다. 행사의 성격에 따라 주어진 임무를 완벽하게 수행하기 위해서는 사전의 철저한 준비와 행사 간 높은 경계태세가 요구된다. 본인의 임무뿐만 아니라 주변 근무자와의 긴밀한 협조를 통하여 경호의 사각지대가 생기지 않도록 유의한다.

(1) 경호상황본부

경호상황본부는 행사 전반을 조정하고 통제하는 지휘소이다. 따라서 행사를 주도적으로 준비해서 해당 행사를 가장 잘 아는 작전담당이 주로 경호상황본부를 담당한다. 경호상황본부를 지원하는 모든 작전요소를 장악하여 일사불란한 협조체제를 구축하고, 행사 진행 간에 발생하는 모든 문제점을 조정 통제하며, 주요 지시사항 및 행사 진행상황 전반을 관리한다. 각종 경호 관련 정보를 선발대장에게 제공하고, 경호작전 상황을 접수 · 보고 · 전파 및 기록을 유지한다. 본부 및 다른 행사장 경호상황본부와 유기적인 연락 및 협조체계를 강구한다.

(2) 주행사장

주행사장 근무자는 행사가 계획대로 진행되는지 여부를 주의 깊게 살피면서 행사진행담당자와 긴밀히 협조한다. 특히 참석인사, 행사진행계획 및 촬영계획 등을 정확히 숙지하여 비정상적인 상황에 대비한다. 행사장 내의 제반 유동요소의 움직임에 주의하고, 항상 우발상황에 대한 대비책을 염두에 두고 근무한다.

(3) 오(만)찬장

오(만)찬장 근무자는 행사의 진행순서를 숙지하고, 행사 참석인사 및 좌석배치를 확인한다. 검식관과 협조하여 종사자를 확인하고 질서를 유지한다. 행사장 내 시설물의 안전여부를 점검하고, 우발상황에 대비한다.

(4) 휴게실

휴게실 근무자는 내부 시설물에 대한 안전점검을 실시하고, 집기류의 준비상태를 확인한다. 행사 참석인사 및 종사자를 확인하고, 우발상황에 대비한다.

(5) 보도 통제

보도담당은 행사의 성격 및 행사장의 규모에 따른 보도계획(근접 및 원거리 구분)에 따라 보도요원을 통제한다. 사전에 보도요원의 신분을 확인하여 보도 비표(완장 등)를 교부하고, 장비를 점검한다. 장소가 협소하거나 보도요원이 많을 경우, 구분 촬영토록 협조하거나 보도통제선(가드레일)을 설치하여, 촬영 질서를 유지토록 한다.

(6) 비표

비표 담당 근무자는 사전에 비표교부 종사들에 대한 교육을 실시하고, 비표교부 준비를 한다. 참석자 명부를 확인하고, 신분증 대조 후 비표를 교부한다. 비표는 참석자의 본인 여부를 확인하고 위해기도자의 행사장 침투를 저지하는 가장 중요한 수단이기 때문에, 철저하게 관리하고 정확하게 교부한다.

(7) MD

MD를 통과하게 되면 바로 안전구역에 들어오게 된다. 따라서 MD근무자는 예리한 관찰력으로 위해기도자의 침투 및 위험물질의 반입을 차단해야 하는 막중한 사명감을 갖고 임무를 수행한다. 비표의 패용여부와 진위여부를 세밀히 관찰하고, 위해물질의 소지여부를 색출한다. 안색 및 표정의 변화, 행동거지를 잘 살펴서 비금속성의 위해물질 반입을 차단한다. 행사참석자의 성향에 따라 MD의 감도를 적절히 조절하여 참석자 입장이 원활히 이루어질 수 있도록 한다.

(8) 정문

정문근무자는 정문 주변의 제반 취약요소를 확인하고, 그에 따른 안전대책을 확인한다. 또한 출입통제계획에 따라 인원 및 물품 등 모든 출입요소를 확인하고 통제한다. 차량강습 대비책을 강구하고, 외곽지역의 특이사항을 확인 · 전파한다.

3. 경호인력의 배치

1) 임무별 배치

기본적으로 경호요원을 행사적 관점에서 임무별로 구분하여 배치한다. 행사의 구성에 따라 각 행사장별로 책임자를 지정하여 행사를 준비하고 필요한 경호조치를 강구하게 한다. 경호의 제작전요소와 행사 진행상황을 지휘하고 통제하는 경호상황실, 해당 행사의 주행사장(단상), 그리고 부수적인 휴게실, 접견장, 오찬장이나 만찬장, 또는 역이나 공항 등에 담당자를 지정하여 임무를 부여한다.

더불어 행사참석자를 구분하고 확인하기 위해 운용하는 비표, 행사참석자의 안전성을 확인하기 위한 검색(MD근무), 보도요원을 통제하고 지원하는 보도, 행사장 내로 출입하는 인원과 차량을 통제하는 정문과 기타 임무로 구분하여 임무를 부여한다.

2) 취약개소별 배치

다음으로는 경호안전의 관점에서 행사장의 취약개소를 판단하여 경호요원을 배치한다. 취약개소는 그 자체로는 별 문제점은 없으나, 위해기도자가 위해기도에 이용할 수 있거나 고장 등과 같은 기능 이상시 행사 진행에 중대한 영향을 미칠 수 있는 장소를 말한다. 이러한 취약장소로는 기계실, 보일러실, 조명실, 공조실, 음향실, 유류고, 화약고, 가스저장소, 비상통로 등이 있을 수 있다. 만약에 경호근무자가 없거나 부족할 경우에는 해당 장소를 안전조치 후 봉인하여 경호가 안전을 확인한 장소임을 표시한다.

또한 주요 접근로 및 목지점에도 경호요원의 배치가 필요한데, 행사장으로 연결되는 주요 출입문(통로)과 이동로 상 접근로 등이 이에 해당된다. 외곽의 주요 직가시 지역인 직시 고층건물 및 감제고지[43) 등에는 감시조(OP조)[44)를 배치하여 위해기도자의 은폐를 차단하거나 역감시조[45)를 배치하여 위해공격에 대비한다.

---

43) 瞰制高地 : 행사장의 승하차지점이나 핵심지역을 살피기에 적합하도록 주변이 두루 내려다보이는 높은 장소.

44) observation post. 행사장을 중심으로 한 주변을 조망할 수 있는 곳에 위치하여 행사장 주변 상황의 이상 유무를 감시하는 근무자

45) 행사장이 직시되는 고층건물이나 감제고지에 위해요소의 움직임이 있는지 여부를 역으로 감시하는 근무자

4. 수행경호계획

〈표 4-6〉에서 제시한 경호계획서는 대통령경호처와 같이 공권력 행사가 가능한 대규모 공경호 조직에서나 할 수 있는 경호조치 내용들이다. 그러나 그 외 대부분의 공경호 조직이나 민간부문의 경호조직은 제한된 소수의 인원으로 경호임무를 수행하는 형편이고, 더구나 민간 경호조직은 통제를 시행할 힘(공권력)이 없기 때문에 그들에게는 그저 이론에 불과할 따름일 것이다. 이러한 소규모의 경호조직에서는 경호근무가 수행경호 위주로 이루어지고, 1~2명의 요원을 선발로 운용해서 최소한의 선발활동을 실시하게 된다.

경호계획서도 수행경호 위주로 간단하게 작성될 수 있으나, 기본적인 행사 관련 정보사항이나 개인별 임무 등은 정확하게 부여되어야 한다. 선발활동시 조치사항이나 팀 내에서 각자의 임무는 사전에 충분히 교육되고 훈련되어야 한다.

1) 일정

본대가 숙소나 사무실을 출발하여 행사를 마치고 다시 숙소나 사무실로 돌아올 때까지의 전체적인 시간계획과 기동수단에 따른 이동계획을 수립한다. 경호대상자 차에 동승할 인사와 현지 도착시의 영접인사와 출발시의 환송인사 등을 명기한다.

〈그림 4-1〉 일정표

행사 진행순서가 첨부되어 모든 경호요원이 행사의 흐름을 숙지하게 한다. 세부 진행순서에는 경호대상자의 움직임과 관련된 사항과 관계인사들을 정확하게 명기한다. 또한 행사의 성격이나 경호 관련 정보사항을 기술하고, 그와 관련해서 근무자들이 특별히 유의해야 할 사항이나 참고사항을 기술한다.

2) 편성(임무)

(1) 선발

선발대의 인원과 출발시간, 이동수단과 주요 착안사항을 기술한다.

(2) 본대

i) 편성

행사의 성격에 따라 본대가 사용할 차량대형과 차종을 선택하고, 각 차량별 탑승계획을 수립한다. 차량 탑승계획에는 경호차량에 탑승할 경호원뿐만 아니라, 경호대상자차에 동승할 인사와 수행원 차량에 탑승해서 본대로 같이 이동할 인사들까지 확인하여 명기한다.

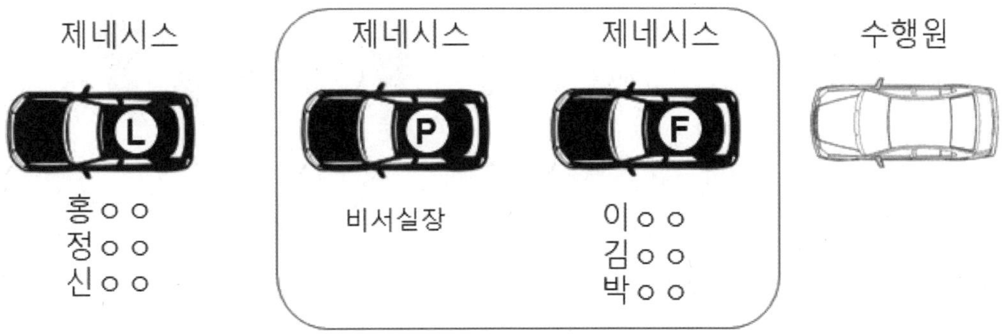

〈그림 4-2〉 본대편성

ii) 행·환차코스

본대가 기동할 행차코스와 환차코스를 주코스와 예비코스로 나누어 선정한다.

가) 행차코스

주) 광화문본사 - 광화문R - 시청 - 소공로 - 3호터널 - 이태원 - 중경R - 동작대교 - 국립묘지

예) 광화문본사 - 광화R - 시청 - 서울역 - 삼각지 - 용산우체국 - 서빙고로 - 동작대교 - 국립묘지

나) 환차코스

주) 국립묘지 - 동작대교 - 중경R - 이태원 - 3호터널 - 소공로 - 시청 - 광화R - 광화문본사

예) 국립묘지 - 동작대교 - 중경R - 이태원 - 삼각지 - 서울역 - 시청 - 광화R - 광화문본사

3) 실시

근접경호대형에서 경호원 각자의 위치를 지정해주고, 행사 중 각자의 근무위치와 임무를 명기한다.

행사장에 선발로 나온 요원은 전체적인 행사진행계획이나 경호대상자의 동선, 행사장의 구조 및 비상대책 등을 사전에 준비하고 숙지하고 있기 때문에 도보대형을 리드하게 된다.

또한 우발상황에 대비한 비상대책을 수립하여 전 요원이 숙지하고 근무에 임하도록 한다.

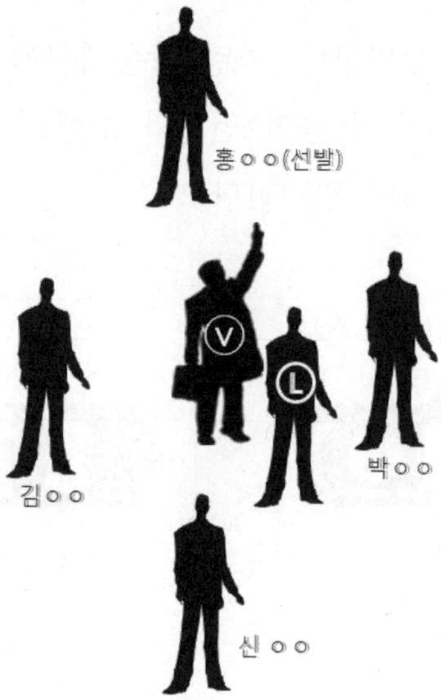

〈그림 4-3〉 근접경호대형

4) 기타

그 외 행정 및 군수사항으로 행사가 장시간 진행될 경우의 식사계획과 근무교대계획, 행사에 필요한 장비 목록, 비표 등 경호계획서 구성요소상의 필요한 내용들을 선별하여 계획에 포함시킨다.

Ⅲ. 경호계획의 브리핑

경호행사 브리핑은 곧 작전명령이다. 따라서 진지하고도 세부적으로 계획서의 내용이 모든 경호요원에게 정확히 전달되어야 한다. 브리핑의 내용은 경호대상자의 일정, 행사 성격과 정보 판단에 따른 근무방침(지침), 지원부서와의 협조관계 및 책임의 한계, 경호요원 개개인의 명확한 임무 및 임무의 연결관계, 근접경호계획, 선발근무자와 수행근무자간의 인수인계사항, 비표운용계획 및 통신계획, 비상대책 및 비상시 행동절차, 이동 및 철수계획 등 경호계획서의 모든 내용이 포함된다. 브리핑은 담당 임무별로 사전에 준비하고 파악된 내용을 상세히 설명하고, 동일 행사장이나 유사한 행사 시 노출되었던 문제점과 조치사항 등을 전파하여 똑같은 실수를 반복하지 않도록 주지시킨다.

따라서 경호브리핑은 경호작전의 개시를 알리는 작전명령임과 동시에, 전 경호요원에게 경호상황을 이해시키고, 그에 따른 경호지침을 하달하며, 개인별 임무를 부여하고, 나아가 개인이나 작전요소간 협조점을 확인하고 조정하는 데 그 의의 및 목적이 있다.

브리핑은 경호요원뿐만 아니라, 경호대상자에게도 실시될 수 있으면 보다 효과적이다. 경호는 협조문화의 일부분이다. 경호원은 경호대상자의 의도를 충분히 이해하여 경호조치에 반영하고, 경호대상자도 경호행위의 필요성을 이해하고 협조하여야 한다. 브리핑을 통하여, 안전을 위해서는 경호대상자의 협조가 필요함을 설명하고, 경호에 요구되는 권한과 권위를 인정받을 수 있어야 한다. 그리하여 비상시의 경우는 경호원이 '엎드려'하고 외치면, 경호대상자가 공격받고 있다는 것을 의미하며, 이때는 경호대상자도 경호원의 명령에 그대로 따라야 한다는 것을 이해시켜야 한다. 때로는 경호대상자에게 그의 생활방식이나 생활습관의 변화를 요구할 수도 있음을 주지시켜야 한다.[46] 경호대상자도 경호의 일부분이 될 때, 경호는 성공할 것이다.

46) Rapp, Burtand Lesce, Tony (1995), op. cit., pp. 45~46.

제4절 경호장비

모든 일은 시작을 어떻게 하느냐에 따라 결과가 어느 정도 예측 가능하다. 계획과 준비가 철두철미하게 잘 이루어졌다면, 좋은 결과를 기대해도 좋을 것이다. 그러나 기초공사라 할 수 있는 계획과 준비가 부실하다면, 행사가 진행되면서 여러 가지 문제점이 나타날 수 있다. 경호장비 준비는 이러한 경호 기초작업의 하나이다. 비가 오는데 우산이 준비되지 않았다든지, 야간행사인데 플래시가 없다든지 하면, 그 경호팀이나 경호원의 준비상태나 수준을 가늠해 볼 수 있다.

경호장비는 해당 경호팀이나 경호원의 준비성과 치밀성을 보여주는 결과이다. 다양한 상황을 예측하고, 그 상황을 타개할 경호장비의 준비는 경호대상자를 근접에서 호위하는 행위만큼이나 중요한 경호의 일부이다. 경호원이 휴대하는 경호장비가 꼭 최첨단 제품이거나 획기적인 제품일 필요는 없으며, 실용적이고 휴대가 용이해야 한다.

경호장비는 경호대상자를 경호하는데 필요한 제반 도구와 설비를 일컬으며, 이에는 호신장비, 기동장비, 방호장비, 검측 장비, 감시장비, 통신장비 및 기타 장비가 포함된다.

Ⅰ. 기능에 따른 분류

1. 호신장비

일반적으로 호신장비라 함은 심각한 위협과 마주한 상황에서 자신의 생명과 신체를 보호하기 위하여 위해기도자의 공격행위나 공격의지를 저지하는데 사용하는 도구를 말한다. 대통령경호실 등의 공공기관에서 사용하는 총기, 민간 경비업체에서 감독관청의 허가를 받아 휴대하는 권총, 소총, (가스)분사기 및 전자충격기, 그 외 경적과 단봉 등이 이에 포함된다.

총기는 사람을 살상할 수 있는 만큼, 경호대상자나 경호원을 최후로 보호하는 데에만 제한적으로 사용되어야 한다. 경호원이 사용하는 권총은 다음의 몇 가지 사항을 고려하여 선택하는 것이 좋다. 권총은 사람의 몸통을 관통하지 않는 저지력(stopping power)을 갖고 있어야 한다. 경호 목적상 권총을 사용하는 상황이라면 대부분 군중이 많이 몰려 있는 상황일 것이다. 따라서 제2, 제3의 무고한 사람이 다치지 않아야 한다. 또한 권총은 정확하고, 가벼우며, 휴대가 간편하고, 파지가 용이하며, 은폐가 가능해야 한다. Glock .40-caliber권총이나 2.5인치 스미스웨슨 .357 Model 19 리벌버 권총이 많이 쓰이나, 미국의 Secret Service는 SS의 요구에 부응해서 Remington사에서 특수 제작한 9-mm SIG Sauer P228을 사용하고 있다.[47]

민간부문의 경호장비 관련 법규를 살펴보면, 「경비업법시행령」 제20조(특수경비원 무기휴대의 절차 등)에는 특수경비원이 휴대할 수 있는 무기종류를 권총 및 소총으로 제한하고 있고, 「경비업법시행규칙」 제20조(장구 등)에는 경비원이 휴대하는 장구의 종류는 경적 · 경봉 및 분사기 등으로 하되, 근무 중에 한하여 이를 휴대할 수 있다고 규정하고 있다. 또한 동법 제21조(분사기의 휴대)는 경비업자가 경비원으로 하여금 분사기를 휴대하여 직무를 수행하게 하는 경우에는 「총포 · 도검 · 화약류등단속법」에 의하여 미리 분사기의 소지허가를 받아야 한다고 허가규정을 두고 있다.

「청원경찰법시행령」 제15조(분사기 휴대)에는 청원주는 「총포 · 도검 · 화약류 등의 안전관리에 관한 법률」에 따른 분사기의 소지허가를 받아 청원경찰로 하여금 그 분사기를 휴대하여 직무를 수행하게 할 수 있다고 규정되어 있고, 동법 제16조(무기 휴대)는 청원주가 법 제8조제2항에 따라 청원경찰이 휴대할 무기를 대여받으려는 경우에는 관할 경찰서장을 거쳐 지방경찰청장에게 무기대여를 신청하여야 한다고 규정하여, 청원경찰의 허가에 의한 무기의 휴대를 허용하고 있다.

위에서 언급한 총기나 가스분사기 외에도 전자충격기, 전자총(taser gun)[48], 삼단봉 및 공격용 반지 등의 호신장비가 있다.

47) June, Dale L.(1999), op. cit., p.104.
48) 테이저건은 비살상무기로 개발된 권총형 전자충격기로, 총알 대신 선으로 연결된 탐침이 발사되고, 5만 볼트 정도의 전류가 흐르는 탐침에 맞으면 중추신경계가 일시적으로 마비됨. 사거리는 최대 10.6m 정도(일반용은 4.5m)이고, 대테러 및 시위 진압용 장비로 사용됨.

2. 기동장비

기동장비는 경호대상자의 경호를 위하여 사용하는 차량, 항공기, 선박, 열차 등의 기동수단을 말한다. 그 중에서도 하루도 빠놓지 않고 거의 매일, 매 행사마다, 사적이건 공적이건 무슨 일이 있을 때마다 사용하는 것이 자동차일 것이다.

차량기동은 매우 일상적인 일이라 자칫 소홀해질 수도 있으나, 차량사고는 경호원으로서도 감당할 수 없는 부분이 있고, 또 사고는 생각보다 큰 위험으로 다가올 수 있기 때문에 각별히 신경을 써야 한다. 앞서 언급한 바와 같이, 차량기동 간 공격을 받을 가능성이 전체 위해기도의 30%에 달한다는 점을 고려하면, 보다 신중한 접근과 대책 마련이 요구된다.

차량의 신중한 운전, 기동로 안전 확보, 비상 대응 등의 경호 준비가 완전하다면, 다음은 차량 자체의 문제일 것이다. "제6장 제3절 기동경호"에서 언급한 바와 같이, 경호대상자차는 우선 차가 큰 것이 좋다. 큰 차는 승차감이 좋을 뿐만 아니라, 경호적으로는 충분한 내부공간과 충분한 차체 방호력 및 강력한 엔진을 갖고 있어서 많은 도움이 된다. 내부공간은 공격을 받더라도 위해자를 바닥이나 한쪽으로 밀어넣을 수 있는 여유가 있고, 경호원이 경호대상자를 방호하거나, 극단적인 경우 사격을 할 수 있는 여유공간도 있을 수 있다. 또 차량의 크기는 차량 충돌이나 래밍(들이박기) 능력을 배가시키고, 강력한 엔진은 도피능력을 증진시킨다.

요즈음 나오는 차는 많은 편의장치와 안전장치가 잘 구비되어 있는 편이나, 그 중에서도 원격시동장치는 경호에 유용하게 쓰일 수 있는 장치이다. 원거리에서 차량 시동을 걸고, 전조등을 켜고, 히터나 에어컨, 라디오 등을 작동시킬 수 있다면, 이러한 장치에 위해자가 폭발물을 연결시켜 놓았다고 가정했을 때 원격조정장치의 유용성을 확인할 수 있을 것이다.

또한 방탄차도 경호를 위한 최선의 선택이 될 수 있다. 특히 위협을 받고 있는 경호대상자라면 유리, 차량문, 연료탱크, 타이어 등에 방호능력이 강화된 방탄차는 추천할 만하다. 방탄차는 대피기동력이 떨어지고 눈에 쉽게 띄는 리무진보다는 기동력이 좋고 눈에 띄지 않는 일반차량이 바람직하다.[49]

49) Oatman, Robert L.(1997), op. cit., pp. 80~82.

3. 방호장비

방호장비는 장비 자체의 방호기능을 통하여 위해기도자의 위해행위를 차단하거나 공격효과를 감소시킴으로써 경호원은 물론 경호대상자의 생명과 재산을 보호하기 위한 장비를 말한다. 총검류에 의한 공격뿐만 아니라 돌멩이나 계란 등과 같은 투척물에 의한 공격을 막는 데는 방탄막(안전방패)과 방탄가방이 효과를 볼 수 있다. 또 방폭담요나 방폭가방은 폭발물로부터 경호대상자를 보호하거나 폭발물 파편의 비산을 방지하여 폭발로 인한 피해를 감소시키고, 다중 이용시설 등에서 폭발물 여부가 의심스러운 물체를 덮거나 둘러놓아 폭발물처리팀이 도착할 때까지 안전을 확보하는데 효과적이다.

방독면은 화생방 상황에 의한 유독가스나 화재시의 독성 연기 따위로부터 호흡기나 눈 등을 보호하기 위한 필수장비이다.

방탄복이나 방검복은 경호원 자신의 신체를 보호하기 위해서도 필요하고, 경호대상자를 보호하기 위해서도 필요하다. 경호원의 신체를 보전하는 것은 계속 경호임무를 수행하기 위해서 절대적으로 필요한 것으로, 방탄복을 착용하면 불편하고 무겁고 뚱뚱해 보이지만, 근접경호원은 가급적이면 방탄복을 착용하고 임무를 수행해야 한다. 또한 위협에 많이 노출되어 있는 경호대상자라면 공공장소에 나갈 때만이라도 방탄복을 입는 수고를 감수할 필요가 있다. 방탄복 하면 방탄조끼가 일반적이지만, 최근에는 평범한 코트와 재킷, 셔츠 등의 평상복 차림의 방탄복[50]도 많이 개발되어서 선택의 폭이 넓어졌다.

또한 강렬한 태양광선이나 자외선, 가스분사기나 화학물질 등을 이용한 공격, 또는 비산 먼지로부터 눈을 보호하기 위한 색안경(선글라스)도 중요한 경호장비의 하나이다. 특히 경호원의 색안경은 눈의 피로를 방지하고, 강렬한 태양광선이나 분진지역과 같은 악조건 하에서도 눈에 부담 없이 자연스러운 사주경계를 가능케 할 뿐만 아니라, 잠재적인 위해기도자에게 경호원의 감시 대상이나 의도를 노출시키지 않음으로써 상대방을 혼란에 빠뜨리는 효과를 볼 수 있다.

한편, 숙소 등의 접근로에 설치하여 운용하는 바리케이드나 차량 스파이크 트랩

50) Time, 2008년 7월 24일자 (www.time.com/time/magazine/article/0,9171,1826292,00.html). 세계 유일의 '방탄 패션' 디자이너 미겔 카바예로(Miguel Caballero)의 셔츠는 9㎜ 리볼버 총탄을 막을 수 있고, 유명한 이스라엘제 우지 기관단총의 탄환도 막을 수 있다.

은 위해기도자가 숙소 등의 시설물에 대하여 차량으로 돌진하는 공격을 차단하는 데 유용하다.

4. 검측장비

검색장비는 위해도구나 위해물질을 찾아내는데 사용하는 장비를 말하고, 검측장비는 위해물질의 존재 여부를 검사하거나 시설물의 안전점검에 사용되는 도구를 말한다. 일반적으로 검측장비로 통칭하며, 탐지장비, 처리장비, 검측공구로 구분하여 사용한다. 검측장비는 인간의 능력으로 그 실체 및 위해성 여부의 식별이 불가능하거나 과학적 근거가 요구되는 경우, 또는 사람이 직접 확인할 수 없는 밀폐된 공간의 확인 등에 사용된다.

1) 탐지장비

(1) 금속탐지기

- 문형 금속탐지기 : 인원에 대한 금속물품의 소지여부를 확인
- 봉형 금속탐지기 : 지하에 매설되어 있는 금속물질의 탐지
- 휴대용 금속탐지기 : 대인 또는 대물용 금속물질 검색

(2) X-Ray

(i) X-Ray 검색기

- 모니터에 재현되는 물품 이미지를 판독하여 물품의 위해성 및 내부 확인

(ii) 전신 검색기

- 검색된 승객의 전신을 화면에 비춰보면서 위험물질의 휴대 여부를 직접 눈으로 확인하는 장비

(3) 폭약탐지기, 액체폭발물 탐지기

- 검색 대상물의 폭발성 여부 및 폭발물의 종류 식별

(4) 방사능탐지기, 독가스탐지기

- 대기 중 방사능 오염여부 및 독가스 등의 탐지

(5) 독극물탐지기

- 음식물의 독극성 판단

(6) 청진기

- 폭발물 등에 내장된 시한폭발장치 검색

(7) 화이버스코프

- 육안 확인이 불가능하거나 시야가 제한된 좁은 공간 점검시 사용

(8) 서치탭(search tap)

- 막대 끝에 장착된 소형 카메라가 잡은 영상을 모니터로 판독하여, 육안 확인이 불가능하거나 시야가 제한된 좁은 공간 및 차량 하부 등의 점검시 사용

(9) 검색경

- 반사경을 이용하여 사각지역이나 차량 하부 등의 이상유무 확인

(10) 폭발물탐지견

- 1/10억 단위의 냄새를 맡을 수 있는 개의 후각(인간의 3,000~10,000배)과 뛰어난 청각능력(인간의 40배)을 이용하여 폭발물이나 마약류를 탐지

(11) 소방점검장비

- 가스탐지기, 열감지 시험기, 연기감지기 등

2) 처리장비

폭발물처리(EOD, Explosive Ordnance Disposal)란 인원, 시설 또는 물자에 손상을 미칠 장소에 있는 각종 폭발물에 대한 탐지, 확인, 평가 및 안전조치를 한 후, 폭파 · 소각 · 분해 · 매몰 등의 방법으로 위험성을 제거하여 폭발물에 의한 인적 · 물적 피해를 방지하기 위한 일련의 조치를 말한다.

- 폭발물 처리키트 : 폭발물을 폭파시키거나 발화장치를 제거하기 위한 공구
- 물발사분쇄기 : 폭발물분쇄기(국토교통부 예규) 또는 물포총(군)이라 불리며, 폭발물의 전기장치 제거에 사용
- X-Ray 촬영기 : 폭발물 의심물건을 원격 촬영하여 내부를 확인하거나 발화장치 제거 시 사용
- 폭발물처리로봇(EOD Robot) : 폭발물을 탐지하고 해체하는 등의 기능을 수행하는 로봇
- 기타 방폭텐트, 방폭담요, 방폭가방 등

폭발물처리장비는 「경찰장비관리규칙」[51]에서는 탐지장비와 폭발물처리장비를 구분하고 있으나, 국토교통부 예규인 「공항에서의 폭발물 등에 관한 처리기준」[52]에서는 폭발물과 관련된 모든 장비를 폭발물처리장비로 규정하고 있다.

---

51) 경찰장비관리규칙[경찰청훈령 제952호] 제7절 작전장비
제136조(구분) 작전장비는 국가안전과 치안질서 유지를 위한 대테러 · 대간첩작전, 수색 · 경계 등에 사용하는 장비로서, 다음과 같이 구분한다.
1. 전술장비 : 특수작전복, 다목적공구, 배낭, 우의, 탄창, 탄띠, 대검, 방탄방패, 야간망원경, 휴대용제논탐조등, 제논 26인치 탐조등, 야전삽, 전술 라이트 및 레이져, 조준 · 관측용 광학장비류 등 전술에 소요되는 각종 장비
2. 탐지장비 : 탐지견 또는 탐지견 운용에 필요한 장비 및 비금속물체에서 금속반응을 확인하는 장비
3. 수중장비 : 보트, 잠수복, 산소통 등 수중 작전시 사용하는 장비
4. 폭발물처리장비 : X-ray 촬영기, 폭발물처리로봇, 방폭텐트, 방폭복, 방폭담요 등 폭발물 검색 및 처리에 사용하는 장비
5. 화생방장비 : 방사능 · 화학 · 생물학 테러예방 및 진압 등에 사용하는 장비

52) 공항에서의 폭발물 등에 관한 처리기준[국토교통부 예규 제272호]
제8조(폭발물 처리장비의 종류) ① 공항운영자가 갖추어야 할 폭발물 처리장비는 다음 각 호와 같다.
1. 검색경, 탐침(봉), 금속탐지기, 휴대용 폭약탐지기 등 폭발물 탐지장비
2. 엑스레이 촬영기 및 현상기, 관측내시경, 청진기 등 폭발물 확인장비
3. 방폭담요, 방폭가방, 방폭복, 원격이동장비 등 폭발물 취급장비
4. 폭발물분쇄기, 수처리 공구 세트 등 폭발물 분쇄장비
5. 폭발물운반트레일러, 출동차량 등 폭발물 운반장비
6. 세균 · 가스 불침투보호 세트, 제독기, 탐지킷 및 수집 세트 등 생화학 물질 처리장비

3) 검측공구

- 손으로 간편하게 검측 대상물품을 확인하고 제거하기 위한 장비로, 탐침, 손전등, 거울, 개방공구, 다용도칼 등이 있다.

5. 감시장비

위해분자의 침입이나 범죄행위를 감시하기 위한 장비로, 쌍안경이나 기계경비장치가 이에 해당한다. 쌍안경이나 망원경, CCTV를 이용하여 직접 행사 상황이나 상태의 이상 유무를 관찰하고, 거동수상자의 동태를 추적 감시한다.

또는 경비대상시설에 설치한 감지기에 의하여 감지 · 송신된 정보를 이용하여 도난 · 화재 등 위험발생을 방지하는 기계경비시스템이 있다. 여기에는 방범경보시스템, 출입통제시스템, 침입감지시스템 등이 있으며, 각종 신호를 감지하는 감지기의 종류는 자석감지기, 매트감지기, 대문감지기, 담장감지기, 유리감지기, 진동감지기, 벽감지기, 적외선감지기, 열선감지기, 초음파감지기, 마이크로웨이브감지기 등 다양하다.

그러나 아무리 최첨단의 감시장비를 동원한다 하여도, 그 장비를 운용하는 것은 경호원인 인간이다. 결국 최상의 감시장치는 위해기도자의 눈을 직시할 수 있는 눈을 가진 경호원 자신이라는 점을 잊지 말아야 한다. 경호원이라는 감시장치는 위해기도자의 마음까지도 읽을 수 있는 뛰어난 능력을 갖고 있다.

6. 통신장비

경호통신은 전화나 전신 및 무선 등을 통하여 정보나 의사를 교환하는 경호조직의 생명선과도 같은 중요한 기능으로, 경호본부와 경호선발대, 경호원과 경호원 상호간을 연결하는 신경선이다. 그러므로 경호통신은 신뢰성, 정확성, 안전성이 고려되어야 하며, 경호업무가 경호대상자의 생명과 재산을 보호한다는 성격에 비추어 볼 때 매우 중요하다 할 것이다.[53)]

---

53) 중앙경찰학교(1992), 경찰교과서 4권 경무 · 통신, 중앙경찰학교, pp. 338~339.

통신장비는 유선통신장비와 무선통신장비로 구분된다. 유선통신장비로는 전화기, 유선전화망, FAX망, CCTV 등이 있다. 무선통신장비로는 개인무전기, 호출기, 무선전화기, 전파차단기, 인공위성[54] 등이 있다. 특히 인공위성을 이용한 GPS(global positioning system)는 경호차량의 위치를 추적하여 교통량에 따른 기동로와 이동속도의 통제를 가능케 하였다.

7. 기타 장비

경호임무 수행에는 이외에도 많은 장비가 필요하다. 우천 시에 대비한 우산이나 우의, 눈길에 대비한 스노 체인, 화재 시에 대비한 소화기, 차량 고장 시에 대비한 삼각대 등의 안전표시판, 군중 통제용 로프, 구급약품함과 공기호흡기, 계획서 등의 문서 작성에 필요한 서류가방, 지도 등은 공용장비로 준비되어야 한다. 또 경호원 각자는 수첩과 펜, 소형 플래시, 신분증과 비상금을 포함하는 지갑, 경호대상자 관련사항,[55] 개인임무가 기록된 개인임무카드 등을 휴대하고 근무에 임한다.

54) 인공위성을 이용하여 위치, 속도, 시간측정 서비스를 제공하는 시스템인 GPS는 하나의 위성군을 구성하는 여러 개의 인공위성으로부터 수신된 전파신호를 해석하여 수신자의 위치를 파악하는 기능을 가지고 있다.

55) 병력카드, 기호식품, 혐오식품, 혈액형 등.

Ⅱ. 운용에 따른 분류

1. 개인장비

개인장비는 경호원이 경호임무를 수행하는데 있어서 각자가 휴대하고 사용하는 장비를 말한다. 경호원 개개인에게 지급된 장비나 개인의 필요에 의해서 준비한 개인 휴대장비를 통칭한다. 경호원은 각자에게 지급된 장비를 철저히 관리하여 항상 최고의 성능을 발휘할 수 있도록 관리하고, 행사 성격에 따른 특성을 판단하여 필요한 장비를 준비한다.

개인장비로는 권총이나 무전기를 비롯하여, 가스총(가스분사기), 전자충격기, 삼단봉, 만능칼, 개인 전화기, 방탄복, 색안경, 소형 플래시, 수첩(메모지) 및 펜, 지갑(신분증, 비상금 등), 개인 임무별 체크리스트나 경호대상자 관련사항이 기록된 임무카드 등이 있다.

2. 공용장비

공용장비는 경호팀에서 공용으로 사용하는 장비를 말한다. 공용장비는 개인 모두가 휴대할 필요는 없으나, 임무수행상 특별한 임무를 부여받은 개인이 사용하거나 경호팀에서 필요한 장비이다. 공용장비는 개인장비와 달리 관리 주체가 불분명한 경우가 많기 때문에, 장비 관리자를 별도로 지명하여 운용할 필요가 있다.

공용장비로는 방탄막이나 방탄가방, 방독면, 쌍안경, 우산 및 우의, 스노 체인, 야간 투시장비, 예비 무전기 및 건전지, 비상용 전등, 소화기, 사진기, 삼각대 등의 안전표지판, 구급약품함, (통제용) 로프, 공기호흡기, 도끼, 계획서나 보고서 작성 등에 필요한 서류가방(참고자료, 지도 등 포함) 등이 있다.

제5절 경호복장

Ⅰ. 복장

복장은 기능과 장식의 두 가지 의미를 갖고 있다. 복장의 기능적 의미는 인간의 치부를 가린다거나, 추위와 같은 외부의 자극으로부터 신체를 보호한다거나, 상대방에게 예절과 품위를 나타내고 경의를 표현하기 위해, 또는 운동복이나 작업복과 같이 운동이나 일을 하는데 보다 편리하고 효율적인 도구로 사용되는 경우이다. 복장이 갖는 장식적 의미는 의복으로써 치레를 하거나 모양을 내기 위한 수단으로 사용되는 경우로, 사람들의 신분이나 계급의 상징으로 사용되기도 하고, 개성의 표현이나 아름다움과 부의 과시를 위한 치장용으로 사용되기도 한다. 그러나 복장이란 이러한 기능과 장식적 효과가 때와 장소, 그리고 상황에 맞아야 비로소 좋은 복장이라고 할 수 있다.

또한 복장이 갖는 사회적 의미는 입는 사람의 신분의 표시이자 상대방에 대한 예의의 표시인 동시에 자신의 개성의 표현이기도 하다. 사람들이 전하는 메시지는 55%가 그 사람의 외모와 같은 비언어적 표현에 의해서 결정된다고 한다.[56] 이는 복장이 그 사람의 첫인상을 좌우하는 중요한 요소가 될 수도 있다는 것을 의미한다.

경호원은 항상 단정한 복장과 용모로 위해기도자에게는 주도면밀함과 자신감을 과시하고, 경호대상자나 업무 상대방에게는 예의를 지키고, 일반인에게는 경호원으로서의 품위를 유지하여야 한다. 경호원은 경호대상자의 얼굴이기도 하기 때문이다. 경호원은 결코 흐트러짐이 없는 단정한 경호복장으로 경호대상자와 경호원의 품위를 스스로 높이고, 단호하고 결연한 경호원의 행사준비태세를 보여줄 필요가 있다. 장비 하나, 복장 하나에서 경호에 임하는 경호원의 마음가짐과 책임감을 읽을 수 있다.

경호복장은 행사 성격이나 상황에 맞는 것을 선택하고, 가급적 경호요원으로서의 신분이 노출되지 않도록 한다. 경호원은 보호색의 원리에 따라 주위환경에 어울리는 복장을 착용하고, 주위의 시선을 빼앗는 화려한 색상이나 이상한 스타일의 복장

56) Albert Mehrabian UCLA대 교수는 (Silent Messages, 1971) 사람들의 호감도는 언어가 7%, 목소리가 38%, 그리고 바디랭귀지가 55%를 차지한다고 주장하였다.

을 착용해서는 안 된다. 주인공은 항상 경호대상자이며, 경호원은 경호대상자의 그림자로 남아야 한다.

서양속담에 "청결함은 신성함 다음"이라는 말이 있다. 그만큼 청결이 중요하다는 이야기다. 복장은 좋은 것보다는 청결하고 단정하게 입는 것이 중요하다. 복장은 경호대상자의 복장에 맞추어 정장이나 캐주얼 복장을 상황에 따라 입고, 두발상태도 경호대상자의 두발상태와 비슷하게 관리한다.57)

일반적으로 경호원의 복장 선택시 고려사항은 다음과 같다.

o. 경호복장은 기능적이고 튼튼한 것이어야 한다.
o. 행사의 성격과 장소에 어울리는 복장을 착용한다.
o. 경호대상자보다 튀지 않아야 한다. 개인의 취향이 아니라, 경호원이라는 직업이 원하는 복장을 선택한다.
o. 어두운 색상일수록 위엄과 권위가 있어 보인다. 주위의 시선을 끌만한 색상이나 디자인은 지양한다. 동양 사람에게는 흑색이나 감색 또는 짙은 회색의 복장이 잘 어울린다.
o. 셔츠는 흰색 계통이 무난하며, 면소재의 제품이 활동하기에 편하다.
o. 양말은 어두운 색으로, 발목 위로 올라오는 것을 착용한다.
o. 장신구의 착용은 지양한다. 여자 경호원의 경우, 장신구를 착용한다면 평범하고 단순한 것으로 선택한다.
o. 신발은 장시간 서있는 근무상황을 고려하여 편하고 잘 벗겨지지 않는 것을 선택한다.

민간부문의 제복 착용에 관한 규정은 「경비업법시행규칙」과 「청원경찰법시행규칙」에 정해져 있다. 「경비업법시행규칙」 제19조(제복) ① 항은 경비원의 제복은 경찰공무원 또는 군인의 제복과 색상 및 표지장이 명확히 구별될 수 있어야 하며, 경비원임이 식별될 수 있는 복장으로 정하여야 한다고 규정하고 있다. 또 「청원경찰법시행규칙」 제9조(복제) ③항은 청원경찰은 평상근무 중에는 정모, 근무복, 단화, 호루라기, 경찰봉 및 포승을 착용하거나 휴대하여야 하고, 총기를 휴대하지 아니할 때에는 분사기를 휴대하여야 하며, 교육훈련이나 그 밖의 특수근무 중에는 기동모, 기동복, 기동화 및 휘장을 착용하거나 부착하되, 허리띠와 경찰봉은 착용하거나 휴대하지 아니할 수 있다고 규정하고 있다.

57) Holder, Philip T. and Hawley, Donna Lea(1998), op. cit., p. 5.

Ⅱ. 용모

심리학에 '호감의 법칙'이란 것이 있다. 아름다운 여성 피의자는 유죄 판결을 받지 않을 확률이 높고, 잘 생긴 피의자는 재판과정에서 매우 유리한 판결을 받을 확률이 높다는 것이다. 사람들은 상대방의 신체적 매력, 자신과의 사소한 공통점이나 자신에 대한 칭찬에 이끌리어 상대방에게 호의적인 반응을 보인다고 한다.[58]

경호원도 행사 주최측이나 지원부서, 나아가 일반인에게도 좋은 인상을 심어줌으로써 호의적이고 적극적인 경호협조와 지원을 이끌어내도록 노력하여야 한다. 경호원은 항상 단정하고 깨끗한 용모(두발, 면도, 손톱 등)와 바른 몸가짐을 유지하고, 주의력 깊은 시선, 겸손하고 정중한 태도, 정확하고 치밀한 행동과 경쾌한 걸음걸이로 경호대상자의 신뢰를 얻고, 업무 상대방의 호감을 사서 경호효과의 극대화를 도모해야 한다.

단정한 용모는 업무의 성과에도 영향을 미치는 것으로 나타났다. 미국 예일대학이 단정치 못한 머리가 미치는 심리적 영향을 조사한 결과, 사람들은 머리털이 흐트러질 때 자존심도 잃고 사고도 덜 명석해지며 일을 처리하는 능력도 떨어지는 것으로 나타났다고 한다. 특히 사람의 이미지와 인상을 한눈에 결정하는 것이 바로 헤어스타일이라고 한다.[59] 단정한 용모로 업무 능률도 높이고 인상도 좋게 할 필요가 있다.

경호원은 경호대상자의 대리인이라는 생각으로 언행에 유의하여야 한다. 경호원의 이미지가 경호대상자의 이미지로 연결될 수 있음을 염두에 두고, 항상 긍정적인 태도를 견지하고 부정을 제거할 필요가 있다. 경호원의 표정, 태도, 말투, 목소리를 분명하고 밝게 표현한다. 감정의 표현을 자제하고, 호·불호를 나타내지 아니하며, 동요없는 감정상태를 유지한다. 엄숙한 장례식장에서 히죽히죽 웃어서는 안 되며, 또 결혼식장에서 인상을 찌푸리고 있는 것도 전문가다운 행동이 아니다. 행사 시에는 행사에 어울리는 적절한 표정으로 행사에 동화될 필요가 있다.

---

58) 로버트 치알리디(이현우 옮김)(2003), 설득의 심리학, 서울: 21세기북스, pp. 237~251.
59) 박지영(2003), 유쾌한 심리학, 서울: 파피에, pp. 18~21.

제5장 경호대비단계

"적은 일상적인 생활패턴(Routine)을 노린다!"

제5장 경호대비단계

제1절 서 설

사전에 행사와 행사장 등에 관련된 정보를 바탕으로 경호계획을 수립하는 등 경호행사에 대한 만반의 준비를 마친 경호팀은 선발대를 행사장에 파견하여 본격적인 경호조치단계에 들어간다. 이제까지는 서류상으로 행사를 준비하는 단계였다면, 이제부터는 실제 행동으로 행사를 준비하는 단계이다. 선발대는 말 그대로 행사장에 먼저 가서 행사장을 경호대상자를 모실 수 있는 안전한 곳으로 만드는 일을 하게 된다. 경호행사에 대비한 안전조치를 실행하는 단계이다.

행사장에 먼저 도착한 선발대는 도착과 동시에 경호지휘소를 개설한다. 앞으로 행사와 관련된 모든 경호업무는 경호지휘소를 통해서 통합되고 조율되고 협의될 것이다. 그리고 선발대원들은 행사장에 대한 답사를 통하여 행사와 행사장에 대한 기본 대응전략을 모색하고, 이를 토대로 현지에서 합류한 모든 지원요소들과 경호행사에 필요한 사항들을 협의하고 조정한다.

이제부터 모든 경호요원들은 지원부서 관계자들과 협의하여 각자가 맡은 임무별로 구체적이고 실질적인 경호 대응방안을 강구한다. 근무지별로는 취약요소를 재차 확인하여 그에 대한 대응책을 모색하면서, 구체적인 임무수행계획을 검토한다. 행사장 전반에 대하여 정보보안활동을 실시하고, 행사장에 대한 검측활동을 통하여 위험요소를 제거하고, 적절한 통제대책과 비상대책을 강구하여, 그 결과를 통합한 최종 경호대책이 마련된다. 최종 경호대책은 선발활동보고서를 통하여 본부에 보고되고, 모든 경호조치 내용은 본대요원과 선발대요원이 공유하게 된다. 이제 경호요원들은 이렇게 힘들여 확보한 행사장에 대한 안전을 행사가 종료될 때까지 유지해야 한다.

제2절 선발경호

Ⅰ. 선발경호의 의의

"예방이 최선의 방어"라는 격언을 구체화시키기 위한 작업이 선발경호이다. 경영이론에 「1:10:100의 원리」[1]라는 것이 있다. 사전에 예방조치를 취해서 손실의 가능성을 최소화하기 위한 접근방식이다. 어떤 문제점을 해결하는 데에는 세 가지 범주의 비용이 발생할 수 있으며, 그들의 상호간 비율은 1:10:100이라는 사실에 근거한 이론이다. 경호에 있어서도 초기 계획단계나 준비단계에서 문제점을 발견하고 대책을 강구하면 1이라는 비용과 노력이면 되지만, 실행단계에서 문제점이 발견되면 10이라는 비용과 노력이 소요되고, 문제가 발생한 뒤에 고치려면 처음보다 100배의 비용과 노력이 소요될 것이다. 사전에 교육과 훈련을 철저히 시키거나, 철두철미한 계획과 준비의 중요성을 강조하는, 즉 선발경호의 중요성을 시사하는 이론이다.

선발경호란 경호대를 사전에 행사지역에 파견하여 제반 위해요소에 대한 안전조치를 강구하는 모든 경호안전활동을 말한다. 경호의 목표는 행사장과 행차로에 대한 사전 안전조치를 통하여 위해요인을 사전에 제거하거나 무력화시킴으로써 예방경호를 실현하는 데에 있다. 예방경호는 위해기도자의 의도를 사전에 색출하여 그에 필요한 경호조치를 취함으로써 공격의 기회를 박탈하거나 공격의지를 무력화시키는 데에 그 의의가 있다.

선발경호는 행사 지역의 인적·물적·지리적 위험요소를 사전에 제거 또는 감소시킴으로써 행사장에 대한 안전성을 확보하고, 행사 종료 시까지 행사장의 안전을 유지하며, 선발활동을 통하여 경호 관련 정·첩보를 획득 및 전파함으로써 예방경호를 실현하기 위한 것이다.

---

1) '전사적 종합품질관리'이론을 창시한 미국의 통계학자 조셉 쥬란(Joseph M. Juran: 1904-2008) 박사가 제시한 이론으로, 어떤 문제점을 해결하는 데에는 '예방비용', '평가비용', '실패비용'이라는 세 가지 범주의 비용이 발생하고, 이 세 가지 비용의 상대적인 비율은 1:10:100이라는 이론이다. 처음에 일을 계획하고 준비하는 데 드는 비용을 '예방비용'이라고 하고, 내부적으로 검사하고 평가해 문제점을 찾아내고 대책을 마련하는 과정에서 발생하는 비용을 '평가비용'이라고 하며, 이미 일어난 실패를 해결하기 위해 사용하는 비용을 '실패비용'이라고 한다. 실제로 미국 로체스터에 있는 IBM 사업장에서 이 비율을 조사해 본 결과, 1:13:92로 나타났다고 한다.

따라서 선발경호의 목적은
1) 사전에 위험요소를 제거하거나 최소화하여,
2) 행사지역의 안전을 확보하고,
3) 사전 경호정보를 제공하는 데에 있다.[2)]

경호준비단계에서 모든 경호요원은 행사와 행사장 및 위해의 가능성에 대한 충분한 사전 지식과 대비책을 갖고 행사장에 출동하였다. 이제부터는 사전 준비된 경호계획이 실제의 행사장에서 어떻게 적용되고 또 적용될 수 있는지를 현장에서 하나하나 검토하고 보완해나가야 한다.

선발대에 의하여 행해지는 예방적 경호조치는 경호요원의 입장이 아닌 위해자의 입장에서 면밀히 분석되고 조치되어야 한다. 위해 시기 및 방법, 경호대상자에게로의 접근방법, 위해 장비의 은닉 방법 및 장소 등을 위해자의 입장에서 분석하여 취약점을 보완하고 대비책을 강구한다. 그리고 만에 하나, 우발상황이 발생하였을 경우를 대비한 비상경호대책을 확인하고 조치한다.

위와 같은 선발경호의 목적은 공권력을 이용하는 공경호기관에서만 조치 가능한 것은 아니다. 민간경호에서도 몇 가지 선발경호 원칙만 준수하면, 훌륭하게 선발경호 목적을 달성할 수가 있다. 첫째로, 경호대상자의 노출을 최소화하는 것이다. 선발경호는 사전에 경호대상자가 참석하는 행사장의 위치를 파악하여, 행사장으로 통하는 측문이나 별도 엘리베이터를 이용함으로써, 행사장 현관이나 로비의 비우호적 군중을 피하거나 곤란한 상황을 피할 수 있을 것이다. 둘째로, 안전한 공간을 확보한다. 경호대상자가 대기하거나 참석할 장소의 위험요소를 점검하고 제거한다. 사고 등의 위험성이 있는 도로의 사용을 피하고, 이동 간에는 경호막 안에서 경호대상자를 안전하게 호위한다. 셋째로, 경호대상자의 귀중한 시간을 관리한다. 호텔에서는 입·퇴실수속을 밟기 위해 줄을 설 필요가 없다. 또 이동 간에는 선발경호의 정보에 따라, 교통이 막힌 도로를 우회함으로써, 차안에서 몇 시간씩 허비하면서 짜증나는 시간을 보내지 않아도 된다.[3)]

2) Noble, Corwin K.(1997), op. cit., p. 2.
3) Oatman, Robert L.(1997), op. cit., pp. 66~67.

Ⅱ. 선발경호의 특성

선발경호의 임무는 경호임무에 동원되는 제 요소를 하나의 지휘체제로 통합하여 경호력을 증대시키고, 경호대상자의 안전이나 행사에 영향을 주는 상황이 발생하지 않도록 필요한 예방적 경호조치를 통하여 행사장의 안전성을 확보하고, 우발상황에 대비한 각종 비상대책을 강구하는 것이다.

1. 예방성

선발경호의 임무이자 경호의 목표라고 할 수 있는 예방경호는 위해요소를 사전에 발견해서 제거하고 위해요소의 침투 가능성을 거부함으로써[4], 경호행사를 안전한 환경 속에서 치르기 위함이다. 직접적인 위해행위의 가능성뿐만 아니라, 간접적인 시설물의 불안전성 및 많은 참석자로 인한 혼잡과 사고의 개연성에 대비한다. 그러나 경호조직은 예방경호의 실현을 위하여 많은 인원을 동원하여 수색을 하고 철통같은 경계를 함에도 불구하고, 수많은 위해기도 사건이 발생하고 있다. 그만큼 예방경호는 어렵고, 그래서 그만큼 중요한 과업이다.

2. 통합성

경호행사에는 고유의 기능과 임무를 갖고 있는 많은 부서가 참가해서 경호활동을 수행한다. 그러나 각 부서의 활동은 분리된 것이 아니며, 예방경호 실현이라는 경호목적을 달성하는데 필요한 일부분으로, 예방경호는 이러한 제 기능이 하나가 되어 통합된 힘을 발휘할 때 비로소 가능하다. 다양한 기능 중 어느 하나라도 잘못되면 위해기도자에게 좋은 공격기회를 제공하게 되고, 경호는 실패하게 될 가능성이 높아

4) 1972년 아더 브레머(Arthur Bremer)는 닉슨 대통령을 암살하려고 캐나다의 오타와까지 쫓아갔으나, 삼엄한 경호로 인하여 닉슨 대통령에게 접근이 용이하지 않아 공격기회를 잡지 못하였다. 결국 그는 상대적으로 경호가 느슨한 알라바마주지사 조지 월리스(George Wallace)로 목표를 변경하고, 1972년 5월 15일 메릴랜드주 로렐시 쇼핑센터 앞에서 월리스 주지사에게 총격을 가하여 하반신 마비의 중상을 입혔다. 이 사건은 1976년 영화 "택시 드라이버"의 소재가 되었다.

지게 된다. 따라서 경호임무에 동원된 모든 부서는 각자의 기능을 100% 발휘하면서, 하나의 지휘체계 아래에 통합되어 상호 보완적으로 임무를 수행해야 한다.

3. 안전성

선발경호의 임무는 당연히 행사장의 안전을 확보하는 일이다. 그러기 위해서 선발경호는 3중 경호의 원리에 입각해서 행사장을 구역별로 구분하여 구역별 특성에 맞는 경호조치를 강구한다. 행사와 관계가 없는 사람의 핵심구역 출입을 통제하고, 행사장 내 제반 시설물과 반출입물품에 대한 검측과 출입인원에 대한 검색을 실시하며, 그렇게 확보한 행사장의 안전 상태가 행사 종료될 때까지 지속될 수 있도록 안전을 유지하는 임무를 담당한다.

4. 예비성

"모든 법칙에는 예외가 있다"는 말이 있듯이, 경호행사가 항상 계획되고 예상된 대로만 진행되지는 않는다. 더구나 경호의 적인 위해기도자가 누구인지도 모르는 상황에서 취한 경호조치는 항상 허점이 생기게 마련이다. 이러한 허점을 뚫고 발생하는 우발상황에 신속히 대처하고, 만약의 상황에 대비하기 위한 비상대책은 항상 준비되어 있어야 한다.

선발경호는 사전에 경호팀의 능력에 부합하고 지형과 상황에 맞는 비상대응계획과 비상대피계획을 수립하여 비상상황에 대비하여야 한다. 경호는 항상 가장 불리한 상황을 염두에 두고, 그에 대한 대비책을 강구해야 한다. 경호는 쉽고 안이한 선택의 유혹에서 벗어나야 한다.

Ⅲ. 선발경호활동

1. 선발경호 작전체계

1) 경호팀 구성

한 사람의 경호대상자를 완벽하게 경호한다는 것이 말처럼 그렇게 쉬운 일이 아니다. 경호원은 경호대상자의 신변 안전을 도모함은 기본이고, 경호대상자의 정신적 안정과 건강까지도 고려해야 한다. 앞(제1장 제2절 II. 경호의 기능)에서 살펴본 바와 같이, 경호를 한다는 것은 위해요소를 차단하고 위해행위에 직접 대응하며(경호), 숙소나 집무실에 대한 경계활동도 하고(경비), 경호대상자차나 경호차를 관리·운용하는(기동) 것을 말한다. 또 위해물질이나 불안전요소를 찾아내어 제거하고(검측), 취약시설물에 대한 안전대책을 강구하며(안전), 유·무선망이나 음향시설 및 전파차단장치 등을 운용하고(통신), 경호와 관련된 다양한 정보를 수집하여 제공하며(정보), 아측의 정보가 밖으로 유출되지 않도록 관리해야 한다(보안). 나아가 경호대상자에게 제공되는 음식물의 안전도 확보해야 하고(검식), 경호대상자의 건강에도 신경을 써야 한다(의무).

이러한 다양한 기능을 소화하기 위해서는 경호조직의 규모나 능력에 따라 각 기능을 수행할 전담부서를 두는 것이 가장 바람직할 것이다. 그렇지 않고 작은 규모의 경호조직이라면 경호요원 각자가 자신의 전공이나 주특기를 살려서 각 기능을 분담할 수 있다. 4~5명으로 구성된 경호팀이라면, 경호요원 각자가 2~3개의 기능을 수행할 수 있는 능력을 키워서 임무를 수행하는 것이 바람직하다. 좋은 경호팀은 경호의 제 기능을 수행할 수 있는 요원들로 구성되어 임무 분담이 명확하고, 요원들 간의 지휘체계가 명확하고, 임무 수행을 위한 책임감과 전문성을 갖춘 요원들로 구성된 경호팀이다.

2) 지휘협조체제

또한 경호에 동원되는 다양한 작전요소를 하나로 묶기 위한 시스템의 확립이 필요하다. 선발경호의 특성 중에 '통합성'이라는 것이 있다. 경호행사에 참가한 모든 부서가 하나의 조직처럼 통합될 때 비로소 완벽한 경호임무 수행이 가능하다. 각

부서의 입장만을 주장하거나, 타 부서와 상하관계처럼 보이는 것에 거부감을 나타내어 임무 수행에 소홀히 하는 경우가 생겨서는 결코 아니 된다. 외곽의 담당부서가 임무에 소외감을 느껴서 임무 수행을 소홀히 하거나 보고를 하지 않으면, 이는 곧바로 내곽이나 내부에 대한 압박요인이 되어 위기에 봉착할 수 있다.

경호임무를 수행하는 제 기능에는 어느 것 하나 중요하지 않은 것이 없다. 따라서 경호주관부서는 모든 기능이 자기 임무의 중요성을 충분히 인식할 수 있도록 배려하고, 상호 유기적인 협조체제를 구축해야 한다. 경호주관부서와 경호지원부서는 상하의 수직적 관계로 연결된 것이 아니라, 하나의 경호목표를 효율적으로 달성하기 위하여 수평적 협조관계로 연결된 것이다.

개인별 및 부서별 임무와 담당구역에 대한 책임 소재가 분명하게 구분되고, 상황의 전파 및 보고체계가 확립되어 있어야 한다. 단순한 임무를 수행하는 말단 요원이나 지원요원일지라도 내가 누구의 명령이나 지시를 받아야 되는지, 내가 누구한테 보고를 해야 되는지, 또 내가 무엇을 해야 하는지를 확실하게 알고 있어야 한다. 이러한 지휘체계와 부서 간 협조체계가 유기적으로 조직화되어 있어야 위기를 예방하고 위기에 효과적으로 대응할 수 있다.

2. 선발경호업무 수행절차

선발경호활동은 행사장을 안전한 구역으로 확보하기 위한 안전활동으로, 사전에 준비한 경호계획을 행사장에 적용하는 과정이다. 수집된 정보를 바탕으로 잘 만들어진 계획도 실행과정이 부실하거나 잘못 실행된다면 처음에 계획했던 결과는 기대할 수가 없다. 경호요원 각자가 주어진 임무에 따라 경호지침에 의거한 경호조치를 치밀하게 준비한다.

행사장에 도착한 선발경호대는 우선적으로 경호상황실을 구성하는 것으로 선발활동을 시작한다. 개인별 또는 부서별 임무에 따라 세부적인 경호조치를 확인하고 조치함은 물론, 지원요원 및 지원부서와의 협조 하에 체계적으로 행사준비를 실시한다. 선발경호활동은 행사장답사, 관계관협조회의, 분야별 경호조치, 작전회의, 안전유지 등의 내용을 포함한다.

1) 경호상황실 구성

선발경호팀은 행사장에 도착함과 동시에 경호상황실을 운영하여 본부와 연락체계를 구성한다. 경호상황실 근무자는 행사에 동원되는 모든 작전요소에서 파견된 근무자로 구성되며, 경호행사 전반에 충분히 정통한 자이어야 한다. 이들은 경호상황실장(경호처)과의 협조점이 되어 경호작전을 통제한다. 경호상황실에는 행사장이나 정문 등을 모니터링할 수 있는 수상기(CCTV)가 설치되면 보다 효과적이다.

2) 현장 답사

현장 답사는 경호준비내용의 합리성 및 타당성을 판단하기 위하여 행사장 현장을 직접 확인하는 과정으로, 행사계획과 행사장의 상황이 일치하는지를 검토하여 행사 시의 시행착오나 계획의 차질을 최소화하기 위한 경호활동이다. 경호대상자의 동선을 중심으로, 인원 및 물품의 출입통제대책, 경호구역 설정 및 근무자 배치의 적절성, 비상대책 등을 판단한다. 근무지별로는 각자의 임무에 따라 인적·물적·지리적 취약요소를 판단하고 그에 따른 경호방안을 검토한다. 또한 경호계획의 미비점을 보완하고, 단계별 행사진행에 따른 행동절차를 검토하고, 근무자 상호 간의 협조체제를 확인하고 구축한다.

3) 관계관협조회의

관계관협조회의는 행사에 동원되는 모든 작전요소가 동일한 작전지침 하에 경호작전을 수행하기 위하여 실시한다. 경호작전을 주관하는 부서의 작전방향을 전달하고, 현지에서 경호작전을 준비한 상황에 대한 업무협조를 실시한다.

4) 분야별 경호조치

행사장에 대한 경호안전조치가 실시되는 단계로, 임무별로 필요한 경호조치를 협조하고 실시한다. 행사장에 대한 안전검측활동을 실시하고, 안전구역에 대하여 출입통로를 단일화하고 모든 출입요소에 대한 검측과 검색이 실시되는 등의 출입통제대책이 실시되며, 취약개소에 대한 안전조치가 강구되고, 정보활동 및 보안활동을 실시하며, 비상대책을 확인하고 조치한다.

5) 작전회의

작전회의는 행사 준비상태 및 경호조치 결과를 최종적으로 확인하고 협조하는 과정이다. 경호안전활동 과정에서 변경되거나 중요한 경호조치 내용을 전파하고, 근무자 상호간이나 부서별로 협조할 내용들을 최종적으로 검토한다.

6) 안전유지

안전유지는 사전 안전활동을 통하여 안전이 확보된 경호핵심지역에 대한 인원의 출입 및 물품의 반입을 확인하고 통제함으로써, 행사경호인력이 배치되어 행사를 시작할 때까지 행사장을 안전하게 관리하는 경호조치이다. 행사장에 출입하는 인적·물적 요소를 지정된 통로를 통하여 출입하게 하고, 출입요소를 확인하고 점검하는 과정에서 위해요소의 접근을 거부하고 색출해낸다.

3. 선발경호 작전 중점

행사장에 선발 출동한 선발경호팀은 현지에서 합류하거나 지원 나온 부서들과 유기적인 협조체제와 연락체계를 갖추어 경호작전을 준비한다. 경호작전은 크게 예방과 대응이라는 두 가지 방향으로 준비한다. 위험의 발생 소지를 사전에 차단하여 예방경호를 실현하기 위한 경호조치를 강구하고, 발생한 위험에 효과적으로 대처하여 대응경호를 완성하기 위한 비상대책을 강구하는 것이다.

1) 경호작전체계의 확립

제대로 된 경호임무 수행에는 다양한 기능이 요구된다. 경호조직의 규모나 능력에 따라 각 기능을 수행할 전담부서를 둘 수도 있고, 그렇지 않고 작은 규모의 경호조직이라면 각 요원들이 2~3개의 기능을 수행할 수 있는 능력을 키우는 것이 바람직하다. 또한 경호에 동원되는 다양한 작전요소를 하나로 묶기 위한 시스템의 확립이 필요하다. 위기에 대응하기 위한 지휘체계와 부서 간 협조체계가 조직화되어야 하고, 그에 따른 책임과 권한이 분명하게 주어져야 한다.

경호업무의 효율성을 기하고 체계적이고 조직적인 임무 수행을 위하여 경호구역을 설정 운용한다. 경호구역은 3중경호의 원리에 입각해서 행사의 특성과 행사장의 구조 및 지형을 종합적으로 분석하여 설정한다.

2) 경호안전대책의 수립

경호구역의 설정에 따라 각 구역에 대한 통제대책과 안전대책을 수립하고, 지속적인 정보·보안활동으로 위해분자의 위해기도 가능성을 줄이기 위한 노력을 경주한다. 통제대책은 행사장의 인적·물적·지리적 취약요소에 대한 안전 및 거부대책을 포함한다. 행사참석자의 이동, 확인 및 검색계획을 수립하고, 행사장 내의 시설물과 행사장 내로 반입되는 물품에 대한 안전점검대책을 강구한다. 또한 행사장의 지형평가를 통하여 주변의 고층건물이나 감제고지에 대한 수색 및 감시대책, 주요 접근로와 목지점에 대한 차단 및 거부계획을 수립한다.

3) 비상대책의 강구

선발경호팀에서 주도면밀하게 경호계획을 수립하고, 경호계획에 따라 위협요소의 관리에 모든 노력을 경주하였다 하더라도 행사 간 예기치 못한 사건이나 사고가 발생할 수 있다. 경호 자체가 만약의 사태, 즉 우발상황에 대비한 위험관리의 한 수단임을 고려하면, 우발상황에 대비한 비상대책의 강구는 경호팀의 기본적인 조치사항 중 하나이다. 우발상황 발생 시 현장의 무질서를 통제할 수단을 강구하고, 경호요원 각자에게 우발상황 시 행동지침이 부여되고, 다양한 우발상황에 대비한 대응수단이 강구되어 경호대상자의 신변 안전과 피해의 최소화를 도모한다.

특히 우발상황 발생 시 경호대상자를 방호하고 대피하는 임무를 수행하는 사람들은 근접경호팀이기 때문에 비상대책은 근접경호팀과 긴밀한 협조 하에 수립되어야 한다.

4. 경호구역

1) 경호구역의 의의

「대통령 등의 경호에 관한 법률」 제5조(경호구역의 지정 등)는 ① 실장은 경호업무의 수행에 필요하다고 판단되는 경우 경호구역을 지정할 수 있고, ③ 소속공무원과 관계기관의 공무원으로서 경호업무를 지원하는 사람은 경호 목적상 불가피하다고 인정되는 상당한 이유가 있는 경우에만 경호구역에서 질서유지, 교통관리, 검문·검색, 출입통제, 위험물 탐지 및 안전조치 등 위해 방지에 필요한 안전 활동을 할 수 있다고 규정하고 있다.

경호구역의 지정은 경호행위의 법적 뒷받침이 되는 동시에, 이중 삼중의 방어선(경호선)을 구축하여 경호의 효과성을 제고하고, 구역별 차등화된 경호조치는 인력과 자원의 낭비를 최소화하며, 불필요한 일반인에 대한 통제를 최소화하고, 경호부서별 담당구역을 명확히 함으로써 책임경호를 실현하는데 그 목적 및 의의가 있다. 경호구역은 3중경호의 원리에 입각해서 행사의 특성과 행사장의 구조 및 지형을 종합적으로 분석하여 설정한다. 경호구역은 가용인력을 고려하여 적정거리를 확보하되, 경호구역이 너무 넓으면 경호인력이 많이 필요하게 되므로 인적 낭비와 경호의 질적 저하를 초래할 우려가 있다. 반면에 경호구역이 너무 좁으면 종심 확보가 안 되어서 위험의 조기 차단 및 대응에 어려움이 있어 위험을 자초할 가능성이 있다. 일반적으로 행사장 내부를 안전구역인 제1선으로, 내곽은 경비구역인 제2선으로, 외곽은 경계구역인 제3선으로 구분하여 설정한다.

2) 경호구역의 설정

(1) 내부

행사장 내부란 경호대상자가 머무르는 공간으로 안전이 절대적으로 확보되어야 하는 구역을 말한다. 단독건물인 경우에는 건물 자체가 1선인 행사장 내부가 되고, 고층건물인 경우에는 대개 행사층의 상하층을 묶어서 안전구역인 내부로 설정한다. 행사장 내부로 통하는 출입구는 최소화하고, 3중경호에 의한 1선의 통제선이 설치된다. 각 출입구는 출입통제점이 되어 내부로 들어가는 모든 인적·물적 요소의 신분확인과 검색이 이루어진다.

고층건물에서 안전구역으로 설정된 층을 제외한 곳은 행사장 외부로 부르며, 행사장 외부는 안전구역으로의 연결이 가능하고, 안전구역의 안전을 위협할 수 있는 취약요소들이 산재해 있기 때문에 강화된 경비활동이 요구된다.

(2) 내곽

내곽은 일반적으로 해당 시설 부지의 경계선인 울타리 안쪽으로 설정한다. 내곽은 실질적으로 직접적인 경호행위가 적용되는 구역으로, 정보사찰활동 위주인 외곽과 구별되는 제2 통제선이 설치된다. 내곽에서는 경호대상자의 승·하차시 직접 위해도 가능하고, 내부의 행사장에 영향을 미치는 각종 시설물이 위치하고 있기 때문에, 시설물에 대한 안전대책과 출입자에 대한 통제대책이 강구되어야 한다.

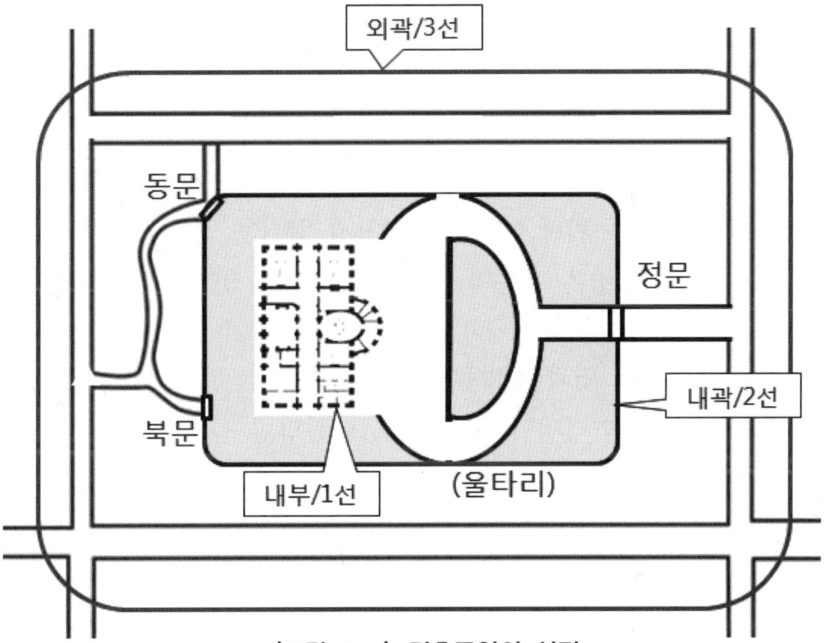

〈그림 5-1〉 경호구역의 설정

일반적으로 내곽은 울타리를 경계로 외곽과 구별되고, 울타리 등의 경계선이 없는 행사장에서는 일정한 안전거리를 확보하여 경호통제선을 설치한다. 2선인 내곽의 통제점은 정문이나 후문과 같은 출입문이 된다. 정·후문의 통제점에서는 초청장이나 입장권 등을 확인하여 인원이나 차량을 통제함으로써 일반인의 출입은 제한되고, 외부로부터의 차량강습이나 시위대 등의 공격에 대비한 차단대책이 강구된다.

(3) 외곽

외곽은 행사장 시설 부지의 경계선인 울타리 밖으로, 별도의 가시적인 통제선을 설치하지는 않지만, 지형의 판단과 행사에의 영향권을 고려하여 일정 구역을 설정한다. 3선인 외곽은 경호대상자에 대한 직접적인 위해의 범위에서는 벗어나 있으나, 소란행위와 같은 행사 방해책동을 통하여 경호대상자의 기동이나 행사진행에 장애를 초래하거나 경호안전에 압박요인으로 작용할 가능성이 있는 구역이다.

외곽에 대해서는 정보사찰조나 순찰조를 운용하여 조기경보체제를 구축함으로써 위험 징후나 기타 경호영향요소의 발생에 대비한다.

5. 선발활동보고서

사무실에서 주어진 정보와 도상으로 판단한 자료만을 가지고 작성한 경호계획은 현지의 상황과 차이가 있게 마련이다. 선발경호는 이러한 차이점을 보완하고 새로이 취한 경호조치 등을 본부에 보고하여, 본대와 선발대가 통일된 자료를 갖고 행사에 임할 수 있도록 해야 한다. 선발활동보고서 양식은 경호조직의 특성에 따라 상이할 것이나, June(1999)은 다음의 내용을 포함하는 양식을 제시한다.

선발대의 형태 : 선발대 명과 선발활동 기간 등
일정 : 일정 및 의전사항(영접인사, 안내자, 이동방법 등)
군수사항 : 선발대 이동 및 숙식계획 등
행환차로 : 행차로 및 소요시간, 예비 행차로, 행차로상 특이사항
경호조치사항 : 주요 경호조치사항
병력배치계획 : 병력배치 및 경호지휘소 위치 등
연락망 : 관계부서 및 비상시 연락망
비표운용계획 : 비표의 종류 및 식별방법
정보사항 : 요주의 인물 정보 및 정보 판단
비상대책 : 구급병원 위치 등
보도계획 : 보도통제대책 및 식별방법

June은 경호계획서 상의 많은 내용을 선발활동보고서에 포함시켰으나, 중요한

것은 현장에서 바뀌거나 조정된 내용이기 때문에 바뀐 내용을 중심으로 보고한다.

1) 일정 관련사항

- 경호대상자의 움직임과 관련된 사항(동선의 변경 등)
- 행사진행과 관련된 사항(행사 순서 · 시간 · 장소, 이동방법 및 행사참석자의 변경 등)
- 영접 및 환송인사

2) 정보사항

- 시위나 주요 집회 등 경호와 관련된 정보사항
- 그에 따른 판단 및 조치내용

3) 경호 조치내용

- 주요 경호조치사항 정리
- 비상대책

4) 참고사항

- 행사 관련 특이사항(이벤트 등)

제3절 경호안전대책

선발경호의 가장 중요한 임무인 경호안전조치는 행사장의 인적·물적·지리적 위해요소에 대한 관리 및 통제를 통하여 행사장의 안전을 도모하는 것이다. 인적 위해요소에 대한 통제는 입장 및 주차계획, 본인여부 확인 및 비표 운용, 금속탐지기 운용을 통하여 불순분자의 행사장 내 침투 및 접근을 차단한다. 물적 위해요소에 대해서는 안전검측을 통하여 불순한 의도로 사용되거나 사고의 발생을 예방하고, 금속탐지기 등을 이용한 검색을 통하여 행사장 내로 반입되지 못하도록 통제한다. 지리적 위해요소에 대해서는 수색 및 감시활동을 통하여 위해기도자의 은신 및 위해기도를 거부한다.

Ⅰ. 통제대책

행사장에 먼저 파견된 선발경호팀의 주 임무는 행사장을 안전하게 확보하고, 행사 참석인사들에 대한 안전조치를 실시하며, 행사장 내 질서를 유지하고, 행사 종료 시까지 안전한 상태를 계속 유지하는 것이다. 이러한 일련의 경호조치는 위해기도자의 침투를 예방하고, 그에게 경호대상자를 공격할 기회를 주지 않기 위함이다. 경호대책의 기본원칙은 3중 경호개념에 입각하여 경호구역(통제선)을 설정하고, 출입통로를 단일화하여 통제효과를 극대화하며, 검색과 검측을 통한 안전조치를 실시하고, 근무자를 배치하여 안전을 확보하는 것이다. 행사장 안전 확보와 행사 참석인사들에 대한 안전조치 수단으로는 비표 운용과 금속탐지기나 X-Ray를 통한 검색활동이 있다.

통제대책은 위해요소의 행사장 침투를 거부함으로써 행사장의 안전을 확보하기 위한 행사계획 및 경호계획을 모두 포함한다. 위에서 언급한 경호적 통제대책 이외에 행사 주최측과 긴밀히 협조하여 입장계획, 안내계획, 주차장 운영계획 및 비표운영계획을 행사의 성격이나 행사장의 구조에 맞게 조정·통제함으로써 질서있고 품위있는 경호행사가 되도록 함은 물론, 위해기도자의 침투기도를 원천적으로 봉쇄한다.

1. 출입통제

행사장에 대한 출입통제는 행사장의 안전을 확보하기 위한 가장 기본적인 경호 조치이다. 우선적으로 3선 경호개념에 의거한 경호구역의 설정에 따라 각 구역별 통제의 범위를 결정한다. 특히 1선인 안전구역은 행사와 무관한 사람들의 행사장 출입을 통제 또는 제한하고, 그 효과를 극대화하기 위해서 가능한 한 출입구를 단일화하거나 최소화하여 출입자들을 확인하고 통제한다. 출입구에는 금속탐지기 등을 설치하여 출입자와 반입물품을 확인한다. 2선인 경비구역은 행사참석자를 비롯한 모든 출입요소의 1차 통제점이 되어, 상근자 이외에 용무가 없는 사람들의 출입을 가급적 제한한다.

특히 행사장인 안전구역에 대한 출입통제대책은 다음의 조치를 수반한다.

1) 모든 출입요소에 대한 인가여부를 확인한다.
2) 참석자가 시차별로 지정된 출입통로를 통하여 입장토록 한다.
3) 비표 운용을 통하여 비인가자의 출입을 통제한다.
4) MD 검색을 통하여 위해요소의 침투를 차단한다.

2. 입장계획

참석자 통제에 따른 취약요소를 판단함에 있어서는, 경호측의 입장에서 행사장에서의 혼잡을 방지할 수 있는 방안을 강구하고, 행사참석자의 입장에서 동선의 원활성을 검토할 필요가 있다. 현장에서의 혼잡 예방을 위해서는 중간집결지를 운영하여 단체(버스)로 입장토록 하는 방법이나 시차별 입장을 통하여 인원을 분산시킨다. 차량출입문과 행사참석자의 도보출입문을 구분하여 운용한다. 또한 참석자들이 서로 뒤엉키는 상황이 발생하지 않도록, 내부 참석위치에 따라 출입구를 지정하여 동선이 서로 교차하지 않도록 조정한다.

참석자 입장계획은 철저한 신분확인 및 검색과 직결된 문제로, 시차별 입장계획과 출입구별 인원 배분계획을 수립하여, 참석자가 일시에 몰리거나 특정 출입구로 몰리는 혼란을 미연에 방지한다. 입장계획에 따라 출입구별로 안내요원을 적절히 배치하여 질서를 유지하고 참석자들의 불편을 해소한다.

3. 주차계획

주차계획은 입장계획과 연계하여, 주차장별로 승차입장카드를 구분 운용하고, 참석자들이 하차하는 지점과 주차장소에 대한 안내표지판을 설치하고 안내한다. 행사장에서의 혼잡상황을 예방하거나 행사장 주변에 주차장이 충분치 않을 경우에는 중간집결지를 운용하여 단체버스로 이동시키고, 개별 승용차의 행사장 입장을 가급적 억제한다. 또한 주차 동선과 입장 동선이 뒤엉켜 혼잡스러운 상황이 발생하지 않도록 조정한다.

4. 비표운용계획

비표의 종류에는 리본, 배지(badge), 명찰, 완장, 모자, 조끼, 승차입장카드 및 스티커 등이 있으며, 비표는 대상과 용도에 맞게 적절히 운용한다. 행사참석자를 위한 명찰이나 리본은 구역별로 그 색상을 달리 하여 식별 및 통제가 용이하도록 하면 효과적이다. 또한 행사장 내로 반입되는 물품이나 창고와 같이 행사 시 사용할 필요가 없는 공간에는 확인증이나 점검필증과 같은 스티커를 부착하거나 스티커로 봉인하여, 해당 물품이나 시설물의 안전성 및 이상유무를 표시한다.

5. 금속탐지기 운용계획

행사장의 배치, 행사 참석자의 규모 및 성향 등을 고려하여 통제가 용이하고 공간이 확보된 장소에 설치 운용한다. 금속탐지기를 통한 검색능력은 대략 초당 1명 정도인 점을 감안하여 금속탐지기의 설치장소 및 대수를 판단하고, 행사의 성격에 따라 X-Ray나 물품보관소를 같이 운용한다.

6. 통제수단

1) 비표

비표는 행사참석자를 비롯한 출입 인원, 장비 및 차량 등의 모든 인적·물적 출입요소의 인가 및 확인 여부를 표시하기 위하여 사용되는 중요한 수단이다. 비표는 참석자의 신원과 인가여부를 확인하고 구분하는 도구임과 동시에 행사참석자의 활동범위를 지정해주는 통제수단이다.

비표는 모양이나 색상이 원거리에서도 식별이 용이하도록 단순하고 선명하게 제작하여 사용함으로써 경호조치의 효율성을 증대시키고, 재생이나 복제가 안 되어야 한다.

2) 금속탐지기

인적·물적 출입요소의 이상 유무와 위해물품 반입여부를 확인하기 위한 금속탐지기는 금속성 물질에만 제한적으로 반응하는 특징이 있다. 또한 금속탐지기는 주위에 있는 금속성 물질, 전기적 물체, 주파수 및 통과속도의 영향을 받는 점을 고려하여, 설치장소 및 운용에 유념한다.

금속탐지기[5]는 크게 문형 금속탐지기와 휴대용 금속탐지기로 구분할 수 있다. 문형 금속탐지기는 행사의 성격이나 행사참석자의 성향에 따라 적절한 감도를 설정하여 운용하게 되고, 문형 금속탐지기에서 반응이 나타난 사람이나 거동이 수상한 사람에 대해서는 휴대용 금속탐지기로 정밀 검색한다.

---

5) 검색대에서 기존의 금속탐지기로 몸 구석구석을 검색당하는 불쾌감이나 전신검색기를 통하여 알몸을 노출시키는 모욕감을 느끼는 경우가 있었다면, 앞으로는 이러한 문제를 해결할 수 있는 새로운 탐지기가 나올 전망이다. 바로 '테라헤르츠(Terahertz) 전파'를 사용해 영상뿐만 아니라 가방이나 컨테이너 속의 물체 종류까지 파악할 수 있는 기술이다. 엑스-레이(X-Ray)처럼 모든 물질을 통과하지만, 무엇보다 방사능 물질이 방출되지 않아 안전하다는 특징이 있어 인체에 해를 덜 미칠 뿐 아니라 사물의 성분을 좀 더 명확하게 파악할 수 있게 해준다. 이는 사람이 검색대를 지나가기만 해도 금속 흉기뿐 아니라 액체 폭탄까지 자동으로 찾아낼 수 있는 투시 영상기기로, 이 때문에 그동안 잡아내기 힘들었던 액체 폭탄류나 독극물도 테라헤르츠 전파 검색대를 벗어나기 어려울 것으로 예상된다.

Ⅱ. 안전대책

안전활동은 행사장 주변의 각종 위해요소를 사전에 색출 및 제거함으로써 행사장을 안전지대로 확보하기 위한 제반 활동을 말한다. 행사장 주변의 인적·물적·지리적 위해요소가 그 대상이며, 인적·물적·지리적 위해요소에 대한 취약성을 판단하고, 각 요소에 대한 적절한 경호조치를 강구하며, 행사 종료 시까지 안전상태를 유지한다.

1. 취약요소 판단

경호원은 각자가 현장에서 직접 행사장의 취약성에 대한 판단을 내리고 상응하는 대비책을 강구해야 한다. 또한 경호원 각자의 근무지에 대한 취약성 판단을 취합하여 종합적인 경호대책이 수립되어야 한다. 행사나 행사장에 대한 취약성을 판단할 때, 반드시 경호대상자의 입장에서 위협요소를 판단하고, 위해기도자의 입장에서 행사장의 취약성을 판단해야 한다. 위해기도자가 자신을 은폐하거나 공격무기를 은닉하거나 공격지점으로 삼을 만한 장소, 위해기도자가 공격무기로 삼을 만한 물질이나 공격에 이용할만한 시설물, 위해기도자 자신을 위장하기 위한 방법이나 침투방법, 공격이 예상되는 취약한 시기, 기타 예상 가능한 공격 방법 등에 관한 면밀한 검토와 그에 따른 대비책이 강구되어야 한다.

위협의 형태는 경호대상자의 유형만큼이나 다양하다. 일부 유명인사는 항상 위협요소를 달고 다닌다. 연예인 등의 유명인사가 몰고 다니는 군중은 잠재적인 위협요소이며, 위해기도자가 군중 속에 숨어서 기회를 엿보고 있을 수도 있다.

2. 검측활동

1) 검측

행사장의 안전을 확보하기 위한 검측활동은 경호행사의 전제조건이다. 안전이 확인되지 않은 행사장에 경호대상자를 모실 수는 없다. 검측은 행사장 내의 물적위해요소 및 불안전요소를 탐지하여 필요한 안전조치를 취하고, 이와 관련된 비상대책을 강구하는 안전활동이다. 검측활동의 목적은 폭발물과 같은 물적위해요소를 이용한 의도된 위해행위를 거부하고, 사고로 이어질 수 있는 시설물의 불안전요소를 제거하고, 화재나 정전 등과 같이 행사에 영향을 미칠 수 있는 사고에 대비하고, 기타 우발상황의 발생을 미연에 방지하기 위한 것이다. 검측활동은 시설물의 안전진단에서부터 은닉된 위해물질의 수색, 냉난방시설이나 가스시설 등의 안전성 점검, 화재시에 대비한 소방시설 점검 및 정전에 대비한 전기시설 점검은 물론, 승강기 안전에 이르기까지 광범위하게 진행된다.

최근에는 사제폭발물 관련 사고가 급증하고 있는 추세로, 이에 대한 각별한 주의가 요구된다. IED (Improvised Explosive Device)라 불리는 사제폭발물은 급조된 폭발물이라는 뜻으로, 정해진 규격이나 절차와 관계없이 제작·설치된 폭발물이다.[6] 사제폭발물은 제조비용이 저렴하고 제작도 쉬워 아무나 만들 수 있다는 취약성을 안고 있다. 사제폭발물은 우리 주변의 생활도구를 이용하여 다양한 형태와 크기로 제작하기 때문에 폭발물이라고 판단하는데 어려움이 따르고, 내부에 금속성 물질을 사용하지 않고 플라스틱이나 액체폭약을 사용할 경우에는 금속탐지기에 의한 검색의 어려움이 따른다. 또한 군용 폭발물에 비해 불안정하기 때문에 폭발의 위험성이 따르고, 폭발 스위치 제작방법이 다양하여 이동 및 처리에 많은 어려움이 있다.

검측활동 시에는 위해분자는 인간의 습성(위를 보지 않는 습성, 더러운 곳을 싫어하는 습성, 공기가 탁한 곳을 싫어하는 습성)을 최대한 활용한다[7]는 점을 명심하고, 다음과 같은 원칙에 입각하여 상하좌우 빠지는 부분이 없도록 반복 중첩되게 실시한다.

① 건물 내부에서 외부로 실시한다.

② 건물 내부는 낮은 곳에서 높은 곳으로 실시한다.

③ 건물 외부는 가까운 곳에서 먼 곳으로 확산해서 실시한다.

6) 2013년 4월 15일 제117회 보스턴마라톤대회 테러사건의 범인 차르나예프 형제는 '압력솥 폭탄'을 이용하였다. 합동수사팀은 "수거된 잔해물 가운데는 검은색 배낭으로 보이는 나일론 조각과 쇠구슬, 쇠못 등이며, 압력솥 용기에 담겨져 있던 것으로 추정된다"고 밝혔다.

7) 김명곤(2005), 안전검측론, 서울: 경호출판사, p. 129.

또한 시설물에 대한 검측 시에는 다음의 수칙을 잘 준수하여 철저히 검색한다.

① 모든 버튼은 눌러 본다.
② 모든 물품은 육안으로 확인하고, 기기는 직접 조작해 본다.
③ 모든 선은 끝까지 추적하여 확인한다.
④ 시건장치는 열어서 확인하고 닫는다.
⑤ 모든 비품은 이동시켜 본다.

2) 검색

검색은 경호대상자에게 위해를 가할 수 있는 물체를 찾아내기 위한 활동으로, 주로 행사에 참석하는 인원과 종사자의 안전성 여부를 확인하기 위한 과정이다. 인원에 대한 검색은 주로 금속탐지기를 이용하여 위해에 사용될 수 있는 무기나 위해물질을 찾아내기 위한 작업이다. 검색은 행사에 참석하는 사람들의 몸이나 소지품을 확인하는 과정이기 때문에, 참석자가 불쾌감을 갖지 않도록 언행에 유념하고 소지품이 파손되지 않도록 조심한다. 일반적인 검색 근무 시 유의사항은 다음과 같다.

첫째, 참석자의 동태 및 표정을 살핀다.

둘째, 비표 패용 여부를 확인한다.

셋째, 은닉 및 위장 가능성이 있는 물품에 유념해서 검색한다. 필기구나 전자제품은 개방해서 정상 작동 여부를 확인한다.

넷째, 개방이나 작동이 곤란한 물품, 또는 파손 우려가 있거나 내부 확인이 곤란한 물품은 본인이 직접 개방해서 작동해 보도록 요청하거나 X-Ray를 이용하여 검색한다.

다섯째, 액체 및 캔류는 그 내용물을 확인한다.

여섯째, 금속탐지기에서 경보음이 울릴 경우에는 그 발생원인을 끝까지 추적하여 확인한다. 촉수검색이나 휴대용 금속탐지기를 이용하여 경보음의 발생원인이 규명되어야 한다.

금속탐지기가 비교적 정확하기는 하지만, 어차피 기계장치이기 때문에 오작동이나 오차가 생길 수 있다. 따라서 검색 근무 시 금속탐지기에 전적으로 의존해서는 안 되고, 근무자의 오관과 육감을 이용한 감시활동에 만전을 기해야 한다. 특히 국내외 위해사건의 47%가 행사장에서 발생하였고, 위해수단으로 총기(55.2%)와 폭발물(24.2%)이 가장 많이 사용되는 점을 고려하면(이두석, 2010),[8] 행사참석자와 출입인원에 대한 철저하고도 예외 없는 검색은 필수적이라 할 수 있다.

또한 경호원은 최신의 불법무기와 사제폭발물의 제작 및 유통 정보에도 정통하여, 휴대폰 총기[9]나 만년필형 총기와 같은 개인 휴대물품을 이용한 위해무기의 반입을 적극 색출해내야 한다.

3) 검식

검측활동에는 경호대상자에게 제공되는 음식료의 안전을 확인하고 점검하는 검식활동을 포함한다. 검식활동은 경호대상자에게 제공되는 음식물의 이상유무(위해성, 위생상태, 조리상태, 양, 맛, 모양, 온도 등)를 검사하고 확인하는 경호활동이다. 과거 왕조시대에는 임금에게 올리는 수라상을 기미상궁이 먼저 기미(氣味)를 본 후에 이상이 없으면, 임금이 식사를 하였다. 기미를 본다는 것은 음식의 냄새와 맛을 통하여 음식의 이상유무를 확인하는 것으로, 지금의 검식활동을 의미한다.

검식활동은 식재료의 구매 · 운반 · 저장과정에서의 안전성을 확보하고, 조리과정의 위생상태를 점검하며, 경호대상자에게 음식료가 제공될 때까지의 안전상태를 지속적으로 확인한다. 또한 출처가 불분명한 음식료가 경호대상자에게 제공되어서는 안 된다.

3. 안전대책

검측활동이 주로 행사장 내부나 내곽의 인적 위해요소 및 물적 위해요소를 대상으로 하는 안전활동이라면, 안전대책은 주로 행사장 외곽의 지리적 취약요소 및 물적 위해요소를 대상으로 하는 안전조치활동을 말한다. 행사장 주변이나 이동로 주변

8) 국내외 위해사례를 분석한 200건 중, 위해수단이 명확한 165건의 사례를 분석한 결과, 총기류를 이용한 위해사건이 91건으로 전체의 55.2%를 차지하였고, 다음으로 폭발물을 이용한 위해사건이 40건으로 24.2%를 차지하여, 전체 위해사건의 약 80%는 총기류와 폭발물을 이용한 위해사건으로 나타났다. 그 외 도검류가 7.3%(12건), 대공포가 3.6%(6건), 항공기와 독극물이 각각 3.0%(각 5건), 수류탄이 2.4%(4건)를 차지하였고, 차량을 이용한 위해사건과 납치 사건이 각각 1건이 발생하였다.

9) 2000년 후반 유럽에서 처음 등장하였으며, 5.56mm 실탄 4발이 장전 가능하고, 휴대폰 버튼을 눌러 발사한다. 발칸지역에서 제작된 것으로 보이며, 들었을 때 무게감이 느껴지고, 근거리에서 사격시 살상도 가능하다.

의 건물이나 감제고지 및 수림지 등이 위해기도자에게 유리한 환경을 제공해주지 못하도록 봉쇄하거나 거부하고, 무기나 위험물질 등이 안전하게 관리되도록 조치하는 제반 안전활동이다.

행사장 주변의 건물에 대해서는 입주자나 출입자를 확인하고 통제함으로써, 위해기도자에게 은신처를 제공하지 못하도록 조치하고, 감시조나 역감시조를 운용하여 위해징후를 감시한다. 미국의 케네디 대통령을 암살한 오스왈드10)는 케네디 대통령의 이동로에 대한 정보를 입수하고, 케네디 대통령을 태운 본대가 서행할 수밖에 없는 곡각지에 위치한 텍사스교과서 창고 건물에 하루 전에 잠입하여, 본대가 곡각지를 돌아 서행하는 순간을 노려 저격을 감행하였다. 그러나 미국의 SS는 해당 건물에 대한 사전점검이나 출입 봉쇄조치는커녕, 당일에 근무자 배치도 하지 않았다.

또한 행사장이 직시되거나 은신이 가능한 행사장 주변의 감제고지나 수림지 등에 대해서는 일제 수색을 실시하고 근무자를 거점 배치하여 적의 침투를 거부한다.

특히 공경호에서 해당되는 경우가 많겠지만, 행사장 주변의 위험물이나 위험시설 등 경호에 형향을 미칠 수 있는 요소들에 대한 관리와 통제가 필요하다. 다이너마이트 등의 폭발물이나 독극물을 취급하는 장소 및 이러한 물질 등의 이동에 관한 주의가 요망되며, 사격 연습장이나 주변 군부대 등의 화기류에 대한 통제 및 감시도 필요하다.

4. 안전유지

안전유지는 검측활동을 통하여 안전이 확보된 경호핵심지역에 대한 인원의 출입 및 물품의 반입을 확인하고 통제함으로써, 경호인력 배치 시까지 행사장을 안전하게 관리하는 경호조치이다. 행사장에 출입하는 인적·물적 요소를 지정된 통로를 통하여 출입하게 하고, 출입요소를 확인하고 점검하는 과정에서 위해요소의 접근을 거부하고 색출해내기 위한 것이다.

---

10) Lee Harvey Oswald (1939 - 1963, 당시 24세)는 1963년 11월 22일 미국의 제35대 대통령 John F. Kennedy를 텍사스주 달라스에서 암살하였다. 케네디 대통령은 당일 상공회의소 주최 텍사스 실업인과의 오찬행사에 참석하기 위하여 달라스 Love Field 공항에서 Trade Mart로 이동 중이었다. 케네디 대통령은 Connally 텍사스 주지사 내외와 함께 무개차를 타고 Dealey 광장을 시속 11마일의 속도로 통과하는 순간, 텍사스교과서 창고건물 6층에서 범인이 발사한 소총탄에 후두부를 맞고 사망하였다.

경호원들이 행사장에 도착하는 순간, 행사에 대한 보안은 일정 부분 노출되었다고 볼 수 있다. 그렇기 때문에 불순분자의 잠입이나 위해기도가 예상되며, 그러한 기도를 봉쇄하기 위한 조치이다. 선발대가 행사지역에 도착하기 이전에 이미 행사가 예정되거나 예상되는 순간, 해당 행사장에 대한 보안은 노출되었다는 가정 하에 필요한 조치가 요구된다. 그러기 위해서 인원 및 물자에 대한 출입통로를 지정하여 안전요원의 확인 하에 출입이 허용되고, 필요한 작업은 안전요원의 감독 하에 이루어져야 한다.

또한 행사장의 안전을 확인하고 발생 가능한 우발상황에 대한 대비책까지 강구해야 하는 검측활동은 많은 위험과 수고가 수반되는 어려운 작업이다. 이렇게 어렵게 확보된 행사장의 안전을 전 경호인력이 배치될 때까지 유지하는 일도 어느 경호조치 못지않게 중요한 일이다. 특히 야간의 안전유지근무는 육체적으로 힘들고 수면부족과 생체리듬의 변화로 많은 어려움이 따르지만, 정신력과 사명감으로 극복해야 한다.

체첸공화국의 카디로프 대통령은 디나모 스타디움에서 거행된 승전 기념행사에 참석하였다가, 귀빈석 밑에 설치된 것으로 추정되는 폭발물의 폭발로 인하여 사망하였다. 사건 후 내무부 대변인은 단상의 보수공사는 3개월 전부터 시행되었으며, 폭발물은 3개월 전에 매설된 것으로 추정한다고 발표하였다. 또한 내무부 부장관은 폭발물이 스탠드 하단의 기둥 중 한 곳이나 바닥에 매설된 것으로 보인다고 말하였다. 사건 직후 작업에 종사하였던 인부들의 신원이나 소재도 파악되고 있지 않다. 행사장 안전유지와 작업감독, 반입물품의 확인 및 공사 관계자들에 대한 신원확인의 중요성이 새삼 확인되는 사례이다.

Ⅲ. 정보 · 보안대책

1. 정보활동

경호정보는 경호환경이나 위해기도자에 대한 지식의 총체이며, 이는 경호계획 및 경호조치의 기초가 되는 것으로, 경호의 성패는 경호정보의 양과 질에 의하여 결정된다. 따라서 경호정보활동은 폭넓은 정보 네트워크를 구축해서 다양한 경호 관련 정보를 수집·분석하여 정확한 정보를 제공함으로써, 합리적이고 체계적이며 효율적인 경호임무 수행의 밑거름이 되어야 한다.

흔히 '3중 경호' 또는 '종심방어'라고 하는 경호개념은 중첩경호가 목적이다. 이러한 개념의 2선 및 3선의 주임무는 위해요소를 걸러내거나 위해동향에 대한 조기 경보체제를 갖추기 위한 것이다. 조기경보체제를 갖춘다는 것은 위해요소나 위해동향에 대한 정보를 빠른 시간 내에 입수하여 그에 대한 대비책을 마련하고 대응할 수 있는 시간적 여유를 갖기 위한 것이다. 1선은 조그마한 빈틈도 허용치 않는 마지막 방어선이지만, 2선은 출입요소에 대한 제한적인 통제를 통하여 위해요소의 접근을 차단하고, 외곽의 3선은 인원이나 물품의 자유로운 왕래를 허용한 가운데, 경호대상자에게 위해가 되거나 위해를 가할 만한 요소나 움직임을 사전에 찾아내야 한다.

경호를 준비하는 예방활동단계의 정보가 광범위하고 간접적이라면, 현장에서의 위해동향 정보는 보다 구체적이고 직접적이다. 사전 준비단계에서는 위해정보뿐만 아니라, 경호계획을 수립하고 경호의 방향을 결정하는 데 필요한 행사와 행사장, 또는 교통과 기상 등과 관련된 다양한 정보 자료가 요구된다. 반면에 현장 정보는 직접적인 위해나 행사 방해행위에 관한 정보활동에 중점을 둔다. 현장 정보는 경호대상자에 대한 직접적인 위해기도나 행사에 영향을 줄만한 시위나 집회, 위해물질의 이동 등에 관한 구체적인 움직임을 포착하여 전파하고 대비책을 강구한다. 따라서 현장에서의 정보활동은 위해나 행사 방해책동이 예상되는 인물이나 단체에 대한 추적 감시는 물론이고, 때로는 그들과 직접 타협이나 협상을 벌여야 할 필요성도 있다.

2. 보안활동

목표에 대한 정보 수집은 공격에 필요한 사전 준비작업이다. 경호대상자의 신변을 안전하게 보호하기 위해서는 적의 공격준비가 잘 안되도록 방해를 할 필요가 있으며, 그렇기 때문에 경호대상자에 관한 정보의 통제는 매우 중요하다. 보안은 적의 공격(위해기도)준비에 도움이 되는 정보를 제한하는 것을 말한다.

정보 보안의 기본 원칙은 '알 필요성(need to know)'이다. 알 필요성이 없는 사람은 경호대상자에 관한 정보에 접근해서는 안 된다. 정보는 '알 필요성'에 근거해서 배포되어야 한다. 보안의 원칙 두 번째는 사용자가 필요한 만큼 적당한 양을 전달하도록 하는 적당성의 원칙이다. 정보가 부족해도 임무 수행에 장애가 되지만, 잡다하게 많은 정보도 경호조치에 혼란만 가중시킬 뿐이다. 셋째로, 보안을 지나치게 강조할 경우 생산된 정보가 사용자에게 제대로 전달되지 않아 정책결정에 사용하지 못하는 보안과 능률의 원칙이 있다.

행사와 관계된 주변인물에 대한 보안교육도 병행되어야 한다. 항상 적은 내부에 있다고 하였다. 행사관계자나 주변 사람들에게 경호대상자의 안전을 위협할만한 어떠한 정보도 외부에 제공되지 않도록 보안점검과 교육이 실시되어야 한다. 경호대상자가 언제, 어디에서, 무엇을 할 것인가에 대한 정보는 철저히 보호되어야 한다. 나아가 평상시에는 경호대상자가 어느 골프클럽의 회원권을 갖고 있고, 어느 헬스클럽에 다니는지 등의 개인정보도 보안이 유지되어야 한다. 이는 곧 그가 어느 시점에는 어느 장소에 있을 수 있다는 가능성을 내포하기 때문이다.[11]

암살범이나 납치범 또는 테러분자가 목표를 선정하는 첫 번째 조건은 면식(awareness)이다.[12] 따라서 경호대상자의 가족이나 경호대상자의 개인정보에 쉽게 접근할 수 있는 가까운 사람들은 보안점검을 받아야 하며, 이들의 언행 등에 관한 지속적인 동태파악도 중요하다. 실제로 인도의 간디 수상은 자신의 경호원의 총에 암살을 당하기도 하였다.[13]

---

11) Thompson, Leroy (1984), Dead Clients Don't Pay: The Bodyguard's Manual, Colorado: Paladin Press Book, p. 104.
12) Rapp, Burt and Lesce, Tony(1995), op. cit., p. 19.
13) Indira Gandhi 수상은 시크교도들과의 갈등 속에, 1984년 10월 31일 영국 배우와 인터뷰를 하기 위해 이동 중 관지 정원에서 경호원(Satwant Singh과 Beant Sjngh)이 발사한 기관단총에 암살당하였다.

제4절 비상대책

우리 속담에 "설마가 사람 잡는다"라는 말이 있다. 이 속담은 '어떻게 잘 되겠지' 또는 '아무 일 없겠지'하는 안이한 생각과 막연한 기대감을 갖고 행동하다가는 큰 낭패를 볼 수 있다는 경고의 의미를 담고 있다. '설마'하는 막연한 기대는 수고와 인력과 자원을 조금 아껴보려는 비과학적이고 무계획적인 자기편의적 사고의 결과이다.

경호는 결코 요행을 바라서는 안 된다. 경호는 오로지 경호전문가인 내가 준비하고 확인하고 조치하고 대비한 것만을 믿어야 한다. 한 사람의 생명을 책임지고 있는 경호는 '설마'에 의존해서는 안 된다. 적은 내 생각대로 움직이는 것이 아니라, 내가 '설마'라고 생각한 바로 그 방식대로 움직이고 공격해온다는 것을 기억해야 한다.

또한 경호원은 어제와 오늘은 다르다는 것을 진정으로 인식해야 한다. 어제 아무 일도 없었다고 해서 오늘도 무사하리라는 생각은 금물이다. 위기가 아닐 때 위기에 대비해야 하고, 우발상황이 예상되지 않을 때 우발상황을 예상하고 대비책을 강구해야 한다. 비상상황이 발생하면, 모두가 우왕좌왕하기 쉽다. 비상상황에서는 사전에 약속된 행동지침과 시나리오에 따라 일사분란하게 상황을 타개해나가야 한다.

내부적으로는 방호와 대적, 통로 개척 등의 임무가 명확히 구분되고, 상황에 따른 대피계획이 사전에 결정되어 있어야 한다. 외부적으로는 부서 간 역할이 분담되고, 지휘체계가 확립되어야 한다. 라빈 수상 암살사건 당시, 수상의 피격상황이 일선 경찰에 제대로 전달되지 않아, 병원으로 이동 간 수차례 경찰의 검문을 받아야 하였다. 비상상황 타개를 위한 지휘계통이 확립되지 않은 점은 교훈으로 삼을 만하다. 비상대책은 유능한 경호팀의 위기관리능력을 보여주는 척도인 것이다.

Ⅰ. 비상대책

1. 비상대책의 의의와 중요성

“경호는 경호대상자의 생명과 재산을 각종 위해로부터 보호하기 위한 활동”이라는 경호의 정의는, 다시 말하면, 경호대상자의 생명과 재산을 노리는 다양한 형태의 위해행위가 있기 때문에 경호도 존재한다는 의미이다. 경호대상자의 생명과 재산을 위협하는 위해행위는 경호팀에게는 중대한 위기상황이 될 것이다. 이러한 위기상황에 효과적으로 대처하기 위하여 경호원은 항상 비상상황에 대비한 행동계획과 대책을 갖고 있어야 한다. 그것이 경호원이 존재하는 유일한 이유이다.

비상대책이란 행사장에서 예상되는 위해행위와 시위나 소란행위, 화재나 정전 등 경호행사의 정상적인 진행에 영향을 줄 수 있는 다양한 우발상황에 즉각 대처할 수 있는 수단을 말한다. 이러한 우발상황에 대비하여 경호지휘소에서는 각 지원요소별로 연락망을 구성하고, 조기경보체제를 유지하며, 즉각 출동할 수 있는 대기태세를 갖추도록 조치하여야 한다.

경호팀 내부적으로는 방호와 대적, 통로 개척 등의 임무가 명확히 구분되고, 상황에 따른 대피계획이 사전에 결정되어 있어야 한다. 외부적으로는 부서 간 역할이 분담되고, 지휘체계가 확립되어야 한다. 비상대책은 우발상황으로부터 경호대상자의 신변을 안전하게 보호하고, 발생한 우발상황을 신속하고 효과적으로 타개함으로써 우발상황으로 인한 인적·물적 피해를 최소화하는데 그 의의와 중요성이 있다.

2. 비상대책의 분류

비상대책은 비상대피계획과 비상대응계획으로 구분할 수 있다. 비상대피계획은 위험이 발생한 현장을 신속히 벗어나 안전한 곳으로 피신하기 위한 계획을 말하고, 비상대응계획은 정전이나 화재 등으로 인한 위험상황이 발생한 경우 그 원인을 제거하고 수습하기 위한 계획을 말한다.

1) 비상대피계획

비상대피계획에는 비상통로(비상대피로), 비상대피소, 비상대기차량 및 예비도로가 준비되어야 한다. 행사장을 선정할 때에는 비상상황 발생 시 사용할 수 있는 퇴각로가 없는 막다른 골목 안에 위치한 행사장은 가급적 피해야 한다. 비상 상황은 비단 위해분자의 공격에 의해서만 발생하는 것은 아니다. 행사장에 있는 가스나 보일러가 폭발할 수도 있고, 어떠한 이유로 군중이 갑자기 동요하여 공격을 해올 수도 있으며, 심지어는 행사장으로 시위대가 몰려올 수도 있다. 그것이 어떠한 상황이건 더 이상 정상적인 행사의 진행이 어렵고 경호대상자의 안전에 위협이 되는 상황이 발생할 경우, 행사장을 신속히 이탈할 수 있는 비상대피로가 선정되고 비상대기차량이 확보되어야 한다.

또한 행사장 안에는 비상상황 발생 시 잠시 안전하게 머무를 수 있는 비상대피소가 마련되어야 한다. 행사장인 현 위치에서 비상대피소로 연결되는 비상통로는 경호원 모두가 숙지하고 있어야 한다. 화재와 같은 내부에서의 문제 발생 시 긴급히 외부로 대피할 수 있는 비상통로가 선정되어야 하고, 그 출구에는 예비차량을 대기시켜 놓아야 한다.

기동 간에는 주코스로 선정한 도로 상에 문제가 발생하였을 때를 대비하여 예비코스가 선정되어야 하고, 이러한 정보를 획득할 수 있는 수단이 강구되어야 한다. 필요시 차량을 본대에 앞서 보내서 전방의 상황을 보고하게 할 수도 있다. 이스라엘의 라빈 수상 암살사건 당시, 행사장에서 병원으로 이르는 도로가 막혀서 라빈 수상의 본대가 우회도로로 이동함에 따라 이동에 많은 시간을 허비하였던 사례가 있다.

2) 비상대응계획

비상대응계획으로는 화재에 대비한 소방대책, 정전에 대비한 전기대책, 승강기의 고장에 대비한 구조대책, 위급상황에 대비한 구급대책 등이 강구되어야 한다.

전기는 행사에 직·간접적으로 큰 영향을 미치기 때문에 우선적으로 확인하고 점검한다. 예비전원 및 비상전원을 확인하고, 정전 시에 대비하여 DC등[14]을 준비

14) 정전 시에 대비하여 행사장이나 이동로 상에 설치하는 직류(DC)전등으로, 상시 교류전원에 의하여 충전된 축전기에 의해 상시전원의 정전 시 자동으로 점등되는 비상전등.

하며, 조명시설 등의 불량여부를 점검한다. 실내행사 시에는 경호원들은 소형 플래시를 준비하여 정전에 대비한다.

화재에 대비하여 위험물 현황이나 가스시설을 확인하고, 소화기를 비롯한 소방시설을 점검 · 재배치하며, 소방차를 대기시키거나 연락망을 구축한다. 또한 고층건물에서는 고가사다리차가 중요한 탈출수단이기 때문에, 경호대상자의 숙소를 외부에 잡을 때에는 고가사다리차의 작업 한계를 고려하여 선정하는 것이 바람직하다.

승강기는 거의 모든 건물에 설치되어 있는 중요한 시설로, 승강기의 구조 및 사용법에 대한 이해가 요구된다. 승강기 사고 시의 연락방법 및 구조요령을 숙지하고, 승강기 기사와의 연락수단도 강구한다.

〈표 5-1〉 비상대책

비상대피계획	비상대피로	위험 발생 현장을 벗어나기 위한 대피통로
	비상대피소	비상상황 발생 시 잠시 안전하게 머무를 수 있는 장소
	비상대기차량	비상상황 발생 시 별도로 사용할 수 있는 예비차량
	예비도로	주도로 사용 불가시 사용할 수 있는 우회도로
비상대응계획	소방대책	화재 경보 및 진압을 위한 장비 및 계획
	전기대책	정전 시 대비책(비상전원, DC등, 플래시 등)
	구조대책	승강기 고장 또는 고층건물로부터의 탈출계획
	구급대책	응급처치를 위한 의료장비와 약품 및 최기병원

Ⅱ. 구급대책

1. 구급병원(최기병원)

미국의 Reagan 대통령은 SS가 구급대책을 강구해 놓았음은 물론, 구급 상식을 갖춘 경호원에 의해 신속히 병원으로 이송되어 생명을 건질 수 있었다. 반면에 이스라엘의 Rabin 수상은 피격 당시 본대에 의료진이 포함되어 있지 않았을 뿐만 아니라, 위급상황이 병원에 통보되지 않아 수술도 신속히 받지 못함으로 인해 결국 사망하고 말았다. 그 후 이스라엘은 본대에 의료진을 편성하고, 행사장에서 가까운 병원을 구급병원으로 선정하여 만약의 사태에 대비하고 있다.

행사장은 물론이고, 기동 간에도 구간마다 이용할 수 있는 병원을 확인하고 연락망을 확보해두어야 하며, 주치의나 지정병원과의 연락체계가 항상 유지되어야 한다. 경호원은 기초적인 구급상식은 물론 응급처치방법을 익히고 있어야 하고, 평상시 경호대상자의 건강상태에 대한 정확한 확인과 관심이 필요하다. 경호대상자의 위급상황에 대비하여 필요한 혈액과 비상약품함, 경호대상자의 진료기록카드를 준비한다. 화재 시에 대비한 휴대용 공기호흡기의 준비도 필요하다. 최상의 경호팀은 구급법을 배운 요원이 편성된 팀이다.

2. 응급처치

응급처치는 전문 의료진의 조치가 불가능한 상황에서 경호원이 시행하는 일시적인 구급행위를 말한다. 경호원의 응급처치를 위해서는 항상 기본적인 의료장비와 약품이 준비되어 있어야 한다.

1) 이동 간 응급조치

우발상황 발생으로 인하여 경호대상자가 상해를 입은 상태에서 신속히 현장을 이탈해야 하는 경우가 있을 수 있다. 이러한 상황에서는 경호대상자가 구급차를 이용하지 못하고 의료진의 도움도 받을 수 없는 경우가 많다. 경호원이 상해를 입은 경호대상자를 모시고 병원으로 이동하는 동안에 취할 수 있는 기본 응급처치요령은 다음과 같다.

(1) 경호대상자의 의식상태, 출혈, 부상정도를 확인하고 상황을 전파한다.

(2) 기본 인명구조술을 실시한다.(가슴압박, 기도유지, 인공호흡, 지혈 등)

(3) 경호대상자가 의식을 잃지 않도록 한다.(말을 건다)

(4) 몸을 편하게 눕히고 호흡을 편하게 해준다.

(5) 뇌에 혈액이 공급되도록 하체를 높인다.

(6) 체온을 보호하고 기본 응급조치를 한다.

(7) 출혈 시에는 직접 지혈을 하고, 골절 부위에는 부목을 설치한다.

2) 상해 시 응급조치

총기나 폭발물에 의한 상해를 입었을 경우에는 신체 부위에 따라 그에 맞는 기본적인 응급처치를 하여야 한다. 그리고 가능한 한 신속하게 최기병원[15]으로 후송하여 전문 의료진의 치료가 이루어지도록 하여야 한다.

(1) 머리 손상

- 숨을 편하게 쉴 수 있도록 도와준다(기도유지).
- 의식이 없을 경우에는 환자를 옆으로 눕혀 이물질에 의한 질식을 예방한다.
- 밖으로 나온 부위는 제거하지 말고 소독한 거즈로 감싸서 오염되지 않도록 하며, 무리하게 밀어넣거나 제거하지 않는다.
- 출혈은 깨끗한 거즈 등을 대고 압박붕대 등으로 감싸거나 손으로 눌러 지혈한다.
- 경련을 일으키면 그냥 편하게 두고, 아무것도 먹이지 않는다.
- 눈을 비비거나 코를 풀지 않도록 하고, 상처 부위가 오염되지 않도록 한다.

(2) 목 손상

- 손바닥으로 지혈 및 붕대 등으로 감은 후 최기병원으로 후송한다.
- 호흡을 유지시켜주고, 목 부위의 부상은 척추 및 척수의 손상을 초래하므로 움직이지 않도록 하고, 필요시 부목 등의 도구를 이용하여 고정시켜 목의 꺾임을 방지한다.

15) 행사장에서 가장 가까운 병원으로, 경호대상자를 치료하기에 충분한 시설과 의료진을 갖춘 병원을 최기병원으로 선정하여 응급상황 발생 시에 대비한다.

(3) 가슴 및 복부 손상

- 우선적으로 지혈을 하고, 물을 마시지 않도록 하며, 젖은 거즈 등으로 입술을 적셔준다.
- 복부의 상처 부위로 내용물이 밖으로 나오지 않도록 눕힌 후 무릎을 굽혀 세워준다.

(4) 팔 · 다리 손상

- 상처 부위를 지혈한다.
- 지혈 후 부목을 이용하여 상처의 악화를 방지한다.
- 상처 부위를 높여 주어 통증을 감소시켜준다.

3. 기본 인명구조술

호흡이 정지되거나 심장이 멈추었을 때, 4~6분 이내에 심폐소생술이 시행되지 않으면 환자의 생존 가능성이 낮아진다. 기본 인명구조술(basic life support)은 의식이 없는 환자를 발견한 후 조기에 환자상태를 평가하고 구조를 요청하며, 호흡 및 혈액순환을 유지할 수 있도록 하는 심폐소생술의 초기단계를 말한다. 기본 인명구조술의 목적은 전문적 인명구조술에 의하여 환자의 심박동이 회복되어 혈액순환이 이루어질 때까지 뇌와 심장에 산소를 공급하는 것이다. 따라서 기본 인명구조술의 성공여부는 호흡 또는 심정지 후 얼마나 빠른 시간 내에 시작되느냐에 달려있다.

심정지 환자에게서는 기본 인명구조술이 심정지 후 4분 이내에 시작되고, 전문적 인명구조술이 8분 이내에 시작되어야 높은 생존율을 기대할 수 있다. 심정지 환자가 발생하면 목격자가 심정지를 빨리 인식하여 심정지 발생 사실을 빠른 시간내에 응급의료체계에 연락하여야 한다. 심정지 환자의 생존은 이를 발견한 목격자에 의해 좌우되기 때문에, 목격자는 즉시 심폐소생술을 시작하여 심정지 시간을 단축시켜야 한다. 심정지 환자를 살리는 심폐소생술의 순서는 CAB(가슴압박compression-기도유지airway-인공호흡breathing)으로 구성된다. 성인에서는 심정지의 원인이 주로 심실세동[16]이므로, 즉시 주변의 자동제세동기[17]를 이용하여

16) 심실세동(心室細動) : 심장의 박동에서 심실의 각 부분이 무질서하게 불규칙적으로 수축하는 상태.

응급조치를 취하거나 응급의료체계로 연락하여 조기에 전기적 제세동법 및 전문적 인명구조술이 시행되도록 하여야 한다.

1) 심정지 확인

쓰러져 있는 환자를 발견하면 의식소실 여부를 평가하기 위하여 환자를 가볍게 두드리거나 흔들면서 "여보세요, 괜찮습니까?" 또는 "정신 차리세요"라고 물어본다. 사고에 의한 환자에서는 경추손상이 동반될 수 있으므로 환자를 지나치게 흔들지 않는다. 환자의 반응이 없고 호흡이 없거나 비정상 호흡상태(심정지 호흡 포함)가 관찰될 경우에는 심정지 상태로 판단한다. 반응이 없더라도 움직임이 있거나 호흡을 하는 경우는 심정지가 아니다. 특히 심정지 호흡은 심정지 환자에게서 첫 수분간 흔히 나타나며, 이러한 징후를 놓치면 심정지 환자의 생존가능성은 낮아진다.

2) 119 신고

환자가 의식이 없으면 주변 사람의 도움을 요청하거나 응급정보센터(119)로 즉시 신고하여 환자의 위치, 연락하고 있는 곳의 전화번호, 환자발생 상황, 필요한 응급처치, 환자에게 시행되고 있는 응급조치 내용 등에 관하여 알려준 후, 환자의 호흡과 맥박이 있는지 확인한다. 환자의 맥박을 확인하고 심폐소생술을 하려면 환자를 반드시 눕혀야 한다.

3) 가슴압박

반응이 없으며 호흡이 없거나 비정상적인 호흡을 하면 119 신고 후 즉시 가슴압박을 시행한다. 환자를 딱딱한 바닥에 눕히고 환자의 가슴 옆에 무릎 꿇는 자세를 취한다. 먼저 환자의 가슴 중앙에 깍지 낀 두 손의 손바닥 뒤꿈치를 댄다. 손가락이 가슴에 닿지 않도록 주의하여야 하며, 양팔을 쭉 편 상태에서 체중을 실어서 환자의 몸과 수직이 되도록 가슴을 압박한다. 가슴압박은 성인에서 분당 100~120회의 속도와 가슴이 5~6 cm 깊이로 눌릴 정도로 강하고, 빠르게 압박한다. 또한 '하나', '둘', '셋', ---, '서른'하고 세어가면서 시행하며, 압박된 가슴은 완전히 이완되도록 한다.

17) AED(automated external defibrillator) : 부정맥을 보이는 심장에 고압전류를 극히 단시간 통하게 함으로써 정상적인 맥박으로 회복시키는 기기.

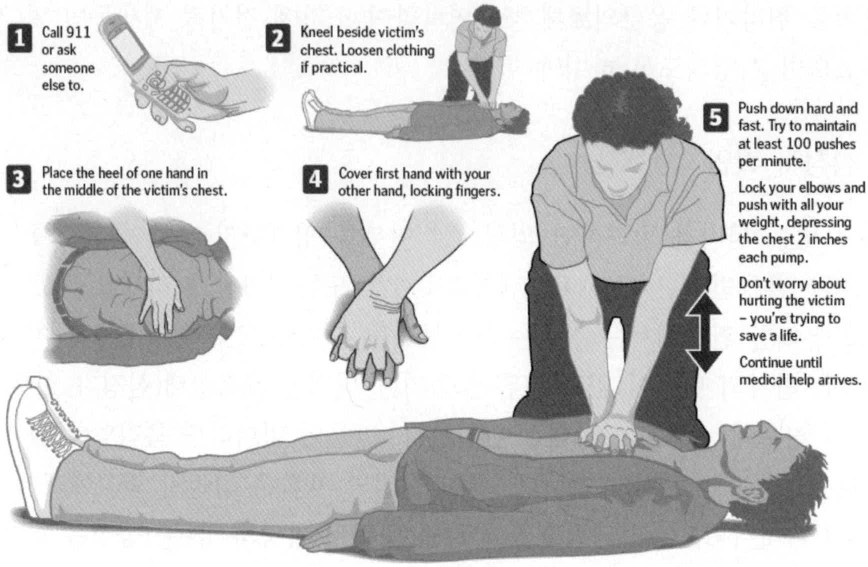

*자료: http://www.boston.com/news/health/articles/2010/11/01/hands_only_cpr.

가슴을 압박하는 방법은 다음과 같다.

○ 압박하는 속도는 1분에 100회 이상(100~120회)이다.

○ 성인의 경우 "최소" 5cm의 깊이(최대 6cm)로 압박하며, 압박과 이완시간은 같은 정도로 하고 각각의 압박 후에는 가슴이 완전히 올라오도록 한다.

○ 가슴압박은 강하고 빠르게 해야 하며, 가슴압박 중단을 최소화한다.

○ 가슴압박 대 인공호흡의 비율은 30:2가 되도록 한다.

○ 구조자가 여러 사람일 경우에는 2분마다 교대한다.

4) 기도 유지

인공호흡을 시행하기 위해서는 먼저 환자의 기도를 개방시켜야 한다. 의식을 잃은 환자는 혀가 뒤로 말려서 기도가 막힐 수도 있으므로, 환자의 머리를 뒤로 제치고 턱을 들어주어 기도를 유지한다(두부후굴 하악거상법). 그러나 사고에 의한 경우에는 경추손상이 있을 가능성이 있으므로 턱만 살며시 들어준다(하악견인법).

5) 인공 호흡

심폐소생술에서 인공호흡의 일차 목적은 적절한 산소화를 유지하는 것이고, 이차적 목적은 이산회탄소를 제거하는 것이다. 갑작스런 심실세동 심정지가 발생한 직후 몇 분 동안 인공호흡은 가슴압박보다 중요하지 않다. 심정지가 갑자기 발생한 직후에는 심폐소생술이 시작되기 전까지 동맥혈 내의 산소함량이 유지되기 때문이다.

머리를 젖혔던 손의 엄지와 검지로 환자의 코를 잡아서 막고, 입을 크게 벌려 환자의 입을 완전히 막은 뒤에 가슴이 올라올 정도로 1초 동안 숨을 불어넣는다. 숨을 불어넣을 때에는 환자의 가슴이 부풀어 오르는지 눈으로 확인한다. 숨을 불어넣은 후에는 입을 떼고 코도 놓아주어서 공기가 배출되도록 한다. 인공호흡 방법을 모르거나, 꺼려지는 경우에는 인공호흡을 제외하고 지속적으로 가슴압박만을 시행한다(가슴압박 소생술).

호흡이 없으면 다음과 같이 인공호흡을 실시한다.

○ 이마를 누르면서 턱을 들어 기도를 유지한 후, 환자의 입을 벌린다.

○ 환자의 코를 막고 자신의 입을 환자의 입에 밀착시킨다.

○ 공기를 서서히 1초 동안 불어 넣는다.

○ 가슴 상승이 눈으로 확인될 정도의 일회 호흡량으로 호흡한다.

○ 흉부압박 동안에 인공호흡이 동시에 이루어지지 않도록 주의한다.

○ 잡았던 코를 놓고 입을 떼어, 불어 넣은 공기가 밖으로 배출될 수 있도록 한다.

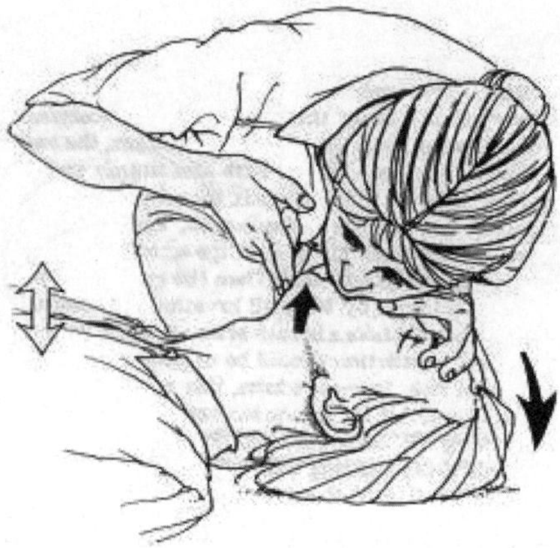

이후에는 30회의 가슴압박과 2회의 인공호흡을 119 구급대원이 현장에 도착할 때까지 반복해서 시행한다. 다른 구조자가 있는 경우에는 한 구조자는 가슴압박을 다른 구조자는 인공호흡을 맡아서 시행하며, 심폐소생술 5주기(30:2 가슴압박과 인공호흡 5회)를 시행한 뒤에 서로 역할을 교대한다.

6) 회복자세

가슴압박과 인공호흡을 계속 반복하던 중에 환자가 소리를 내거나 움직이면, 호흡도 회복되었는지 확인한다. 호흡이 회복되었으면, 환자를 옆으로 돌려 눕혀 기도(숨길)가 막히는 것을 예방한다. 그 후 계속 움직이고 호흡을 하는지 관찰한다. 환자의 반응과 정상적인 호흡이 없어지면 심정지가 재발한 것이므로 가슴압박과 인공호흡을 즉시 다시 시작한다.[18]

7) 제세동

갑자기 발생된 심정지의 대부분은 심실세동에 의해 유발되고, 심실세동의 가장 중요한 치료는 전기적 제세동이다. 제세동 성공률은 심실세동 발생 직후부터 1분마다 7~10%씩 감소되므로, 제세동은 심정지 현장에서 신속하게 시행되어야 한다.

심폐소생술 중 자동제세동기가 준비되면

(1) 전원을 켠다.

(2) 패드를 꺼내어 패드에 있는 그림대로 몸에 부착하고 제세동기와 연결한다.

18) 대한심폐소생협회(www.kacpr.org/cpr/index.html?cat=4).

(패드 1: 오른쪽 빗장뼈 바로 아래, 패드 2: 왼쪽 젖꼭지 옆 겨드랑이)

(3) 분석한다는 말이 나오면 모든 사람이 환자에게서 떨어진다.

(4) 자동제세동기가 분석 후 제세동(전기충격)을 줘야할지 흉부압박을 해야 할지 말해준다.

(5) 제세동이 필요 없다면 흉부압박을 계속하고

(6) 제세동이 필요하다면 충전중이라고 말이 나오고 떨어지라는 메시지가 나오면 떨어진다.

(7) 제세동 버튼을 누르라고 하면 누른 후 곧바로 흉부압박을 시행한다.

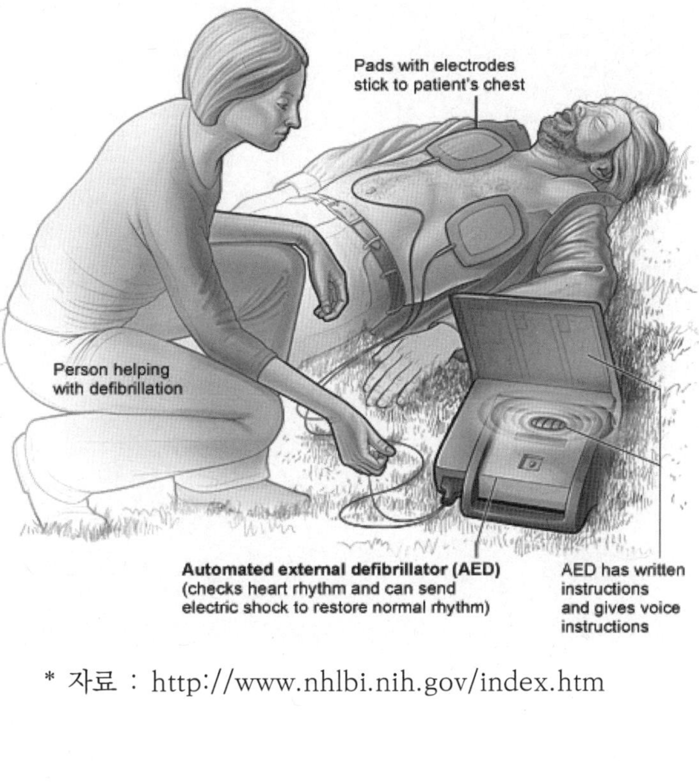

* 자료 : http://www.nhlbi.nih.gov/index.htm

제6장

경호실시단계

"본능적으로 소리가 난 방향으로 몸을 던졌으며,
그 순간 범인의 총구가 보였다."-데니스 맥카시

제6장 경호실시단계

제1절 서설

경호작용은 크게 위험의 발생을 사전에 제거하기 위한 예방작용과 실제로 위험이 발생하였을 경우 위험에 직접 대처하는 대응작용으로 분류할 수 있다. 경호준비단계와 경호대비단계가 예방경호 실현을 위한 예방작용이었다면, 경호실시단계는 위험의 발생 가능성에 직접 대응하는 대응작용이다.

경호행사 중에는 확인되거나 인가되지 않은 어떠한 인적·물적 요소도 경호대상자에게 접근하지 못하도록 철저하게 통제하여야 한다. 그러나 실체를 모르는 위해자를 대상으로 한 완벽한 예방경호와 통제의 실현이 현실적으로 불가능하다는 점을 인정한다면, 그 공백을 메우는 최선의 방책은 위험의 발생 시 위험을 무력화시키고, 그로 인한 피해를 최소화시키기 위한 즉각조치활동이다.

위험의 통제가 선발경호의 주목적이라면, 위험에의 대응은 수행경호의 주 임무이다. 수행경호는 위험과의 조우를 피하기 위하여 다양한 기만전술로 위해자를 따돌리고, 상황에 따른 기동대형과 도보대형을 통하여 위해자의 공격의도를 분쇄하고 공격기회를 차단하여야 한다. 수행경호는 위해자의 공격기회를 차단하기 위해서 움직이는 경호대상자를 근접에서 수행하며 움직이는 방패막이가 되는 것이다. 또한 공격 상황이 발생하면, 신속하고도 효과적으로 경호대상자를 보호하여 현장을 이탈하고 위해자를 제압하는 즉각조치가 팀워크를 통하여 한 치의 착오도 없이 이루어져야 한다.

경호대상자가 위해공격을 받아 절체절명의 위기에 봉착한 순간에 경호원은 경호대상자를 살리기 위하여 자신의 몸을 던진다. 경호원은 오직 이 한 순간을 위하여 존재한다. 선발경호와 수행경호는 분리된 것이 아니라, 선발경호의 위험의 통제와 수행경호의 위험에의 대응은 하나의 연속체 선상에서 유기적으로 통합되고 조직적으로 시행되어야 한다.

제2절 근접경호

Ⅰ. 근접경호의 의의

1. 근접경호의 개념

근접경호란 경호대상자의 신변을 보호하기 위하여 경호대상자 지근거리에서 실시하는 호위활동을 말하며, 경호행위의 마지막 보루이다. 반면에 수행경호는 경호대상자를 따라다니면서 경호한다는 의미로, 수행경호는 기동경호와 근접경호를 포함하며, 근접경호는 수행경호의 일부라고 할 수 있다. 근접경호원은 자신의 신체를 방벽으로 삼아 경호대상자를 보호해야 하는 만큼 자기를 희생해서라도 경호대상자를 지키겠다는 굳은 신념과 가치관을 지녀야 한다.

근접경호원과 근접경호원을 연결하는 보이지 않는 경호막(protective bubble)은 경호대상자를 중심으로 항상 물방울처럼 유연하게 유지되어야 하며, 최후의 방어선인 경호막 내로 미확인자의 접근을 허용해서는 안 된다. 완벽한 경호막은 근접경호원들이 형성하는 인적방벽인 경호대형으로 완성되며, 따라서 근접경호원은 경호대형 형성에 허점이 생기지 않도록 유념해야 한다. 적(위해기도자)은 경호의 사각지대인 그 허점을 노리기 때문이다. 따라서 근접경호원은 도보 이동 중에 항상 인접근무자의 움직임과 나의 움직임이 상호 연결되어 있어서, 마치 근접경호팀 전체가 하나의 물방울처럼 움직일 수 있도록 물 흐르듯 움직여야 한다.

근접경호대형은 행사의 성격이나 주변 상황에 따라 유연하게 유지되어야 하고, 근접경호원의 움직임이나 존재가 경호대상자의 행동에 장애가 되거나 방해가 되어서도 안 된다. 경호대상자의 공적인 기능이나 사적인 기능이 방해를 받지 않도록 근접경호원의 행동이나 존재는 있으면서 없는 듯, 없으면서 있는 듯 자연스러워야 한다. 근접경호원은 항상 경호대상자가 자신의 시야 안에 확보된 상태에서 시선은 위해요소(군중)를 향하고 있어야 하며, 이는 육감을 이용한 느낌과 근접경호원 상호간의 팀워크로 극복되어야 한다.

근무 시의 근접경호원은 있어야 할 때 있어야 하고, 있어야 할 장소에 있어야 한다. 즉 근접경호원은 위험이 있는 곳에, 위험이 있는 시간에, 정확히 그 자리에 있어야 한다. 근접경호원의 첫 번째 임무는 위해자와 경호대상자 사이를 차단하는 것이고, 두 번째 임무는 경호대상자를 안전지대로 대피시키는 것이며, 세 번째 임무는 위해자를 제압하는 것이다. 근접경호원이 위험이 있는 시간과 장소에서 정확히 경호대상자와 위해자 사이의 일직선 상에서 위해자의 공격선을 차단하기 위해서는 항상 주변 상황을 정확히 인식하고 자신의 행동을 그려보는 자세와, 만약의 사태에 대비하는 위기의식이 몸에 배어 있어야 한다.

〈그림 6-1〉 근접경호원의 임무

* 경호대상자와 위해기도자 사이에서 위해기도자의 공격선을 차단한다.

위해의 가능성을 줄이기 위해서는 위험에의 노출을 최소화해야 한다는 것은 당연하다. 다양한 기만경호 전술은 경호대상자와 위해기도자와의 조우를 회피하는데 효과적이다. 여행이나 식당 예약 시 가명을 사용하거나 후세인처럼 위장인물을 내세우는 인물기만 방법과, 승하차지점 등을 변경하는 장소기만, 출발이나 도착시간을 달리 하는 시간기만 및 기동기만 등이 사용될 수 있다.

2. 근접경호의 특성

근접경호원은 근접경호의 특성을 십분 이해하고 그에 맞게 행동하고 조치할 수 있어야 한다. 근접경호는 경호대상자와 혼연일체가 되어 위험에 대비해야 하고, 경호가 위험에 대처함에 있어 경호대상자를 따로 떼어놓고 행동할 수는 없다. 경호대상자를 중심으로 경호원과 경호원을 잇는 보이지 않는 경호막은 경호대상자를 보호하는 최후의 방어선임을 인식해야 한다.

1) 노출성

경호대상자의 차량이동이나 도보이동과 같은 일거수일투족은 외부에 노출될 수밖에 없다. 경호대상자를 근접에서 호위하는 근접경호원 역시 아무리 위장을 하고 은밀하게 경호를 한다고 하여도, 노출된 경호대상자를 근접에서 호위하다 보면, 일반인은 물론 경호대상자의 생명을 노리는 위해기도자의 눈에는 완벽하게 노출된다고 보아야 한다.

2) 기동 및 유동성

선발경호는 일정한 지역의 안전을 확보하는 정적인 개념의 경호활동인데 반하여, 근접경호는 경호대상자의 움직임을 따라 움직이는 경호막을 형성하는 동적인 개념의 경호활동이다. 경호대상자가 차량이나 항공기로 이동을 하건, 도보로 이동을 하건, 경호대상자를 따라 항상 이동하거나 움직이면서 변화하는 경호상황에 능동적으로 대처해야 한다.

3) 방벽성

경호대상자의 지근거리에서 경호대상자를 보호해야 하는 근접경호원은 기본적으로 자신의 신체를 이용하여 경호대상자를 보호하게 된다. 근접경호원의 신체로 방벽을 형성하여 위해기도자의 시야를 제한하고 공격선을 차단한다. 신체 외에 각종 방호장비를 이용하여 방호벽을 형성하기도 하나, 가장 기본적인 것이 경호원의 신체인 만큼 방탄복 등을 착용하여 자신의 신체를 보호해야 한다. 경호원이 살아야 경호대상자도 살 수 있다는 사실을 명심해야 한다.

4) 방호 및 대피성

근접경호원은 사전 예방경호가 실패하였을 경우에 대비한 최후의 방호수단이다. 예방경호에 실패하여 일단 공격을 받게 되면 경호대상자를 보호하여 신속히 대피함으로써 경호대상자의 생명을 보전하는 것이 무엇보다 중요하다. 경호는 위해기도자와의 결투가 아니라 경호대상자의 보호가 주 임무이다.

경호대상자를 목표로 하는 위해행위는 가장 먼저 인지한 경호원이 경고를 하고, 위해기도자와 가장 가까이에 위치한 경호원이 대적을 하는 것과 동시에, 다른 근접경호원은 신속히 경호대상자를 보호해서 현장을 이탈하게 된다. 이때 경호대상자의 근접에서 임무를 수행하는 근접경호원은 대적보다는 경호대상자의 안전한 방호 및 대피에 중점을 두어 후속 공격에 대비한다.

5) 기만성

위해기도자는 공격의 성공률을 높이기 위하여 목표로 삼은 경호대상자의 생활패턴을 세밀히 관찰하고 추적하여 공격계획을 수립할 것이다. 또한 전반적인 경호방법이나 경호활동을 연구하여 그 허점을 파고들 것이다. 따라서 경호팀은 위해기도자에게 허위정보를 제공하거나 허위상황을 연출하여 위해기도자의 추적을 회피하는 기만전술을 적절히 구사하여 경호의 효과성을 높여야 한다.

6) 최후의 방어수단

근접경호원으로 연결되는 경호막은 경호의 마지막 방어선이다. 이 경호막이 뚫리면 곧바로 경호대상자의 생명이 위협을 받게 되기 때문에, 근접경호원은 내가 최후의 보루라는 인식하에 철저한 사주경계와 기민한 대응자세로 근무에 임해야 한다. 예방경호를 실현하기 위한 선발경호활동 등 위해요소를 사전에 제거하고 차단하기 위한 다양한 경호조치를 강구하지만, 그 중에서도 근접경호는 마지막 경호수단이라는 관점에서 대단히 중요한 의미를 갖는다. 위해공격은 예고가 없으며, 순간적으로 모든 상황이 종료되기 때문에, 부단한 훈련을 통한 근접경호원간의 임무분담과 팀워크로 위기에 대비해야 한다.

3. 근접경호원의 자세

위해기도자의 위해 공격은 어느 순간 갑작스럽게 발생하는 급작성(suddenness), 예상치 않은 시기와 장소에서 발생하는 기습성(surprise)과 폭력적인 수단을 동반하는 폭력성(violence)의 특성이 있다.[1] 그렇기 때문에 경호에 있어서는 위험에 대비하는 위기관리체계의 확립이 중요하고, 위기에 대처하는 경호원의 정신자세가 강조된다. 그렇다면 경호대상자의 생명을 담보로 하는 경호위기에 대처하는 근접경호원은 과연 어떠한 자세로 경호근무에 임하여야 할까?

경호대상자의 목숨을 노리는 위해공격은 도대체 위해기도자가 누구인지, 어디에 있는지, 언제 공격을 할지, 어떻게 공격을 할지를 모르는 긴박한 상황이다. 따라서 근접경호원은 그에 상응하는 절박한 마음자세와 행동절차의 숙지가 요구된다. 위험상황 하에서, 대체로 인간은 위험을 피하기 위하여 몸을 움츠리거나 숨기려는 자기보호본능을 나타내게 된다. 이러한 자기보호를 위한 회피행동은 훈련을 통해서만 극복될 수 있다. 따라서 근접경호원은 평시에 각종 위해상황을 설정하여 지속적이고 냉혹하리만큼 부단한 훈련을 해야 한다. 이를 통하여 각종 기법을 숙달하여 무의식 상태에서 인체기억으로 반사적인 동작이 나타나야만, 불안과 공포를 통한 인간적 본능으로부터 탈피할 수 있다.[2]

근접경호원은 항상 나의 임무가 무엇인지, 내가 어디에 있는지, 내가 무엇을 해야 있는지, 내가 어떻게 해야 하는지를 염두에 두고 근접경호에 임해야 한다. "이러한 상황이 발생하면 어떻게 하지?"라는 가정 하에 다양한 가능성을 상정하고, 그러한 상황이 실제로 경호대상자에게 발생하였을 경우 나는 어떻게 대처하겠다는 복안을 갖고 근무에 임해야 한다.

긴박하고도 절박한 위해상황에 대비하고 대처해야 하는 근접경호원은 그래서 항상 자신감에 차 있어야 한다. 자신감에 차 있어야 단호하게 행동하고 위해기도자에게 위압감을 주게 된다. 부정적인 생각은 자신감의 가장 큰 걸림돌이다. 어떠한 위기상황도 자신 있게 처리할 수 있다는 긍정적인 생각이 요구된다. 그러한 자신감은 철저한 준비와 그에 따른 치밀한 계획의 결과이다.

---

1) June, Dale L.(1999), op. cit., p. 57.
2) 유형창(2008), 환경변화에 따른 경호체계의 발전방안에 관한 연구, 경기대학교 박사학위논문, p. 163.

둘째로 예리한 판단력을 갖추어야 한다. 짧은 시간에 벌어지는 경호상황을 정확히 판단하고 그에 대응하기 위해서는 상황을 읽는 정확한 눈과 상황을 해석하는 명석한 판단력을 갖춰야 한다. 판단력은 유연한 사고와 다방면에 걸친 해박한 지식의 축적된 결과물이다.

셋째로 근접경호원에게는 신속 과감한 대처능력이 필요하다. 절체절명의 위기의 순간에는 잠시도 머뭇거릴 시간적 여유가 없다. 자신의 판단에 따라 과감하게 대처하는 과감성이 요구된다.

넷째로 근접경호원은 용모가 단정해야 된다. 근접경호원의 이미지는 경호대상자의 이미지 형성에도 영향을 미치게 되고, 근접경호원의 단정한 용모는 자신의 빈틈없는 임무수행태세를 대변한다. 상황에 어울리는 기능적인 복장과 단정한 용모로 철두철미한 경호준비태세를 과시함으로써, 경호원의 전문성을 부각시키고 위해기도자의 공격의지를 좌절시켜야 한다. 율곡이 말하는 군자가 취해야할 구용[3]의 자세를 참고로 할 만하다.

또한 경호원이 지켜야 할 경호수칙으로 Corwin K. Noble(1997)은 다음과 같은 사항을 제시한다.[4]

1) 가정(예단)하지 말라. 모든 것에 의문점을 가져라.
2) 항상 경호대상자 곁에 있어라.
3) 끊임없이 경계하라.
4) 항상 행동계획을 갖고 있어라.
5) 단호하고 긍정적인 생각을 견지하라.
6) 경호대상자 이전에 자신을 먼저 보호하라.
7) 항상 긴장상태를 유지하라. 지루함이나 자기 만족감(도취감)을 떨쳐내라.

---

3) 구용(九容)은 율곡 이이의 격몽요결에 나오는 군자가 취해야 할 9가지 자세를 말한다. 즉,
① 경거(輕擧)하지 않는다[足容重].
② 단정하여 망동(妄動)하지 않는다[手容恭].
③ 정면을 바로 보고 곁눈질을 하지 않는다[目容端].
④ 필요하지 않을 때는 입을 다문다[口容止].
⑤ 목소리를 가다듬고 기침 · 재채기 등 잡소리를 내지 않는다[聲容靜].
⑥ 고개를 똑바로 하여 한편으로 기울지 않도록 한다[頭容直].
⑦ 호흡을 조절하여 엄숙한 태도를 견지한다[氣容肅].
⑧ 중립불의(中立不倚)하여 점잖은 태도를 갖는다[立容德].
⑨ 안색을 정제하고 태만한 기색을 나타내지 않는다[色容莊].

4) Noble, Corwin K.(1997), op. cit., p. 4.

Ⅱ. 근접경호대형

1. 근접경호대형의 의의

근접경호대형 또는 도보(경호)대형은 근접경호원들이 경호대상자의 이동축선 상에서 인적·물적·지리적 취약요소로부터 경호대상자를 보호하기 위하여 인적 방벽을 형성하는 방호대형을 말하며, 움직이는 방호벽이라고 할 수 있다.

도보경호는 차량이동 등에 비하여 이동속도가 느리기 때문에 자연히 외부에 노출되는 시간이 길어지게 되고, 결국 위해자가 위해를 가할 수 있는 기회가 많아지게 된다. 또한 걸어서 이동하기 때문에 외부 노출이 심해지는데, 노출의 종류에는 대형의 형성으로 인하여 주변의 시선을 끌고 경호대상자를 알려주게 되는 대형 자체의 노출과 건물 내부나 차량 안에서 형성되는 방벽효과가 사라짐으로 인한 노출이 있다. 이에 대한 보완대책으로는 가급적 이동속도를 빠르게 하면서 단거리 직선통로를 이용하여 이동거리를 줄이고, 각각의 상황에 맞는 적절한 도보대형을 형성하여 방벽효과를 높이는 방법 등이 있다.[5]

근접도보대형 형성 시에는 다음의 고려사항을 검토하여 경호대상자와 상황에 맞는 대형을 선택함으로써 위해기도자에게 공격의 기회를 주지 말아야 한다. 경호대형의 결정에 영향을 주는 고려사항으로는 우선 경호대상자의 성향이 고려될 수 있다. 경호대상자의 성격이 내성적인지 외향적인지, 아니면 은둔형인지 과시형인지 등의 성향에 따라 경호대형이 결정된다. 또한 행사의 성격(공식적·비공식 행사), 행사장 안전도 및 취약성(예방경호의 수준), 행사참석자의 수 및 성향(우호적 또는 배타적), 인적·물적 취약요소의 위치와 지리적 취약성 등에 따라 경호대형의 형태와 규모가 다양하게 변하게 된다.

근접경호대형은 2인 이상의 경호원이 경호대상자 주변에 경호막을 형성하여 절대 안전구역을 확보하기 위한 것으로, 다음과 같은 의의가 있다.

1) 경호원 각자의 위치에 따른 책임경계구역을 부여한다.
2) 경호원 각자의 책임경계구역(담당구역)에 의한 전방위 사주경계를 제공한다.
3) 경호원에 의한 인적방벽 형성으로 경호대상자의 위험에의 노출을 최소화한다.

---

5) 이상철(2004), 경호현장운영론, 경기: 도서출판 원, pp. 126~127.

4) 경호원이 형성하는 경호대형(경호막)을 통하여 경호대상자에게 안전한 활동구역을 제공한다.
5) 사주경계를 통하여 위험의 발생에 대비하고, 우발상황이 발생하였을 경우 경호대상자에 대한 신속한 보호조치를 제공한다.

2. 근접경호대형

근접경호대형은 최대한의 인원을 동원하여 경호대형을 취하면 완벽한 방벽효과는 거둘 수 있을지 모르나, 그렇게 되면 경호대상자의 활동이 제약을 받게 되고, 대외적으로도 좋은 이미지를 줄 수 없다. 따라서 근접경호대형은 경호대상자의 활동을 최대한 보장할 수 있는 선에서 전방위에 대한 사주경계와 신변 안전을 담보할 수 있는 최소한의 인원으로 대형을 형성하는 것이 바람직하다.

선발경호가 일정한 지역의 안전을 확보하는 공간개념이라면, 근접경호는 경호대상자 주위에 경호막을 형성하여 동선을 따라 이동하는 선개념이라고 할 수 있다. 근접경호대형을 형성하는 각 경호요원에게는 주 경계방향이 지정되고, 각 경호요원의 사주경계 범위는 중첩되게 설정되어, 사각이 발생되지 않도록 한다. 또한 엘리베이터 탑승 시와 같이 특별한 대형의 형성이 무의미한 경우에는 '경호원은 위험이 있는 곳에 위치한다'는 원칙하에 행동하면 무난하다. 경호원이 확인한 곳에 경호대상자가 위치하고, 경호원이 밟은 곳을 경호대상자가 밟는다면 일단계 경호안전조치는 이루어진 셈이다.

근접경호대형은 기본대형, 응용대형과 방호대형으로 구분할 수 있다. 기본대형은 경호원의 수에 따라 1인 대형, 2인 대형, 3인 대형, 4인 대형, 5인 또는 6인 대형 등으로 운용이 가능하다. 경호원이 형성하는 경호대형의 모양에 따라 쐐기대형, 마름모대형, 사각대형과 원형대형으로 부르기도 하며, 가용한 인원수와 상황에 따라 선택적으로 적용한다.

응용대형은 정상적인 기본대형의 형성이 곤란한 상황에서, 장소나 행사상황에 맞는 변형된 경호대형을 말한다. 경호대상자는 좁은 복도를 통과하거나, 일반 대중들과 악수를 하거나, 연설을 하거나, 현황보고를 받기도 할 것이며, 때로는 골프 등과 같은 운동을 하는 경우도 있을 것이다. 이와 같은 경우에 취하는 응용대형으로는 접견, 연설, 현황보고, 골프 행사 시 대형 등이 있다.

방호대형은 구체적인 위험의 징후가 있거나 위험이 발생한 생황에서 경호대상자를 보호하기 위하여 취하는 대형을 말한다. 방호대형에는 좁힌 대형이나 방어적 원형대형, 대피대형 및 함몰대형 등이 있다. 좁힌 대형은 구체적 위험 징후가 있을 경우에 경호원간의 간격을 좁혀서 경호대상자의 노출을 최소화하여 방벽효과를 극대화하기 위한 대형이다. 방어적 원형대형은 군중 속에 갇혀서 정상적인 대형의 형성이나 진출이 불가능할 때, 군중 속을 뚫고나가기 위하여 강력한 스크럼을 형성하는 대형이다. 대피대형은 위험이 발생한 상황에서 경호대상자를 방호하여 현장을 이탈할 때 취하는 대형을 말한다. 함몰대형은 폭발물 등에 의한 공격을 받은 상황에서 경호대상자의 자세를 낮추거나 바닥에 밀착시켜 위험으로부터 경호대상자를 이중 삼중으로 보호하기 위하여 취하는 대형이다.

1) 기본대형

(1) 1인 경호

1인 경호는 근접경호의 주 임무인 방벽효과를 제대로 제공하지 못할 뿐만 아니라, 대적과 대피의 임무분담도 이루어질 수 없어 효과적인 경호방식이라고 할 수 없다. 부득이한 경우에 한하여 취약요소가 거의 없는 안전이 확보된 장소에서 선택할 수 있는 경호방식이다.

1인경호가 불가피한 상황이라면, 경호원은 경호대상자의 좌우측 후방 1~2미터 지점에 위치하여, 경호대상자와 촉수거리를 유지함으로써 위험상황에 대비한다. 경호원은 진행방향을 중점 경계하고, 이동 간 경호대상자가 항상 경호원의 시야에 확보되어 있어야 한다. 그러나 취약요소가 우선 고려사항으로, 상황에 따라 전후좌우 360도 어느 곳이건 위협이 예상되는 방향에서, 경호대상자와 위협의 사이에 위치하여 방패 역할을 수행한다.

〈그림 6-2〉 1인 경호

(2) 2인 대형

2인 대형[6]은 기본적으로 경호대상자의 전방과 후방에서 경계를 제공하며, 최소 단위의 경호대형이라고 할 수 있다. 경호에는 경계의 문제와 방호의 문제가 제기된다. 근무 중 확인을 요하는 이상음이 청취되면 이를 확인할 요원이 필요하기도 하고, 화급한 화장실 용무나 식사교대 등의 문제가 생기기도 한다. 또한 경호 전술적으로는, 한 명이 경호대상자를 위험으로부터 대피시킬 때, 다른 한 명은 위험에 대적하거나 위험의 추적을 물리치는 임무를 수행해야 한다.[7]

2인 대형은 안전한 지역에서 취할 수 있는 대형으로, 좁은 실내나 복잡한 장소 이동시에 적합하다. 비교적 위협요소가 적거나 시선을 덜 끄는 경호대상자에게 적용할 수 있다. 전방과 후방의 경호원은 기본적으로 대각선 방향에 위치하나, 위험요소가 오른쪽이나 왼쪽에 있다고 가정할 경우 경호원은 둘 다 오른쪽이나 왼쪽의 위험요소가 있는 곳에 위치할 수 있다. 2인 대형은 전방의 위험을 조기에 발견할 수는 있지만, 경호대상자의 방호 및 대피는 다른 한 명의 경호원이 담당해야만 한다.

〈그림 6-3〉 2인 대형

6) 대형은 여러 사람이 줄지어 정렬한 형태를 의미하므로, 1인경호는 경호대형의 형태라고 할 수 없으며, 경호적 관점에서도 맞지 않는 경호방식이다.
7) Rapp, Burt and Lesce, Tony(1995), op. cit., pp. 97~98.

(3) 쐐기 대형

쐐기 대형(Wedge Formation)은 전방에 1인을 두고, 그 외의 경호원은 경호대상자의 측방이나 후방에 위치하는 대형이다. 안전한 지역이지만 좌측이나 우측에서 위험요소와 조우할 가능성이 있을 경우 사용한다.

쐐기대형은 비교적 경호원 간에 적절한 경계구역의 할당이 용이하고, 위해상황 발생 시 대적과 방호의 임무 분담이 가능하며, 경호대상자를 경호원이 만드는 삼각형의 절대안전구역 안에 둠으로써 합리적이며 성공적인 경호작전을 보장할 수 있다.[8)]

3인 대형의 경우 전방근무자는 전방을 중점 경계하고, 후방의 근접경호팀장(Ⓛ)은 우전방과 우측에 대한 경계를, 후방의 좌측 경호원은 좌측방과 후방에 대한 경계를 담당한다. 3인 대형은 전방의 경계가 제한적일 수밖에 없는 단점이 있다.

〈그림 6-4〉 3인 쐐기 대형

〈그림 6-5〉 4인 쐐기 대형

4인 대형의 경우도 비교적 안전한 지역에서 사용할 수 있는 대형으로, 팀장을 제외한 3명의 경호원이 전방과 좌우측방 및 후방을 분할하여 경계한다. 팀장은 경호대상자의 우측 후방에서 한걸음 정도 떨어져서 수행하고, 항상 촉수거리를 유지한다. 팀장은 경호대상자와 의사소통을 할 수 있고, "발조심 하십시오." 또는 "계단입니다."와 같은 경고를 할 수 있다. 팀장은 경호대상자를 즉시 방호할 수 있는 위치에 있어야 하며, 그의 경계방향은 전방과 우측이다.[9)]

8) 장기봉(2007), 전게서, p. 170.
9) June, Dale L.(1999), op. cit., p. 118.

(4) 마름모 대형

4인이 형성하는 마름모 대형(Diamond Formation)은 대체로 안전한 지역에서 사용하는 대형으로, 안전구역인 경호막의 형성이 비교적 용이하고, 전후좌우 사방에 대한 사주경계가 가능하다. 경호대상자에게는 비교적 양호한 시계와 이미지를 제공하고, 경호원에게는 전방위에 대한 사주경계가 가능하다. 특히 5인 마름모대형은 가장 기본적인 경호대형으로, 팀장을 제외한 4명의 경호원이 전후좌우 전방위에 대한 사주경계를 제공하는 강점이 있다.

〈그림 6-6〉 4인 마름모대형

〈그림 6-7〉 5인 마름모대형

경호대상자를 근접에서 보호하기 위한 경호대형은 상황과 인원수에 따라 대형의 형태나 규모를 가변적으로 운용할 수 있으나, 근접경호원이 너무 많으면 대외적인 이미지 고양에 장애가 될 수 있고, 그렇다고 경호원이 너무 적으면 우발상황에 적절히 대응하지 못할 수도 있다. 근접에서 효과적으로 우발상황에 대처할 수 있는 최대한의 인원수는 5~6명이 적당하다. 위협의 수준이나 경호환경을 종합적으로 고려하여 적정한 인원의 증감을 통하여 경호의 효율성을 제고한다.

〈그림 6-8〉 6인 마름모 대형1

〈그림 6-9〉 6인 마름모 대형2

6인으로 마름모 대형 형성 시에는 상황에 따라 전방에 1명이나 2명을 배치하여, 전방에 대한 부담을 완화하거나 전방경계를 강화한다. 그러나 가급적이면 전방에 최소한의 경호원만을 배치하여 전방을 개방함으로써 경호대상자의 심적 부담을 덜어주는 것이 바람직하고, 필요시에는 경호원을 앞으로 추진시켜 위험의 발생에 대비한다.

도보이동 간 경호원은 경호대상자가 항상 자신의 시야에 확보되어 있어야 한다. 근접경호원 각자는 경호대상자와 항상 일정한 거리를 유지하고 자신의 경계위치를 벗어나지 않도록 유념해야 한다. 특히 전방 근무자는 뒤에 있는 경호대상자가 정지하거나 방향을 바꿀 경우에 자칫 대형에서 벗어날 가능성이 다분히 있다. 따라서 전방 근무자는 자신의 모든 감각을 총동원함은 물론 경호원 상호간 신호와 무전 등으로 대형에서 이탈하지 않도록 주의하고, 경호대상자의 움직임과 위치를 항상 인지하고 있어야 한다.

(5) 사각 대형

사각 대형(Box Formation)은 전통적인 마름모대형의 변형이다. 마름모대형으로 이동하다가 좁은 통로나 계단 등을 만나서 정상적인 마름모대형을 유지할 수 없을 경우에 좁은 종대대형으로 전환하여 사각대형을 유지한다. 그러나 사각대형은 넓은 공간에서 사용할 경우 비교적 양호한 사주경계는 가능하나 전방과 측방이 노출되는 위험성이 있다. 경호대상자 좌우에 경호원이 2명씩 위치하면서도 전방과 측방이 노출되어, 대외적인 이미지도 좋지 않으면서 경호에도 그다지 효율적이지 못한 단점이 있다.

그러나 사각대형은 연도경호 시 도로 양편에 군중이 운집해 있을 경우, 전방은 열어주고 군중이 밀집해 있는 측방에 대한 경계를 강화할 필요가 있을 경우 사용할 수 있다.

〈그림 6-10〉 5인 사각 대형

(6) 원형 대형

원형 대형(Circle Formation)은 경호대상자가 완전히 경호원에 의해 둘러싸여 있는 인상을 주게 되어 대외적인 이미지는 안 좋을 수 있으나, 경호효과는 높은 대형이다. 원형대형은 평상시에는 잘 사용하지 않으며, 군중이 밀려오거나 군중에 둘러싸여 있을 경우, 또는 위협이 예상될 경우 경호대상자를 보호하기 위한 대형이다.

〈그림 6-11〉 5인 원형대형

〈그림 6-12〉 6인 원형대형

(7) 'V'자 대형

외부로부터의 위협이 없다고 판단되거나, 대외적인 이미지를 중시하는 경호대상자라면 역쐐기 모양의 'V'자 대형을 생각해 볼 수 있다. 안전이 확보된 행사장에 입장 시와 같이 주빈인 경호대상자가 바로 스포트라이트를 받도록 할 경우에 사용 가능하다.

경호적 측면에서는 많은 위험이 따르나 전방에는 아무런 위협이 없다는 가정 하에, 경호대상자를 바로 노출시켜 전방이 개방된 대형을 취한다. 후미의 경호원들은 자연스럽게 수행원과 뒤섞여 노출되지 않고, 팀장만 경호대상자를 즉각 방호할 수 있는 위치에서 수행한다.

〈그림 6-13〉 'V'자 대형

(8) 2중 대형

2중 대형은 중대한 위협이 예상되거나 위협을 받고 있는 상황에서 경호대상자의 신변 안전을 최우선으로 고려한 강력한 경호대형이다. 경호대형은 2중으로 중첩되게 형성되고, 내선과 외선의 경호원에게는 각각 경호대상자 방호와 대적의 임무가 명확하게 부여된다. 우발상황 발생 시, 외선의 경호원은 위험의 발견과 대적 임무 및 통로 개척에 치중하고, 내선의 경호원은 경호대상자의 방호 및 대피가 주 임무이다.

이스라엘의 경호팀은 라빈 수상 암살사건 발생 당시, 범인이 라빈 수상 등 뒤까지 접근하는 것을 발견하지도 차단하지도 못하였다. 그 후 이스라엘 경호팀은 근접경호를 강화할 목적으로 2중 대형을 채택하여 운용하고 있다. 2중 대형은 경호 목적에는 부합할지 모르나, 경호대상자가 경호원에 둘러싸여 있어 활동에 많은 제약이 따르고, 대외적인 이미지도 손상되는 결과를 초래할 수 있다.

〈그림 6-14〉 2중 대형

2) 응용대형

기본적인 근접경호대형은 경호대상자가 외부의 간섭이나 방해 없이 공간이 확보된 지역을 도보로 이동시 취하는 대형이다. 그러나 경호대상자의 활동범위는 매우 다양해서, 수시로 차량을 타고 내리는 상황이 발생되고, 상황에 따라서는 좁은 길을 따라 이동하거나 등산을 할 수도 있고, 좁은 계단이나 에스컬레이터를 이용할 수도 있다. 또한 도열해 있는 행사참석자들이나 군중과 악수를 하기도 하고, 옥외 행사장 등에서는 현황판을 이용한 간단한 보고를 받을 수도 있으며, 테니스나 골프 등과 같은 운동을 할 수도 있다. 이와 같이 행사의 성격이나 상황에 따라서는 기본적인 근접경호대형을 취할 수 없는 경우가 있으며, 이 경우 행사 상황이나 지리적 특성에 따라 일시적으로 취하는 맞춤형 대형을 응용대형이라고 한다.

경호대형은 차량을 타고 내릴 때의 승하차대형에서 기본대형으로 바뀌었다가 다시 상황에 따른 응용대형으로 전환되고, 그 상황이 종료되면 다시 본래의 기본대형으로 전환되는 등 수시로 대형이 바뀔 수 있기 때문에, 근접경호팀의 조직적인 팀워크와 많은 훈련이 요구된다.

(1) 접견 대형

접견 대형은 경호대상자의 위치가 고정되어 있는 경우와 리시빙 라인이 형성되어 경호대상자가 이동하면서 접견을 하는 경우가 있다. 비록 군중과의 접촉이 갑자기 일어나는 경우라도, 경호대상자와 악수를 하려는 군중들을 가급적 한 줄로 세워서 질서를 유지토록 함으로써, 무질서를 이용한 위해기도에 대비한다. 접견대형은 경호대상자와 참석자가 직접 접촉을 하게 되기 때문에 참석자의 움직임, 특히 접견자의 손의 상태나 움직임에 대한 세심한 관찰이 필요하다.

접견 시 선물이나 진정서 및 명함 등을 전달하려는 시도와 같은 참석자들의 돌발행동에 대비하고, 선물 등은 경호근무자가 접수하였다가 종료 후에 전달하는 것이 바람직하다. 계획되지 않은 돌발적인 접근 시도에 대비하고, 돌발 상황에 즉각 대처할 수 있는 경호대형의 유지와 근무자세가 요구된다.

특히 많은 경호사례에서 보듯이, 위해기도자는 접견대열의 맨 앞줄보다는 두세 번째 줄에 위치하여 자신을 은폐하려는 습성이 있기 때문에, 앞줄 후면에 근무자를 배치하여 후방의 인적 취약요소에 대한 집중적인 감시를 실시한다.

경호대상자 전방근무자는 접견자의 질서를 유지하고 동향을 감시하면서 명함이나 선물 등의 전달 시도를 찾아내어 조치한다. 팀장과 후방근무자는 접견자의 행동을 세밀히 관찰하고, 우발상황시 신속히 경호대상자를 방호하고 대피할 준비를 한다. 접견자 뒤편의 근무자들은 접견자와 일반 참석자들의 동향을 감시하고, 후면의 일반 참석자들이 무리하게 접근하는 것을 방지한다.

〈그림 6-15〉 접견 대형

특히 도로변에서 진행되는 접견행사의 경우는 대상자들이 전부 미확인된 사람들이고 주변에 고층건물 등의 취약요소가 산재해 있는 만큼, 다양한 형태의 우발상황에 대비한 대형의 강화와 피난대책이 필요하다. 방탄가방[10] 등을 준비하여 투척물에 의한 피습에 대비하고, 차량을 후속시켜 즉각 대피할 수 있는 준비를 갖추어야 한다.

10) 2000. 2. 26 프랑스의 Lionel Jospin 총리는 팔레스타인 지역의 비르제이트 대학에서 2천여 명의 하마스를 지지하는 대학생들의 돌맹이 공격을 받았으나, 그나마 방탄가방을 이용하여 공격을 피할 수 있었다.

(2) 단상 대형

단상 대형은 기념식 등의 행사장에서 단상을 중심으로 형성되는 대형으로, 비인가자의 단상으로의 접근을 차단하고 참석자들의 동향감시에 중점을 둔다.

팀장은 필요시 단상에 참석하여 경호대상자의 동태를 관찰하고 참석자들의 동향을 감시하며, 우발상황에 대비하여 경호대상자를 방호하고[11] 대피시킬 태세를 유지한다. 단상 좌우근무자와 단하근무자는 미확인자의 단상 접근을 차단하고, 참석자들의 동향을 감시하며, 우발상황에 대비한다. 단하근무자는 상황에 따라 단하의 좌석에 착석 근무한다.

〈그림 6-16〉 단상대형

11) 1974. 8. 15 박정희 대통령 암살기도사건 당시, 문세광이 제1탄을 오발하고, 6초 후 제2탄(연대), 제3탄 불발, 7초 후 제4탄을 육영수 여사에게 발사하는 과정에서, 행사장 내의 경호원들은 위험에의 경고나 경호대상자 방호 등의 즉각조치가 미흡하였다. 이 날 단상의 박종규 경호실장은 잽싸게 튀어나가 대적자세를 취하였는데, 경호이론상으로는 단상의 방탄탁자를 세우고 육영수 여사를 방호했어야 하였다.

(3) 현황보고 대형

현황보고는 각종 기공식이나 준공식, 도로 개통식, 또는 공장이나 재해현장 방문과 같은 현장 방문행사 시 현장에서 간단하게 진행되는 브리핑을 말한다. 따라서 행사장은 주위가 산만하고 개방되어 있는 경우가 많기 때문에, 각별한 주의와 사주경계가 요구된다. 이러한 행사장에서의 현황 보고 시에는 주변의 수행원이나 현황보고판 등을 적절히 활용한 방벽의 형성이 중요하고, 경호대상자가 한 점의 고정표적이 되는 경우가 많기 때문에 근무자들은 배면경호 위주로 사주경계에 더욱 만전을 기한다.

〈그림 6-17〉 현황보고 대형

(4) 골프 대형

골프는 야외에서 장시간에 걸쳐 이루어지는 행사이기 때문에 날씨나 상황의 변화에 따른 많은 준비가 필요하다. 골프장 전체의 지형과 각 홀에서의 대피방법을 염두에 두고 근무에 임하고, 간단한 비상약품(연고, 반창고 등)이나 준비물(양산이나 우산, 바람막이, 음료수, 선크림 등)을 잘 챙겨서 경호대상자를 보좌한다. 경호대상자가 골프를 칠 경우의 경호대형은 경호로 인하여 골프의 흐름이나 경기에 방해가 되지 않도록 주의한다. 골프의 기본적인 규칙과 에티켓을 숙지하고, 동반자의 경기에 방해가 되지 않도록 주의 깊은 행동이 필요하다.

경호대형은 일반적인 대형보다는 벌린 대형을 취하여 운동에 방해가 되지 않도록 하고 팀장은 캐디를 적절히 도와주면서 근접에서 만약의 사태에 대비하는 요령 있는 근무가 요구된다. 근무 중에는 외부로부터의 상황 변화에 경계를 기울이고, 만약의 사태에 대비하여 비상대피로를 확인하고 비상대피수단을 준비해둔다. 경호원의 배치는 경호팀의 가용 인원을 고려하여 번호순으로 인원을 증가하여 배치한다.

〈그림 6-18〉 골프 대형

* 가용한 경호원의 수에 따라
번호순으로 근무자를 증감하여 배치한다.

(5) 하차 대형

차량대형이 행사장의 예정된 하차지점에 도착하면 근접경호원은 신속히 하차하여 경호대상자차에 대한 사주경계대형을 형성한다. 차량 사주경계대형은 각자의 차량 탑승위치에 따라 가장 자연스럽게 이동할 수 있는 위치를 담당하게 된다. 경호차량의 우측에 탑승한 경호원은 경호대상자차의 우측을, 좌측에 탑승한 경호원은 좌측을 각각 담당한다.

차량이 도착하면 ①번 경호원은 신속히 하차하여 선발요원이 지정하는 지점이나 계획된 지점인 하차지점에서 경호대상자차의 차량문을 개방할 준비를 한다. 차량문은 경호대상자차가 정지하는 것과 동시에 너무 성급하게 열지 않도록 한다. 후미경호차에서 내린 경호원까지 모두가 정위치하여 사주경계대형을 갖추고 주변에 이상이 없음을 확인한 후에 팀장의 신호를 받아서 서서히 개방한다. ②번 경호원은 도보로 진행할 방향의 좌전방에 사각지점이 생기지 않도록 경계위치를 정한다. ③번 경호원은 ①번 경호원과 마찬가지로 신속히 이동하여 경호대상자차의 좌측문을 개방할 준비를 한다. 경호대상자차의 좌측문으로 내릴 사람이 없을 때에는 경호대상자차 좌측에 대한 사주경계를 실시한다.

④번 경호원인 팀장은 경호대상자가 하차할 우측문이 열리는 방향을 방호하고, ⑤번 경호원은 팀장의 위치를 고려하여 진행방향의 우전방에 사각지대가 발생하지 않도록 위치를 정한다. ⑥번 경호원은 하차와 동시에 경호대상자차 좌측문이 열리는 방향에 대한 방호 및 사주경계를 실시한다.

경호대상자가 차에서 내리면 전방으로 이동하면서 자연스럽게 도보대형을 형성하여 이동 간 경계태세에 돌입한다. ①번 경호원은 현 위치에 남아 차량을 정열하고, 비상시에 대비하며, 환차 준비 및 환차 시에 대비한 차량대형을 준비한다. ⑤번 경호원은 자연스럽게 앞으로 추진하여 대형의 꼭지점을 형성한다. ②번 경호원은 경호대형의 좌측 날개를 담당하고, ⑥번 경호원은 ③번 경호원과 함께 경호대상자차 좌측에서 내린 요인을 호위하고 이동하여 우측 날개를 담당한다. ③번 경호원은 경호대상자차 좌측에서 내린 요인을 호위하여 이동하면서 자연스럽게 대형의 후미를 담당한다.

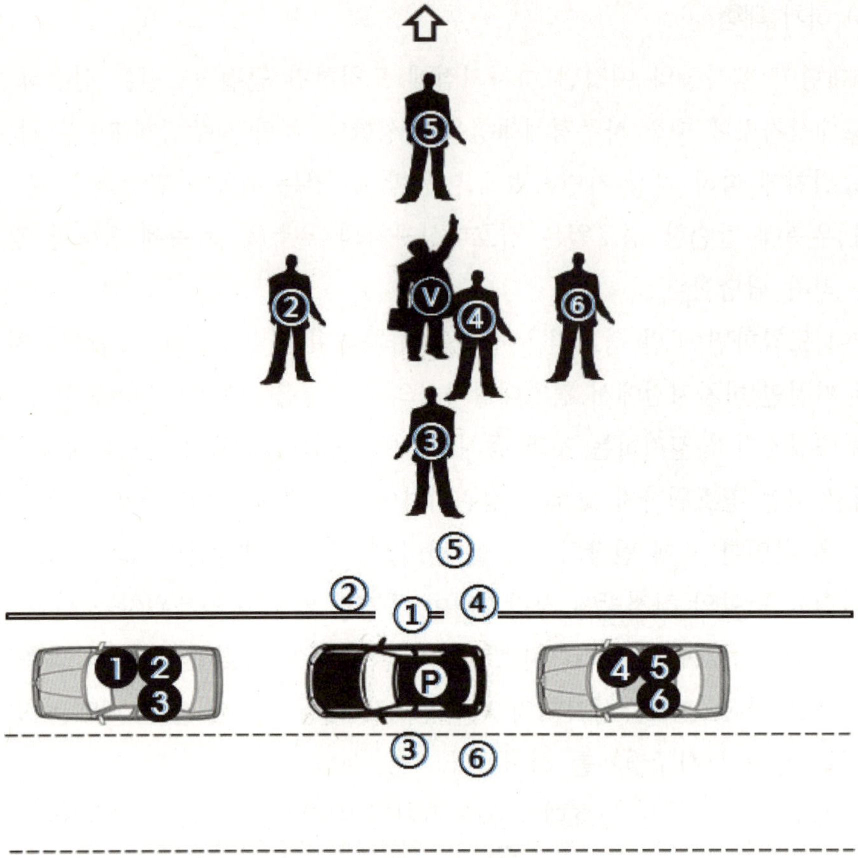

〈그림 6-19〉 하차 대형

①번 경호원은 신속히 하차하여 차량문을 개방 준비를 한다.

②번 경호원은 도보로 진행할 방향의 좌전방에 경계위치를 정한다.

③번 경호원은 경호대상자차의 좌측문을 개방할 준비를 한다.

④번 팀장은 경호대상자가 하차할 우측문이 열리는 방향을 방호한다.

⑤번 경호원은 진행방향의 우전방에 대한 경계위치를 정한다.

⑥번 경호원은 경호대상자차 좌측문이 열리는 방향을 경계한다.

* 차량문은 경호원 모두가 정위치하여 사주경계대형을 갖추고, 주변에 이상이 없음을 확인한 후에 팀장의 신호를 받아서 천천히 개방한다.

(6) 복도 대형

좁은 복도나 계단 또는 에스컬레이터 등을 이동할 경우에는 통로의 협소함으로 인하여 정상적인 경호대형을 유지하기가 곤란할 경우가 많다. 따라서 이 경우에는, 한쪽 공간을 확보하여 앞뒤로 길게 늘어진 대형을 취하게 된다. 주변 여건에 따라 반대 방향에서 접근해오는 취약요소에 우선순위를 두고 근무위치를 선정하여 변형된 도보대형을 형성한다.

특히 전방근무자는 이동하면서 출입문이나 연결통로 등의 취약요소를 확보하고, 이동 간 조우되는 불특정 인원의 접근을 통제한다. 이동 간 근무자는 자신의 근무위치와 관계없이 가까이에 위치한 주변의 취약요소에 대한 통제를 실시하며, 해당 근무자의 빈자리는 인접 근무자가 자연스럽게 보강하면서 유기적으로 대형을 유지한다.

〈그림 6-20〉 복도 대형

* 통로가 협소한 복도나 계단 등을 이동할 경우에는
한쪽 공간을 확보하여 늘어진 대형을 취하고,
반대방향에서 접근해오는 취약요소를 중점적으로 경계한다.

3) 방호대형

(1) 좁힌 대형(밀착대형)

경호대형의 선택이나 경호원의 이격거리는 이론이나 틀에 얽매이기 보다는 상황에 따라 가변적으로 운용되어야 한다. 경호대상자와 밀착하면 즉각조치가 용이한 장점은 있으나 경호대상자의 활동공간이 좁아지는 단점이 있고, 경호대상자의 활동공간을 넓히려다 보면 우발상황시 즉각조치가 어려운 문제점이 있다.

근접경호는 위험이 예상되어 경호대상자의 노출을 최소화할 필요가 있는 상황에서는 경호원 상호간의 간격을 좁히는 '좁힌 대형'을 형성하여 방벽효과를 극대화하고, 신속한 방호 및 대피 태세를 유지한다. 이 대형은 위해요소의 존재나 위치가 불명확하거나 위해요소가 원거리에 위치하여 근무자의 사주경계가 어려운 옥외행사 시나 위해기도가 예상되는 상황에서 좁은 안전구역(경호막)을 유지할 필요가 있을 경우에 취하게 된다. 팀장이나 위험을 처음 인지한 경호원의 "좁혀!"라는 명령과 함께 경호원과 경호대상자의 거리를 좁혀준다.

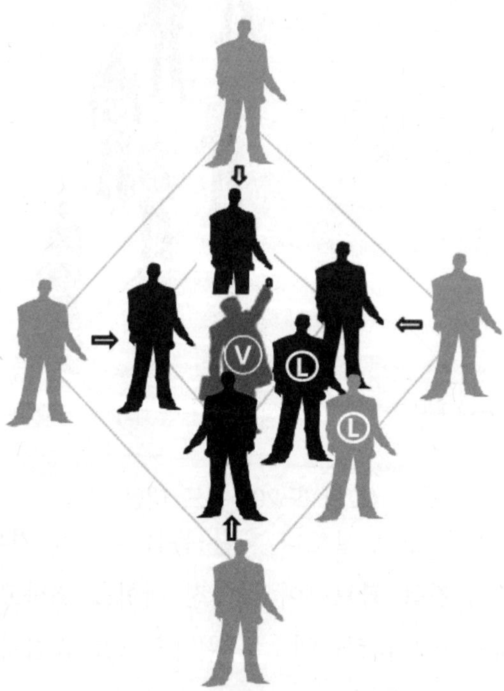

〈그림 6-21〉 좁힌 대형(밀착대형)

반면에 위험이 전혀 예상되지 않는 안전한 상황이라면 경호원 상호간의 간격을 벌리는 '벌린 대형'을 형성하여, 경호대상자의 활동공간을 충분히 확보해준다. 이 대형은 안전이 확보된 옥내행사 또는 노출로 인한 경호적 부담이 적은 행사장에서 취할 수 있는 대형이다.

그러나 경호대상자에게 넓은 활동공간을 제공해주는 벌린대형은 상대적으로 위해기도자에 대한 관찰과 제압이 용이한 반면, 경호대상자에 대한 방호 및 대피에는 불리할 수 있기 때문에 주변 상황을 잘 판단하여 적정 대형을 유지하여야 한다.

구령은 "벌려!"라고 무전이나 구두로 명령한다.

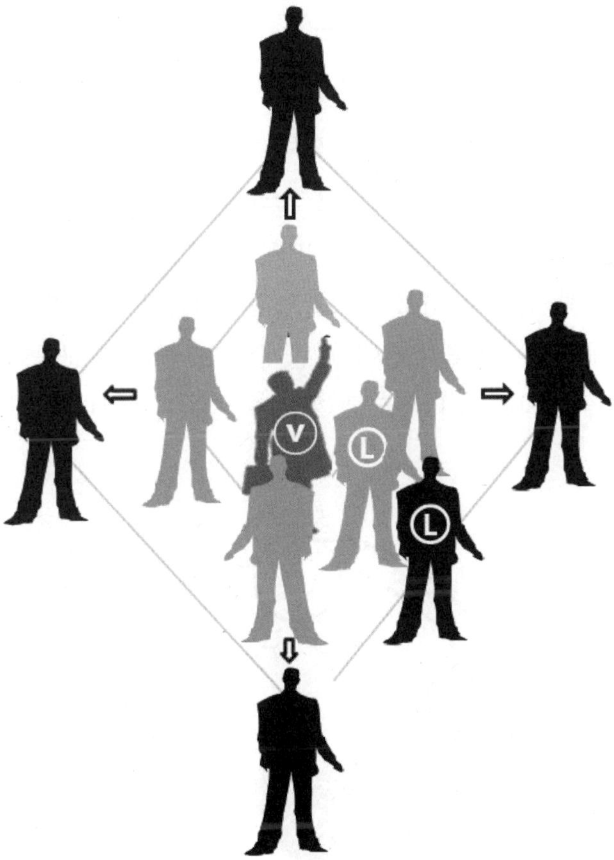

〈그림 6-22〉 벌린 대형(개방대형)

(2) 방어적 원형대형

경호행사 시 경호대상자가 군중 속에 갇히게 되는 경우가 발생할 수가 있다. 리셉션 등에서 군중과 어울리다 보면 군중 한가운데에 들어가 있는 경우가 발생하는데, 이 때 경호대상자와 군중과의 사이에는 최소안전구역이 확보되어야 한다. 최소안전구역이란 경호대상자의 신변 안전 확보와 경호조치를 위한 최소한도의 공간으로, 최소한 촉수거리 이상의 공간은 확보되어야 한다. 그러나 최소안전구역 확보 이전에 이동통로가 확보되고 질서가 유지되어야 한다.

그럼에도 불구하고 이러한 최소안전구역의 확보에 실패하여 군중 속에 갇혀있는 상황에서 어쩔 수 없이 현장 이탈을 시도할 때 사용하는 대형이 방어적 원형대형(Defensive Circle Formation)이다. 군중심리는 묘해서 열렬한 지지자들이 더욱 광적으로 변할 수도 있고, 또 일순간에 적대적으로 변할 수도 있다. 그러한 낌새가 감지된다면 신속히 현장을 벗어나야만 한다.

방어적 원형대형은 경호원들이 강력한 스크럼을 형성하여 경호대상자를 보호하면서 군중 속을 헤치고 나가기 위한 방법이다. 경호원들은 각자 왼쪽에 있는 경호원의 벨트 뒤쪽을 꽉 잡아서 경호원으로 인간고리를 형성하여 경호대상자를 보호한다. 사람들은 대부분이 오른손잡이인 관계로, 오른손은 군중이 경호대상자에게 접근하지 못하도록 저지하거나 통로를 확보하는데 사용한다.

〈그림 6-23〉 방어적 원형대형

(3) 대피대형

위험이 예상되는 상황에서는 좁힌대형을 형성하여 위험에 대비하고, 위협의 압박이 가중되어 더 이상 현장에 머무를 수 없는 상황이 되거나 총기류나 폭발물 등에 의한 심각한 위해공격이 발생한 상황이라면 즉시 경호대상자를 보호하여 현장을 이탈하여야 한다. 이 경우, 경호원들은 경호대상자를 감싸서 위험에의 노출을 최소화하고 위해자의 공격과 반대방향으로 신속히 대피를 하게 되는데, 이 때 취하는 대형을 대피대형(Emergency Cover Formation)이라 한다.

팀장과 ③번 근무자는 신속히 경호대상자를 밀치거나 잡아당겨서 사선에서 이탈시킨다. 동시에 한 손으로는 경호대상자의 배를 감싸서 잡아당기고, 다른 한 손으로는 경호대상자의 머리를 감싸거나 양복깃을 잡고 세게 아래로 눌러 내려서, 경호대상자의 자세를 가능한 한 낮추어 경호대상자가 작은 표적이 되도록 한다. 동시에 공격 반대방향으로 방향을 바꾸면서 경호원은 서로 밀착대형을 형성하여 경호대상자의 뒤쪽을 방호한다. ④번 근무자는 전방을 경계하면서 통로를 개척한다. ②번 근무자는 팀장과 ③번 근무자 사이의 빈 공간을 엄호하면서 후방을 경계한다.
〈제4절 즉각조치 참조〉

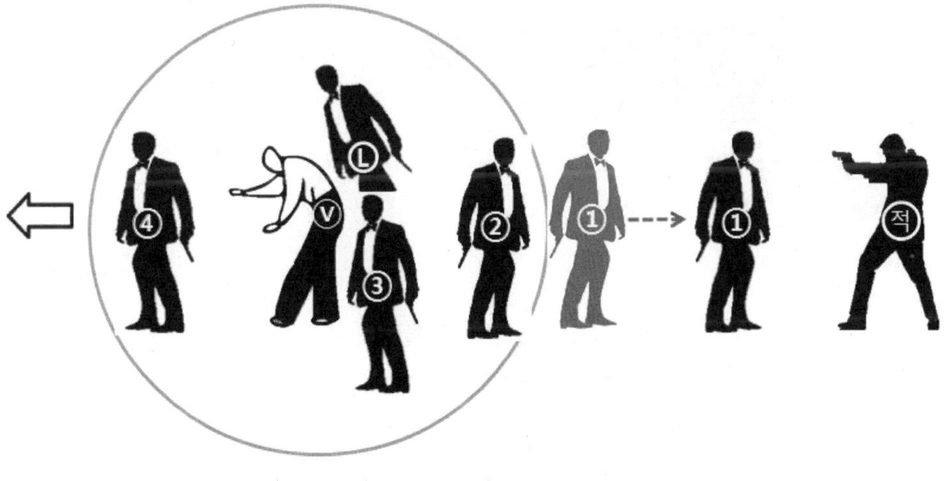

〈그림 6-24〉 대피대형

(4) 함몰 대형

함몰 대형(Cave-In Formation)은 우발상황시 경호대상자를 밀착방호하거나 수류탄 등 폭발물에 의한 공격을 받았을 경우, 경호대상자를 육탄으로 방호하기 위한 대형이다. 적대적 군중 속에서 경호대상자를 방호해야 할 경우에는, 경호대상자의 자세를 낮춘 상태에서 경호원들이 이중 삼중으로 방호막을 형성하여 경호대상자를 보호한다. 또한 수류탄이나 투척용 폭발물 공격 시에는 폭발물을 처음 발견한 경호원이 경고와 함께 폭발물을 자신의 몸으로 덮침과 동시에, 다른 경호원들은 신속히 경호대상자를 쪼그려 앉히거나 엎드리게 하여 최대한 바닥에 밀착시킨 후, 그 위를 경호원들의 신체를 이용하여 이중 삼중으로 방호한다.

〈그림 6-25〉 함몰대형

① 폭발물을 처음 발견한 경호원이 폭발물을 덮치고,

② 다른 경호원들은 경호대상자를 최대한 지면에 밀착시킨 후, 경호원들의 몸과 방탄장비를 이용하여 경호대상자가 외부에 노출되지 않도록 이중 삼중으로 방호한다.

근접경호는 두 가지 명제를 안고 있다. 하나는 경호대상자에게 안전한 활동공간을 제공해주는 것이고, 두 번째는 위험으로부터 경호대상자를 보호하는 것이다. 이 두 가지 명제를 충족시키기 위한 경호원의 위치는 어디일까 하는 의문이 생긴다. 당연한 얘기 같지만, 근접경호원은 경호대상자에게 심적 부담을 주지 않으면서, 어떠한 위험에도 즉시 대처할 수 있는 거리와 위치를 확보해야 한다. 이것은 이론의 문제가 아니라, 상황과 환경의 지배를 받는 선택의 문제이며, 경호원 자신의 경험에서 나오는 판단에 따를 수밖에 없다.

경호대상자에 따라서는 경호원이 가까이에 없으면 불안감을 느끼는 사람이 있는가 하면, 경호원이 가까이에 있으면 불편해하는 사람도 있다. 따라서 경호원의 위치는 전적으로 경호대상자의 성향과 경호환경, 주변 상황 등을 종합적으로 고려하여 결정할 문제이다. 그러나 분명한 것은 경호원은 위험한 순간에 위험이 있는 곳에 있어야 한다는 것이다.

제3절 기동경호

Ⅰ. 서 설

2010년도 우리나라 교통사고 발생건수는 호주와 칠레를 제외한 OECD 32개국 중 일본과 미국 다음으로 많이 발생하였다.[12] 그만큼 도로상에서 많은 위험에 노출되고 있는 것이 현실이기 때문에, 경호대상자를 안전하게 정시에 목적지에 도착하도록 하는 것이 경호의 큰 역할 중 하나가 되었다. 도로 상에서는 교통사고뿐만 아니라, 위해기도자의 의도적인 공격이 숙소나 사무실에서보다 더 많이 발생하고 있는 점을 고려하면, 주도면밀한 기동경호대책은 경호전문가의 중요한 임무이자 책임의 일부가 되었다.

경호원은 단순히 경호만 잘 하면 된다는 생각은 이제는 통하지 않는다. 경호원은 경호차량을 직접 운전해야만 하고, 특히 경호대상자차 운전요원에게 갑작스런 사고나 문제가 발생하였을 경우에는 불가피하게 경호원이 직접 운전을 해야 할 경우가 발생할 수도 있으며, 어린 학생들을 경호할 경우에는 경호원이 경호원 겸 운전요원 겸 후견인의 역할 등을 두루 수행해야 하는 경우도 있을 것이다.

따라서 경호원도 차량에 대한 기본 상식과 더불어 운전기술을 연마해야 한다. 경호운전요령은 우선 출발과 도착 시 급작 출발이나 도착을 삼가고, 부드럽게 구동할 수 있도록 차량을 조작한다. 또한 기동 시에는 가능하면 차선 내에서 똑바로 주행하고, 잦은 차선 변경은 지양하도록 한다. 차량 기동중 경호대상자는 매우 취약한 상태에 놓이게 되기 때문에, 경호원이나 운전요원은 경각심을 갖고 전후측방에 대한 경계에 만전을 기한다.

또한 안전한 기동경호를 위해서는 도로상황에 정통해야 한다. 사전 도로답사를 통하여 최선의 기동로를 선정하고, 구간별 비상상황에 대비한 예비도로 등을 준비하고, 기동 간 지속적으로 도로상황을 점검하여 안전 운행에 만전을 기한다. 또한 차량이 항상 최상의 성능을 발휘할 수 있도록 차량관리에 철저해야 한다.

---

12) 도로교통공단 자료(http://www.rota.or.kr).

Ⅱ. 기동경호의 목표

기동경호란 경호대상자가 각종 기동수단을 이용하여 이동하는 동안에 실시하는 근접호위활동을 말하며, 기동 간 위해기도자의 공격이나 교통사고의 위험성을 최소화하고 경호대상자가 계획된 시간에 목적지에 안전하게 도착하도록 하는데 그 목적이 있다. 기동경호 중에서도 가장 중요하고 일반적인 것이 차량기동 간 경호이다.

차량기동경호의 목표는 네 가지로, 안락성(comfort), 편의성(convenience), 안전성(safety) 및 방비성(security)을 들 수 있다.[13] 안락성은 경호대상자가 차량을 이용하여 이동하는 동안 편안하게 시간을 보낼 수 있도록 하는 것이고, 편의성은 정확한 시간 엄수로 업무스케줄에 차질이 생기지 않도록 하는 것이며, 안전성은 각종 사고로부터 경호대상자를 보호해야 한다는 것이다. 또한 방비성은 고의적이거나 계획적인 외부의 위해공격으로부터 경호대상자를 안전하게 보호하는 것을 말한다. 이러한 기동경호의 목표를 달성하기 위해서는 경호요원의 숙달된 운전기술 외에도 풍부한 경험과 훈련이 전제되어야 한다.

1. 안락성

경호대상자가 차량을 편안하고 쾌적하게 이용할 수 있도록 하기 위해서는 우선 차량 내·외부를 청결히 해야 한다. 경호대상자의 취향에 맞게 차량을 관리하고, 적정한 실내 온도를 유지하며, 재떨이 등을 비워 실내를 청결히 유지하고, 좋지 않은 냄새가 나지 않도록 한다. 또한 정비불량으로 인한 고장이나 소음이 발생하지 않도록 정비를 철저히 하여, 항상 차량이 제 기능을 100% 발휘할 수 있도록 관리한다.

13) Oatman, Robert L.(1997), op. cit., pp. 85~88.

2. 편의성

차량을 이용하는 것이 시간을 관리하고 한 지점에서 다른 지점으로 이동하는데 도움이 되어야 한다. 경호대상자가 계획된 시간에 맞춰 목적지에 안전하게 도착하도록 하는 것은 경호의 중요한 임무이다. 교통에 막혀 약속시간에 늦거나 중요한 회의에 참석하지 못하는 경우가 생기면 경호의 임무를 다했다고 할 수 없다. 또한 기차나 항공기를 이용하는 것보다 차량을 이용하는 것이 편리하고 안락해야 한다. 따라서 경호요원은 사전에 이동경로에 대한 충분한 연구와 시간사용계획이 작성되어야 한다. 도로상황과 교통상황을 정확히 파악하여 전문가다운 차량 이동계획을 수립한다.

3. 안전성

이동 중 사고를 당하거나 사고를 내는 일이 있어서는 안 된다. 경호운전의 기본은 방어운전이다. 교통법규를 준수하여 경호대상자의 품위를 유지함은 물론 경호원의 신뢰성도 높인다. 또한 규정속도를 준수하고 차간거리를 유지하여 과속에 의한 사고의 위험성을 차단한다. 차량에 따른 조작방법을 숙지하여 차량에 대한 통제력을 강화함으로써 차량 조작 미숙에 의한 사고를 경계한다. 또한 항상 연료를 충분히 확보하여 비상상황에 대비한다. 나아가 각종 사고에 대비한 장비와 공구를 준비한다. 트렁크에는 구급약품함, 점프 케이블, 비상등, 플래시, 망치, 예비 타이어, 삼각표지판, 기타 차량용 공구 등 비상상황 시 사용할 수 있는 장비들이 준비되어 있어야 한다.

4. 방비성

계획적인 위해자의 차량공격에 대비해야 한다. 경호대상자를 노리는 위해자는 사전에 차량 내·외부에 폭발물을 매설해 놓을 수도 있고, 기동 간 목지점이나 정체지점에서 공격해 올 수도 있다.14) 폭발물 검색은 차량 안전의 가장 중요한 요소라고 할 수 있다. 차량 내·외부에 폭발물이나 인화성 물질이 매설되어 있는지의 여부를 수시로 확인하고 찾아내야 한다. 차량이 장시간 경호원의 시야에서 떨어져 있거나 경비가 없는 상태로 방치되어 있었다면, 반드시 차량검측을 실시해야 한다. 그리고 가능하면 차량은 시건장치나 경보장치가 되어 있는 안전한 차고에 주차시키는 것도 중요하다.

기동 간의 위해공격은 차량으로 경호대상자차를 추돌하거나 정면으로 충돌하여 교통사고로 위장하거나, 아예 차량으로 도로를 차단하고 공격해오는 경우가 많다. 이러한 직접 공격에 대비하기 위해서는 가급적 퇴로가 차단된 일방통행로나 골목길은 피하고, 기동 간 사주경계를 철저히 하고, 무정차 기동으로 위해자에게 공격기회를 주지 말아야 한다.

14) 2012년 1월 11일 오전 8시30분 이란의 수도 테헤란의 도심에서 승용차 한 대가 교통정체로 속도를 내지 못하자 괴한 2명이 탄 오토바이가 접근하여, 승용차 옆면에 무엇인가를 붙이고는 쏜살같이 앞으로 빠져나갔다. 정확히 9초가 지나자 승용차가 폭발하여, 탑승자 3명 중 한 명은 즉사, 한 명은 병원에서 숨지고, 나머지 한 명은 중상을 입었다. 범인들은 승용차가 자택을 출발할 때부터 미행하였으며, 승용차에 붙인 것은 자석폭탄이었다. 숨진 사람은 이란의 우라늄 농축시설의 부책임자인 무스타파 아흐마디 로샨 테헤란공과대학 핵물리학 교수였다.

Ⅲ. 기동 경호대책

차량으로 이동 간에는 차량사고뿐만 아니라 계획적인 위해공격의 위험성에 노출될 수 있다. 위해사건이 행사장(47%) 다음으로 이동 간(30%) 많이 발생한 연구보고(이두석, 2010)는 기동경호의 중요성을 말해주고 있다. 차량을 이용하는 횟수가 많고 차량으로 이동하는 시간이 길수록, 경호원은 그만큼 안전한 기동에 많은 신경을 쓰고 책임감을 느껴야 한다.

대표적인 기동수단인 차량은 그 자체로 일정부분 안전성을 제공하기도 하지만, 차량의 기능 고장이나 교통사고 등의 취약성을 안고 있기도 하다. 또 특정인의 특정한 차량은 외부인에게 이미 노출되어 있을 수도 있고, 한 장소에서 다른 장소로 이동하는데 이용할 수 있는 기동로 자체가 제한적이며, 대부분 차량을 타고 내리는 승하차지점이 일정한 취약성도 갖고 있다. 이동로 상 교차로나 모퉁이 등에서는 서행하거나 정차할 수밖에 없는 상황적 취약성도 안고 있다.

또한 기동경호는 기동 보안이 노출될 경우, 치명적인 약점을 안고 있다. 케네디 대통령 암살사건에서 알 수 있듯이, 차량이 기동하는 연도는 위해분자의 접근이나 은폐가 용이한 반면, 상대적으로 많은 경호인력 소요로 인하여 경호경비가 허술해질 우려가 있다. 연도는 유동 인원에 대한 통제가 곤란하고, 살상력이 높은 폭발물이나 대형무기의 사용이 가능한 취약성을 가지고 있다.

따라서 이와 같은 차량기동의 취약성에 대비한 기동경호대책으로는 행차로에 대한 보안유지가 필수적이며, 가능하면 기만기동과 무정차기동으로 적에게 공격기회를 주지 말아야 한다. 차량기동 간 적절한 차량대형을 형성하여 방어태세를 유지하며, 기동 간 철저한 사주경계로 위험에 대비한다. 방탄차량을 사용하는 등의 차량 방호대책을 강구하면 보다 효과적이다. 기동로는 가급적 교통의 흐름이 원활한 최단거리의 대로를 사용하는 것이 바람직하고, 교통이 혼잡하거나 곡선도로 등이 많은 도로는 피한다. 또한 주기동로와 연결된 예비도로를 확인하여 피습이나 차량 정체 등의 우발상황 시에 대비한다.

1. 차량 선정

1) 경호대상자차(VIP차)

경호대상자가 거의 매일 사용하다시피 하는 자동차는 편안하고 안전한 휴식공간이자 업무공간이다. 따라서 경호팀에서 차종의 선택에 조언을 할 수 있는 경우라면, 자동차의 이러한 기능과 목적에 부합하는 차종을 선택하는 것이 바람직하다. 일반적으로 경호대상자가 사용할 자동차는 어느 정도까지는 클수록 좋을 것이다. 큰 자동차는 다음과 같은 몇 가지 장점을 갖고 있기 때문이다.

- 고도의 안락한 승차감
- 넉넉한 실내공간
- 충분한 차체 방호력
- 강력한 엔진

그러나 리무진과 같은 대형 차량은 외부의 시선을 끌 수도 있을 뿐만 아니라, 긴급피난을 해야 할 경우 덩치가 너무 커서 기동력이 떨어지는 단점이 있어서 오히려 바람직하지 않다. 더불어 자동잠금장치, 주유구 잠금장치, GPS 수신장치, 배기통 보호장치, 원격시동장치 및 방탄유리 등은 경호적인 측면에서 안전성을 배가시켜주는 이점이 있다.[15)]

2) 경호차

경호차는 경호대상자 차량의 성능에 필적할만한 차량을 선정해야 한다. 대부분의 경호대상자 차량은 최고 수준의 기능과 성능을 갖춘 차량인 점을 감안하여 경호차량을 선정한다.

- 경호대상자 차량은 물론이고, 경호차량도 외부의 시선을 집중시키는 차종이나 색상은 지양한다.
- 경호의 목적에 맞는 차종을 선택한다. 우선 경호원들이 타고 내리기에 편해야 한다. 또한 위해기도자의 차량강습을 차체로 충분히 저지할 수 있는 튼튼한 차체와 가속력을 갖춘 차량이라야 한다.

15) Oatman, Robert L.(1997), op. cit., pp. 81~82.

- 기만효과를 거두기 위해서는 경호대상자 차량과 동종의 차종을 선택함이 바람직하다.
- 특히 후미경호차량은 경호대상자 차량이 고장 날 경우, VIP 예비차량의 임무를 수행할 수도 있는 만큼, 가급적 경호대상자 차량과 같은 차종을 선정함이 바람직하다.
- 우발상황 발생 시 긴급한 회피기동을 할 수 있는 엔진 성능과 기동력을 갖춘 차량을 선정한다.

2. 기동로 선정

기동로는 차량 이동의 편의성과 경호의 안전성을 결정짓는 중요한 요소이다. 도로의 상태나 교통상황은 쾌적하고 안락한 기동과 정확하고 안전한 경호기동에 큰 영향을 미치게 된다. 따라서 도로는 직접 사전 답사를 통하여 취약성과 도로상태 등을 확인하고 사용여부를 결정하게 되는데, 행·환차로 답사 시에는 다음과 같은 사항을 점검한다.

1) 행차로 및 환차로 선정
2) 거리 측정
3) 소요시간 판단(소요시간 = 거리/속도)
4) 도로 상황(차선, 포장상태, 공사 상황, 주·정차 차량 등)
5) 교통 상황(해당시간대 교통량)
6) 취약요소(문제지역, 지하도, 육교, 터널, 암거, 폐건물, 교통체증지역 등)
7) 통행인수
8) 구급병원 위치 및 이동코스
9) 예비 도로
10) 비상대피소

〈표 6-1〉 이정표의 예

통과지점	거리	통과시간	시속	비 고
청와대	0	10:00		출발 통보(무전)
적선R	1.2	10:02.48	60km	
광화R	1.8	10:03.18	70km	
서대문고가	2.8	10:04.10	〃	
아현고가	3.7	10:05.04	〃	
마포경찰서	4.7	10:05.49	80km	
공덕R	5.4	10:07.21	〃	
마포대교북단	6.2	10:07.57	〃	
마포대교남단	7.7	10:09.05	〃	
순복음교회	8.2	10:09.31	70km	준비 통보(무전)
국회 정문	8.9	10:10.07	〃	
국회 정현관	9.2	10:10.15	60km	도착 통보(무전)

경호의 중요한 임무 중의 하나는 경호대상자를 계획된 장소에 계획된 시간에 안전하고 정확하게 도착할 수 있도록 조치하는 것이다. 도로 답사는 경호대상자를 행사장에 계획된 시간에 안전하고 정확하게 도착시키기 위한 조치의 준비과정이다. 도로 답사를 통하여 기동로가 선정되면, 실제 행차 시에 사용할 이정표를 작성한다.

이정표에는 출발시간부터의 통과지점, 거리, 통과 예정시간, 주행속도, 특이사항, 조치사항 등을 기록한다. 이정표를 통하여 현재의 본대의 위치와 계획된 시간대로의 진행여부를 판단하게 되기 때문에, 이정표는 정확하게 작성하여야 행사 시 실수가 없다.

3. 운전요원 고려사항

차량경호는 그 자체가 매우 복잡하고 잠재적 위험을 내포하고 있는 상황으로 결코 가볍게 여겨서는 안 된다. 차량 자체가 기능적 결함을 비롯한 많은 위험성을 내포하고 있을 뿐만 아니라, 도로에는 더 많은 위험이 도사리고 있다. 주행 시에는 나만 안전하게 운행한다고 되는 것도 아니고, 주변 상황을 충분히 파악하고, 교통상황에 따른 방어운전으로 잠재적 위험상황에 대비해야 한다. 운전요원과 경호요원, 특히 경호대상자차의 운전요원과 경호요원은 한 팀으로, 원활한 통신과 협조를 통하여 마치 한 사람처럼 생각하고 기동해야 한다.16)

운전요원과 선탑근무자, 특히 운전요원은 안전벨트를 반드시 착용하고 근무함으로써, 운전자와 근무자의 안전도를 제고하고 안정감과 자신감을 갖고 근무에 임해야 한다. 기동 중에 안전벨트를 매지 않고 근무하다가 충돌이나 추돌 사고가 발생할 경우, 자칫 근무자가 앞유리를 깨고 튕겨져 나가 부상을 당함으로써, 다음 상황에 대처를 못하는 수가 있다.

1) 주행 전

- 차량을 최적의 상태로 유지한다. (각종 계기 및 기름량 확인)
- 차량대형 등 기동 간 경호계획을 숙지한다.
- 주코스와 예비코스를 숙지한다.
- 예정된 주행코스의 교통상황과 도로상황을 파악한다.
- 불필요한 적재물을 최소화하고, 비상용품(소화기, 구급약픔 등)을 비치한다.
- 안전벨트를 착용한다.

2) 주행 중

- 경호팀장의 신호와 지시에 따라 기동한다.
- 도로상황과 교통상황에 주의한다.
- 전방을 주시하면서 돌발상황에 대비한다.
- 수상한 차량이나 오토바이 등의 추적을 경계한다.
- 경호대상자 차량과 경호차량 사이에 다른 차량이 끼어들지 못하도록 차량 간격을 유지한다.
- 신호 대기 시에는 좌우의 차량을 경계하고, 회피공간을 확보하고 정차한다.

3) 대기 시(주차 시)

- 경호팀장의 지시 없이 차량을 떠나지 않는다.
- 차량문이나 창문을 열어놓지 않는다.
- 즉시 출발할 수 있는 상태로 정렬해 놓는다.
- 주차 시 항상 차문을 잠그고, 불순분자의 접근을 경계한다.

16) June, Dale L.(1999), 전게서, p. 182.

Ⅳ. 기동경호대형

기동경호대형은 기동 간 경호대상자차의 앞이나 뒤, 또는 앞과 뒤에서 경호차량으로 방호대형을 형성하여 경호대상자차를 보호하기 위한 차량대형을 말한다. 차량대형은 기동로상의 장애물이나 대형 내로 접근하는 각종 위해요소를 차단하고, 우발상황 시 경호대상자차량이 신속히 현장을 이탈할 수 있도록 구성하고 조치한다.

차량대형 결정시에는 1) 행사 성격, 2) 위협의 정도, 3) 도로 상황, 4) 교통 상황, 5) 경호대상자의 성향 등을 고려하여 차량의 종류와 대형을 결정한다. 기본적인 차량대형은 [경호대상자차 - 경호차]만을 운용하는 간편대형〈그림 6-26〉과, [선도경호차 - 경호대상자차 - 후미경호차]를 운용하는 기본대형〈그림 6-27〉이 있을 수 있다.

1. 간편대형

간편대형은 [경호대상자차 - 경호차]로 구성되는 대형을 말한다. 이 경우, 경호대상자차 운전요원은 앞에서 길을 안내하는 선도경호차가 없기 때문에 목적지에 이르는 도로에 대한 정보에 정통해야 하고, 후미경호차와의 연락체계가 확보되어 긴밀한 협조와 팀워크가 이루어져야 한다. 후미경호차는 경호대상자차보다 차폭의 1/2정도 우측을 주행하고, 경호대상자차와의 간격을 속도에 맞게 유지하여(전장의 1/2 ~ 2/3 거리) 일반차량의 끼어들기 등을 방지하고, 도로상황 변화에 따른 즉각대응태세를 유지한다.

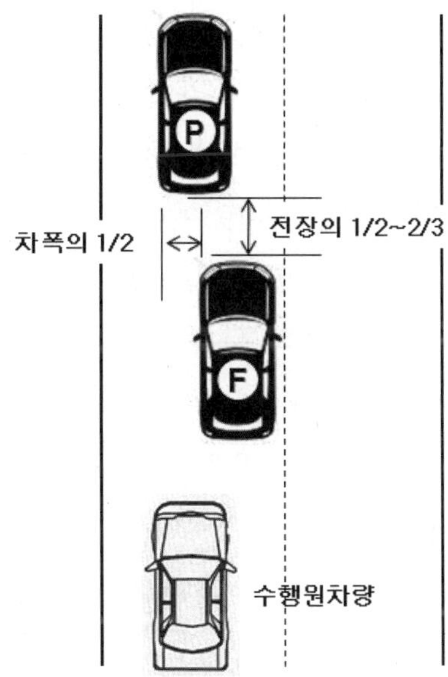

〈그림 6-26〉 간편대형

이 대형을 운용할 경우, 경호대상자차 운전요원이 길을 잘 모르거나 전방에 위험이 예상될 경우에는 경호차를 경호대상자차 앞에 위치시켜 대형의 변화를 꾀할 수 있다. 경호차량이 앞으로 추진할 경우, 후미는 수행원 차량으로 방호하여 추돌사고 등에 대비할 수 있도록 사전에 협조한다.

2. 기본대형

[선도경호차 - 경호대상자차 - 후미경호차]의 기본대형 운용 시, 선도경호차는 대형을 리드하여 계획된 시간에 목적지에 도착할 수 있도록 속도를 조절하고, 주행 간 전방 상황에 대처한다. 선도경호차는 주행 간 반대방향의 차량공격에 대비하여 경호대상자차보다 차폭의 1/2만큼 좌측으로 주행한다.

후미경호차는 기동 간 이동지휘소(mobile command post)로, 팀장은 앞좌석 우측(조수석)에 탑승해서 기동 간 차량대형의 운용이나 속도 등을 통제하고 지휘한다. 또한 후미경호차는 경호요원이나 의료진의 이동수단이 될 뿐만 아니라, 경호대상자차의 기능고장 등과 같은 비상시에는 VIP 예비차량의 임무를 수행한다. 후미경호차는 기동 간 일반차량의 끼어들기나 차량 공격 등을 막아내는 주요한 방어수단이기도 하다. 따라서 후미경호차는 차량공격 등을 막아낼 수 있는 크기와 급가속력이 있는 힘이 좋은 차로, 경호대상자차를 따라갈 수 있는 충분한 성능을 갖춘 차로 준비한다.

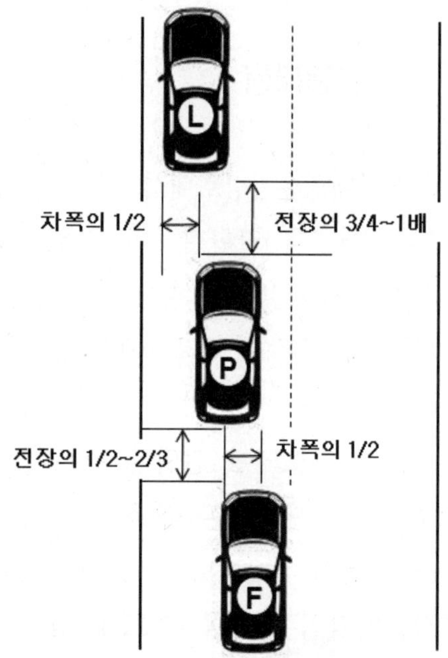

〈그림 6-27〉 기본대형

3. 확장대형(날개대형)

확장형 차량대형은 대통령취임식의 일환으로 카퍼레이드를 하는 경우와 같이 대규모의 완전 공식 국가행사 시에 사용하는 차량대형이다. 확장대형은 좌우에 날개가 있는 형태와 비슷하여 날개대형이라고 부르기도 한다. 이 대형은 근접경호대형(도보대형)의 삼각대형(쐐기대형) 또는 사각대형과 같은 형태로 전개되며, 이 경우 대개 도로가 통제된 상태에서 기동한다.

확장대형은 두 가지 형태로 운용되기도 하는데, 하나는 후미경호차만 2대 운용하는 [선도경호차 - 경호대상자차 - 좌/우 후미경호차]의 대형(A형)이 있고, 또 하나는 선도경호차와 후미경호차를 각각 2대씩 운용하는 [좌/우 선도경호차 - 경호대상자차 - 좌/우 후미경호차]의 대형(B형)이 있다. 이 경우 경호지휘차량은 우측 후미경호차가 된다.

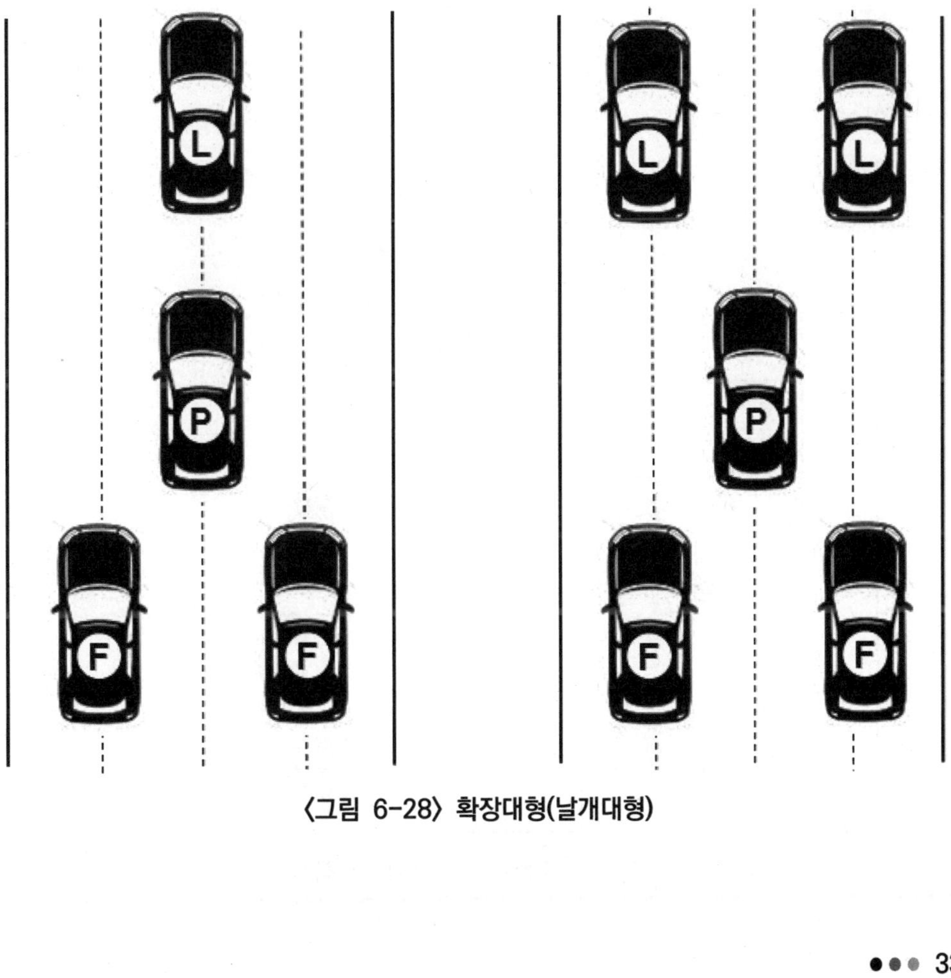

〈그림 6-28〉 확장대형(날개대형)

V. 기동 간 상황조치

차량 기동 간에는 다양한 위험상황이 발생할 수 있기 때문에 철저한 사주경계와 주의가 요구된다. 주행간이나 정차 시에는 항상 사고나 위해상황을 염두에 두고 안전거리와 차량간격을 유지한다. 특히 주행 간 경호대상자차와 경호차량 사이에 일반차량이 끼어들지 못하도록 주의한다. 경호대상자차와 경호차량 사이에 일반차량이 끼어들면 경호대상자차를 순간적으로 놓치거나 경호할 기회를 잃을 수도 있기 때문이다. 기동 중 가장 취약한 요소는 주행속도를 줄여야만 되는 상황일 것이다. 교차로나 곡각지, 지선도로에서 간선도로로 나갈 때, 또는 이면도로를 기동할 때와 같이 속도를 줄여야 될 상황은 위해기도자가 가장 공격하기 좋은 상황을 제공하게 된다.

1. 교차로 정차 시

기동 간에도 항상 위해 공격의 가능성을 염두에 두고 안전기동에 만전을 기한다. 교차로에서 차량을 정차시킬 경우 주의할 점은 옆차량 탑승자가 경호대상자차의 내부를 들여다볼 수 없어야 한다는 것이다.

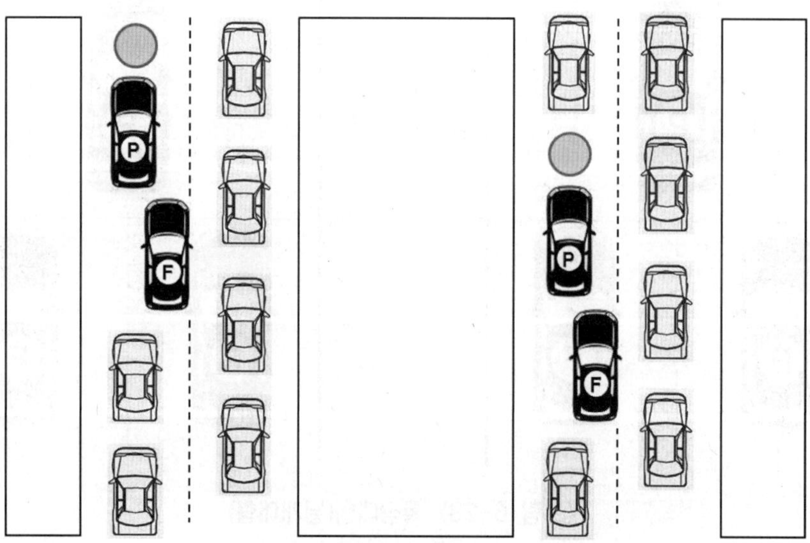

〈그림 6-29〉 교차로 신호대기 시 정차위치

따라서 선도경호차가 없는 경우, 경호대상자차는 교차로 정지선에서 약간 후방에 정차하여 안전공간과 기동공간을 확보하고, 앞 범퍼가 옆차 뒷문의 중간 정도에 오도록 정차함으로써 경호대상자가 주위의 관심의 대상이 되거나 옆차로부터의 직접적인 공격에 대비한다.

또한 교차로에서 맨 앞에 정차해야 할 경우에는 정지선에서 어느 정도 떨어져서 안전공간을 확보하고, 다른 차량의 뒤에 정차할 경우에는 앞차의 뒷바퀴가 보일 정도로 충분한 여유를 두고 정차한다. 앞차와의 공간을 두는 것은 기동공간을 확보하여 비상시 일반차량 사이에 갇힐 가능성을 배제하기 위한 조치이다.

2. 지선도로 교차 시

주행 중에는 지선도로에서 나오는 차에 주의한다. 지선도로나 골목길에서 나오는 차는 간선도로에서 달려오는 차를 못 볼 수도 있고 조금만 틈이 있어도 밀고 들어올 수가 있기 때문에, 각별한 경계가 필요하다. 간편대형 운용 시에는 후미경호차가 신속히 추진하여 지선도로에서 나오는 차를 차단한다. 기본대형 운용으로 선도경호차가 있을 경우에는, 선도경호차가 지선도로를 차단하고 경호대상자차가 통과한 후에 본래의 위치로 추진한다.

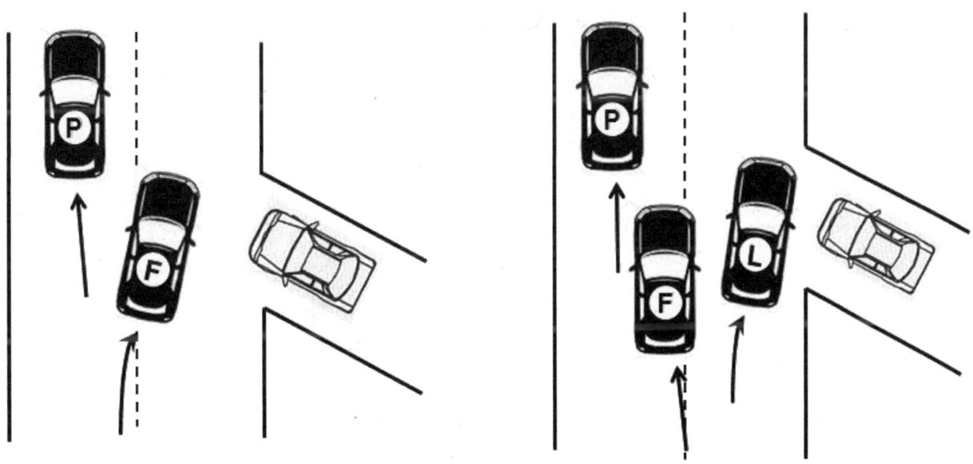

〈그림 6-30〉 지선도로에서 나오는 차량의 차단

3. 교차로에서의 방향 회전

교차로에서 우회전을 할 경우에는 불법 좌회전 차량에 주의한다. 경호차량의 임무는 경호대상자차의 방호에 있기 때문에 교차로 등지에서 좌회전이나 우회전을 할 경우에, 경호차량은 경호대상자차의 바깥쪽을 방호하면서 크게 회전함으로써 경호대상자차에게 안전한 회전공간을 제공한다. 선도경호차 운용 시에는 선도경호차가 추진하여 불법 좌회전 차량을 차단하고, 후미경호차는 안쪽을 방호하면서 방향을 전환한다.

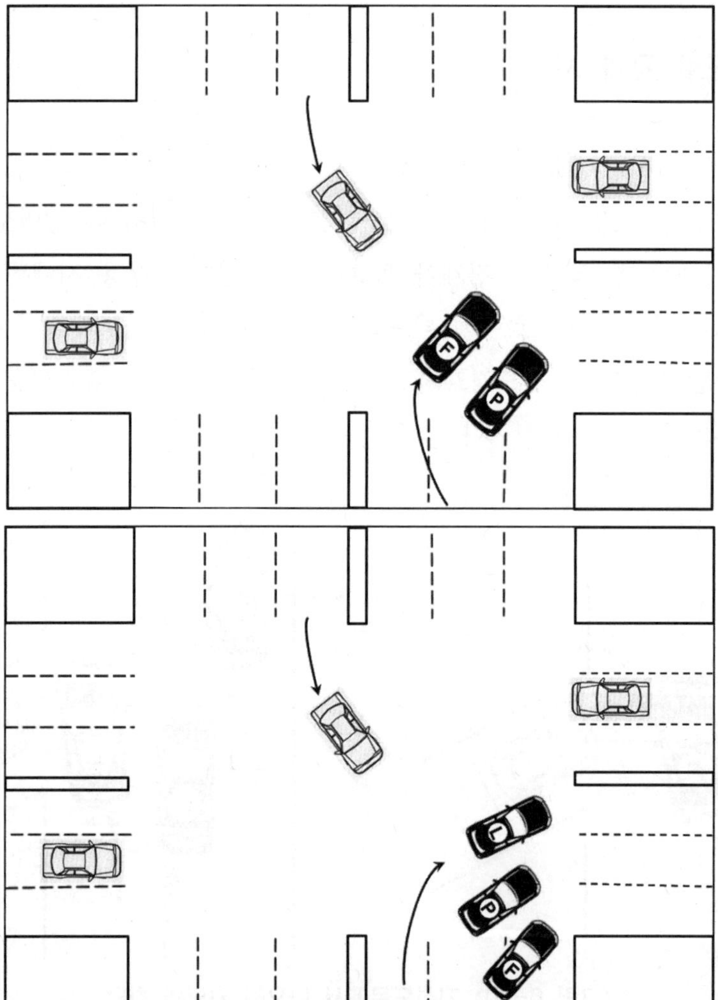

〈그림 6-31〉 불법 좌회전 차량의 차단

기본대형 운용으로 정상적으로 좌회전이나 우회전을 할 경우에도, 선도경호차는 안쪽을 방호하면서 인도로부터의 공격이나 행인이 뛰어 들어오는 상황에 대비하고, 후미경호차는 크게 돌아 경호대상자차의 바깥쪽을 방호하면서 직진 차량이나 좌회전 차량의 공격이나 충돌 상황에 대비한다.

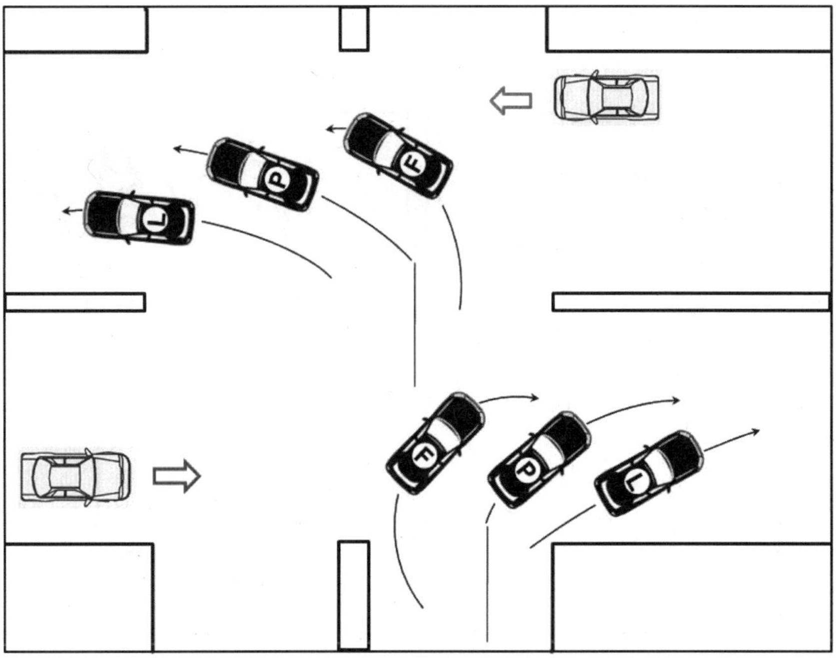

〈그림 6-32〉 교차로에서의 방향 회전

4. 차선 변경

또한 경호대상자차 운전요원은 차선 변경, 정차 및 방향 회전 시에는 후미경호차에 충분한 시간적 여유를 두고 신호를 보내어 후미경호차가 상황의 변화에 대비할 준비를 갖추게 한다. 차선 변경 시에는 후미경호차가 먼저 차선을 바꾸어 차선을 확보한 후에 경호대상자차가 안전하게 진입한다.

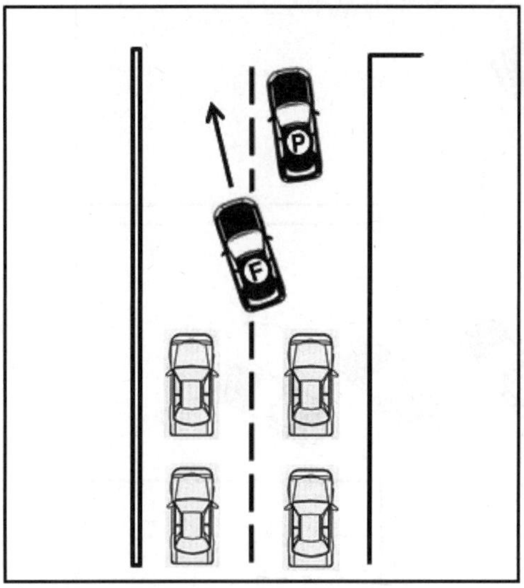

〈그림 6-33〉 차선 변경

〈그림 6-34〉 곡선도로 주행

곡선도로 주행 시 후미경호차는 차폭의 1/2 정도 도로의 바깥쪽에서 주행하면서 일반차량의 끼어들기나 나란히 주행하기를 방지한다.

고속도로 등을 주행할 때에는 2차선을 주행하는 것이 가장 바람직하다. 1차선이나 제일 바깥 차선은 자칫 기동이 제한받을 경우에는 그대로 갇히게 될 가능성이 있다. 또한 고속도로 등을 주행하는 경우에 차량속도가 느려지면서 차선이 막히거나 정체되는 경우가 비일비재하다. 따라서 고속도로에서 차량속도가 느려지는 것을 감지하면 즉시 노견과 인접한 제일 바깥 차선으로 차선을 변경하여 차량대형이 안쪽에 갇혀 꼼짝도 못하게 되는 경우를 배제한다.

5. 도착

차량대형이 계획된 정차지점에 접근하면서, 선두경호차는 선추진하여 하차한 후 경호준비를 한다. 경호대상자차는 계획된 지점이나 선발요원이 가리키는 바로 그 지점에 정확히 정차하여, 경호대상자가 하차 후 곧바로 이동할 수 있도록 한다. 경호대상자차는 도로 연석으로부터 약 30~40cm 떨어지게 정차하여 경호대상자가 연석에 발이 걸리지 않고 편안하게 하차할 수 있도록 하고, 차량문 개방 시 문이 연석에 걸리지 않도록 한다.

경호대상자차의 차량문 개방은 너무 급하게 열지 않도록 한다. 경호원이 모두 정위치하고 주변에 위험요소가 없는 것이 확인되고 난 후에 천천히 개방한다.

경호대상자가 하차 후, 운전요원들은 출발 시에 대비한 대형으로 차량을 정리하여 주차한다. 후미경호차는 경호대상자차 뒤로 약 2피트, 차도 쪽으로 차폭의 1/2만큼 나오게 주차하여, 일반차량이 경호대상자차와 후미경호차 사이에 주차하거나 차량사이를 사람들이 지나다니지 못하게 하고, 지나가는 차량들로부터 경호대상자차를 보호한다.[17] 차량 통행이 없는 도로라면 경호대상자차 반대편에 후미경호차를 주차시켜 경호대상자차를 방호한다.

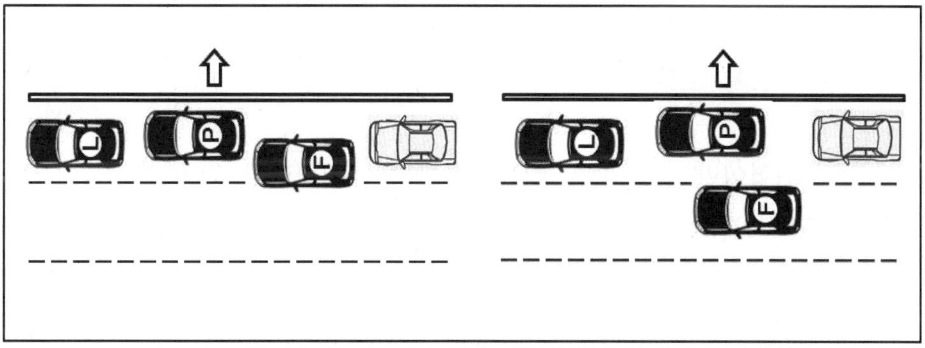

〈그림 6-35〉 도착시의 대형

17) June, Dale L.(1999), 전게서, pp. 161~180.

제4절 즉각조치

Ⅰ. 우발상황의 개념 및 특성

1. 우발상황의 개념

경호는 각종 위험으로부터 경호대상자를 보호하기 위한 제반 활동이다. 노출된 위험은 더 이상 위험이 아니다. 노출된 위험은 우리가 사전에 대비하고 대응할 시간적 여유가 있고, 또 그에 대한 대책을 충분히 강구할 수 있기 때문이다. 위험을 내포하고 있는 다양한 요소들은 언제 발생할지, 발생은 할지 안할지, 발생한다면 그로 인한 피해는 어느 정도가 될지 모르기 때문에 위험한 것이다. 이러한 위험을 '우발적 위험'이라 부른다.

우발적 위험은 다음의 세 가지 불확실성 중에서 하나 이상의 불확실성을 가지고 있는 위험을 말한다.

첫째, 발생 시기를 모르는 위험이다.

둘째, 발생 여부를 모르는 위험이다.

셋째, 피해 정도를 모르는 위험이다.

즉, 우발적 위험이란 위험의 발생시기를 모르는 위험이나 위험의 발생여부를 모르는 위험, 또는 위험의 발생으로 인한 피해의 정도를 모르는 위험을 의미한다.[18] 따라서 경호에서 우려하는 우발상황이란 '위해기도나 행사 방해책동과 관련하여 발생시기나 발생여부 및 그로 인한 피해정도를 모르는 우발적 위험이 발생한 상황'이라고 할 수 있다. 그러나 경호적 측면에서의 우발상황이란 비록 그 상황이 우발적으로 일어났을지라도 그 상황이 행사에 지대한 영향을 미치거나 경호대상자에게 위해를 가할 수 있는 상황으로까지 발전할 수 있기 때문에, 항상 비상상황을 염두에 두고 대처해야 한다.

18) 조해균(1996), 최신보험경영론, 서울: 박영사, p. 4.

2. 우발상황의 분류 및 특성

우발상황의 유형은 네 가지로 분류할 수 있다.

첫째는 계획적 우발상황으로, 위해기도자에 의해 의도되고 계획된 우발상황이다.

둘째는 부주의에 의한 우발상황으로, 실수로 전기스위치를 잘못 건드려 전기가 나간다거나, 엘리베이터 정지버튼을 눌러서 엘리베이터가 정지하는 등의 상황이 발생 가능하다.

셋째로는 자연발생적 우발상황이 있을 수 있는데, 갑자기 소나기가 내려 군중이 한군데로 몰리면서 혼잡상황이 발생하거나, 차량의 고장 등으로 인하여 도로에 정체현상이 발생하는 하는 경우가 있을 수 있다.

또한 천재지변에 의한 우발상황도 있을 수 있는데, 홍수 등으로 인하여 도로가 유실되거나, 폭설로 인하여 도로가 차단되는 경우가 발생할 수 있다.

우발상황이 위해기도자의 의도에 의해서 발생했건, 아니면 경호원의 부실한 경호조치에서 비롯되었건, 아니면 불가항력적인 상황이건 간에 경호원에게는 그러한 상황을 예견해서 예방하고 대비하고 조치할 책임과 의무가 있다. 이러한 우발상황은 다음과 같은 특성을 갖고 있다.

첫째로 불확실성이다. 우발상황의 발생여부가 불확실하다. 특정한 우발상황의 발생이 확실하다면 그에 대한 대비가 가능하나, 우발상황의 발생은 사전에 예측이 곤란하기 때문에 모든 예상 가능한 상황에 대비해야 한다.

둘째로 돌발성이다. 위험상황이 특정한 조짐이 나타나면서 단계적으로 서서히 진행되는 것이 아니라, 우발상황은 사전 예고가 없이 돌발적으로 발생한다.

셋째로 시간제약성이다. 우발상황은 돌발적으로 발생하기 때문에 그에 대처할 충분한 시간적 여유가 없다. 그렇기 때문에 평소에 충분한 훈련과 대응책이 마련되어 있어야 한다.

넷째로 중대성이다. 우발상황은 경호대상자의 안전이나 행사에 치명적인 영향(무질서, 혼란, 충격, 공포 등)을 끼칠 수 있는 상황을 말한다. 때문에 우발상황의 발생은 경호대상자의 신변이나 조직의 연속성에 중대한 결과를 초래할 수 있다.

다섯째로 현장성을 들 수 있다. 대개의 우발상황은 경호대상자의 신변에 위협이 되거나 행사 진행에 방해가 되는 상황들이다. 따라서 이러한 우발상황에 대한 경호적 대응도 일단은 우발상황이 발생한 현장에서 조치하고 문제가 해결되어야 한다.

Ⅱ. 즉각조치의 개념

즉각조치란 우발상황이 발생하였을 경우 경호대상자를 위험으로부터 보호하기 위한 일련의 순간적인 경호조치를 말하며, 즉각조치의 결과가 경호대상자를 살릴 수도 있고 죽일 수도 있다. 우발상황이 발생하면, 최초로 위협을 발견한 순간부터 경호대상자를 대피시킬 때까지 겨우 4초밖에 안 걸린다고 한다.[19] 따라서 우발상황이 발생하면 처음에 정확하게 대응해야 한다는데 문제의 핵심이 있다. 위험한 것을 위험하지 않은 것으로 판단하면 자칫 경호대상자를 잃을 수도 있고, 위험하지 않은 것을 위험한 것으로 판단하면 행사장을 혼란에 빠뜨리거나 행사를 망칠 수도 있다.

우발상황이 발생하면, 경호원은 우선 상황을 차단할지, 아니면 대응을 할지 등의 판단을 내려야 한다. 이 순간의 경호원의 판단이 경호의 성패를 좌우한다. 심각한 위협이 아니어서 경호원 혼자서 처리 가능한 상황이라면 별문제이다. 그러나 총이나 칼 등의 심각한 위협일 경우에는, 전 경호요원에게 위해상황의 발생을 알리는 경고를 보내고, 즉시 경호대상자를 방호해서 현장을 이탈해야 한다.

우발상황에 대응할 경우, 경호원의 최우선 과제는 공격이 아니라 방어에 있다는 점을 명심해야 한다. 위해기도자를 공격해서 제압하기보다는 경호대상자를 신속히 방호하는 것이 효과적이고 경호의 목적에 부합한다. 즉각조치는 상황을 인지함과 동시에 한 순간의 주저함이나 망설임도 없이 신속하고 과감한 행동으로 대적과 방호 및 대피가 이루어져야 한다. 일단 공격상황이 발생하면 양동작전 등의 제2의 공격에 대비하여 신속히 경호대상자를 방호해서 현장을 이탈하여야 한다.

우발상황 발생 시 경호원의 대적은 "대응시간의 원리"에 따라 총기를 뽑느라고 시간을 허비하기 보다는 신속히 몸을 날려 위해기도자를 제압하는 것이 가장 효과적이다. 경호원이 총을 뽑아 사격을 하기까지 걸리는 시간이 계산상으로는 2.5초에 불과할지 몰라도, 위해상황이 발생하면 경호원도 당황하게 될 것이고, 그러면 총을 제대로 못 뽑거나 시간이 더 걸리는 상황이 발생할 수도 있다. 경호는 순간의 위해상황에 대비하는 활동이다. 평소에 자기보호본능을 거부하면서 공격방향으로 신속하고도 과감히 몸을 던지는 부단한 훈련이 요구된다.

---

19) Oatman, Robert L.(1997), op. cit., p. 53.

즉각조치의 좋은 예가 1980년 3월 30일 워싱턴 힐튼호텔 앞에서 발생한 레이건 대통령 암살기도사건이다. 이 사건에서 범인 힝클리는 불과 2초 사이에 실탄 6발을 발사하였다. 총소리를 듣는 순간, 수행과장 Jerry Parr는 본능적으로 대통령을 차안으로 밀어 넣었고, 차량문을 잡고 있던 경호원 Timothy McCarthy는 대통령을 방호하면서 몸을 범인쪽으로 향하여 날아오는 총탄을 몸으로 받아냈다. 대통령 차량은 수행팀장 Ray Shaddick이 차량문을 닫자마자 현장을 이탈하였고, 나머지 경호원들은 범인을 덮쳤다. 이 모든 것이 거의 동시에 이루어졌다. 이러한 즉각조치는 경호원들이 항상 주변을 살피고 계산하는 가운데 각자가 적절한 지점에 위치해 있고, 각자가 차후에 취할 몇 가지 행동을 머릿속에 그리고 있었기 때문에 가능했던 것이다.

〈사진 6-1〉 레이건대통령 피격과 즉각조치

〈레이건 대통령 암살기도사건〉

- 일시 : 1981. 3. 30 13:30
- 장소 : 워싱턴 힐튼호텔 앞
- 내용

레이건 대통령이 워싱턴 소재 힐튼호텔에서 미국 노동연맹 산하 건설노조대회 행사를 마치고, 호텔 VIP출입구를 나와 차량에 탑승하기 직전에 환영군중들에게 손을 흔들어 답례하는 순간, 기자단석에 위치하고 있던 범인(John Hinkley Jr., 26)이 레이건 대통령을 향하여 리벌버 권총 6발을 발사하였다. VIP차량 문을 잡고 있던 경호원 Timothy McCarthy는 그 즉시 사선 방향으로 몸을 날려 총탄을 받아내고, 수행과장 Parr와 수행팀장 Ray Shaddick은 신속히 대통령을 차안으로 밀어넣고 황급히 현장을 이탈하였다. 그러나 이 과정에서 레이건 대통령은 범인이 발사한 6발 중 차 옆을스친 유탄 1발을 왼쪽 가슴에 맞았다. 이 과정에서 공보비서관 James Brady, 경호원 Timothy McCarthy와 워싱턴D.C. 경찰관 Thomas Delahanty가 총탄을 맞고 부상을 당하였다.

☞ 백악관으로 대피기동 중, 레이건대통령은 '입에 상처가 난 것 같다'고 말하였다. 그러나 대통령의 입에서 나오는 피가 거품피(foamy blood)로 단순한 충격에 의한 것이 아님을 직감한 수행과장 Parr는 차량을 곧바로 조지 워싱턴 병원으로 향하게 하였다. 결국 레이건 대통령은 병원 도착 즉시 한 시간에 걸친 수술을 받고 생명을 구할 수 있었다.

- 암살기도과정
  - 영화 Taxi Driver를 보고 주인공 Jodie Foster에 푹 빠진 범인은 영화 속의 Bickle처럼 이제는 자신이 Foster를 보호해야 한다는 강박관념에 사로잡힘.
  - 편지나 전화 등을 통한 구애가 소용이 없자, 범인은 카터 대통령을 암살하여 자기의 존재를 알리고, Foster를 감동시키기로 마음먹음.
  - 1980년 10. 2 카터 대통령이 유세중인 내슈빌의 공항에서 총기 소지 혐의로 체포되어, 첫 번째 암살 기도가 실패로 돌아감.
  - 그러던 중 레이건이 대통령에 당선되자, 목표를 레이건 대통령으로 바꾸고, 레이건 대통령 암살을 계획함.
  - 3. 29 파트 센트럴 호텔에 투숙.
  - 3. 30 "내가 레이건을 암살하려고 하는 이유는 당신에게 감동을 주기 위해 더 이상 기다릴 수가 없기 때문입니다."라는 쪽지를 남기고, 행사장인 힐튼호텔 기자단석으로 잠입하여 대기.
- 암살동기
  - 개인적 동기로, 심리적 보상, 욕구불만 해소 및 자기 과시가 복합적으로 작용함.
- 실탄 6발의 궤적
  - 초탄 : 제임스 브래디 공보비서관 왼쪽 관자놀이
  - 2탄 : 토마스 델라헌티 경찰관의 목
  - 3탄 : 티모시 맥카시 경호원 복부
  - 4탄 : 차 뒷유리(반대편 건물)
  - 5탄 : 우측 뒷문 유리창
  - 6탄 : 차 옆을 스치고 레이건 대통령 왼쪽 가슴

- 범인 제압
  - 힝클리가 여섯 번째 실탄을 발사하는 순간 행인 Alfred Antenucci가 뒤에서 범인을 덮침.
  - 동시에 범인이 빈 총의 방아쇠를 계속 당시는 순간 경호원 Dennis McCarthy가 범인을 제압.
  - 2명의 경찰관이 달려들어 범인의 권총을 빼앗음.
- 결과
  - 사건발생(초탄 발사) 10초 후 대통령은 현장 이탈
  - 약 3분 후 조지 워싱턴 대학 병원 도착
  - 범인 힝클리는 자기도취성 성격분열 및 정신병 증세로 성엘리자베스 병원에 수감됨.(존 힝클리는 2016년 9월 10일 35년 만에 영구 석방되었음)
- 사후 경호조치
  - 외부행사 시 금속탐지기 운영 강화
  - 검색을 받지 않은 사람의 접근 금지
  - 승하차지점 안전구역 확대
  - 출입시 승하차지점에 천막 설치하여 대통령 방호
  - 경호요원들에 대한 훈련 강화
  - 대통령과 부통령간의 통신선 확보
  - 잠재적인 대통령 공격범들에 대한 광범위한 정보 수집 강화

〈그림 6-36〉 힝클리가 쏜 6발의 도해

*자료 : http://law2.umkc.edu/faculty/projects/ftrials/hinckley/hinckleyvideo.htm

Ⅲ. 즉각조치의 단계

즉각조치의 최우선 목표는 경호대상자를 안전하게 방호하고 대피시킴으로써 경호대상자를 살리고 피해를 최소화하는 것이다. 즉각조치 과정에는 경고와 방호 및 대피, 대적이 포함되며, 이는 순차적 개념이라기보다 우선순위 없이 동시에 이루어지는 일체적 개념이다. 다만 경고-방호-대피가 대적보다 우선이며, 우발상황 발생 시 또 다른 공격을 당하지 않도록 신속히 현장을 이탈하여야 한다.

경호의 목표는 완벽한 예방경호의 실현에 있지만, 미세한 사각지점이나 허점으로 인해 우발상황이 발생할 경우, 효과적으로 상황에 대처하고 경호대상자를 보호하기 위한 일련의 과정이 SCE(Sound-off · Cover · Evacuate) 원칙으로 대변되는 즉각조치단계이다. SCE 원칙은 우발상황 발생으로 피해가 예상되는 혼란한 상황 속에서 경호대상자를 효과적으로 보호하는데 필요한 행동원칙을 제공한다.

1. 경고(Sound Off)

경고는 위해상황을 가장 먼저 인지한 사람이 주변 근무자에게 상황을 간단명료하게 전파하는 것으로, 상황 발생을 인지한 경호원이 가장 먼저 취해야 할 조치이다. 이동시나 행사간 모든 경호원은 자신의 임무나 경계방향에 온 신경을 집중하고 있기 때문에 특정한 방향에서의 공격상황을 인지하기란 현실적으로 매우 어렵다. 따라서 경고는 모든 경호원에게 우리가 공격받고 있다는 상황을 알려주고 대응행동을 하라는 신호이며, 일반인들에게는 위험상황을 알려주는 것이다.

경고는 최초 목격자(〈그림 6-37〉에서는 ①번 근무자)가 육성 또는 무전으로 전파하고, 간단명료한 지향성 용어를 사용하며, 가능하면 방향이나 위치를 제시함으로써 공격의 내용을 전파한다. 동시에 최초 목격자는 자신의 몸을 던져 위해기도자의 공격선을 차단한다. 경고에는 위협의 종류, 위협의 위치 및 위협의 높이를 포함하면 효과적이며, 크고 분명하게 외친다. 그 예로는 "3시 총!" 또는 "정문 차량 강습!" 등과 같이 경고한다.

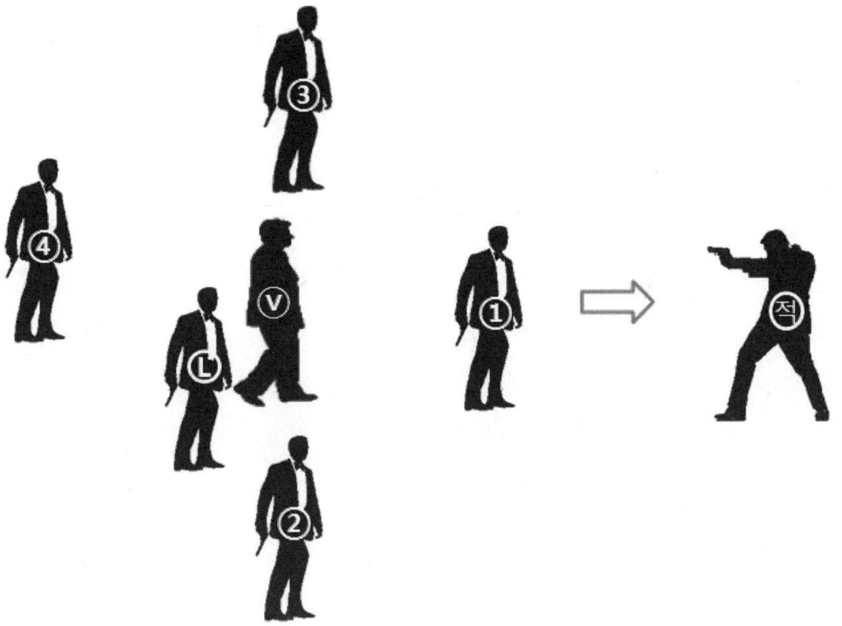

* 도보 이동 중 전방에 위해기도자가 나타나면, 위해기도자를 가장 먼저 발견한 ①번 근무자는 경고와 동시에 위해자에게 대적하고,

* 팀장과 ③번 근무자는 공격 반대방향으로 방향을 바꾸면서 경호대상자의 몸을 감싸고 자세를 낮추어 밀착방호를 실시하고, ④번 근무자는 전방을 방호하면서 대피통로를 개척하고, ②번 근무자는 후방을 차단한다.

〈그림 6-37〉 즉각조치

2. 방호(Cover)

위협상황을 알리는 경고를 인지하는 즉시, 경호대상자 주변 근무자는 자신의 신체로 방벽을 형성하여 경호대상자의 노출을 최소화함으로써 직접적인 위해를 방지하는 행위를 방호라 한다. 즉 방호는 경호원의 몸으로 경호대상자를 보호하는 것으로, 말 그대로 '총알받이'가 되는 것을 말한다. 상황이 인지되면 근접경호원은 즉각 자신의 몸으로 방호벽을 형성하여 경호대상자를 엄폐시키는 데에 행동의 우선순위를 두어야 하며, 총기를 뽑거나 대적자세를 취하는 등의 행동은 그 다음이다.

〈그림 6-37〉에서 팀장과 ③번 근무자는 신속히 경호대상자를 밀치거나 잡아당겨 사선에서 이탈시킴과 동시에, 공격 반대방향으로 방향을 바꾸고 밀착대형을 형성하여 경호대상자를 방호한다. 방호방법은 우선 좌측근무자는 좌측손으로, 우측근무자는 우측손으로 경호대상자의 배를 감싸서 잡아당기거나, 경호대상자의 벨트를 잡아당긴다. 동시에 나머지 손으로는 경호대상자의 머리를 감싸거나, 머리를 감싸기가 곤란할 경우에는 경호대상자의 양복 깃을 잡고 세게 아래로 눌러 내려서, 경호대상자의 몸을 반으로 접거나 경호대상자의 자세를 가능한 한 낮추어 경호대상자가 작은 표적이 되도록 한다. 이 때 경호대상자의 치명부위(머리나 심장)를 최우선적으로 방호하고, 방탄가방 등의 방호장비를 이용하면 보다 효과적인 방호가 가능하다. ②번 근무자는 팀장과 ③번 근무자 사이의 빈 공간을 엄호하면서 후방을 차단한다.

3. 대피(Evacuate)

우발상황 발생 시 위해자의 표적이 되는 경호대상자를 안전지역으로 이동시키는 행위를 대피라 한다. 대피는 방호와 동시에 공격자의 반대방향으로 신속히 이동하여야 하며, 방호대형을 형성하여 비상대피소나 비상대기차량이 있는 안전지역으로 이동한다.

경호원의 첫 번째 임무는 경호대상자를 보호하는 것이지, 결코 적(위해기도자)을 공격하는 것이 아니다. 경호원의 임무는 경호대상자 옆을 지키면서 위험지역에서 벗어나는 것이지, 범인을 체포하는 것이 아니다. 경호대상자의 안전을 확보할 다른 수단이 없을 때, 마지막 수단으로 대적을 하는 것이다. 위험지역을 신속이 이탈하는 것이 제2의 공격에 대비하는 최선의 방책이다.

대피시 ④번 근무자는 전방을 경계하면서 대피할 통로를 개척하고, ②번 근무자는 경호대상자의 후방을 방호하면서 후미를 차단하는 임무를 수행한다. 대피 이동 시에는 경호대상자의 벨트나 양복 깃을 잡고 머리를 아래로 향하게 한 상태에서 신속히 이동한다.

4. 대적

즉각조치과정은 일단 경고-방호-대피의 순으로 전개된다. 대적 여부는 촉수거리의 원칙(Arm's Reach Principle)에 따라 판단한다. 대적시에는 경고와 동시에 위해자와 가장 가까이에 있는 근무자(①번 근무자)가 과감히 몸을 던져 위해기도자의 공격선을 차단하거나 공격방향을 편향시키고 제압함으로써 더 이상의 피해를 막아야 한다. 대적의 목적은 위해자의 공격선을 차단하여 경호대상자를 보호하는 것이다. 따라서 대적시에는 우선 경호대상자를 등지고 위험발생지역으로 향한 다음, 몸을 최대한 크게 벌려[20] 방호범위를 확대하고, 경호대상자와 위해기도자 사이의 일직선상에[21] 위치하여 위해자의 공격을 차단한다. 대적에 나선 경호원은 축구의 골키퍼가 공을 향하여 몸을 날리듯, 위해기도자의 공격방향으로 몸을 던져[22] 위해공격을 몸으로 차단한다. 일반인과 같은 반사적인 자기방어나 보호본능 행동은 결코 있을 수 없다. 경호원은 경호대상자를 살리기 위하여 경호원 자신이 위해기도자의 표적이 되어야 한다.

1981년 레이건 대통령 저격사건 당시, 경호원 Timothy McCarthy는 대적행위의 모범답안을 보여주었다. 그는 총성이 울림과 동시에 사선방향으로 몸을 돌리고 체위를 확장하여 총탄을 몸으로 받아내는 교과서적 행동을 취하였다. 당시 대통령의 군사보좌관은 땅바닥에 바짝 엎드렸으나, 경호원들은 꼿꼿이 서서 상황에 대처

20) 체위 확장의 원칙 : 우발상황 발생 시 경호원은 자신의 체위를 최대한 확장하여 방어공간을 넓힘으로써 경호대상자에 대한 방호효과를 극대화한다.

21) 자연방벽효과의 원리 : 경호원은 경호대상자와 위해기도자의 사이의 일직선상에 위치하여 방벽효과를 극대화한다.

22) 대응시간의 원리 : 일반적으로 경호원이 총을 뽑아 목표물을 조준하고 사격하는데 소요되는 시간을 감안하면, 공격해오는 적을 향하여 총을 뽑아 대응하는 것보다 과감히 몸을 날려 적을 제압하는 것이 보다 빠르고 효과적이다.

하였다.[23] 경호원들은 항상 자세를 꼿꼿이 세우고, 경호대상자와 위해자의 사이에서 가능한 한 경호원 자신이 큰 표적이 되도록 훈련받는다.[24]

앞(촉수거리의 원칙)에서 설명한 바와 같이, 1인 경호를 할 경우에는 위해자가 촉수거리 안에 있으면 위해자를 제압하는 것이 효과적이고, 위해자가 촉수거리 밖에 있으면 경호대상자를 방호해야 한다. 1인 경호 시 경호원이 경호대상자를 방호해야 하는 상황이라면, 경호원은 큰 소리로 경고를 하여 주변의 다른 사람이 범인을 제압하도록 유도한다.

총으로 공격하는 위해자를 제압할 경우에는 위해자의 총을 아래로 향하게 편향시킨 뒤, 범인을 제압한다. 그것은 총을 아래로 젖히는 것이 위로 젖히는 것보다 쉽고, 총구가 비교적 덜 치명적인 부위를 지향하게 되기 때문이다. 또는 총을 든 손을 치거나 몸통태클 등으로 위해자의 공격방향을 틀어놓는 것(편향)이 무엇보다 중요하고, 차후 위해자를 제압하고 위해 무기를 제거한다.

그러나 항상 경호는 방어적 개념의 신변보호활동이라는 것을 명심해야 한다. 위해상황 발생 시에는 경호대상자를 위험으로부터 신속히 분리시키는 것이 위험과 맞서 싸우는 것보다 덜 위험하다. 나아가 위해자를 제압할 경우에도, 가능하면 총기 사용을 자제하고, 경호원의 신체를 이용하여 제압하도록 한다. 1974년 8·15 사건의 예[25]에서와 같이 위험과 맞서 싸우면 일반인이 다칠 가능성도 있다. 또한 단순히 사인을 받거나 진정서를 받으려고 접근하는 경우를 공격행위로 오해하여 과잉대응하는 경우도 발생할 수 있다. 법적으로도 총기 사용에 관한 문제는 논란의 여지가 많은 점을 감안하면, 경호는 방어적 접근이 바람직하다.

---

23) Petro, Joseph(2005), Standing Next to History, New York; Thomas Dune Books, p. 14.
24) Melanson, Philip H.(2005), op. cit.. p. 241.
25) 1974년 8월 15일 국립극장에서의 8·15경축식 행사 시 재일교포 문세광이 박정희 대통령을 암살하려다 실패하고, 육영수 여사를 저격하여 사망케 하였다. 이 과정에서 합창단석에 앉아 있던 합창단원 장봉화양(당시 18세, 성동여실고 2학년)이 총탄에 맞아 희생당하는 사고가 발생하였다.

Ⅳ. 위해기도별 대응기법

최상의 경호는 완벽한 예방경호로 위해기도를 사전에 차단하거나 무력화시키는 것이나, 일단 위해상황이 발생하면 즉각적인 경호조치로 피해를 최소화하여야 한다. 그러기 위해서는 위해기도의 수법과 발생현황 등을 면밀히 분석하여 그에 따른 대비와 대응태세가 갖춰져야 한다. 위해사건의 79.4%가 총기류(55.2%)와 폭발물(24.2%)에 의해 발생하였고, 다음으로 도검류에 의한 위해사건이 7.3%를 차지하는 것으로 나타난[26] 연구보고를 감안하면, 이러한 위해수단에 의한 공격에 대한 대응기법의 개발 및 훈련이 요구된다.

1. 총기 공격 시 대응기법

위해기도자가 총기를 사용하여 공격할 경우에는, SCE 원칙에 따른 즉각조치로 경호대상자를 방호하여 신속하 현장을 이탈한다. 위해상황을 가장 먼저 인지한 근무자가 체위를 최대한 확장하면서 몸을 던져 위해기도자를 제압하면, 다른 근무자들은 신속히 방호대형을 형성하여 경호대상자를 보호한 상태에서, 공격과 반대 방향으로 신속히 대피한다. 〈제6장 제4절 즉각조치 참조〉

2. 폭발물 공격 시 대응기법

수류탄이나 투척용 폭발물에 의한 공격을 받았을 경우에는, 최초로 공격을 인지한 경호원이나 가장 가까이에 위치한 경호원이 경호와 동시에 폭발물을 자신의 몸으로 덮쳐서 폭발물 파편의 비산을 최소화한다. 나머지 경호원들은 신속히 경호대상자를 바닥에 밀착시킨 후, 경호원의 몸이나 방탄장비를 이용하여 이중 삼중으로 경호대상자를 보호한다.

이 때 폭발물을 덮치는 경호원은 폭발물을 경호대상자와 가급적 반대방향으로 멀리 이격시키도록 하고, 또 다른 공격에 대비하여 신속히 현장을 이탈한다.

〈제6장 제2절 Ⅱ-2. 근접경호대형 3)-(4) 함몰대형 참조〉

---

26) 이두석(2010), 전게논문, p. 267.

3. 칼(흉기) 공격 시 대응기법

칼과 같은 흉기를 이용한 공격은 경호대상자 가까이에서 발생하는 상황이기 때문에 경호원의 높은 주의력과 신속한 대응력을 필요로 한다. 칼과 같은 공격에 신속히 대응하기 위해서는 총기를 뽑는 것보다 경호원의 몸을 직접 던져 위해기도자를 제압하는 것이 효과적이다. 따라서 경호원은 평소 태클 등과 같은 훈련을 통하여 과감히 몸을 던져 효과적으로 위해기도자를 제압할 수 있어야 한다. 총기나 폭발물을 이용한 공격에 대비할 경우도 마찬가지지만, 흉기 공격에 대한 신속하고도 과감한 대응을 위해서는 평소 방탄복 등을 착용하여 부상에 대한 두려움을 없애고 자신감을 제고시키는 것이 중요하다.

제7장

경호평가단계

"모든 공격은 손으로부터 시작된다."

제7장 경호평가단계

제1절 경호활동의 평가

Ⅰ. 행사결과 평가

경호행사가 언제나 계획된 대로 진행되는 것은 아니며, 어떤 때는 전혀 다른 방향으로 행사가 진행되는 경우도 있다. 행사 간 계획된 동선을 벗어나기도 하고, 차량 기동 간 대형이 분리되거나 일반차량이 끼어들기도 하며, 엘리베이터가 갑자기 정지하거나 마이크가 안 나오기도 한다. 중요한 것은 왜 그러한 일이 발생했는지 그 원인을 규명해서 다시는 그와 같은 일이 발생하지 않도록 하는 것이다. 그러므로 경호행사가 종료된 후에는 언제나 최초의 계획과 실시간 변경되거나 실제로 조치한 사항을 비교하고 평가하는 과정을 통하여 계획에 차질이 생긴 원인을 규명하고 보완하는 작업이 필요하고, 이를 통하여 경호조치방법을 개선하고 새로운 기법의 발전을 모색한다.

행사결과의 평가는 경호임무의 최종 단계로서, 평가가 실질적이고 효과적으로 이루어지기 위해서는 가능한 한 임무가 종료된 직후에 실시되어야 한다. 평가의 목적은 임무수행 간 문제점을 도출하고 개선책을 모색하는데 있으므로, 행사의 진행과정과 경호에 적용된 기법을 개인별 체크리스트와 작전일지를 통하여 검토하고, 경호목표를 달성하기 위해 조치한 내용과 방법을 요약한다.

또한 경호행사에 참여했던 모든 요원은 행사과정에서 드러난 문제점과 그에 대한 해결책을 토의하여, 다음 경호임무 수행 시에는 유사한 문제가 발생하지 않도록 교훈을 제공해줄 수 있어야 한다. 그러므로 평가는 경호행사가 종료되었다고 해서 경시될 성질의 것이 아니며, 지속적인 발전을 위해서는 가장 중시되어야 할 것이다.[1)]

1) 이상철(2004), 전게서, p. 24.

Ⅱ. 경호결과보고서 및 자료 존안

경호결과보고서는 실시간 경호행사 내용을 있는 그대로 기록함으로써 살아있는 보고서가 되도록 작성한다. 보고서는 역사자료이다. 보고서에는 경호행사 당시의 시대상황에 따른 경호환경이 그대로 담겨있어야 하며, 경호환경에 따른 경호조치내용 또한 살아있을 때 비로소 가치 있는 자료가 된다. 8 · 15사건이 비록 잘못된 것이기는 하지만, 그 당시의 경호시스템이나 경호환경을 분석해보면 그런 일이 일어날 수 있는 불안한 요소들을 다분히 안고 있었음을 알 수 있다.

지난 경호결과보고서는 내일의 경호 참고서이다. 따라서 경호결과보고서에는 실시간 행사 진행사항 및 경호 조치사항, 경호 활동사항, 계획 변경사항, 지시 및 분부사항과 그에 따른 조치사항, 경호행사 실시간 발생한 문제점 및 대책, 교훈사항, 개선사항과 건의사항 등이 포함되어야 한다.

과거가 없으면, 오늘도 없고 내일도 없다. 과거의 충실한 자료만이 내일의 발전을 기약한다. 과거의 문제점을 알아야, 내일의 실수를 예방할 수 있다. 행사 후에는 행사와 관련된 모든 자료를 충실히 존안하여 차후 행사의 밑거름이 되도록 하여야 한다. 행사자료는 경호결과보고서를 비롯하여, 경호계획서, 주최측 행사계획서, 지원부서 경호경비계획서, 선발활동보고서, 개인별 체크리스트 및 관련 지도 등이며, 이러한 자료들은 날짜별로, 행사장별로 또는 행사별로 구분하여 존안한다.

존안자료는 행사자료뿐만 아니라, 정보자료를 비롯한 종합적인 경호파일(Security Files)이 구축되어야 한다. 내용이 충실한 경호파일은 앞으로 있을 경호업무를 훨씬 효과적으로 지원할 것이므로, 파일들은 수시로 최신의 것으로 유지되어야 한다.

특히 지역적 의미가 있는 주제에 관해서 특별한 주의를 기울여야 한다. 전국적인 범죄통계도 중요하고, 또한 특정 지역의 상황은 특정인의 경호에 직접적인 중요성을 갖기도 한다. 빈약한 파일은 부실하게 만들어진 경호경비계획이나 부실하게 운영되는 경호경비조직의 파일들이 그런 것처럼 큰 부담이 될 수 있다.[2]

2) Fischer, Robert J. & Green, Gion(2004), op. cit., p. 145.

제2절 경호의 학습

Ⅰ. 교육훈련

1. 교육 프로그램 준비

교육훈련에서 중요한 것은 시나리오의 개발이다. 한 가지 상황만이 아닌 미래에 발생 가능한 모든 변수들을 고려하여 개발된 몇 가지 시나리오 속에서 미래의 흐름을 읽는 것이 중요하다. 경호와 관련된 모든 부서의 사람이 모여 위기상황 대처에 관한 시나리오를 작성하고, 예상되는 문제점에 대한 대응방안을 함께 작성하면 보다 효과적이다. 특히 행사 간 드러난 문제점을 개선하고 보완하기 위한 교육훈련은 매우 현실적이고 효과성이 높은 교육훈련이 될 것이다. 시나리오는 일관성이 있어야 하고, 미래의 모든 상황을 포함하여 창조성과 구체성을 지녀야 한다. 교육은 경호안전과 관련된 사람뿐만 아니라 모든 사람을 교육시켜야 하며, 훈련은 개발한 시나리오에 따라 좀 더 현실적이고 실제적인 것이 되어야 한다.[3)]

교육 프로그램에는 교육의 목적과 예상되는 결과가 기술되어야 한다. 교육방법(강의, 집단 토론, 비디오, 유인물, 또는 혼합 등)을 결정하고, 그 교육방법을 선택한 이유와 필요한 정보가 준비되어야 한다. 또한 직원들의 관심사가 무엇인지를 확인하여 프레젠테이션 전략을 수립하고, 프레젠테이션에 사용할 구체적인 자료들을 확인하며, 교육 참석자들에게 간단한 프레젠테이션 자료를 제공하면 교육효과를 더욱 증진시킬 수 있을 것이다.[4)]

3) 이영재, 윤정원(2004), 전게서, p. 95.
4) Roper, Carl & Grau, Joseph and Fischer, Lynn(2006), Security Education, Awareness, and Training, Elsevier, pp. 142~144.

2. 교육훈련

경호교육은 조직 내에서 사람들이 경호 계획상의 자신의 역할을 효과적이고 확실하게 수행할 수 있도록 하기 위한 모든 활동인 동시에, 그들이 그렇게 하도록 영향을 주는 모든 행위[5]라고 할 수 있다. 경호위기 관리를 위한 경호능력을 배양하기 위해서는 체계적이고 조직적인 교육과 훈련이 실시되어야 한다. 사람들이 모든 것을 다 알 수는 없다. 특히 어려운 문제에 봉착하거나 궁지에 몰리게 되면, 임무나 기능을 올바로 수행하기 위해 알아야 하는 것들의 필요성을 절감하게 된다. 경호교육은 이러한 것들 중의 하나이다. 경호교육은 경호와 관련된 다양한 분야에 관한 배경(경력)과 연구와 경험을 필요로 하며, 이러한 것들은 오랜 시간을 두고 성취되는 것이다. 사람이 모든 것을 다 알 수는 없으나, 그 해답이 어디에 있는지를 알도록 하는 것이 진짜 교육의 시작인 것이다.

경호원을 위한 교육훈련에는 행사 간 드러난 문제점에 따라 체력단련, 경호술기 및 사격, 비무장 방어술과 같은 훈련은 물론, 역사, 외국어, 사회학, 심리학, 인간관계론, 매너와 에티켓, 경호 이론 및 실무, 암살과 테러리즘, 리더십, 정신교육, 소양교육 등이 두루 포함된다. 교육 프로그램은 Carl Roper et al.(2006)이 Training, Education, Awareness 및 Motivation을 포함하는 TEAM 모델을 제시한다.

Training은 임무 수행에 필요한 기술, 지식 및 정보를 알려주는 것이다. Education은 경호계획(security program)의 원칙, 정책, 목적 및 타당성에 대한 이해를 증진시키기 위한 것으로, Training이 임무의 who, what, when, where를 알려주는 것이라면, Education은 why를 이해시켜주기 위한 것을 말한다.

Awareness는 경호와 구체적인 경호 요구사항을 생각하도록 하는 것으로, 의식의 전환을 꾀하기 위한 것이다. Motivation은 긍정적인 선택의 가능성을 높이고 임무수행에 쏟는 노력을 증대시키기 위한 것으로, 행동 유발을 위한 동기부여를 말한다.[6]

훈련(training)은 경호원의 임무수행능력을 배양하는 것이다. 체력단련, 무도, 사격, 경호술기(비무장 방어술) 등과 같은 경호원의 신체적 능력을 향상시키기 위한 훈련은 물론, 경호원으로서의 매너와 에티켓, 경호실무 능력을 증진시키기 위한 상

5) Roper, Carl & Grau, Joseph and Fischer, Lynn(2006), op. cit., p. 2.
6) Roper, Carl & Grau, Joseph and Fischer, Lynn(2006), ibid., pp. 22~23.

황 훈련 등을 포함한다. 경호원은 항상 임무 수행에 필요한 최상의 신체적 조건을 만들고 유지해야 하기 때문에, 체력단련과 무도나 경호술기 등의 기본훈련을 게을리해서는 안 된다.

또한 실제 행사 상황을 가상한 시뮬레이션 훈련은 상황 발생 시 경호원 각자가 실제로 상황에 반응하는 훈련을 통하여 경호임무 수행 중 시정되어야 할 약점을 찾아내고, 실제 상황에서 각자가 해야 할 일을 인식하고 예상할 수 있으며, 반복적인 훈련을 통하여 본능적 행동에 따른 반응시간을 줄여나갈 수 있다. 또 전체적인 경호의 개념 속에서 각자가 자신의 역할을 알고 이해하게 되면서 팀워크가 강화되는 효과가 있다.[7]

교육(education)은 경호에 필요한 지식과 경호의 방법을 가르치는 것이다. 경호조치가 잘못되면 어떠한 역효과가 초래되는지를 알려주고, 경호의 원칙과 절차를 주지시키고, 경호업무 수행절차에 익숙케 하며, 경호에 필요한 정보를 제공하고, 경호의 새로운 지식과 기술을 가르치는 것이다. 경호이론, 암살과 테러리즘, 사례연구 등을 통하여 경호에 대한 이해를 증진시킨다. 대부분의 암살공격은 범인이 군중 속 2~3열 뒤에 서 있다가 권총을 발사한 유사점이 있다. 우리는 모든 테러리스트 공격, 암살, 납치, 또는 비의도적 상해사건에서 교훈을 얻을 수가 있다. 경호원은 똑같은 실수를 되풀이하지 말아야 한다. 어제 발생한 위해사건과 비슷한 상황이나 사건이 오늘 내가 담당한 행사장에서 또 다시 발생했다면 문제가 있는 것이다. 과거의 역사적 암살사건이나 현재의 암살사건의 수법 등에 대한 면밀한 사례연구와 대비책이 필요하다.

의식교육(awareness)은 경호의 현주소나 중요성을 인식시키는 것이다. 미시적으로는 경호원이 직면하고 있는 위협의 실체가 무엇이고 내가 안고 있는 취약점이 무엇인지를 인식시키고, 거시적으로는 경호가 왜 필요하고 왜 중요한지를 인식시키기 위한 것이다. 역사, 사회학, 심리학, 범죄학, 인간관계론 등의 교육을 통하여 경호의 중요성을 인식시키고, 경호에 대한 의식의 전환을 꾀한다. 경호는 때로는 한 사람의 요인을 보호하는 차원의 의미를 넘어, 역사를 지키기도 하고 역사가 바뀌는 빌미를 제공하기도 하는 중차대한 일이기도 하다. 만약에 1914년에 오스트리아의 페르디난트 대공이 암살당하지 않아서 제1차 세계대전이 일어나지 않았다면, 40차례 이상의 암살 공격을 받았던 히틀러가 실제로 암살을 당했다면, 1979년에 박정

7) June, Dale L.(1999), op. cit., p. 294.

희 대통령이 암살당하지 않았다면 어떻게 되었을까 하는 등의 가설은 경호의 의미와 중요성을 다시 생각하게 하기에 충분하다.

마지막으로 동기부여(motivation)는 경호임무 수행에 대한 강한 의욕과 자신감과 자긍심을 심어주기 위한 것이다. 임무 완수 후에는 그에 따른 보상과 인센티브가 주어질 것이라는 긍정적 동기부여와 임무 완수에 실패하면 처벌과 불이익이 있을 것이라는 부정적 동기부여가 있다. 또는 이 두 가지를 적절히 사용하는 채찍과 당근을 제공하는 방법도 있다. 브룸의 기대이론[8]에 의하면, 사람들은 1) 그들이 노력하면 그 과업을 수행해낼 수 있다고 생각할 때, 2) 노력의 결과가 어떤 성과(보상)를 초래하게 될 것이라고 믿을 때, 3) 과업수행의 결과로 얻은 보상이 가치 있는 것이라고 믿을 때 동기유발된다는 것이다.[9]

사람들은 불가능한 과업은 시도조차 하지 않으려 하고, 사람들이 과업에 쏟는 노력의 양은 부분적으로는 과업의 성공가능성에 대한 생각에 달려 있다. 그렇기 때문에 경호업무가 생각하는 것처럼 어렵고 힘든 것이 아니라는 기대와 개념을 심어줄 필요가 있다. 따라서 경호업무가 어렵다고만 말하지 말고, 경호업무는 경호원들의 능력과 노력으로 충분히 해낼 수 있는 것이며, 어려움에 처하면 그에 따른 도움과 지원이 있을 것이라는 믿음을 갖게 하는 것이 중요하다. 더불어 팀워크훈련, 체육활동이나 취미활동의 지원, 교육 연수, 각종 복지 혜택 등은 경호원의 사기와 활력을 증진시키고, 조직에 대한 애정을 갖고 업무에 전념할 수 있게 하는데 큰 역할을 한다.

교육은 경호업무를 하는 방법을 알려주고(training), 왜 그렇게 해야 하는지를 이해시키고(education), 무엇을 생각하면서 경호업무를 해야 하는지를 인식시키고(awareness), 경호업무를 해야 하는 이유를 제공해주는(motivation) 것이어야 한다.[10] 이런 상황에서는 내가 무엇을 어떻게 조치해야 하는가(training), 왜 그렇게 해야 하는가(education), 왜 그것을 해야 하는가(awareness), 그것을 하면 어떤 결과가 있을 것인가(motivation)를 인식시키는 것이 교육의 효과이자 교육의 목표인 것이다.

---

8) 브룸(V.H. Vroom)에 의하면, 동기유발(motivation)은 유의성(valence) · 수단(instrumentality) · 기대(expectancy)의 3요소에 의해 영향을 받는다. 유의성은 특정 보상에 대해 갖는 선호의 강도이고, 수단은 어떤 특정한 수준의 성과를 달성하면 바람직한 보상이 주어지리라고 믿는 정도를 말한다. 또 기대는 어떤 활동이 특정 결과를 가져오리라고 믿는 가능성을 말하는 것으로, 동기유발의 강도 = 유의성×기대로 나타낼 수 있다. 이때 개인은 자신이 바라는 목표에 도달할 수 있다고 믿을 때 비로소 성과지향적 행동에 옮기게 되며, 유의성이나 기대에 충분히 만족하지 않을 때는 동기유발은 일어나지 않게 된다.

9) Northouse, Peter G.(김남현 옮김, 2004), 리더십, 서울: 경문사. p. 167.

10) Roper, Carl & Grau, Joseph and Fischer, Lynn(2006), op. cit,, p. 23.

Ⅱ. 교육훈련의 평가

“위기는 내부에서 찾아온다”는 말이 있다. 철저하고 체계적인 교육훈련으로 강한 경호조직을 육성하는 것이 경호위기를 사전에 예방하고 대비하는 지름길이다. 특히 행사 간 나타난 문제점을 바탕으로, 교육훈련을 통하여 새로운 대안을 모색하는 것은 정예경호요원을 육성하기 위한 지름길이다. 경호행사와 동떨어진 교육훈련은 무의미하기 때문이다.

교육훈련 결과의 평가에는 Kirkpatrick이 제시한 4단계 모형이 적용될 수 있다. 1단계 평가는 반응평가로, 학습자가 교육에 대하여 어떻게 생각하는지 학습자의 만족도를 평가하는 것이다. 이 단계의 평가 목적은 프로그램의 효과를 점검하고 개선하기 위한 방안을 모색하는 데 있다.

2단계 평가는 학습평가로, 학습자가 교육프로그램이 의도한 지식과 기능을 얼마나 잘 학습하였는가를 측정하는 것이다. 학습자의 학습 성취도를 평가하는 데 초점을 맞추고, 학습자의 학습 성취도를 그 교육과정을 수료했다는 인증 기준으로 활용할 수도 있고, 개인의 업무능력 평가 점수에 반영할 수도 있다.

3단계 평가는 행동평가로, 실제로 학습한 내용을 현장의 업무에 적용하는지의 여부를 평가하는 것이다. 이 평가는 실제 수행을 측정하거나, 인식을 측정할 수도 있다. 교육받은 내용을 현업에 적용하는지의 여부는 여러 가지 상황적 요소에 의해 영향을 받을 수 있기 때문에 정확한 교육의 효과를 측정하기 위해서는 다양한 방법과 체계적인 평가계획이 수립되어야 한다.

4단계 평가는 결과평가로, 사업(업무) 전체에 어떤 변화가 나타나는가를 측정하는 것이다. 교육의 효과라 교육생의 생산성을 높이고, 기업의 경영성과에 영향력을 주었는지를 평가하는 것이다.

평가도구로는 설문지, 면담, 관찰이나 자료분석 등이 목적에 따라 활용될 수 있으며, 평가자료를 분석하고 해석하여 그 결과를 활용하게 된다. 1단계 평가 결과는 교육프로그램을 수정하거나 보완하는 데 활용하게 되고, 2단계 평가 결과는 교육프로그램과 교수-학습 환경 개선에 중요한 자료가 되며, 3단 평가 결과는 교육프로그램의 효과성뿐만 아니라 학습자들의 업무 배치와 근무 환경에 대한 평가자료로 활용할 수 있으며, 4단계 평가 결과는 교육의 필요성에 대한 평가 기준이 된다.[11)]

Ⅲ. 적용(Feedback)

1. 새로운 경호기법의 정립

행사결과 나타난 문제점을 개선하기 위한 교육훈련을 실시하고, 그 결과를 토대로 새로운 경호기법이나 경호이론을 개발하고 발전시키면서 경호원과 경호조직은 성장하게 된다. 주먹구구식 경호조치가 아니라, 이론에 입각한 과학적이고 체계적인 경호행위는 경호학의 발전과 학문적 정립을 촉진하게 될 것이다.

경호원은 경호임무 수행 간 드러난 문제점이나 취약성을 분석할 수 있는 능력을 개발해야 하고, 이를 감소시킬 대안이나 정책들을 생각해내고, 그 결과를 이론으로 발전시킬 수 있어야 한다. 문제점이나 취약성의 완벽한 분석은 포괄적이고 정확하며 효과적인 대책이나 이론을 도출해 내는 밑거름이 된다. 따라서 경호원은 항상 위기의식과 문제의식을 갖고 경호행사에 임하는 마음가짐이 중요하다.

새로운 경호기법의 적용을 위해서는 긍정적이고 명확한 메시지를 전해야 한다. 새로운 이론이나 기법을 전파함에 있어 과거의 근무행태에 대한 부정적인 접근이나 메시지는 부정적인 반응을 초래하여, 오히려 새로운 기법에 대한 거부반응을 유발할 수 있다. 과거의 실수나 잘못된 것에만 초점을 맞추는 태도의 위험성을 인식해야 한다. 새로운 기법은 과거가 아니라 앞으로의 변화하는 경호환경에 능동적이고 효과적으로 대처하기 위한 것이라는 분명한 메시지를 전달한다.

11) 오인경, 최경임(2005), 교육프로그램 개발 방법론, 서울: 학지사, pp. 269~286.

2. 행사에의 적용

새로운 기법이나 이론에 대한 확신을 갖고 실제 행사에 적용한다. 교육훈련 받은 내용을 경호행사에 실제로 적용해보고, 교육훈련 내용이 경호임무 수행에 미치는 영향을 분석하여, 교육 또는 이론이나 기법의 필요성이나 타당성을 재검토하여 교육의 내용과 방향을 수정한다. 또한 학습자의 현업 적용도를 측정하여 교육프로그램의 효과성뿐만 아니라, 학습자의 업무 배치와 근무환경에 대한 평가자료로도 활용할 수 있다.

경우에 따라서는 경호팀의 구성이나 인원의 재배치 같은 조직 개편이 필요할 수도 있다. 새로운 경호기법이나 이론을 수용할만한 근무환경이 제대로 조성되어 있지 않을 수도 있기 때문이다. 성공적인 임무 수행은 경호원 개개인의 역량과 잘 훈련되고 조직화된 경호팀의 구성과 더불어 조직의 체계적인 지원이 조화를 이루는 근무환경이 조성될 때 가능하다.

제8장 경호 환경

제1절 서설

제2절 경호환경(경호위해요인)

제3절 위해의 형태

"의심하고 또 의심하라!"

제8장 경호 환경

제1절 서설

세계는 지금 우주개발전쟁 중이다. 달 탐사를 넘어 이제는 화성에까지 진출하여 새로운 먹거리를 찾고 있다. 지구상에 존재하는 자원은 한계가 있을 수밖에 없기 때문이다. 이제는 우주에서 새로운 자원을 찾는 차원을 넘어, 아예 인간을 이주시키려는 시도까지 하고 있다. 자원의 한계는 자연스럽게 자기 몫을 챙기기 위한 치열한 생존경쟁으로 이어져 수많은 갈등을 야기하고 있다.

갈등은 어떤 조직사회에서든지 보편적으로 존재한다. 그러나 갈등이 심화되면, 사회혼란으로 이어지고, 이는 기본적인 사회의 조직체계를 무력화시킬 수도 있다. 지금 우리사회나 세계는 극도로 혼미한 갈등사회로 접어들고 있다고 해도 과언이 아니다.

삼성경제연구소는 2010년 한국의 사회갈등지수는 0.72로, 사회갈등 수준이 경제협력개발기구(OECD) 27개국 중 터키(1.27) 다음으로 심각하다는 연구결과를 발표하였다. 이는 한국사회의 지역간, 노사간, 이념간, 세대간 갈등이 원만히 관리되지 못하고, 물리적으로 표출되는 사회현상에 기인한 결과이다. 또한 국회 입법조사처가 2015년 OECD 사회통합지표를 분석한 결과, 우리나라(5.0점)는 칠레(4.5점), 터키(3.8점), 멕시코(3.4점) 다음으로 낮았으며, 특히 사회통합지표 11개 항목 가운데 '사회적 관계'를 나타내는 항목이 특히 낮았다. 이는 사회공동체가 와해되고, 갈등이 심화되면서 삶의 질이나 만족도가 저하됨을 의미한다.

우리사회뿐만 아니라, 외부로 눈을 돌려보면 상황은 더욱 심각하다. 과거 국지적으로 발생하던 테러리즘은 종교를 등에 없고 전 세계적으로 확산되고 있다. 중동의 일부지역을 중심으로 발생하던 테러리즘이 알카에다를 거쳐 이슬람국가(IS)가 주도권을 잡으면서 이제는 소프트 타깃을 겨냥한 세계화 전략의 양상을 보이고 있다. 이들이 친서방 또는 친미국가들을 본격적으로 노릴 경우, 한국을 포함한 아시아 지역 국가들도 더 이상 IS의 테러 위험에서 예외일 수 없을 것으로 보인다.

이러한 국내외적 요인들은 안전을 지켜야하는 경호에는 큰 불안과 위협으로 작용한다. 이렇듯 우리 주변의 경호환경은 날로 악화일로를 걷고 있다. 한정된 자원을 놓고 서로 차지하려고 벌이는 생존경쟁은 특정한 사회를 넘어 국제적으로도 날로 치열해지고 있다. 정보화는 갈등을 더욱 증폭시키는 기폭제 역할을 하고 있다. 과학의 발달은 범죄수법의 흉포화와 국제화를 가져오고 있다.

사회적 갈등이 없는 사회는 있을 수 없겠으나, 사회갈등지수가 높고 사회통합지표가 낮은 우리 사회의 현실은 우리나라 국민이 느끼는 사회 안전도에서도 그대로 나타난다. 2014년도의 "사회 안전에 대한 인식도"1) 조사에 의하면, 안전하다는 쪽은 9.5%인 반면, 불안하다는 쪽은 50.9%로, 전반적으로 우리사회가 안전도에 있어서 만족스럽지 못하다고 느끼고 있음을 알 수 있다. 국민들이 느끼는 갈등과 불안은 국가사회 발전의 큰 저해요인이 되고 있다.

이러한 갈등과 불안요인을 해결하고 사회적 통합을 이룩하기 위한 공공성의 회복이 시급하다. 범죄의 예방과 치안 불안을 해소하기 위한 공공정책의 수립과 엄정하고 공평한 법집행이 요구된다. 경호도 타인의 생명과 재산을 노리는 불법적인 범죄행위로부터 경호대상자를 지키기 위한 사회 안전망 도구의 하나이다. 경호는 위법적인 사회질서의 파괴를 방지하기 위한 수단이다. 갈등을 폭력에 의존해서 해결하려는 시도에 맞서서 조직의 근간인 요인의 안전을 지키고 사회의 질서를 지키려는 시도인 것이다. 주도면밀한 경호환경의 검토와 분석을 통해서 경호대상자의 안전도 지키고 사회적 질서도 지켜내려는 노력이 요구된다.

1) 2022년도 "사회 안전에 대한 인식도" 조사에서는 안전하다고 느끼는 사람의 비율이 33.3%, 불안하다고 느끼는 사람의 비율이 21.7%로, 안전에 대한 전반적인 인식이 증가하였다. (매우 안전 3.4%, 비교적 안전 30.0%, 보통 45%, 비교적 불안 19.1%, 매우 불안 2.6% : 통계청 자료)

제2절 경호 환경(경호위해요인)

경호환경은 경호임무 수행에 직·간접적으로 영향을 주는 자연적 조건이나 사회적 상황 및 기술적 문제를 말한다. 자연적 조건과 사회적 상황이 외부적 요인이라면, 기술적 문제는 경호조직 내의 내부적 요인이다. 경호는 이러한 경호환경을 경호대상자에게 유리하게 조정하고 통제하고 지배해가는 과정으로, 경호업무를 계획하고 준비하는 과정에서 최우선적으로 고려해야 할 요소이다.

경호환경은 거시적 관점에서 경호에 영향을 미치는 환경요인별로 분류하거나, 미시적 관점에서 경호위해요소별로 분류할 수 있다. 거시적 관점의 경호환경은 사회 전반에 걸친 경호적 취약성을 평가하는 것이고, 미시적 관점의 경호위해요소는 특정한 행사장이 갖고 있는 경호적 취약요소를 평가하는 것이다.

Ⅰ. 환경요인별 분류

경호환경은 사회적 제 현상을 반영한다. 사회 안전에 영향을 미치는 요인들이 경호에는 바로 위험요인으로 작용한다. 경호에 영향을 미치는 요인을 거시적으로 보면 사회적 환경과 기술적 환경 및 자연적 환경으로 분류할 수 있다.

1. 사회적 환경

경호에 불리하게 작용할 수 있는 사회적 환경으로는 이웃국가와의 대립, 사회적 관습, 지역사회 간의 갈등, 사회조직 간의 이념적 대립, 사회 계층 간의 정치적·경제적 분열 등을 들 수 있다. 이러한 갈등과 대립은 한 사회의 안전성을 크게 해치는 요인으로 작용하며, 한 사회의 통합성은 범죄의 발생과 밀접한 관계가 있다. 사회 구성원이나 계층 간의 갈등은 정치적으로, 경제적으로, 종교적으로, 역사적으로 혹은 이념적으로 표출되어 사회적 혼란과 범죄를 야기하며, 이는 경호조치나 결과에 크나 큰 영향을 미치게 된다.

1) 일반 환경

일반적인 경호환경은 사회 고유의 조직, 계급, 풍습 및 규범 등이 경호에 미치는 영향을 말한다. 현대의 사회는 과학의 발달과 정보의 범람으로 인하여 하루가 다르게 새로운 모습으로 변화하고 있다. 현대사회의 특징이라고 하면, 기술의 발달에 따른 산업화, 인구의 도시 집중에 따른 도시화, 미스미디어와 인터넷 매체의 발달에 따른 정보화, 그리고 이동수단과 정보매체의 발달에 따른 세계화 등을 들 수 있을 것이다. 그러나 현대사회의 특징이라고 할 수 있는 이러한 현상들은 순기능적으로만 작용하지 않고, 그에 따른 문제점들을 수반하기 때문에, 이러한 문제들을 해결하고 대응할 경호조치들이 필요하다.

첫째, 산업화에 따른 과학기술의 발달은 위해수법의 고도화를 초래하였다. 산업사회는 공업이 경제의 주축을 이루며, 생활양식과 제도들이 조직화된 사회를 뜻한다. 현대사회의 과학기술 발달과 산업화는 인간 생활을 편리하고 풍요롭게 만들어 준 반면에, 소외계층이 느끼는 상대적 빈곤감의 심화, 범죄의 증가, 도시로의 인구 집중 등과 같은 부정적 측면들도 많이 나타나고 있다. 또한 첨단기술을 이용한 고도화된 위해의 시도는 신변 안전의 위험성을 증대시키면서 경호의 문제를 점점 어렵게 만들고 있다.

둘째, 산업화가 가져온 도시화 문제는 인구의 도시 집중에 따른 경쟁과 개인주의 성향을 심화시키고, 이는 갈등의 유발과 범죄의 증가로 이어지고 있다. 갈등과 범죄의 증가는 곧 경호환경의 악화를 의미하기 때문에, 효과적인 갈등 관리와 범죄의 예방 및 관리로 사회의 안전성과 안정성을 제고하여야 한다.

셋째, 인터넷과 대중매체의 발달에 따른 정보화는 개인정보의 노출로 인한 신변 안전의 위험성을 증대시키고 있다. 경호대상자의 일거수일투족이 언론이나 방송을 통해서 노출되고, 경호 내용도 이제는 더 이상 비밀사항이 아니다. 또한 위해수단이나 수법도 인터넷을 통하여 누구나 쉽게 접할 수 있게 됨으로써 범죄의 지능화와 새로운 컴퓨터 범죄 등의 출현을 초래하고 있다.

넷째로, 이동수단과 인터넷의 발달로 인한 세계화는 범죄의 국제화를 초래하였다. 인터넷을 통한 국제 교류는 국제 공조를 통한 범죄의 유통을 용이하게 하였고, 결국 현대의 테러리즘은 국경도 없는 세계인의 문제가 되었다.

이러한 문제들은 사회가 발전해나가는 과정에서 어느 나라나 겪게 되는 공통된 문제점들이 되었다. 이러한 문제들에 대한 해결책 역시 새로운 기술과 정보의 공유 및 국제 공조를 통해서 찾아야 한다.

2) 특수 환경

일반 환경이 현대사회에서 어느 나라에서나 나타나는 보편적인 사회 환경이라면, 특수 환경은 특정한 나라에 국한된 특수한 경호환경을 의미한다. 우리나라의 경우, 남북 분단의 현실은 오랜 세월 우리가 안고가야 하는 멍에이고, 세계에서도 유례없는 고도성장은 양극화라는 부작용을 가져왔으며, 고착화되다시피 한 지역갈등은 사회적 통합을 가로막는 걸림돌이 되고 있다.

첫째로, 남북분단으로 인한 이념적 갈등은 이미 빈번한 북한에 의한 대한민국 대통령에 대한 암살 시도나 정부 기능의 무력화 시도로 나타난 바 있으며, 현재도 다양한 형태로 적대적 대립을 하고 있는 실정이다. 이는 비단 경호문제뿐만 아니라, 국력의 불필요한 소모와 국가 발전의 저해요인으로 자리 잡고 있다.

둘째, 대한민국의 고도산업화에 따른 양극화현상은 계층갈등을 유발하여, 우리나라 대학생들도 우리 사회에서 가장 심각한 문제로 '빈부 갈등'을 꼽는[2] 상황이 되었다. 산업화 과정에서 소외된 계층은 사회에 대한 불만세력으로 발전하여 각종 범죄와 질서 파괴의 요인이 되고 있으며, 급기야는 세대 갈등 양상으로 나타나고 있다.

셋째, 고착화된 지역갈등 또한 우리 사회의 고질적인 문제 중 하나이다. 지역적으로 갈라진 고착화된 분열현상은 정치적 갈등으로 대립하여 사회 통합을 저해하고 있다. 지역 갈등을 완화하고 사회 통합을 모색하기 위한 새로운 정치적 시스템이 요구된다.

2. 기술적 환경

기술적 경호환경은 경호와 관련된 법적 · 제도적 지원체제와 경호조직의 경호수행능력을 말한다. 경호조직의 경호행위를 뒷받침할 법규와 정부 내 각 기관과의 유

2) 전국 대학생 2,266명을 대상으로 한 '2013 전국 대학생 의식조사 및 기업이미지 상품선호도 조사' 결과, 전체 응답자의 38.7%가 우리 사회에서 가장 심각한 문제로 '빈부 갈등'을 꼽았다. 이어 '보수-개혁 갈등'(19.2%), '자본가-노동자 갈등'(15.7%), '정치성향 간 갈등'(13.5%) 순으로 응답 비율이 높았다.(한국대학신문 2013. 10. 13)

기적인 지원 및 협조체제의 구축이 필요하다. 또한 경호조직 내부적으로도 경호와 관련된 정보의 수집 · 분석 능력과 정보 전달체계의 확립, 경호조직의 구조적 통합성 및 협력성, 경호현장에서 인적 · 물적 · 지리적 취약성을 정확히 평가하고 필요한 조치를 적절히 취할 수 있는 경호원 개개인의 전문성이 요구된다.

경호의 기본적인 수단은 통제이다. 위험요소가 경호대상자에게 접근하지 못하도록 통제하고 제어하는 방법이 바로 경호기법이다. 경호 통제의 대상은 인적 위해요소, 물적 위해요소 및 지리적 위해요소를 모두 포함하며, 이들 위험요소를 시간적 · 공간적 · 대상별로 효과적으로 관리하고 통제하는 경호기법의 개발과 습득이 요구된다.

1) 제도적 요인

경호조직의 경호행위를 뒷받침할 법규와 정부 내 각 기관과의 유기적인 지원 및 협조체제의 구축이 필요하다. 경호 관련 법규는 경호에 경호조치의 합법성과 정당성을 부여함으로써, 경호원이 소신 있게 경호행위를 할 수 있는 근거를 제공한다. 타 기관과의 긴밀한 업무협조는 경호의 공백을 최소화하고, 체계적이고 조직적인 경호임무 수행을 가능하게 한다. 경호협조기구를 통하여 부처 간 원활한 정보의 공유와 협조체제를 구축하여야 한다.

2) 기술적 요인

기술적 요인은 경호조직의 임무수행능력을 의미한다. 효율적으로 경호업무를 수행할 수 있는 조직체계와 효과적으로 임무를 수행할 수 있는 경호원 개개인의 전문적인 역량이 필요하다. 경호조직은 경호와 관련된 정보를 수집 · 분석 · 전달하는 업무체계가 확립되고, 구조적으로 통합되어 원활한 협력체계가 갖추어져 있어야 한다. 경호원은 경호현장에서 인적 · 물적 · 지리적 취약성을 정확히 평가하고 필요한 조치를 적절히 취할 수 있는 전문적인 역량을 갖추어야 한다. 경호원의 전문적인 역량은 경호에 대한 전문적인 지식, 경호문제 해결능력 및 사회현상을 보는 균형잡힌 시각을 포함하는 개념이다.

3. 자연적 환경

또한 사회적 환경이나 경호의 기술적 환경과 함께 고려해야 될 요소는 자연적 환경이다. 이는 인위적이 아닌 온전히 자연적으로 형성된 경호영향요인으로, 해당 지역의 지형조건이나 기후조건, 행사시간 등이 이에 포함될 수 있다.

1) 지형적 요인

지형적 요인은 경호조치에 제한이 있을 수 있는 화산 활동 지역, 해발고도가 높은 고지대, 황사가 빈발하는 지역, 밀림지대, 산악지대 및 수변도시 등의 지형적 경호영향요인을 말한다. 이러한 지역에서는 일반 평지대와는 다른 경호조치가 요구되고, 경호장비의 준비와 이동수단의 결정에도 영향을 미치게 된다. 나아가 도시 구조나 행사장의 지리적 위치, 그로 인한 교통상황 등도 함께 고려되어야 한다.

2) 기후적 요인

기후적 요인은 해당 지역의 기온이나 비, 눈, 바람 따위의 대기상태가 경호에 미치는 영향요인을 말한다. 열대지역이나 한대지역, 특별히 비나 눈이 많거나 잦은 지역, 백야현상이 있거나 낮 시간이 특히 짧은 지역, 황사나 바람이 많은 지역 등에서는 경호조치에 제한이 있을 수 있으며, 이들 지역에서는 그에 맞는 맞춤형 경호조치가 요구된다. 또한 기타 지역에서도 온도나 기상의 변화에 따른 행사계획의 변화, 도로상황의 변화에 따른 기동계획의 변경, 경호 복장 및 장비의 준비를 비롯한 경호조치의 변화에 만반의 대비태세를 갖춰야 한다.

3) 시간적 요인

시간적 요인으로는 이른 새벽이나 퇴근 무렵, 그리고 정신적 긴장감이 떨어지는 축제기간이나 휴가철 등의 취약성이 있다. 특히 야간 행사의 경우에는 시계의 제한을 많이 받기 때문에 경호팀에게는 더욱 철저한 준비와 더불어 많은 경계심과 주의력이 요구된다. 또한 위해기도자는 경호팀의 허점을 노리고 있기 때문에, 경호원은 항상 주변의 들뜬 분위기에 휩쓸리지 않는 긴장감이 유지되어야 한다.

Ⅱ. 위해요소별 분류

미시적 관점의 경호환경은 하나의 행사장에서 경호에 영향을 미칠 수 있는 요인을 중심으로 위해의 가능성을 평가하는 것이다. 미시적 경호환경은 다시 인적 위해요소, 물적 위해요소와 지리적 위해요소로 분류한다. 위해를 기도하는 사람에 의해 발생하는 인적 위해요소와 대비하여, 사람 이외의 요소에 의해 발생하는 물적 위해요소와 지리적 위해요소는 비인적 위해요소라고 할 수 있다.

경호에 영향을 미치는 환경요인이 2차적이고 간접적인 영향요인이라면, 행사장 주변에 내재하는 위해요소는 1차적이고 직접적인 위해요인이라고 할 수 있다.

1. 인적 위해요소

인적 위해요소는 경호대상자에게 위해를 가하거나 가할 우려가 있는 자들을 일컬으며, 이들은 다양한 사회적 요인에 의한 개인이나 조직의 불만과 욕구를 해소하거나 표출하기 위한 수단으로 국가나 사회적 중요인사에 대한 위해를 기도한다. 위해기도자들은 대부분 자신의 정치적 신념이나 종교적 신념에 따라 위해를 기도하기도 하지만, 최근에는 본인의 의지와는 상관없이 정신질환 등의 결과로 충동적 위해를 기도하는 경우도 많이 발생하고 있다. 따라서 이와 같은 위해기도자들의 계획적이고 치밀한 위해뿐만 아니라, 충동적으로 발생하는 우발적 위해 등 다양한 형태의 위해행위를 사전에 찾아내거나 제지하기 위한 노력이 요구된다.

행사참석자에 대해서는 철저한 신분 확인과 검색 등의 경호조치가 예외 없이 이루어져야 한다. 또한 안내요원이나 서브요원을 가장하거나 보도요원으로 위장하는 경우에 대비한 확인과 감시가 병행되어야 한다. 신체적 장애를 가진 것처럼 위장하여 경호원의 주의력을 떨어뜨리려는 시도도 경계해야 한다.

2. 물적 위해요소

물적 위해요소는 행사지역 내에 위치하여 자체적으로 위험성을 내포하거나 위해행위에 사용될 수 있는 시설이나 물품 및 장비 등을 말한다. 우선 행사장의 시설물을 들 수 있는데, 가스시설, 전기시설, 공조시설 및 승강기 등은 항상 위험성을 내포하고 있는 시설들로 철저한 관리와 점검이 요구된다. 또한 행사장 내의 각종 집기류나 장식품 등도 위해도구를 은닉하거나 위해요구로 사용될 가능성이 있다. 그리고 위해에 이용 가능한 각종 위험물질이 있을 수 있다. 가장 대표적인 위해수단인 총기나 폭발물은 물론, 각종 도검류, 화학물질, 가스 및 유류, 독극물질과 행사장으로 반입되는 모든 물품이 경호조치의 대상이 된다. 물적 위해요소는 철저하고 과학적인 검측과 검색을 통해서 색출하고 배제한다.

3. 지리적 위해요소

지리적 위해요소는 위해기도자에게 은신처를 제공하거나, 위해행위에 유리한 조건을 제공하는 장소나 건물 등을 말한다. 행사장 주변의 고층건물이나 감제고지 및 수림지 등은 위해기도자에게 양호한 은신처를 제공할 수 있다. 행사장이 내려다보이는 감제고지는 철저한 수색과 봉쇄가 요구되며, 행사장을 둘러싸고 있는 고층건물은 역감시대책과 같은 통제대책이 필요하다. 막다른 골목에 위치한 행사장은 우발상황이 발생할 경우 대피에 제한을 받을 수 있고, 이동로 상의 건널목이나 교량 및 서행이 요구되는 곡각지나 좁은 도로 등은 위해기도자에게 유리한 공격조건을 제공할 수 있다. 지리적 위해요소에 대해서는 치밀한 점검과 수색, 감시조 운용, 기동수단 및 행차로의 조정, 주의 환기 등을 통해서 지리적 취약성에 대비한다.

제3절 위해의 형태

경호대상자에 대한 위해행위는 다양한 형태로 나타난다. 암살이나 테러 등과 같이 경호대상자의 생명을 노리는 직접적인 공격에서부터, 자신들의 불만이나 좌절감을 표출하기 위한 모욕행위, 상대방의 업무를 방해하거나 중요 정보의 탈취를 목적으로 하는 사이버테러리즘에 이르기까지 경호대상자에 대한 위해행위는 전방위적으로 전개되고 있다. 경호팀은 이 모든 위협으로부터 경호대상자를 완벽하게 보호하기 위한 방법을 위협의 평가를 통하여 모색해야 한다.

Ⅰ. 인적 위해

1. 암살

정치적으로 영향력을 행사할 수 있는 지위에 있는 사람을 정치적·사상적 이유 때문에 비합법적으로 몰래 살해하는 행위를 암살이라고 한다. 암살의 주요 대상은 유명인사나 기업인보다는 정치지도자인 경우가 많다. 그러나 비정치인도 정치지도자와 연루되어 있거나, 회사가 사회적으로 문제가 되는 일과 관련되어 있거나, 특정 종교나 인종을 자극하는 영화나 책을 저술하였다면 문제는 달라진다. 이러한 이유들이 현재는 비록 위협이 되지 않는다고 판단되더라도, 경호전문가는 잠재적인 다양한 위협에 대처해야 한다.

11세기 말에 약 200년 동안(1090~1272) 페르시아(이란)에서 「하산 이 알 사바(Hassan ibn al-Sabbah)」는 비밀결사조직 아사신파를 만들고, 결사대원에게 하시시(hashish)를 먹여 반대파의 국왕과 기독교인들을 암살하게 하였다.[3] 이들은 칭기즈칸의 손자 훌라구(Hulagu Khan)[4]에 의해 1256년에 멸망하였는데, 12세기

3) 이들은 계곡에 포도주와 꿀과 우유가 흐르고 아리따운 여인들이 있는 궁전과 정원을 만들어놓고, 젊은이들을 '하시시'라는 대마초를 먹여, 독화살이나 독이 묻은 단검으로 요인을 암살하도록 하였음.

4) 몽골제국의 제4대 몽케칸의 셋째 동생으로, 1253년 서방 정벌에 나서, 1258년 아바스왕조를 무너뜨리고, 일칸국을 건설하였다.

십자군을 통하여 그 사실이 알려졌다.

암살자(assassin)라는 단어는 하시시를 먹은 사람들(hashishin)이라는 아랍어에서 유래한 라틴어 assassinus가 어원이다.

암살에 사용되는 무기는 전통적인 활, 창, 칼이나 독약 등에서 총이나 폭발물로 발전하였다. 위해사건의 79.4%가 총기류(55.2%)와 폭발물(24.2%)에 의해 발생하는 것으로 나타난[5] 연구보고가 있다. 최근에는 팔레스타인 저항단체 하마스의 정신적 지도자 아흐메드 야신[6]에 대한 암살사례에서 보듯, 인공위성이나 미사일을 이용한 암살까지 시도되고 있다.

인류 역사는 통치자나 잠재적인 권력자를 향한 정치적 살인이나 폭력을 포함하는 암살과 음모로 점철되어 있다. 암살을 획책하는 사람들은 암살 자체의 잘못은 무시한 채, 일반적으로 세상이 더 나아질 것이라는 인식에 사로잡혀 암살을 모의하게 된다. 그 결과, 많은 암살사건이 문명의 흐름을 바꿔놓은 정치적·사회적·종교적 파장을 초래하였다.

한 예로, 1914년 6월 28일에 발생한 사라예보 사건[7]은 제1차 세계대전의 도화선이 되었다. 당시 보스니아와 세르비아 사이에 끝없는 분쟁이 계속되고 있는 가운데, 보스니아를 강제 합병한 오스트리아는 세르비아와 원한관계에 놓이게 되었다. 이러한 와중에 오스트리아 황태자는 수많은 위험 경고에도 불구하고, 특별한 안전조치 없이 보스니아를 방문하는 무모함을 보였다.

그 날 오전에 이미 수류탄 공격을 받았던 터라, 보스니아 총독은 병원으로 가는 오후 일정을 시내의 중심가를 피해가기로 작정하였으나, 정작 운전기사에게 말하는 것을 잊어버렸다. 이동 중, 차량대형이 최초의 이동로로 가는 것을 뒤늦게 알고, 이동로를 바꾸기 위해 차량을 천천히 돌리는 순간, 범인이 접근하여 황태자 부부에게 권총을 발사하였다.

---

5) 이두석(2010), 전게논문, p. 267.
6) 아흐메드 야신은 2004년 3월 22일 가자지구 사브라의 알-무자마아 이슬람 사원에서 새벽예배를 마치고 나오다, 이스라엘군 헬리콥터에서 발사된 3발의 미사일 공격을 받아 숨졌다.
7) 1914년 6월 28일 오스트리아 황태자 프란츠 페르디난트(Franz Ferdinand) 대공과 그의 부인 조피가 사라예보에서 '젊은 보스니아'라는 민족주의 조직에 속한 가브릴로 프린치프(Gavrilo Princip, 18)에게 암살된 사건이다. 이 암살사건은 남(南) 슬라브민족의 통일을 부르짖고, 황태자를 그 장애물로 본 세르비아의 민족주의적 비밀결사의 계획에 의한 것이었다. 오스트리아 정부는 이 사건에 세르비아 정부가 관련되었다고 하여 즉각 세르비아에 최후통첩을 보내고, 7월 28일에 세르비아에 선전포고를 함으로써, 제1차 세계대전이 시작되었다.

2. 테러리즘[8)]

1) 테러리즘의 개념

1937년 국제연맹은 테러리즘을 "한 국가에 대해 직접적인 범죄행위를 가하거나, 일반인이나 군중들의 마음속에 공포심을 일으키는 것"이라고 규정하였다. 이러한 테러리즘은 공통적으로 정치적 목적이나 동기가 있으며, 폭력의 사용이나 위협이 따르고, 심리적 충격과 공포심을 일으켜 소기의 목표나 요구를 관철시키려 한다.[9)] 테러리즘은 일반적으로 '극장형' 사건으로 불린다. 테러리즘은 사람들의 관심을 끌어 모이기 위해 계획되고 실행되기 때문이다. 테러리스트들은 자신들의 존재를 알리기 위해 미디어라는 무기를 이용하고, 적의 상징을 노리는 등 사람들의 눈을 의식하여 공격목표를 정한다. 따라서 언제, 어디서나, 누구라도 테러리즘의 표적이 될 수 있다.[10)]

테러리스트는 크게 세 가지 범주로 분류할 수 있는데, 순교적 테러리스트, 범죄적 테러리스트, 광적 테러리스트로 구분한다. 이 기준에 따라, 경호대상자가 정치적 인질이나 종교적 근본주의자의 표적이 되는지, 아니면 강도나 납치의 희생물이 될 가능성은 없는지를 분석하여 대비할 필요가 있다.

순교적 테러리스트는 이념적으로 동기화되어, 정치적·종교적 신념의 영향을 받는다. 이들은 정치적으로는 극단주의자들로, 급진적인 우익의 초보수주의자이거나 좌익의 정치적 무정부주의자나 혁명가들로, 신나치주의자, 낙태반대론자, 환경테러리스트들일 수 있다. 종교적으로는 근본주의자들로, 이들은 자신들은 신의 메신저나 도구라는 환상에 사로잡혀, 자신들의 신념을 위해서는 죽음을 불사하는 순교자를 자처한다.

범죄적 테러리스트는 이념보다는 개인적 이유로 인해 테러행위를 자행한다. 마약왕이 자신의 마약망을 보호하기 위해서 특정 정치인을 암살하거나 납치하는 경우를 들 수 있다.

---

8) Terror는 '떨거나 소스라치게 하다'라는 의미의 라틴어 terrere에서 유래한 말로, 1798년 불어사전에서 처음 사용되었다. Terrorism은 프랑스혁명 기간 중 자코뱅당에 의한 '공포정치'를 지칭하는 말로 최초 사용되어 관제테러의 의미를 지녔으나, 지금은 비정부적 조직에 의한 무고한 시민의 살상을 의미한다.

9) 김정현(2004), 뉴테러리즘론, 서울: 백산출판사, p. 18.

10) 오오이즈미 코오이치(강영숙, 이민용 역)(2002), 테러의 이해, 서울: 백산출판사, pp. 85~88.

광적 테러리스트는 정신적 장애가 있는 사람들에 의한 테러행위이다. 유명인사들은 다소 정신적으로 이상한 사람들의 주목을 받을 수 있다. 그러나 이들 중 다수는 해가 없으며, 부적절한 영웅숭배 혹은 전화폭력을 일삼는 애처로운 영혼들이다. 존 힝클리는 자신의 존재와 마음을 알리기 위해서 레이건 대통령을 암살하려 하였고, 이갈 아미르는 자신을 신의 도구로 자처하며 라빈 수상을 암살하였다.

이들 테러리스트들이 보이는 몇 가지 특징은 외톨이, 고아, 방치된 자이거나 의로운 완벽주의자라는 것이다. 이들은 자신의 신념에 동조적인 조직에 가입하여 인정을 받으려 하고, 폭력의 사용을 주저하지 않을 것이다. 테러리스트들은 또 도시 출신의 20~30대의 미혼의 남성이고, 평균 이상의 지적능력을 갖고 있으며, 중상류층 출신일 것이다. 이들의 정치철학은 마르크스주의에 기울어져 있고, 종교적 성향은 보수 정통주의의 경향이 있으며, 지하에 숨어살면서 새로운 신분으로 위장을 하고 있을 것이다.11)

2) 테러리즘의 추세

테러리즘은 테러리즘이란 용어가 등장하는 18세기 이전까지를 고전적 테러리즘시대, 이후 근대국가의 형성과 더불어 반식민지 투쟁이나 민족해방을 목표로 한 민족해방투쟁시기를 근대적 테러리즘시대, 그 후 미국과 소련을 중심으로 한 냉전시대에 나타난 국가테러리즘과 국제테러리즘이 빈발하던 시기를 현대적 테러리즘시대, 1990년대 이후 대량살상무기를 이용하고 불특정다수인에 대한 무차별적 공격양상을 보이는 시기를 뉴테러리즘시대로 구분할 수 있다. 1988년에 발생한 팬암기 폭파사고12)를 시작으로, 2001년 9월 11일에 발생한 미국 세계무역센터 폭파사건은 불특정다수인을 향한 무차별적 공격을 자행하는 뉴테러리즘의 전형을 보여준다.

과거의 테러리즘은 국가 독립이나 민족해방과 같은 이유 있는 테러리즘이었다. 그러나 뉴테러리즘은 요구조건이나 공격주체가 불분명한, 소위 '얼굴 없는 테러'를 자행하고 있고, 불특정 다수를 향한 전쟁 수준에 버금가는 공격과 대량살상무기를 이용한 무차별적인 공격 양상을 보이고 있다. 또한 뉴테러리즘 조직은 그물망 조직

---

11) June, Dale L.(1999), op. cit., pp. 200~202.

12) 1988년 12월 21일 런던을 떠나 뉴욕으로 가던 미국 팬암항공 보잉 747 여객기가 스코틀랜드 로커비 마을 상공에서 갑자기 폭발하여, 탑승자 259명 전원과 로커비 주민 등 270명이 사망함. 범행 주체를 숨기고 무차별 살상을 저지르는 뉴테러리즘의 첫 사례로 일컬어진다.

으로 연결되어 있고, 첨단 과학장비와 생활용품을 이용한 테러로 사전 색출과 방어가 곤란하며, 첨단 미디어매체의 발달은 공포 분위기의 확산에 일조하고 있다. 나아가 뉴테러리즘 시대의 테러리스트들은 중산층의 고학력에 강한 정치·종교적 신념으로 무장하고 있어 테러의 지능화와 내성을 강화하고 있다.

세계는 지금 테러와의 전쟁 중이다. 이에 맞서 테러의 양상도 변하는 추세를 보이고 있다. 테러조직이 점차 소규모화·개인화되어 테러조직의 색출이나 대응을 어렵게 하고 있고, '외로운 늑대'라고 불리는 개인의 자생적 테러리스트들이 증가하고 있다. 둘째로, 과거 일부 테러지원국가의 지원을 받던 테러자금을 지금은 마약조직 등과 연계하여 스스로 조달하고 있다. 셋째로, 알카에다와 이슬람국가로 대표되는 이슬람 과격세력의 이스라엘을 지지하는 미국에 대한 위협이 지속되는 가운데, 기독교와 이슬람교 간의 종교적 대립이 계속될 것이다. 이는 민족적·종교적 테러리즘의 등장을 의미한다. 넷째로, 국제공조를 통한 전방위적 압박에 국가 주요시설이나 대량살상이 가능한 다중집합장소에 대한 무차별적 공격으로 대항할 것이다. 다섯째로, 대량살상과 운반 및 제조 등이 용이한 폭탄의 사용과 더불어, 화생방무기를 비롯한 대량살상무기(WMD)의 사용 가능성과 함께 사이버테러에 이어 핵테러까지 우려되고 있다.

테러리즘은 요인의 납치, 살해 등을 포함하는 개념이다. 따라서 경호전문가는 테러리스트나 테러단체의 목표나 동기 및 동향에 대한 철저한 분석과 이해로, 경호대상자의 신변 보호에 필요한 정보자료를 구축해야 한다. 또한 테러리즘의 위험이 상존하는 지역을 방문하거나, 그러한 분쟁과 관련된 경호대상자를 경호할 경우, 철저한 위험 분석과 효과적인 대처 방안이 강구되어야 한다.

3. 납치

유괴는 폭력, 협박이나 사기 등을 통해 사람의 신체적 자유를 구속하고, 범죄자 자신 또는 제 3자의 지배하에 두어 억류하는 범죄이다. 납치는 유괴의 일종으로, 신체적 자유의 구속 자체보다는 주로 범죄자가 폭력적 행위를 통해 피해자가 탑승한 차량이나 비행기 등을 포함한 피해자들을 그들이 원하지 않는 다른 장소로 강제로 이동시키는 것을 의미한다. 납치가 먼 다른 나라의 이야기가 아니라, 경호대상자들에게 납치의 위험이 상존함을 인식할 필요가 있다.

납치는 다음의 몇 가지 요인들로 인해 그 위험성이 높아지기 시작한다. 그 요인으로는 개인적인 부, 범죄자나 범죄단체와의 연루, 논란의 여지가 있는 문제를 지지하는 유명인사, 정치적 논쟁에의 개입, 납치 위험국가로의 여행 및 가족들의 취약성 등이 있다.13) 이러한 요인들을 안고 있는 사람들은 비단 납치뿐만 아니라, 종종 그와 반대적 입장에 있는 광적인 사람들의 공격목표가 되곤 한다. 따라서 이러한 위험요인을 안고 있는 사람들을 경호하는 경호원은 경호대상자와 그 주변 인물들에 대한 철저한 연구와 그들이 안고 있는 사회적 위험성을 분석하는 일에 소홀해서는 안 된다.

4. 모욕행위

모욕행위는 위해 목표의 생명을 노리거나 신체적 상해를 목적으로 하는 암살사건과는 다른 양상으로 전개된다. 모욕행위는 공격목표에 대하여 자신의 불만이나 반대 의사를 표시하거나 상대방의 품위를 손상시키기 위한 수단이다. 모욕행위를 시도하는 대부분의 상대적 약자들은 다양한 방법으로 약자의 울분을 표출하거나 상대방에게 봉변을 주어 굴욕감을 느끼게 하려 한다. 모욕행위에 사용되는 수단은 참으로 다양하다.

모욕사건에서 가장 많이 사용되는 공격수단은 계란으로, 전체 모욕사건의 34.3%(35건 중 12건)를 차지하였다. 이어서 파이공격이 20%(7건)를 차지하였으나, 이는 모두 국외에서 발생한 사례이다. 그 외에 돌멩이로 공격하거나, 플래카드를 통하여 자신들의 불만을 나타내는가 하면, 잉크, 케첩, 드레싱, 밀가루, 물, 벽돌, 페트병, 신발, 침 등으로 공격하거나, 상대방의 모자를 벗겨서 봉변을 주기도 하고, 상대방의 이동을 방해하기 위한 몸 실랑이를 벌인 경우도 조사되었다.

모욕사건에 있어서, 국내에서는 계란이, 국외에서는 계란과 파이가 주 공격수단인 것으로 나타났다.14) 이러한 모욕행위는 신체적 상해를 동반하는 공격행위보다 더 빈번히 발생하지만, 경호대상자의 생명이나 신체에 큰 영향을 주지 않는다는 이유로 대수롭지 않은 것으로 치부되는 안일함을 경호원들은 경계해야 한다.

---

13) Oatman, Robert L.(1997), op. cit., p. 11.
14) 이두석(2010), 전게논문, p. 268.

Ⅱ. 사이버 테러리즘

1. 사이버 테러리즘

컴퓨터 통신을 통해서 만들어지는 사회적인 공간인 사이버 공간은 이제 우리 생활의 중요한 일부분으로 자리 잡고 있다. 개인이나 조직의 모든 정보가 이 공간에 저장되어 있고, 외부와의 소통도 이 공간을 통해서 이루어지고 있다. 사이버 테러리즘은 컴퓨터 통신망 상에 구축되는 가상공간인 사이버 공간을 이용한 폭력 행위로, 컴퓨터 통신망을 이용해 정부기관이나 민간기관의 정보시스템에 침입하여 중대한 장애를 발생시키거나 파괴하는 등의 범죄 행위를 말한다. 사이버 테러리즘은 날로 심화되어, 공격속도도 빨라지고 공격수법도 정교해지고 있다. 사이버 공간에서 공격과 방어의 끊임없는 전투가 매일같이 일어나고 있다.

사이버 공격기술도 나날이 발전하여, 상대방의 컴퓨터에 침입하여 정보를 빼내가던 단계를 넘어, 사용자가 직접 필요한 정보를 입력하도록 유도하거나, 상대방의 인터넷 시스템에 대한 직접적인 파괴공격으로 발전하고 있다.

1) 해킹(Hacking)

해킹은 정보시스템에 무단 침입하여 저장되어 있는 각종 정보를 빼내거나 없애는 행위, 혹은 프로그램을 파괴하는 행위를 말한다. 이는 컴퓨터시스템이나 프로그램 또는 프로토콜의 취약점을 이용하여 공격한다.

(1) 스니핑(Sniffing)

스니핑은 네트워크상의 데이터를 도청하는 행위를 말한다. 스니핑 공격은 웹 호스팅, 인터넷 데이터 센터(IDC) 등과 같이 여러 업체가 같은 네트워크를 공유하는 환경에서 매우 위협적이어서, 하나의 시스템이 공격당하게 되면 그 시스템이 속한 네트워크를 도청하게 되고, 같은 네트워크에 속한 다른 시스템의 사용자 ID나 비밀번호를 도청하게 된다.

(2) 패스워드 크래킹(Password Cracking)

패스워드 크래킹은 패스워드로 보안화한 리소스에 접근하기 위해 툴을 사용하여 네트워크, 시스템, 리소스로 공격하는 것을 말한다.

(3) 스푸핑(Spoofing)

스푸핑은 일반적으로 IP 스푸핑을 말하며, 해커가 공격하고자 하는 호스트의 IP 주소를 바꾸어서 자신이 그 컴퓨터인 것처럼 가장해서 해당 컴퓨터를 무력화시키는 방법이다. IP 스푸핑의 방법으로는 거짓 송신 주소를 이용하는 네트워크 주소 스푸핑 공격 방법과, 인증되지 않은 비밀번호로 접근해서 고객의 비밀번호 추가 및 변경, 주요 데이터베이스의 파괴를 시도하는 사용자 인증 스푸핑 공격과 같은 방법이 있다.

(4) 서비스 거부(DoS) 공격

서비스 거부(Denial of Service) 공격은 시스템의 정상적인 서비스를 방해할 목적으로 대량의 데이터를 보내 대상 네트워크나 시스템의 성능을 급격히 저하시키는 공격으로, 해킹 수법 중의 가장 일반적인 방법이다.

또한 '분산서비스거부' 공격이라고 불리는 디도스(DDoS)는 해커들이 특정 사이트의 서비스를 이용하지 못하도록 무차별적으로 클릭하는 수법이다. 공격자는 특정 시점에 지정해 놓은 사이트에 접속하라는 명령을 담은 악성코드를 배포해 감염시킨 다음, 백신소프트웨어 등으로 적절하게 방어하지 못한 수백, 수천 대의 PC를 '좀비PC[15]'로 만든다. 일시에 한 사이트에 감당할 수 없는 횟수로 접속 명령이 내려지면 해당 서버는 과부하를 일으키며 마비된다. 사이트를 이용하려는 사람들이 불편을 겪지만, 접속 서버가 파괴되거나 데이터베이스 자체가 사라지지는 않는다.

2) 피싱(Phishing)

피싱(phishing)은 개인정보(private data)와 낚시(fishing)의 합성어로, 불특정 다수에게 메일이나 게시글 등으로 위장된 홈페이지에 정보를 입력하도록 유도하여

---

15) 공격자(해커)에 의해 악성코드에 감염되어 공격자의 명령에 따라 PC 사용자의 의도와 관계없이 각종 악의적인 행위를 수행하는 컴퓨터를 말한다.

개인정보나 금융정보 등을 빼내는 기법이다. 보이스 피싱, 메신저 피싱, 스미싱 등 기법이 다양하다.

(1) 보이스 피싱

전화를 통하여 불법적으로 개인정보(주민 등록 번호, 신용 카드 번호, 은행 계좌 번호 등)를 빼내 이를 범죄에 이용하는 전화금융사기 수법을 말한다. 기존의 피싱은 이메일을 통해 중요 정보를 입력하게 하는 소극적인 방법인 데 반해, 보이스 피싱은 범행 대상자에게 전화를 걸어 송금을 요구하거나 개인 정보를 수집하는 적극적인 방법을 쓴다.

(2) 메신저 피싱

타인의 메신저 아이디를 도용하여 로그인한 뒤, 등록된 지인에게 메시지를 보내 금전을 요구하는 행위 등을 의미한다.

(3) 스미싱(Smishing)

문자메시지(SMS)와 피싱(phishing)의 합성어로, 인터넷 접속이 가능한 스마트폰의 문자메시지를 이용한 휴대폰 해킹을 뜻한다. 해커가 보낸 메시지의 인터넷 주소를 클릭하면 악성코드가 설치돼 소액결제가 이뤄지거나 개인 · 금융정보가 빠져나간다.

(4) APT(Advanced Persistent Threat)

'지능형 지속공격'이라고 하는 APT는 해커가 다양한 보안 위협을 만들어 특정 기업이나 조직의 네트워크에 지속적으로 가하는 공격을 뜻한다. 특정 조직 내부 직원의 PC를 장악한 뒤 그 PC를 통해 내부 서버나 데이터베이스에 접근한 뒤 기밀정보 등을 빼오거나 파괴하는 공격 수법으로, 불특정 다수보다는 특정 기업이나 조직을 대상으로 한다. APT의 특징은 지속성과 은밀함으로, APT의 공격 기간은 평균 1년에서 길게는 5년 가까이 공격을 하는 경우도 있다.

3) 악성 소프트웨어(Malicious Software, Malware)

컴퓨터 및 인터넷의 정상적인 사용을 저해하는 모든 종류의 적대적 소프트웨어를 말하며, 자료를 손상시키거나 다른 프로그램을 파괴하여 정상적인 작업을 방해하는 프로그램이다. 이러한 악성코드들은 크게 바이러스, 웜, 트로이 목마 등으로 구분된다.

(1) 바이러스(Virus)

사용자 모르게 컴퓨터에 침입하여 다른 개체에 자신 또는 변형을 복제하고 덧붙임으로써 컴퓨터 작동에 피해를 주는 복제 프로그램이다. 컴퓨터 바이러스는 감염 즉시 활동하는 것, 일정 잠복기간이 지난 후에 활동하는 것, 특정기간이나 특정한 날에만 활동하는 것 등이 있다. 특정한 날에만 활동하는 바이러스로는 미켈란젤로의 생일인 3월6일에만 활동하는 미켈란젤로 바이러스 등이 있다.

바이러스에 감염되면, 컴퓨터 기동시간이 평소보다 오래 걸리거나, 기동 자체가 되지 않거나, 프로그램이 실행되지 않거나, 프로그램을 실행시키는 시간이 평소보다 오래 걸리거나, 프로그램이 오작동을 하거나, 저장된 데이터가 삭제 또는 변조되는 등의 여러 가지 증세가 나타난다.

(2) 웜(Worm)

일반적으로 운영체제나 시스템 유틸리티 소프트웨어의 취약점을 이용하여 컴퓨터에 침입한 다음에 자신을 무제한 복제하고 이를 네트워크에 뿌려 다른 컴퓨터를 감염시키는 프로그램이다. 컴퓨터 바이러스와 달리 컴퓨터에 저장된 데이터를 파괴하지 않으며, 특정 파일을 감염시키는 것이 아니라 자신을 복제하여 배포하는 동작을 반복 수행한다. 웜의 자신 복제 및 배포 동작을 통하여 네트워크 부하를 기하급수적으로 증가시켜 네트워크 마비 현상을 야기하는 등의 파괴적인 행동들을 수반한다.

웜은 네트워크를 통하여 자기 자신을 복제하여 전파할 수 있는 프로그램으로, 컴퓨터시스템에 악영향을 준다는 의미에서 웜 바이러스라고 불리기도 하며, 컴퓨터 바이러스와는 다르게 다른 프로그램을 감염시키지 않고 작동을 한다. 웜에 의한 공격은 개인 정보를 유출하는 유형과 타 시스템의 DoS 공격을 목적으로 하는 유형, 그리고 특정 주요 서버에 대한 분산공격을 하도록 변질되는 감염의 형태 등이 있다.[16)]

(3) 트로이 목마(Trojan Horse)

컴퓨터 사용자가 인지하지 못하는 사이에 정상적인 프로그램으로 위장하여 사용자 컴퓨터에 설치되어 실행함으로써 컴퓨터의 원격 제어 기능을 다른 컴퓨터에게 넘겨주는 프로그램이다. 악의적으로 접근하는 경우에 컴퓨터의 내의 데이터를 파괴하거나 개인 정보를 유출하고, 스파이웨어(spyware)라고도 한다.

트로이 목마는 의도적으로 컴퓨터에 침입하여 컴퓨터의 정보에 접근하거나 원격으로 제어하는 수법과 침입한 컴퓨터의 특정 통신 포터(백도어)를 열어 두고 원격으로 접근하여 컴퓨터를 원격 제어하는 수법이 있다. 트로이 목마는 바이러스나 웜과는 달리 자기 복제 기능은 없으나, 단발성이 아니라 지속적으로 컴퓨터에 피해를 야기할 수 있다.

2. 정보보안

1) 정보보안의 개념

현대를 '정보화 사회'라고 한다. 인터넷의 발전은 컴퓨터 상에서 모든 정보를 주고받을 수 있게 되었다. 컴퓨터는 이제 우리 생활의 일부분이라 해도 과언이 아닐 정도로 매우 중요한 생활의 일부분이 되었다. 개인이나 회사의 중요한 정보가 모두 저장되어 있을 뿐만 아니라, 모든 업무가 컴퓨터를 통해서 인터넷 상에서 이루어지고 있는 것이 현실이다. 인터넷 상에서의 정보의 공유를 통한 생활의 효율성과 편리성이 계속 유지되기 위해서는 철저하게 개인의 정보가 보호되어야 한다.

그러나 현실은 선의를 가진 사람만 있는 것이 아니다. 컴퓨터의 하드웨어나 소프트웨어의 결함 및 보안기능의 미흡 등은 불법적인 정보 열람으로부터 효과적으로 정보를 보호하지 못하고 있다. 현대인의 주요 생활공간이 된 사이버공간을 이제는 범죄의도를 가진 사람들이나 테러리스트들이 새로운 공격의 수단이자 공격의 장으로 이용하고 있다. 테러 위협은 전통적 방식의 물리적 테러리즘에서 인터넷에서 정보수집과 선전, 반대세력에 대한 방해공작 등의 사이버 테러리즘으로 점차 진화하고 있다. 사이버테러리즘은 일반 대중에게 공포감과 생활 불편을 야기하는 공격의

16) 정진욱, 안성진, 김현철, 구자환, 이원혁, 정보통신 배움터(개정3판), 서울:생능출판, pp. 304~306.

형태로 나타나고 있다.

사이버 테러리즘은 컴퓨터 통신망상에 구축된 가상공간인 사이버 공간을 이용한 폭력 행위를 말한다. 사이버 테러 또는 사이버 테러리즘은 컴퓨터 통신망을 이용하여 경호대상자의 정보 시스템에 침입하여 중대한 장애를 일으키거나 파괴하는 등의 공격행위를 시도하고 있다. 사이버 테러리즘은 컴퓨터 통신망을 이용하여 중요한 컴퓨터 데이터베이스 등 정보 시스템을 교란시키거나 파괴, 또는 정보의 획득을 목표로 한다.

이러한 상황에서 자신의 정보를 보호하고 인터넷 상에서 안전하게 정보를 공유하기 위한 정보보안의 문제가 중요한 과제가 되었다. 정보보안(information security)은 컴퓨터와 인터넷 상의 환경에서 하드웨어, 소프트웨어, 데이터를 비롯한 모든 정보자원을 위·변조, 유출, 훼손 등과 같은 사고로부터 보호하는 것을 의미한다.

2) 정보보안의 목적

정보보안은 정보 침해로 인한 위협을 제거하여 안전한 인터넷 환경을 구축하기 위한 것으로, 정보의 훼손이나 유출 없이 안전하게 정보를 제공하고 개인이나 기업의 정보자산을 보호하기 위한 것이다. 정보보안 또는 정보보호의 3대 목표는 정보의 기밀성을 유지하고, 정보의 무결성을 확보하며, 정보의 가용성을 보장하는데 있다.

(1) 비밀성(Confidentiality)

비밀성은 인가되지 않은 접근으로부터 정보를 보호하기 위한 것으로, 비밀성은 인가되지 않은 방식으로 정보를 획득할 수 없도록 하는 것이다. 비밀성은 인가되지 않은 사람의 접근을 차단함과 동시에, 인가자의 사용을 방해하는 행위로부터의 보호도 포함한다.

(2) 무결성(Integrity)

무결성은 데이터나 리소스를 인증되지 않은 변경으로부터 보호하는 것으로, 한번 생성된 정보에 수정을 허락하지 않음으로써 최초의 내용을 유지하게 한다는 의미이다. 정보를 수정할 필요가 있을 경우에는 인가된 사람 및 절차, 허용된 방법에 의해서 수정되어야 한다.

(3) 가용성(Availability)

가용성은 인가를 받은 사용자가 정보나 서비스를 요구할 경우 정보시스템에 대한 접근이 언제든지 가능하도록 보장하는 것이다. 사용자는 필요할 때 필요한 정보나 서비스의 제공이 즉각 이루어지기를 기대할 것이다. 가용성이 유지되지 못하면 의사 결정에 지장을 초래하게 되어, 정보나 서비스의 효용성을 저하시킬 것이다.

3) 정보보안 대책

사이버 공격은 나날이 빨라지고 집요해지며 복잡해지는 경향을 보이고 있으나, 이에 대처할 시간적 여유는 거의 없으며, 사이버 공격으로 인한 위협은 날로 증가하고 있다. 이와 같은 사이버 위협에 대처하기 위해서는 사전에 서버나 네트워크에서 사이버 공격을 차단하는 적극적인 방어기술이 필요하다. 경호팀의 경호정보는 곧 경호대상자의 안위와도 직결된 문제이기 때문에, 이제 경호팀도 사이버 상에서 위해기도자와 싸워야하는 상황이 되었다. 따라서 경호팀에게는 이러한 사이버 공격에 대비하여 외부의 침입을 막을 수 있는 침입 차단시스템의 구축과 패스워드 및 암호화 시스템의 사용 등 주요 정보시스템에 대한 보안대책이 절실히 요구된다.

(1) 컴퓨터 보안

컴퓨터시스템이 다양한 보안 위협으로부터 정보보안 사고를 당하지 않도록 안전하게 관리한다. 윈도우의 업데이트 기능을 이용하여 보안패치 등이 최신 버전으로 지속적으로 유지되도록 하고, 사용자 계정에 따라 권한과 암호를 설정하여 관리하며, 공유 폴더는 임의의 사용자가 삭제 또는 위·변조하지 못하도록 숨은 공유 폴더 및 공유 권한의 설정이 필요하다. 또한 화면보호기에 암호를 설정하여 관리하고, 중요 문서는 암호화하여 관리한다.

(2) 관리적 보안

조직 차원에서 정보보호의 지침이나 기준을 마련하여 시행한다. 보안관리규정을 마련하여 준수토록 하고, 보안관리인원을 두어 보안업무를 전담케 한다.

(3) 물리적 보안

중요 문서는 접근이 통제된 장소에 보관하고, 정보시스템의 컴퓨터실이나 관련 시설에는 출입통제시스템을 운용한다.

(4) 네트워크 보안

네트워크를 통한 인터넷 통신상에 발생하는 보안위협을 방지하기 위한 보안장비를 설치한다. 방화벽(Firewall)은 외부로부터 내부 네트워크로의 침입을 감지하여 정보 및 자원을 보호한다. 침입탐지시스템(Intrusion Detection System)은 방화벽을 지나 침입한 공격에 의한 피해를 신속히 탐지하기 위한 것으로, 내·외부자의 침입 탐지, 관리자에게 침입 통지, 보안감사 기록 생성 등의 기능이 있다. 침입방지시스템(Intrusion Prevention System)은 인터넷 웜 등과 같은 악성코드의 공격 및 해킹 등에 의한 유해 트래픽을 차단해주는 시스템이다.

특히 사물인터넷(IoT)의 사용이 확산되는 요즈음, IoT 기기가 해킹을 당하여 빌딩 자동화 등 스마트시티의 통합 시스템이 사이버 공격으로 마비되면 커다란 사회적 혼란이 발생할 우려가 있다. 자동화되고 지능화된 공격을 감행하는 악성프로그램의 등장에 따라 적극적인 네트워크 보안 강화 방안이 요구된다.

부 록

대통령 등의 경호에 관한 법률(약칭: 대통령경호법)

[시행 2017. 7. 26.] [법률 제14839호, 2017. 7. 26., 타법개정]

제1조(목적) 이 법은 대통령 등에 대한 경호를 효율적으로 수행하기 위하여 경호의 조직·직무범위와 그 밖에 필요한 사항을 규정함을 목적으로 한다. 〈개정 2008. 2. 29.〉
[전문개정 2005. 3. 10.]

제2조(정의) 이 법에서 사용하는 용어의 뜻은 다음과 같다. 〈개정 2012. 2. 2., 2013. 3. 23., 2017. 7. 26.〉

1. "경호"란 경호 대상자의 생명과 재산을 보호하기 위하여 신체에 가하여지는 위해(危害)를 방지하거나 제거하고, 특정 지역을 경계·순찰 및 방비하는 등의 모든 안전 활동을 말한다.
2. "경호구역"이란 소속공무원과 관계기관의 공무원으로서 경호업무를 지원하는 사람이 경호활동을 할 수 있는 구역을 말한다.
3. "소속공무원"이란 대통령경호처(이하 "경호처"라 한다) 직원과 경호처에 파견된 사람을 말한다.
4. "관계기관"이란 경호처가 경호업무를 수행함에 있어 필요한 지원과 협조를 요청하는 국가기관, 지방자치단체 등을 말한다. [전문개정 2011. 4. 28.]

제3조(대통령경호처장 등) ① 대통령경호처장(이하 "처장"이라 한다)은 대통령이 임명하고, 경호처의 업무를 총괄하며 소속공무원을 지휘·감독한다. 〈개정 2017. 7. 26.〉
② 경호처에 차장 1명을 둔다. 〈개정 2017. 7. 26.〉
③ 차장은 1급 경호공무원 또는 고위공무원단에 속하는 별정직 국가공무원으로 보하며, 처장을 보좌한다. 〈개정 2017. 7. 26.〉
[전문개정 2013. 3. 23.]
[제목개정 2017. 7. 26.]

제4조(경호대상) ① 경호처의 경호대상은 다음과 같다. 〈개정 2013. 3. 23., 2013. 8. 13., 2017. 7. 26.〉

1. 대통령과 그 가족
2. 대통령 당선인과 그 가족
3. 본인의 의사에 반하지 아니하는 경우에 한정하여 퇴임 후 10년 이내의 전직 대통령과 그 배우자. 다만, 대통령이 임기 만료 전에 퇴임한 경우와 재직 중 사망한 경우의 경호 기간은 그로부터 5년으로 하고, 퇴임 후 사망한 경우의 경호 기간은 퇴임일부터 기산(起算)하여 10년을 넘지 아니하는 범위에서 사망 후 5년으로 한다.
4. 대통령권한대행과 그 배우자
5. 대한민국을 방문하는 외국의 국가 원수 또는 행정수반(行政首班)과 그 배우자
6. 그 밖에 처장이 경호가 필요하다고 인정하는 국내외 요인(要人)

② 제1항제1호 또는 제2호에 따른 가족의 범위는 대통령령으로 정한다.
③ 제1항제3호에도 불구하고 전직 대통령 또는 그 배우자의 요청에 따라 처장이 고령 등의 사유로 필요하다고 인정하는 경우에는 5년의 범위에서 같은 호에 규정된 기간을 넘어 경호할 수 있다. 〈신설 2013. 8. 13., 2017. 7. 26.〉
[전문개정 2011. 4. 28.]

제5조(경호구역의 지정 등) ① 처장은 경호업무의 수행에 필요하다고 판단되는 경우 경호

구역을 지정할 수 있다. 〈개정 2012. 2. 2., 2013. 3. 23., 2017. 7. 26.〉
② 제1항에 따른 경호구역의 지정은 경호 목적 달성을 위한 최소한의 범위로 한정되어야 한다.
③ 소속공무원과 관계기관의 공무원으로서 경호업무를 지원하는 사람은 경호 목적상 불가피하다고 인정되는 상당한 이유가 있는 경우에만 경호구역에서 질서유지, 교통관리, 검문·검색, 출입통제, 위험물 탐지 및 안전조치 등 위해 방지에 필요한 안전 활동을 할 수 있다. 〈개정 2012. 2. 2.〉
④ 삭제 〈2013. 3. 23.〉
[전문개정 2011. 4. 28.]

제5조의2(다자간 정상회의의 경호 및 안전관리) ① 대한민국에서 개최되는 다자간 정상회의에 참석하는 외국의 국가원수 또는 행정수반과 국제기구 대표의 신변(身邊)보호 및 행사장의 안전관리 등을 효율적으로 수행하기 위하여 대통령 소속으로 경호·안전 대책기구를 둘 수 있다.
② 경호·안전 대책기구의 장은 처장이 된다. 〈개정 2013. 3. 23., 2017. 7. 26.〉
③ 경호·안전 대책기구는 소속공무원 및 관계기관의 공무원으로 구성한다.
④ 제1항에 따른 경호·안전 대책기구의 구성시기, 구성 및 운영 절차, 그 밖에 필요한 사항은 대통령령으로 정한다.
⑤ 경호·안전 대책기구의 장은 다자간 정상회의의 경호 및 안전관리를 위하여 필요하면 관계기관의 장과 협의하여 「통합방위법」 제2조제13호에 따른 국가중요시설과 불특정 다수인이 이용하는 시설에 대한 안전관리를 위하여 필요한 인력을 배치하고 장비를 운용할 수 있다.
[본조신설 2012. 2. 2.]

제6조(직원) ① 경호처에 특정직 국가공무원인 1급부터 9급까지의 경호공무원과 일반직 국가공무원을 둔다. 다만, 필요하다고 인정할 때에는 경호공무원의 정원 중 일부를 일반직 국가공무원 또는 별정직 국가공무원으로 보할 수 있다. 〈개정 2012. 12. 11., 2013. 3. 23., 2017. 7. 26.〉
② 경호공무원 각 계급의 직무의 종류별 명칭은 대통령령으로 정한다.
[전문개정 2011. 4. 28.]

제7조(임용권자) ① 5급 이상 경호공무원과 5급 상당 이상 별정직 국가공무원은 처장의 제청으로 대통령이 임용한다. 다만, 전보·휴직·겸임·파견·직위해제·정직(停職) 및 복직에 관한 사항은 처장이 행한다. 〈개정 2013. 3. 23., 2017. 7. 26.〉
② 처장은 경호공무원 및 별정직 국가공무원에 대하여 제1항 외의 모든 임용권을 가진다. 〈개정 2017. 7. 26.〉
③ 삭제 〈2013. 3. 23.〉
④ 고위공무원단에 속하는 별정직공무원의 신규채용에 관하여는 「국가공무원법」 제28조의6제3항을 준용한다.
[전문개정 2011. 4. 28.]

제8조(직원의 임용 자격 및 결격사유) ① 경호처 직원은 신체 건강하고 사상이 건전하며 품행이 바른 사람 중에서 임용한다. 〈개정 2013. 3. 23., 2017. 7. 26.〉
② 다음 각 호의 어느 하나에 해당하는 사람은 직원으로 임용될 수 없다.
1. 대한민국의 국적을 가지지 아니한 사람
2. 「국가공무원법」 제33조 각 호의 어느 하나에 해당하는 사람

③ 제2항 각 호(「국가공무원법」 제33조제5호는 제외한다)의 어느 하나에 해당하는 직원은 당연히 퇴직한다.
[전문개정 2011. 4. 28.]

제9조(비밀의 엄수) ① 소속공무원[퇴직한 사람과 원(原) 소속 기관에 복귀한 사람을 포

함한다. 이하 이 조에서 같다]은 직무상 알게 된 비밀을 누설하여서는 아니 된다.

② 소속공무원은 경호처의 직무와 관련된 사항을 발간하거나 그 밖의 방법으로 공표하려면 미리 처장의 허가를 받아야 한다. 〈개정 2013. 3. 23., 2017. 7. 26.〉

[전문개정 2011. 4. 28.]

제10조(직권면직) ① 임용권자는 직원(별정직 국가공무원은 제외한다. 이하 이 조에서 같다)이 다음 각 호의 어느 하나에 해당하면 직권으로 면직할 수 있다.

1. 신체적·정신적 이상으로 6개월 이상 직무를 수행하지 못할 만한 지장이 있을 때
2. 직무 수행 능력이 현저하게 부족하거나 근무태도가 극히 불량하여 직원으로서 부적합하다고 인정될 때
3. 직제와 정원의 개폐(改廢) 또는 예산의 감소 등에 의하여 폐직(廢職) 또는 과원(過員)이 된 때
4. 휴직 기간이 끝나거나 휴직 사유가 소멸된 후에도 정당한 이유 없이 직무에 복귀하지 아니하거나 직무를 수행할 수 없을 때
5. 직무 수행 능력이 부족하거나 근무성적이 극히 불량하여 대통령령으로 정하는 바에 따라 대기 명령을 받은 사람이 그 기간 중 능력 또는 근무성적의 향상을 기대하기 어렵다고 인정될 때
6. 해당 직급에서 직무를 수행하는 데에 필요한 자격증의 효력이 상실되거나 면허가 취소되어 담당 직무를 수행할 수 없게 되었을 때

② 제1항제2호·제5호에 해당하여 면직하는 경우에는 대통령령으로 정하는 바에 따라 고등징계위원회의 동의를 받아야 한다.

③ 제1항제3호에 해당하여 면직하는 경우에는 임용 형태, 업무실적, 직무 수행 능력, 징계처분 사실 등을 고려하여 면직 기준을 정하여야 한다. 이 경우 면직된 직원은 결원이 생기면 우선하여 재임용할 수 있다.

④ 제3항의 면직 기준을 정하거나 제1항제3호에 따라 면직 대상자를 결정할 때에는 대통령령으로 정하는 바에 따라 인사위원회의 심의·의결을 거쳐야 한다.

[전문개정 2011. 4. 28.]

제11조(정년) ① 경호공무원의 정년은 다음의 구분에 따른다. 〈개정 2013. 8. 13.〉

1. 연령정년

가. 5급 이상: 58세

나. 6급 이하: 55세

2. 계급정년

가. 2급: 4년

나. 3급: 7년

다. 4급: 12년

라. 5급: 16년

② 경호공무원이 강임(降任)된 경우에는 제1항제2호에 따른 계급정년의 경력을 산정할 때에 강임되기 전의 상위계급으로 근무한 경력은 강임된 계급으로 근무한 경력에 포함한다.

③ 경호공무원은 그 정년이 된 날이 1월부터 6월 사이에 있는 경우에는 6월 30일에, 7월부터 12월 사이에 있는 경우에는 12월 31일에 각각 당연히 퇴직한다.

④ 삭제 〈2013. 8. 13.〉

⑤ 삭제 〈2013. 8. 13.〉

[전문개정 2011. 4. 28.]

제12조(징계) ① 직원의 징계에 관한 사항을 심사·의결하기 위하여 경호처에 고등징계위원회와 보통징계위원회를 둔다.

〈개정 2013. 3. 23., 2017. 7. 26.〉

② 각 징계위원회는 위원장 1명과 4명 이상 6명 이하의 위원으로 구성한다.

③ 직원의 징계는 징계위원회의 의결을 거쳐 처장이 한다. 다만, 5급 이상 직원의 파면 및 해임은 고등징계위원회의 의결을 거쳐 처장의 제청으로 대통령이 한다. 〈개정 2017. 7. 26.〉

④ 징계위원회의 구성 및 운영 등에 필요한 사항은 대통령령으로 정한다.
[전문개정 2011. 4. 28.]

제13조(보상) 직원으로서 제4조제1항 각 호의 경호대상에 대한 경호업무 수행 또는 그와 관련하여 상이(傷痍)를 입고 퇴직한 사람과 그 가족 및 사망(상이로 인하여 사망한 경우를 포함한다)한 사람의 유족에 대하여는 대통령령으로 정하는 바에 따라 「국가유공자 등 예우 및 지원에 관한 법률」 또는 「보훈보상대상자 지원에 관한 법률」에 따른 보상을 한다. 〈개정 2011. 9. 15.〉
[전문개정 2011. 4. 28.]

제14조(「국가공무원법」과의 관계 등) ① 직원의 신규채용, 시험의 실시, 승진, 근무성적평정, 보수 및 교육훈련에 관한 사항은 대통령령으로 정한다.
② 직원에 대하여는 이 법에 특별한 규정이 있는 경우를 제외하고는 「국가공무원법」을 준용한다.
③ 직원에 대하여는 「국가공무원법」 제17조 및 제18조를 적용하지 아니한다.
[전문개정 2011. 4. 28.]

제15조(국가기관 등에 대한 협조 요청) 처장은 직무상 필요하다고 인정할 때에는 국가기관, 지방자치단체, 그 밖의 공공단체의 장에게 그 공무원 또는 직원의 파견이나 그 밖에 필요한 협조를 요청할 수 있다. 〈개정 2012. 2. 2., 2013. 3. 23., 2017. 7. 26.〉
[전문개정 2011. 4. 28.]

제16조(대통령경호안전대책위원회) ① 제4조제1항 각 호의 경호대상에 대한 경호업무를 수행할 때에는 관계기관의 책임을 명확하게 하고, 협조를 원활하게 하기 위하여 경호처에 대통령경호안전대책위원회(이하 "위원회"라 한다)를 둔다. 〈개정 2012. 2. 2., 2013. 3. 23., 2017. 7. 26.〉
② 위원회는 위원장과 부위원장 각 1명을 포함한 20명 이내의 위원으로 구성한다.
③ 위원장은 처장이 되고, 부위원장은 차장이 되며, 위원은 대통령령으로 정하는 관계기관의 공무원이 된다. 〈개정 2012. 2. 2., 2013. 3. 23., 2017. 7. 26.〉
④ 위원회는 다음 각 호의 사항을 관장한다.
1. 대통령 경호에 필요한 안전대책과 관련된 업무의 협의
2. 대통령 경호와 관련된 첩보·정보의 교환 및 분석
3. 그 밖에 제4조제1항 각 호의 경호대상에 대한 경호에 필요하다고 인정되는 업무
⑤ 위원회의 구성 및 운영에 필요한 사항은 대통령령으로 정한다.
[전문개정 2011. 4. 28.]

제17조(경호공무원의 사법경찰권) ① 경호공무원(처장의 제청으로 서울중앙지방검찰청 검사장이 지명한 경호공무원을 말한다. 이하 이 조에서 같다)은 제4조제1항 각 호의 경호대상에 대한 경호업무 수행 중 인지한 그 소관에 속하는 범죄에 대하여 직무상 또는 수사상 긴급을 요하는 한도 내에서 사법경찰관리(司法警察官吏)의 직무를 수행할 수 있다. 〈개정 2013. 3. 23., 2017. 7. 26.〉
② 제1항의 경우 7급 이상 경호공무원은 사법경찰관의 직무를 수행하고, 8급 이하 경호공무원은 사법경찰리(司法警察吏)의 직무를 수행한다.
[전문개정 2011. 4. 28.]

제18조(직권 남용 금지 등) ① 소속공무원은 직권을 남용하여서는 아니 된다.
② 경호처에 파견된 경찰공무원은 이 법에 규정된 임무 외의 경찰공무원의 직무를 수행할 수 없다. 〈개정 2013. 3. 23., 2017. 7. 26.〉 [전문개정 2011. 4. 28.]

제19조(무기의 휴대 및 사용) ① 처장은 직무를 수행하기 위하여 필요하다고 인정할 때에는 소속공무원에게 무기를 휴대하게 할 수 있다. 〈개정 2013. 3. 23., 2017. 7. 26.〉

② 제1항에 따라 무기를 휴대하는 사람은 그 직무를 수행할 때 필요하다고 인정하는 상당한 이유가 있을 경우 그 사태에 대응하여 부득이하다고 판단되는 한도 내에서 무기를 사용할 수 있다. 다만, 다음 각 호의 어느 하나에 해당할 때를 제외하고는 사람에게 위해를 끼쳐서는 아니 된다.

1. 「형법」 제21조 및 제22조에 따른 정당방위와 긴급피난에 해당할 때
2. 제4조제1항 각 호의 경호대상에 대한 경호업무 수행 중 인지한 그 소관에 속하는 범죄로 사형, 무기 또는 장기 3년 이상의 징역 또는 금고에 해당하는 죄를 범하거나 범하였다고 의심할 만한 충분한 이유가 있는 사람이 소속공무원의 직무집행에 대하여 항거하거나 도피하려고 할 때 또는 제3자가 그를 도피시키려고 소속공무원에게 항거할 때에 이를 방지하거나 체포하기 위하여 무기를 사용하지 아니하고는 다른 수단이 없다고 인정되는 상당한 이유가 있을 때
3. 야간이나 집단을 이루거나 흉기나 그 밖의 위험한 물건을 휴대하여 경호업무를 방해하기 위하여 소속공무원에게 항거할 경우에 이를 방지하거나 체포하기 위하여 무기를 사용하지 아니하고는 다른 수단이 없다고 인정되는 상당한 이유가 있을 때

[전문개정 2011. 4. 28.]

제20조 삭제 〈2011. 4. 28.〉

제21조(벌칙) ① 제9조제1항, 제18조 또는 제19조제2항을 위반한 사람은 5년 이하의 징역이나 금고 또는 1천만원 이하의 벌금에 처한다.

② 제9조제2항을 위반한 사람은 2년 이하의 징역·금고 또는 500만원 이하의 벌금에 처한다.

[전문개정 2011. 4. 28.]

부칙 〈법률 제1507호, 1963. 12. 14.〉

이 법은 1963년 12월 17일부터 시행한다.

부칙 〈법률 제3358호, 1981. 1. 29.〉

이 법은 공포한 날로부터 시행한다.

부칙 〈법률 제6087호, 1999. 12. 31.〉

① (시행일) 이 법은 2000년1월1일부터 시행한다.

② (재직중인 공무원의 임용의제) 이 법 시행당시 재직중인 2급상당 내지 9급상당의 경호원은 2급 내지 9급의 경호공무원으로 각각 임용된 것으로 본다.

③ (계급정년의 기산에 관한 경과조치) 이 법 시행당시 재직중인 경호원의 경호공무원으로서의 계급정년은 각각 종전의 상당 계급의 경호원으로 임용된 날부터 기산한다.

④ (다른 법률의 개정) 공직자윤리법중 다음과 같이 개정한다.

제3조 제1항제4호중 "4급이상의 외무공무원 및 국가정보원의 직원"을 "4급이상의 외무공무원·국가정보원의 직원 및 대통령경호실의 경호공무원"으로 한다.

부칙 〈법률 제7388호, 2005. 3. 10.〉

이 법은 공포한 날부터 시행한다.

부칙 〈법률 제8857호, 2008. 2. 29.〉 (국가공무원법)

제1조(시행일)이 법은 공포한 날부터 시행한다.

제2조(다른 법률의 개정) ① 부터 ⑥ 까지 생략

⑦ 대통령경호실법 일부를 다음과 같이 개정

한다.

제7조제3항 중 "1급 내지 3급의 경호공무원 또는 이에 상당하는 별정직국가공무원의"를 "고위공무원단에 속하는 별정직공무원의"로, "국가공무원법 제7조제3항제3호 · 제4항 및 제5항의"를 "국가공무원법 제28조의6제3항의"로 한다.

⑧ 및 ⑨ 생략

제3조 부터 제5조까지 생략

부칙 〈법률 제8872호, 2008. 2. 29.〉

제1조 (시행일) 이 법은 공포한 날부터 시행한다.

제2조 (기관 변경에 따른 공무원에 대한 경과조치) 이 법 시행 당시 대통령경호실소속공무원은 이 법에 의한 경호처소속공무원으로 본다.

제3조 (다른 법률의 개정) ① 경비업법 일부를 다음과 같이 개정한다.

제5조제4호 중 "대통령경호실법"을 "「대통령 등의 경호에 관한 법률」"로 한다.

② 공직자 등의 병역사항 신고 및 공개에 관한 법률 일부를 다음과 같이 개정한다.

제2조제4호 및 제8조의2제1항제3호 중 "대통령경호실"을 각각 "대통령실"로 한다.

③ 공직자윤리법 일부를 다음과 같이 개정한다.

제3조제1항제4호 중 "대통령경호실"을 "대통령실"로 한다.

④ 위험직무 관련 순직공무원의 보상에 관한 법률 일부를 다음과 같이 개정한다.

제2조제1호바목 중 "대통령경호실"을 "경호처"로, "「대통령경호실법」"을 "「대통령 등의 경호에 관한 법률」"로 한다.

제4조 (다른 법령과의 관계) 이 법 시행 당시 다른 법령에서 종전의 법률 또는 그 규정을 인용하고 있는 경우 이 법 중 그에 해당하는 규정이 있는 때에는 종전의 규정에 갈음하여 이 법 또는 이 법의 해당 조항을 각각 인용한 것으로 본다.

부칙 〈법률 제10060호, 2010. 3. 12.〉

이 법은 공포한 날부터 시행한다.

부칙 〈법률 제10603호, 2011. 4. 28.〉

이 법은 공포한 날부터 시행한다.

부칙 〈법률 제11042호, 2011. 9. 15.〉 (보훈보상대상자 지원에 관한 법률)

제1조(시행일) 이 법은 2012년 7월 1일부터 시행한다.

제2조(다른 법률의 개정) ①부터 ⑨까지 생략

⑩ 대통령 등의 경호에 관한 법률 일부를 다음과 같이 개정한다.

제13조 중 "「국가유공자 등 예우 및 지원에 관한 법률」에 따른"을 "「국가유공자 등 예우 및 지원에 관한 법률」 또는 「보훈보상대상자 지원에 관한 법률」에 따른"으로 한다.

⑪부터 ㉗까지 생략

부칙 〈법률 제11296호, 2012. 2. 2.〉

이 법은 공포한 날부터 시행한다.

부칙 〈법률 제11530호, 2012. 12. 11.〉 (국가공무원법)

제1조(시행일) 이 법은 공포 후 1년이 경과한 날부터 시행한다. 〈단서 생략〉

제2조 부터 제5조까지 생략

제6조(다른 법률의 개정) ①부터 ⑮까지 생략

⑯ 대통령 등의 경호에 관한 법률 일부를 다음과 같이 개정한다.

제6조제1항 본문 중 "기능직 국가공무원"을 "일반직 국가공무원"으로 한다.

⑰부터 ㉗까지 생략
제7조 생략

부칙 〈법률 제11689호, 2013. 3. 23.〉
이 법은 공포한 날부터 시행한다.

부칙 〈법률 제12044호, 2013. 8. 13.〉

제1조(시행일) 이 법은 공포한 날부터 시행한다.

제2조(경호공무원의 연령정년에 관한 경과조치) 5급 이상 경호공무원의 연령정년은 제11조제1항제1호의 개정규정에도 불구하고 종전규정에 따라 2013년부터 2014년까지 연령정년에 도달한 경호공무원은 56세로, 2015년부터 2016년까지 연령정년에 도달한 경호공무원은 57세로, 2017년부터 연령정년에 도달한 경호공무원은 58세로 한다.

제3조(경호공무원의 계급정년에 관한 경과조치) 이 법 시행 당시 2급 또는 3급인 경호공무원과 이 법 시행연도에 퇴직이 예정되어 있는 5급 이상 경호공무원에 대하여는 제11조제1항제2호의 개정규정에도 불구하고 종전의 계급정년을 적용한다.

부칙 〈법률 제14839호, 2017. 7. 26.〉 (정부조직법)

제1조(시행일) ① 이 법은 공포한 날부터 시행한다. 다만, 부칙 제5조에 따라 개정되는 법률 중 이 법 시행 전에 공포되었으나 시행일이 도래하지 아니한 법률을 개정한 부분은 각각 해당 법률의 시행일부터 시행한다.
제2조 부터 제4조까지 생략

제5조(다른 법률의 개정) ①부터 〈302〉까지 생략
〈303〉 대통령 등의 경호에 관한 법률 일부를 다음과 같이 개정한다.
제2조제3호 중 "대통령경호실(이하 "경호실"이라 한다)"을 "대통령경호처(이하 "경호처"라 한다)"로 한다.
제2조제3호, 제3조제1항·제2항, 제4조제1항 각 호 외의 부분, 제6조제1항 본문, 제8조제1항, 제9조제2항, 제12조제1항, 제16조제1항 및 제18조제2항 중 "경호실"을 각각 "경호처"로 한다.
제2조제4호 중 "경호실이"를 "경호처가"로 한다.
제3조의 제목 "(대통령경호실장 등)"을 "(대통령경호처장 등)"으로 한다.
제3조제1항 중 "대통령경호실장(이하 "실장"이라 한다)"을 "대통령경호처장(이하 "처장"이라 한다)"으로 한다.
제3조제3항 중 "정무직·1급 경호공무원"을 "1급 경호공무원"으로 한다.
제3조제3항, 제4조제1항제6호, 같은 조 제3항, 제5조제1항, 제5조의2제2항, 제7조제1항 본문·단서, 같은 조 제2항, 제9조제2항, 제12조제3항 본문·단서, 제15조, 제16조제3항, 제17조제1항 및 제19조제1항 중 "실장"을 각각 "처장"으로 한다.
〈304〉부터 〈382〉까지 생략

제6조 생략

대통령 등의 경호에 관한 법률 시행령

[시행 2023. 6. 5.] [대통령령 제33382호, 2023. 4. 11., 타법개정]

제1조(목적) 이 영은 「대통령 등의 경호에 관한 법률」에서 위임된 사항과 그 시행에 필요한 사항을 규정함을 목적으로 한다.
[전문개정 2013. 3. 23.]

제2조(가족의 범위) 「대통령 등의 경호에 관한 법률」(이하 "법"이라 한다) 제4조제1항제1호 및 제2호에 따른 가족은 대통령 및 대통령 당선인의 배우자와 직계존비속으로 한다.
[전문개정 2013. 8. 20.]

제3조(전직대통령 등의 경호) 법 제4조제1항제3호에 따라 전직대통령과 그 배우자의 경호에는 다음 각호의 조치를 포함한다. 〈개정 2012. 5. 1., 2013. 3. 23., 2013. 8. 20., 2017. 7. 26.〉

1. 경호안전상 별도주거지 제공(별도주거지는 본인이 마련할 수 있다)
2. 현거주지 및 별도주거지에 경호를 위한 인원의 배치, 필요한 경호의 담당
3. 요청이 있는 경우 대통령전용기, 헬리콥터 및 차량 등 기동수단의 지원
4. 그 밖에 대통령경호처장(이하 "처장"이라 한다)이 관계기관과 협의하여 정한 사항

[본조신설 1984. 2. 7.]
[제목개정 2005. 6. 30.]
[제2조의2에서 이동, 종전 제3조는 제4조로 이동 〈2005. 6. 30.〉]

제3조의2(경호등급) ① 처장은 법 제4조제1항 제5호 및 제6호에 따른 경호대상자의 경호 임무를 수행하기 위하여 해당 경호대상자의 지위와 경호위해요소, 해당 국가의 정치상황, 국제적 상징성, 상호주의 측면, 적대국가 유무 등 국제적 관계를 고려하여 경호등급을 구분하여 운영할 수 있다. 〈개정 2013. 3. 23., 2017. 7. 26.〉
② 제1항에 따라 경호등급을 구분하여 운영하는 경우에는 외교부장관, 국가정보원장 및 경찰청장과 미리 협의하여야 한다. 〈개정 2013. 3. 23.〉
③ 제1항의 경호등급과 관련하여 필요한 사항은 처장이 따로 정한다. 〈개정 2013. 3. 23., 2017. 7. 26.〉
[본조신설 2008. 2. 29.]

제3조의3(경호업무 수행 관련 관계기관 간의 협조 등) ① 처장은 법 제4조에 규정된 경호대상에 대한 경호를 위하여 필요한 경우 대통령비서실, 국가안보실 및 경호·안전관리 업무를 지원하는 관계기관에 근무할 예정인 사람에게 신원진술서 및 「가족관계의 등록 등에 관한 법률」에서 정하는 증명서와 그 밖에 필요한 자료의 제출을 요구할 수 있다. 이 경우 처장은 제출된 자료의 내용을 확인하기 위하여 관계기관에 조회 또는 그 밖에 필요한 협조를 요청할 수 있다. 〈개정 2017. 7. 26.〉
② 처장은 법 제5조제3항에 따른 안전 활동 등 경호업무를 효율적으로 수행하기 위하여 필요한 경우에는 관계기관에 대하여 경호구역에 출입하려는 사람의 범죄경력 조회 또는 사실 증명 등 필요한 협조를 요청할 수 있다. 〈개정 2017. 7. 26.〉
③ 처장은 경호업무를 효율적으로 수행하기 위해 필요한 경우 관계기관의 장과 협의하여 법 제15조에 따라 경호구역에서의 경호업무를 지원하는 인력·시설·장비 등에 관한 사항을 조정할 수 있다.
〈신설 2023. 5. 16.〉

[본조신설 2014. 12. 8.]

제4조(경호구역의 지정) 법 제5조제1항에 따라 경호구역을 지정할 때에는 경호업무 수행에 대한 위해 요소와 구역이나 시설의 지리적·물리적 특성 등을 고려해 지정한다.
[전문개정 2022. 5. 9.]

제4조의2(경호·안전 대책기구의 구성시기 및 운영기간) ① 법 제5조의2제1항에 따른 경호·안전 대책기구(이하 "경호·안전 대책기구"라 한다)의 구성시기 및 운영기간은 다자간 정상회의의 규모·성격, 경호 환경 등을 고려하여 처장이 정한다. 〈개정 2013. 3. 23., 2017. 7. 26.〉
② 경호·안전 대책기구의 운영기간은 다자간 정상회의별로 1년 6개월을 초과할 수 없다.
[본조신설 2012. 2. 2.]

제4조의3(경호·안전 대책기구의 구성 및 운영 등) ① 경호·안전 대책기구의 장은 다자간 정상회의의 경호 및 안전관리 활동에 관한 업무를 총괄한다.
② 경호·안전 대책기구는 소속공무원과 관계기관에서 파견된 공무원으로 구성한다.
③ 제1항 및 제2항에서 규정한 사항 외에 경호·안전 대책기구의 구성 및 운영에 필요한 사항은 경호·안전 대책기구의 장이 관계기관의 장과 협의하여 정한다.
[본조신설 2012. 2. 2.]

제4조의4(국가중요시설 등에 대한 인력 배치 등) ① 법 제5조의2제5항에 따른 인력 배치 및 장비 운용은 같은 항에 따른 협의를 거친 후 경호구역 내에서는 경호·안전 대책기구의 장이, 경호구역 외의 지역에서는 해당 국가중요시설 또는 불특정 다수인이 이용하는 시설의 안전관리를 담당하는 관계기관의 장이 각각 주관하여 실시한다.
② 법 제5조의2제5항에 따른 인력 배치 및 장비 운용 기간은 다자간 정상회의별로 6개월을 초과할 수 없다.
[본조신설 2012. 2. 2.]

제4조의5(과학경호 발전방안의 수립·시행) 처장은 다음 각 호의 업무를 효율적으로 수행하기 위해 필요한 경우 독자적 또는 산학협력 등을 통한 경호연구개발사업의 수행으로 첨단과학기술을 활용한 과학경호 발전방안을 수립·시행할 수 있다.
1. 경호구역에서의 경호업무
2. 법 제5조제3항에 따른 안전 활동 업무
3. 법 제5조의2제1항에 따른 신변보호 및 행사장의 안전관리 등의 업무
4. 그 밖에 경호업무의 효율적 수행을 위해 처장이 필요하다고 인정하는 업무

[본조신설 2023. 5. 16.]

제5조(직급) 경호공무원의 계급별 직급의 명칭은 별표 1과 같다.
[본조신설 1999. 12. 31.]
[제4조의2에서 이동, 종전 제5조는 제6조로 이동 〈2005. 6. 30.〉]

제6조 삭제 〈2008. 2. 29.〉

제6조의2 삭제 〈2008. 2. 29.〉

제7조(인사위원회의 설치) ①대통령경호처(이하 "경호처"라 한다) 직원의 인사에 관한 정책 및 그 운용에 관한 중요사항을 심의하기 위하여 인사위원회 및 인사실무위원회를 둔다. 〈개정 2008. 2. 29., 2013. 3. 23., 2017. 7. 26., 2022. 5. 9.〉
② 인사위원회는 위원장 1인과 5인 이상 7인 이하의 위원으로 구성하며, 위원장은 2급 이상 직원중에서, 위원은 3급 이상 직원중에서 각각 처장이 임명한다. 〈개정 2005. 6. 30., 2008. 2. 29., 2013. 3. 23., 2017. 7. 26.〉

③ 인사실무위원회는 위원장 1인과 5인 이상 7인 이하의 위원으로 구성하며, 위원장은 3급 이상 직원중에서, 위원은 4급 이상 직원중에서 각각 처장이 임명한다. 〈개정 2005. 6. 30., 2008. 2. 29., 2013. 3. 23., 2017. 7. 26.〉

④ 인사위원회 및 인사실무위원회의 회의 기타 운영에 관하여 필요한 사항은 처장이 정한다. 〈개정 2017. 7. 26.〉

[전문개정 1999. 12. 31.]

[제6조에서 이동, 종전 제7조는 제9조로 이동〈2005. 6. 30.〉]

제8조(인사위원회의 직무 등) 인사위원회는 인사에 관하여 인사실무위원회와 관계부서에서 제안한 인사정책 및 그 운용에 관한 사항등을 심의하여 처장에게 건의한다.

〈개정 2017. 7. 26.〉

[본조신설 1999. 12. 31.]

[제6조의2에서 이동, 종전 제8조는 삭제 〈2005. 6. 30.〉]

제9조(임용) 경호처 직원의 임용은 학력·자격·경력을 기초로 하며, 시험성적·근무성적, 그 밖의 능력의 실증에 의하여 행한다. 〈개정 1999. 12. 31., 2013. 11. 20., 2014. 12. 8., 2017. 7. 26.〉

[제7조에서 이동, 종전 제9조는 제20조로 이동 〈2005. 6. 30.〉]

제9조의2(임용 직원의 임용 자격 확인 등) ① 처장은 법 제8조제1항에 따라 직원을 임용할 때에는 임용 대상자의 건강 상태, 사상의 건전성, 품행 및 제9조의 학력·자격·경력을 확인하기 위하여 임용 대상자에게 신원진술서, 학력증명서, 경력증명서, 건강진단서, 「가족관계의 등록 등에 관한 법률」에서 정하는 증명서와 그 밖에 필요한 자료의 제출을 요구할 수 있다. 〈개정 2017. 7. 26.〉

② 처장은 제1항의 자료의 내용을 확인하기 위하여 관계기관에 조회 또는 그 밖에 필요한 협조를 요청할 수 있다. 〈개정 2017. 7. 26.〉

③ 제1항 및 제2항에서 규정한 사항 외에 임용 직원의 임용 자격 확인 등에 필요한 사항은 처장이 정한다. 〈개정 2017. 7. 26.〉

[본조신설 2014. 12. 8.]

제10조(신규채용) ①경호공무원 및 일반직공무원의 신규채용은 공개경쟁채용시험으로 한다. 〈개정 2013. 11. 20., 2018. 12. 18.〉

② 제1항에도 불구하고 다음 각 호의 어느 하나에 해당하는 경우에는 경력 등 응시요건을 정하여 같은 사유에 해당하는 다수인을 대상으로 경쟁하는 방법으로 채용하는 시험으로 경호공무원 및 일반직공무원을 신규채용할 수 있다. 다만, 제2호, 제3호 또는 제5호의 어느 하나에 해당하는 경우로서 다수인을 대상으로 시험을 실시하는 것이 적당하지 아니한 경우에는 다수인을 대상으로 하지 아니한 시험으로 경호공무원 및 일반직공무원을 신규채용할 수 있다. 〈개정 2003. 6. 30., 2005. 6. 30., 2012. 5. 1., 2018. 12. 18.〉

1. 공개경쟁채용시험에 의한 채용이 곤란한 임용예정직에 관련된 자격증 소지자를 임용하는 경우
2. 임용예정직에 상응하는 근무실적 또는 연구실적이 3년 이상인 자를 임용하는 경우
3. 임용예정직에 상응하는 전문지식·경험·기술이 있는 자를 1급 또는 2급의 경호공무원으로 임용하는 경우
4. 외국어에 능통하고 국제적 소양과 전문지식을 지닌 자를 임용하는 경우
5. 법 제10조제1항제3호의 사유로 퇴직하거나 「국가공무원법」 제71조제1항제1호의 휴직기간만료로 인하여 퇴직한 경호공무원 또는 일반직공무원을 퇴직한 날부터 3년 이내에 퇴직시에 재직한 직급의 직원으로 재임용하는 경우

③ 별정직공무원의 신규채용은 비서·공보·

의무·운전·사범·교관·사진 등의 특수분야를 대상으로 한다. 〈신설 2005. 6. 30.〉
[본조신설 1999. 12. 31.]
[제7조의2에서 이동, 종전 제10조는 제21조로 이동 〈2005. 6. 30.〉]

제11조(시보임용) ①5급 이하 경호공무원 또는 일반직공무원을 신규채용하는 경우에는 1년 이내의 기간동안 시보로 임용하고 그 기간중에 근무성적과 교육훈련성적이 양호한 경우에 정규직원으로 임용한다. 〈개정 2013. 11. 20.〉
② 휴직기간, 직위해제기간 및 징계에 의하여 정직처분을 받은 기간은 제1항의 규정에 의한 시보임용기간에 산입하지 아니한다.
[본조신설 1999. 12. 31.]
[제7조의3에서 이동, 종전 제11조는 제25조로 이동 〈2005. 6. 30.〉]

제12조(시험) ①직원의 임용을 위한 시험은 이를 직급별로 실시한다.
② 시험은 공개경쟁채용시험, 제10조제2항 각 호 외의 부분 본문 및 단서에 따른 시험(이하 "경력경쟁채용시험등"이라 한다) 및 승진시험으로 구분하여 처장이 실시하며, 경호공무원의 필기시험과목은 별표 2와 같다. 〈개정 2012. 5. 1., 2017. 7. 26., 2018. 12. 18.〉
③ 별정직·일반직공무원에 대하여는 신규채용의 경우를 제외하고는 시험을 과하지 아니한다. 〈개정 2013. 11. 20.〉
④ 처장은 시험에 관한 출제·채점·면접시험·실기시험 및 기타 시험에 필요한 사항을 담당하게 하기 위하여 시험위원을 임명 또는 위촉할 수 있다. 〈개정 2017. 7. 26.〉
⑤ 필기시험의 출제 및 채점에 있어서는 과목당 2인 이상의 시험위원이 임명 또는 위촉되어야 하며, 면접시험에 있어서는 3인 이상의 시험위원이 임명 또는 위촉되어야 한다.
⑥ 이 영에 규정된 사항외에 시험에 관하여 필요한 사항은 처장이 정한다. 〈개정 2017. 7. 26.〉
[본조신설 1999. 12. 31.]
[제7조의4에서 이동, 종전 제12조는 제27조로 이동 〈2005. 6. 30.〉]

제13조(공개경쟁채용시험) ①공개경쟁채용시험은 필기시험·면접시험·신체검사 및 체력검정으로 실시한다. 다만, 처장이 필요하다고 인정하는 경우에는 실기시험·지능검사·인성검사 및 적성검사의 전부 또는 일부를 병행하여 실시할 수 있다. 〈개정 2005. 6. 30., 2017. 7. 26., 2018. 12. 18.〉
② 경호공무원의 공개경쟁채용시험의 대상이 되는 계급은 5급·7급 및 9급으로 하고, 일반직공무원의 공개경쟁채용시험의 대상이 되는 계급은 9급으로 한다. 〈신설 2005. 6. 30., 2007. 11. 30., 2011. 7. 4., 2013. 11. 20.〉
[본조신설 1999. 12. 31.]
[제7조의5에서 이동, 종전 제13조는 제33조로 이동 〈2005. 6. 30.〉]

제14조(경력경쟁채용시험등) ①경력경쟁채용시험등은 필기시험·면접시험 및 신체검사로 실시하며, 서류전형·실기시험·체력검정·지능검사·인성검사 및 적성검사의 전부 또는 일부를 병행하여 실시할 수 있다. 〈개정 2012. 5. 1., 2018. 12. 18., 2023. 5. 16.〉
② 제1항의 시험에 있어 처장이 필요하다고 인정하는 자에 대하여는 필기시험의 전부 또는 일부를 면제할 수 있다. 〈개정 2017. 7. 26.〉
[본조신설 1999. 12. 31.]
[제목개정 2018. 12. 18.]
[제7조의6에서 이동, 종전 제14조는 제36조로 이동 〈2005. 6. 30.〉]

제15조(승진시험) ①6급 경호공무원을 5급 경호공무원으로 승진임용하려는 경우에는 승진시험을 병행할 수 있다. 〈개정 2018. 12. 18.〉

② 제1항에 따른 승진시험은 필기시험으로 실시하되, 실기시험을 병행할 수 있다. 〈개정 2018. 12. 18.〉
[본조신설 1999. 12. 31.]
[제7조의7에서 이동 〈2005. 6. 30.〉]

제16조(근무성적평정 및 경력평정의 실시) 직원의 복무능률의 증진과 인사관리의 적정을 기하기 위하여 근무성적평정과 경력평정을 한다. 다만, 별정직공무원에 대하여는 경력평정을 하지 아니한다.
[본조신설 1999. 12. 31.]
[제7조의8에서 이동 〈2005. 6. 30.〉]

제17조(평정기준) ①근무성적평정은 일정한 기간중 당해 직원의 직무수행의 성과·능력·태도, 청렴도 및 직무에의 적합성 기타 직무수행에 필요한 사항에 관하여 행한다.
② 경력평정은 당해 직원의 경력이 직급별로 그 담당직무수행과 관련되는 정도를 기준으로 행하여야 한다.
[본조신설 1999. 12. 31.]
[제7조의9에서 이동 〈2005. 6. 23.〉]

제18조(근무성적평정) ①근무성적평정은 3급 이하의 직원을 대상으로 하여 정기평정과 수시평정으로 나누어 실시하되, 정기평정은 연 1회 실시한다. 〈개정 2005. 6. 30.〉
② 근무성적평정의 방법·시기·절차 등에 관하여 필요한 사항은 처장이 정한다. 〈개정 2017. 7. 26.〉
[본조신설 1999. 12. 31.]
[제7조의10에서 이동 〈2005. 6. 30.〉]

제19조(경력평정) ①제21조제1항의 승진소요최저연수에 도달한 5급 이하 경호공무원과 일반직공무원에 대하여는 그 경력을 평정하여 승진임용에 반영하여야 한다. 〈개정 2005. 6. 30., 2013. 11. 20.〉
② 경력평정은 해당 직급, 하위직급 및 차하위직급의 재직기간을 평정기간으로 한다.
③ 휴직기간, 직위해제기간 및 정직기간은 제2항의 경력평정 대상기간에 포함하지 아니한다. 다만, 「공무원임용령」 제31조제2항 제1호 및 제2호에 따라 승진소요최저연수에 포함하는 휴직기간과 직위해제기간은 각각 휴직 또는 직위해제 당시의 직급 또는 계급의 직무에 종사한 기간으로 보아 제2항의 경력평정 대상기간에 포함한다. 〈개정 2018. 12. 18.〉
④경력평정의 시기·방법·절차 등에 관하여 필요한 사항은 처장이 정한다. 〈개정 2017. 7. 26.〉
[본조신설 1999. 12. 31.]
[제7조의11에서 이동 〈2005. 6. 30.〉]

제20조(승진임용 방법) ①경호공무원 및 일반직공무원의 승진은 근무성적 및 경력평정 기타 능력의 실증에 의하여 행한다. 〈개정 2013. 11. 20.〉
② 처장은 승진임용에 필요한 요건을 구비한 5급 이하 경호공무원 및 일반직공무원에 대하여 근무성적평정 5할, 경력평정 1.5할, 교육훈련성적 3할, 상훈 및 신체검사 0.5할의 비율에 따라 승진심사자명부를 작성하여야 한다. 〈개정 2013. 11. 20., 2014. 12. 8., 2017. 7. 26.〉
③ 제2항의 승진심사자명부에 등재하는 대상은 승진심사일이 속하는 달의 다음달 말일까지 승진소요최저연수를 충족하는 자를 포함한다. 〈신설 2005. 6. 30.〉
④ 승진심사는 승진심사자명부에 등재되어 있는 자를 대상으로 하고, 승진이 결정된 자는 승진일에 승진소요최저연수를 충족하여야 한다. 〈신설 2005. 6. 30.〉
⑤ 이 영에 규정된 사항외에 승진임용에 관하여 필요한 사항은 처장이 정한다. 〈개정 2017. 7. 26.〉
[전문개정 1999. 12. 31.]
[제9조에서 이동 〈2005. 6. 30.〉]

제20조의2(승진선발위원회 등) ① 처장은 승진대상자의 추천, 심사 및 선발을 위하여 다음 각 호의 위원회를 각각 구성·운영할 수 있다. 〈개정 2017. 7. 26.〉

1. 2개 이상의 승진후보추천위원회
2. 승진선발위원회

② 제1항제1호에 따른 2개 이상의 승진후보추천위원회는 상호 차단된 상태의 동일한 심사조건에서 동시에 심사한다.

③ 승진선발위원회는 승진후보추천위원회가 추천한 후보자 중에서 승진대상자를 선발한다.

④ 제1항 각 호의 위원회의 구성에 관하여는 「공무원임용령」 제34조의3제2항 및 제3항을 준용한다.

⑤ 제1항부터 제4항까지에서 규정한 사항 외에 승진후보추천위원회 및 승진선발위원회의 구성 및 운영에 필요한 사항은 처장이 정한다. 〈개정 2017. 7. 26.〉

[본조신설 2014. 12. 8.]

제21조(승진소요최저연수) ① 경호공무원이 승진하려면 다음 각 호의 기간 동안 해당 계급에 재직하여야 한다. 〈개정 2013. 11. 20.〉

1. 3급: 2년 이상
2. 4급: 4년 이상
3. 5급: 5년 이상
4. 6급: 4년 이상
5. 7급 및 8급: 3년 이상
6. 9급: 2년 이상

② 삭제 〈2014. 12. 8.〉

[전문개정 1999. 12. 31.]

[제10조에서 이동 〈2005. 6. 30.〉]

제22조(특별승진) ①경호공무원 및 일반직공무원이 다음 각 호의 어느 하나에 해당하는 때에는 제20조 및 제21조의 규정에 불구하고 특별승진 임용할 수 있다. 다만, 제1호 내지 제3호는 3급 이하 경호공무원 및 일반직공무원에게만 적용한다. 〈개정 2003. 6. 30., 2005. 6. 30., 2007. 6. 28., 2013. 11. 20.〉

1. 경호위해요소를 사전에 발견·제거하여 경호안전에 특별한 공을 세운 자
2. 경호위급사태 발생시 경호대상자의 생명을 구하는데 공이 현저한 자
3. 헌신적인 직무수행으로 업무발전에 기여한 공이 현저하여 모든 직원의 귀감이 되는 자
4. 재직중 공적이 특히 현저한 자가 제26조의 규정에 의하여 공로퇴직하는 때
5. 재직중 공적이 특히 현저한 자가 공무로 인하여 사망한 때

② 제1항의 규정에 의하여 특별승진임용하는 경우에는 공무원임용령 제32조제1항의 규정에 의한 승진임용의 제한을 받지 아니한다. 〈개정 2003. 6. 30.〉

③ 제1항제1호 내지 제3호의 규정에 의하여 특별승진임용하는 경우에는 제21조의 규정에 의한 승진소요최저연수를 1년 단축할 수 있고, 동항제4호의 규정에 의하여 특별승진임용하는 경우에는 공로퇴직일 전일까지 당해 계급에서 1년 이상 재직하여야 하며, 동항제5호의 규정에 의하여 특별승진임용하는 경우에는 승진소요최저연수의 적용을 받지 아니한다. 〈개정 2005. 6. 30.〉

④ 직원을 특별승진임용하고자 하는 때에는 인사위원회의 심의를 거쳐야 한다.

[본조신설 1999. 12. 31.]

[제10조의2에서 이동 〈2005. 6. 30.〉]

제23조(별정직국가공무원의 근무상한연령) 별정직국가공무원의 근무상한연령은 경호공무원의 정년과 균형을 유지하는 범위안에서 처장이 정한다. 〈개정 2017. 7. 26.〉

[본조신설 1999. 12. 31.]

[제10조의3에서 이동 〈2005. 6. 30.〉]

제24조(교육훈련 등) ①처장은 직원에 대하여 직무의 능률증진을 위한 교육훈련을 실시한다. 〈개정 2017. 7. 26.〉

② 처장은 필요하다고 인정하는 때에는 직원을 국내외의 교육기관 또는 연구기관에 위탁하여 교육훈련을 받게 할 수 있다. 〈개정 2017. 7. 26.〉
③ 처장은 교육훈련의 성과측정을 위하여 정기 또는 수시로 평가를 실시하고 그 결과를 인사관리에 반영하여야 한다. 〈개정 2017. 7. 26.〉
④ 제2항의 규정에 의하여 6월 이상 국외에서 교육훈련을 받은 직원에 대하여는 6년의 범위안에서 교육훈련기간의 2배에 상당하는 기간, 6월 이상 국내에서 교육훈련을 받은 직원에 대하여는 6년의 범위안에서 교육훈련기간과 동일한 기간(일과후에만 실시하는 국내훈련의 경우에는 훈련기간의 5할에 해당하는 기간)을 복무하도록 하여야 한다. 다만, 복무의무를 부과하기 곤란하거나 복무의무를 부과한 후 이를 이행할 수 없는 특별한 사유가 있어 처장이 복무의무를 면제한 경우에는 그러하지 아니하다. 〈개정 2017. 7. 26.〉
⑤ 제4항의 규정에 의한 의무복무를 이행하지 아니한 자는 교육훈련을 위하여 소요된 경비의 전액 또는 일부를 반납하여야 한다.
⑥ 처장은 경호공무원으로 20년 이상 근무한 후 퇴직하고자 하는 자에 대하여 퇴직후 사회적응능력의 배양을 위하여 1년 이내의 범위에서 연수를 실시할 수 있다. 이 경우 처장은 연수기간중 당해 연수자의 직급에 해당하는 정원이 따로 있는 것으로 보고 결원을 보충할 수 있다. 〈신설 2003. 6. 30., 2017. 7. 26.〉
[본조신설 1999. 12. 31.]
[제목개정 2003. 6. 30.]
[제10조의4에서 이동 〈2005. 6. 30.〉]

제25조(보수) ① 처장의 보수는 「공무원보수규정」에 따른 차관의 보수와 같은 금액으로 한다. 〈개정 2008. 2. 29., 2013. 3. 23., 2017. 7. 26.〉
② 기타 직원의 보수에 관하여는 「공무원보수규정」에 따른다. 〈개정 1981. 3. 2., 1999. 12. 31., 2005. 6. 30.〉
[전문개정 1979. 12. 27.]
[제11조에서 이동 〈2005. 6. 30.〉]

제26조(공로퇴직) ①경호공무원으로 10년 이상 성실하게 근무한 후 퇴직하는 자에 대하여는 예산의 범위안에서 공로퇴직수당(이하 "수당"이라 한다)을 지급할 수 있다. 〈개정 1999. 12. 31.〉
② 제1항의 수당지급액은 다음의 산식에 의하여 산출한 금액의 범위안으로 한다.
퇴직당시 봉급월액×{36+(33-근속연수)×2/3}
③ 수당의 지급절차 기타 수당지급에 관하여 필요한 사항은 기획재정부장관 및 인사혁신처장과 협의하여 처장이 정한다.
〈개정 1999. 5. 24., 2007. 6. 28., 2008. 2. 29., 2013. 3. 23., 2014. 11. 19., 2017. 7. 26.〉
[본조신설 1995. 12. 30.]
[제11조의2에서 이동 〈2005. 6. 30.〉]

제27조(직권면직 등) ① 임용권자는 법 제10조제1항제2호 · 제5호 및 같은 조 제2항에 따라 직권면직에 대한 동의를 받아야 하는 경우에는 법 제12조제1항에 따른 고등징계위원회(이하 "고등징계위원회"라 한다)에 직권면직 동의 요구서로 동의를 요구해야 한다.
② 처장은 법 제10조제1항제5호에 따라 직무 수행 능력이 부족하거나 근무성적이 극히 불량하여 「국가공무원법」 제73조의3제1항제2호에 따라 직위해제된 사람에게 3개월의 범위에서 대기를 명해야 한다.
③ 처장은 제2항에 따라 대기 명령을 받은 사람에게 능력 회복이나 근무성적의 향상을 위한 교육훈련 또는 특별한 연구과제 부여 등 필요한 조치를 해야 한다.
[전문개정 2019. 10. 22.]

제27조의2 삭제 〈2013. 8. 20.〉

제27조의3 삭제 〈2013. 8. 20.〉

제28조(징계의결의 요구) ① 처장은 소속 직원에게 징계사유가 있다고 인정되는 때에는 관할징계위원회에 징계의결을 요구하여야 한다. 〈개정 2013. 3. 23., 2017. 7. 26.〉

② 처장은 경호처에 파견되어 근무중인 직원에 대하여 징계사유가 있다고 인정되는 때에는 파견직원의 원소속기관의 장에게 그 사유를 통보하여야 한다. 〈개정 2008. 2. 29., 2013. 3. 23., 2017. 7. 26.〉

③ 제1항의 규정에 의하여 징계의결을 요구하는 때에는 미리 당해 직원의 징계사유에 대하여 충분히 조사하고 입증자료를 첨부하여 징계의결요구서에 의하여 이를 행하여야 한다.

[본조신설 1999. 12. 31.]

[제12조의2에서 이동 〈2005. 6. 30.〉]

제29조(징계위원회의 구성 등) ① 고등징계위원회의 위원장은 차장이 되고, 위원은 3급 이상의 직원(고위공무원단에 속하는 직원을 포함한다)과 다음 각 호의 어느 하나에 해당하는 사람 중에서 성별을 고려하여 처장이 임명 또는 위촉한다. 〈개정 2019. 10. 22.〉

1. 법관·검사 또는 변호사로 10년 이상 근무한 사람
2. 「고등교육법」 제2조에 따른 학교 또는 그 밖의 다른 법률에 따라 설립된 이에 준하는 교육기관(이하 "대학등"이라 한다)에서 법률학·행정학 또는 경호 관련 학문을 담당하는 부교수 이상으로 재직 중인 사람
3. 3급 이상의 경호공무원으로 근무하고 퇴직한 사람(퇴직일부터 3년이 지난 사람으로 한정한다)

② 법 제12조제1항에 따른 보통징계위원회(이하 "보통징계위원회"라 한다)의 위원장은 기획관리실장이 되고, 위원은 4급 이상의 직원(고위공무원단에 속하는 직원을 포함한다)과 다음 각 호의 어느 하나에 해당하는 사람 중에서 성별을 고려하여 처장이 임명 또는 위촉한다. 〈개정 2023. 5. 16.〉

1. 법관·검사 또는 변호사로 5년 이상 근무한 사람
2. 대학등에서 법률학·행정학 또는 경호 관련 학문을 담당하는 조교수 이상으로 재직 중인 사람
3. 경호공무원으로 20년 이상 근무하고 퇴직한 사람(퇴직일부터 3년이 지난 사람으로 한정한다)

③ 제1항 및 제2항에 따라 위촉되는 위원의 수는 위원장을 제외한 위원 수의 각각 2분의 1 이상이어야 한다.

④ 제1항 및 제2항에 따라 위촉되는 위원의 임기는 3년으로 하며, 한 차례만 연임할 수 있다.

⑤ 처장은 제1항 및 제2항에 따라 위촉되는 위원이 다음 각 호의 어느 하나에 해당하는 경우에는 해당 위원을 해촉(解囑)할 수 있다. 다만, 제4호에 해당하는 경우에는 해촉하여야 한다.

1. 심신장애로 인하여 직무를 수행할 수 없게 된 경우
2. 직무와 관련된 비위사실이 있는 경우
3. 직무태만, 품위손상이나 그 밖의 사유로 인하여 위원으로 적합하지 아니하다고 인정되는 경우
4. 「공무원 징계령」 제15조제1항에 해당하는 데에도 불구하고 회피하지 아니한 경우
5. 위원 스스로 직무를 수행하는 것이 곤란하다고 의사를 밝히는 경우

[전문개정 2018. 12. 18.]

제30조(징계위원회의 관할·운영 등) ①고등징계위원회는 1급 내지 5급 직원에 대한 징계사건 및 6급 이하 직원에 대한 중징계 사건을 심사·의결한다. 〈개정 2013. 11. 20.〉

② 보통징계위원회는 6급 이하 직원에 대한 경징계 사건을 심사·의결한다.
〈개정 2013. 11. 20.〉
③ 징계위원회의 관할이 다른 상하직위자가 관련된 징계사건은 제1항 및 제2항의 규정에 불구하고 고등징계위원회에서 심사·의결한다. 다만, 하위직위자에 대한 징계를 분리하여 심사·의결하는 것이 타당하다고 인정되는 때에는 고등징계위원회의 의결로써 하위직위자에 대한 징계사건을 보통징계위원회에 이송할 수 있다.
[본조신설 1999. 12. 31.]
[제12조의4에서 이동 〈2005. 6. 30.〉]

제31조(「공무원 징계령」의 준용) 직원의 징계에 관하여 이 영에 특별한 규정이 있는 경우를 제외하고는 「공무원 징계령」 제9조 내지 제15조, 제17조 내지 제25조를 준용한다. 〈개정 2009. 3. 18.〉
[본조신설 1999. 12. 31.]
[제목개정 2009. 3. 18.]
[제12조의5에서 이동 〈2005. 6. 30.〉]

제32조(보상) ① 법 제13조에 따른 상이(傷痍)를 입고 퇴직한 사람과 그 가족은 「국가유공자 등 예우 및 지원에 관한 법률」 제6조의4 또는 「보훈보상대상자 지원에 관한 법률」 제6조에 따른 상이등급에 해당하는 신체의 상이를 입고 퇴직한 사람과 그 가족으로 한다.
② 법 제13조에 따른 사망(상이로 인하여 사망한 경우를 포함한다)한 사람의 유족은 직원의 사망 당시 「국가유공자 등 예우 및 지원에 관한 법률」 제5조 또는 「보훈보상대상자 지원에 관한 법률」 제3조에 해당하는 사람으로 한다.
③ 제1항에 해당하는 사람은 「국가유공자 등 예우 및 지원에 관한 법률」 제4조제1항제4호·제6호 또는 「보훈보상대상자 지원에 관한 법률」 제2조제1항제2호에 따른 전상군경(戰傷軍警), 공상군경(公傷軍警) 또는 재해부상군경과 그 가족으로 보고, 제2항에 해당하는 사람은 「국가유공자 등 예우 및 지원에 관한 법률」 제4조제1항제3호·제5호 또는 「보훈보상대상자 지원에 관한 법률」 제2조제1항제1호에 따른 전몰군경(戰歿軍警), 순직군경(殉職軍警) 또는 재해사망군경의 유족으로 보아 「국가유공자 등 예우 및 지원에 관한 법률」 또는 「보훈보상대상자 지원에 관한 법률」에 따른 보상을 실시한다.
④ 제3항에 따른 보상을 받으려는 사람은 「국가유공자 등 예우 및 지원에 관한 법률」 제6조 또는 「보훈보상대상자 지원에 관한 법률」 제4조에 따라 국가보훈부장관에게 등록을 신청하여야 한다. 이 경우 등록신청서에는 처장이 발급한 상이확인증명서 또는 사망확인증명서를 첨부하여야 한다.
〈개정 2017. 7. 26., 2023. 4. 11.〉
⑤ 처장은 「국가유공자 등 예우 및 지원에 관한 법률 시행령」 제9조제2항 또는 「보훈보상대상자 지원에 관한 법률 시행령」 제6조제2항에 따라 국가보훈부장관으로부터 국가유공자 또는 보훈보상대상자 요건과 관련된 사실의 확인에 대한 요청을 받으면 그 요건과 관련된 사실을 확인하여 국가보훈부장관에게 통보하여야 한다. 〈개정 2017. 7. 26., 2023. 4. 11.〉
[전문개정 2014. 12. 8.]

제33조 삭제 〈2008. 2. 29.〉

제34조(복제) ①처장은 필요하다고 인정하는 경우 직원에게 제복을 지급할 수 있다. 〈개정 1999. 12. 31., 2012. 5. 1., 2013. 3. 23., 2017. 7. 26.〉
② 직원의 복제에 관하여 필요한 사항은 처장이 정한다. 〈개정 1999. 5. 24., 1999. 12. 31., 2007. 6. 28., 2012. 5. 1., 2013. 3. 23., 2017. 7. 26.〉
[본조신설 1995. 12. 30.]

[제13조의2에서 이동 〈2005. 6. 30.〉]

제35조(준용) 경호처의 직원에 관하여 이 영에 특별한 규정이 있는 경우를 제외하고는 「공무원임용령」 및 「국가공무원 복무규정」을 준용한다. 〈개정 2008. 2. 29., 2013. 3. 23., 2017. 7. 26.〉
[본조신설 1999. 12. 31.]
[제13조의3에서 이동 〈2005. 6. 30.〉]

제35조의2(민감정보 및 고유식별정보의 처리)
① 처장은 다음 각 호의 업무를 수행하기 위하여 불가피한 경우 「개인정보 보호법 시행령」 제18조제2호에 따른 범죄경력자료에 해당하는 정보, 같은 조 제3호에 따른 특정 개인을 알아볼 목적으로 일정한 기술적 수단을 통해 생성한 정보(제1호의 업무를 수행하는 경우로 한정한다)나 같은 영 제19조에 따른 주민등록번호, 여권번호, 운전면허의 면허번호 또는 외국인등록번호가 포함된 자료를 처리할 수 있다. 〈개정 2017. 7. 26., 2022. 5. 9.〉
1. 법 및 이 영에 따른 경호업무
2. 법 제8조 및 이 영 제9조·제9조의2에 따른 임용 직원의 임용 자격 확인 등에 관한 업무

② 다음 각 호의 조회 또는 협조 요청을 받은 관계기관의 장은 그 조회 또는 협조 업무를 수행하기 위하여 불가피한 경우 「개인정보 보호법 시행령」 제18조제2호에 따른 범죄경력자료에 해당하는 정보, 같은 조 제3호에 따른 특정 개인을 알아볼 목적으로 일정한 기술적 수단을 통해 생성한 정보(제1호의 업무를 수행하는 경우로 한정한다)나 같은 영 제19조에 따른 주민등록번호, 여권번호, 운전면허의 면허번호 또는 외국인등록번호가 포함된 자료를 처리할 수 있다. 〈개정 2022. 5. 9.〉
1. 제3조의3에 따른 경호업무 수행과 관련한 조회 또는 협조
2. 제9조의2에 따른 임용 직원의 임용 자격 확인 등과 관련한 조회 또는 협조

[본조신설 2014. 12. 8.]

제36조(위임사항) 이 영의 시행에 관하여 필요한 사항은 처장이 정한다. 〈개정 2006. 11. 15., 2017. 7. 26.〉
[제14조에서 이동 〈2005. 6. 30.〉]

부칙 〈대통령령 제7394호, 1974. 11. 14.〉
이 영은 공포한 날로부터 시행한다.

부칙 〈대통령령 제7973호, 1976. 2. 4.〉
이 영은 공포한 날로부터 시행한다.

부칙 〈대통령령 제8173호, 1976. 6. 24.〉
이 영은 1976년 7월 1일부터 시행한다.

부칙 〈대통령령 제8368호, 1976. 12. 31.〉
이 영은 공포한 날로부터 시행한다.

부칙 〈대통령령 제9173호, 1978. 9. 25.〉
이 영은 공포한 날로부터 시행한다.

부칙 〈대통령령 제9692호, 1979. 12. 27.〉
① (시행일) 이 영은 공포한 날로부터 시행한다.
② (폐지법령) 대통령령 제7246호 대통령경호 경비대책위원회규정, 대통령령 제7713호 대통령경호 경비안전대책통제단설치에관한규정 및 대통령령 제7862호 안전대책사범처리협의회규정은 이를 폐지한다.

부칙 〈대통령령 제9748호, 1980. 2. 1.〉
① (시행일) 이 영은 1980년 2월 1일부터 시행한다.
②및 ③생략
부칙 〈대통령령 제10205호, 1981. 2. 26.〉
① (시행일) 이 영은 공포한 날로부터 시행한다.

②내지 ⑤생략

부칙 〈대통령령 제10232호, 1981. 3. 2.〉
이 영은 공포한 날로부터 시행한다.

부칙 〈대통령령 제11238호, 1983. 10. 7.〉
① (시행일) 이 영은 공포한 날로부터 시행한다.
② (경과조치) 이 영 시행으로 감축되는 고용직공무원의 정원에 해당하는 각 기관별 현원이 있는 경우에는 1983년 10월 31일까지 그 초과현원에 상응하는 정원이 따로 있는 것으로 본다.

부칙 〈대통령령 제11348호, 1984. 2. 7.〉
이 영은 공포한 날로부터 시행한다.

부칙 〈대통령령 제11435호, 1984. 5. 31.〉
이 영은 공포한 날로부터 시행한다.

부칙 〈대통령령 제11614호, 1984. 12. 31.〉
이 영은 공포한 날로부터 시행한다.

부칙 〈대통령령 제12439호, 1988. 5. 2.〉
이 영은 공포한 날로부터 시행한다.

부칙 〈대통령령 제12733호, 1989. 6. 17.〉

제1조 (시행일) 이 영은 공포한 날로부터 시행한다.

제2조 (정원에 관한 경과조치) 이 영 시행당시 이 영의 시행으로 감축되는 고용직공무원에 해당하는 현원이 있는 경우에는 그 현원을 기능직공무원으로 특별채용할 때까지 그 현원에 대한 고용직공무원정원이 따로 있는 것으로 보며, 그 현원에 해당하는 기능직공무원의 정원은 이를 충원할 수 없다.

제3조 (잡무직렬 기능직공무원에 관한 경과조치) 대통령령 제12704호 공무원임용령중개정령 부칙 제5조제2항의 규정에 의하여 다른 직렬의 기능직공무원으로 임용된 것으로 보는 자는 이 영의 규정에 불구하고 종전의 등급으로 재직할 수 있다.
제4조 및 제5조 생략

부칙 〈대통령령 제12844호, 1989. 11. 20.〉
이 영은 1990년 1월 1일부터 시행한다.

부칙 〈대통령령 제13238호, 1990. 12. 31.〉
비문

부칙 〈대통령령 제13647호, 1992. 5. 18.〉
이 영은 1992년 7월 1일부터 시행한다.

부칙 〈대통령령 제14619호, 1995. 4. 12.〉
이 영은 공포한 날부터 시행한다.

부칙 〈대통령령 제14894호, 1995. 12. 30.〉
이 영은 공포한 날부터 시행한다.

부칙 〈대통령령 제15278호, 1997. 2. 13.〉
이 영은 공포한 날부터 시행한다.

부칙 〈대통령령 제15305호, 1997. 3. 20.〉
① (시행일) 이 영은 공포한 날부터 시행한다.
② (정원감축에 따른 경과조치) 이 영 시행당시 이 영의 규정에 의하여 감축되는 기능직 교환원 운전원 위생원 사무원 및 방호원의 정원에 해당하는 초과현원이 있는 경우에는 현원이 이 영에 의한 정원과 일치될 때까지 그 초과현원에 상응하는 정원이 따로 있는 것으로 본다.
부칙 〈대통령령 제16318호, 1999. 5. 24.〉
① (시행일) 이 영은 공포한 날부터 시행한다.
② 삭제 〈1999. 12. 31.〉
③ 삭제 〈1999. 12. 31.〉
부칙 〈대통령령 제16678호, 1999. 12. 31.〉

제1조 (시행일) 이 영은 2000년 1월 1일부터 시행한다.

제2조 (정원에 관한 적용례) 대통령경호실에 두는 공무원의 정원에 관하여 2000년 6월 30일까지는 별표 3에 불구하고 별표 3의2를 적용한다.

제3조 (정원에 관한 경과조치) 이 영 시행당시 별표 3의2에 의한 정원을 초과하는 현원이 있는 경우에는 2000년 6월 30일까지 그 초과현원에 상응하는 정원이 따로 있는 것으로 보되, 초과현원이 별정직공무원인 경우에는 그러하지 아니하다. 다만, 별표 3의 시행으로 감축되는 정원에 해당하는 초과현원이 있는 경우에는 2000년 12월 31일까지 그 초과현원에 상응하는 정원이 따로 있는 것으로 본다.

제4조 (다른 법령의 개정) ①공무원보수규정중 다음과 같이 개정한다.

별표 31중 성과급적 연봉제의 적용대상공무원란중 "군무원, 국가정보원직원"을 "군무원, 국가정보원직원, 대통령경호실직원"으로 한다.

② 경비업법시행령중 다음과 같이 개정한다.

제16조제2호중 "경호원으로"를 "경호공무원 또는 별정직공무원으로 경호업무에"로 한다.

③ 소방법시행령중 다음과 같이 개정한다.

제9조제2항제11호중 "대통령경호실법시행령 제7조의 규정에 의하여 임용된 경호원으로"를 "대통령경호실법에 의한 경호공무원 또는 별정직공무원으로"로 한다.

부칙 〈대통령령 제17499호, 2002. 1. 26.〉

① (시행일) 이 영은 공포한 날부터 시행한다.

② (정원에 관한 적용례) 대통령경호실에 두는 공무원의 정원에 관하여 2005년 2월 24일까지는 별표 3에 불구하고 별표 3의2를 적용한다.

③ (정원에 관한 경과조치) 이 영 시행으로 2005년 2월 25일자로 감축되는 정원 27인(3급 1, 4급 3, 4 5급 3, 5급 9, 6급 7, 기능직 4)에 해당하는 초과현원이 있는 경우에는 2005년 8월 24일까지 그 초과현원에 상응하는 정원이 따로 있는 것으로 본다.

부칙 〈대통령령 제18036호, 2003. 6. 30.〉

이 영은 공포한 날부터 시행한다.

부칙 〈대통령령 제18264호, 2004. 1. 29.〉

이 영은 공포한 날부터 시행한다.

부칙 〈대통령령 제18481호, 2004. 7. 24.〉

이 영은 공포한 날부터 시행한다.

부칙 〈대통령령 제18729호, 2005. 3. 2.〉

(재정경제부와그소속기관직제 등 일부개정령)

이 영은 공포한 날부터 시행한다.

부칙 〈대통령령 제18896호, 2005. 6. 30.〉

① (시행일) 이 영은 공포한 날부터 시행한다.

② (정원에 관한 적용례) 대통령경호실에 두는 공무원의 정원에 관하여 2010년 2월 24일까지는 별표 3의 개정규정에 불구하고 별표 3의2의 개정규정을 적용한다.

③ (정원에 관한 경과조치) 별표 3의 개정규정의 시행으로 2010년 2월 25일자로 감축되는 정원에 해당하는 초과현원이 있는 경우에는 2010년 8월 24일까지 그 초과현원에 상응하는 정원이 따로 있는 것으로 본다.

부칙 〈대통령령 제19260호, 2006. 1. 2.〉

이 영은 공포한 날부터 시행한다.

부칙 〈대통령령 제19596호, 2006. 6. 30.〉

(고위공무원단제도의 도입 등에 따른 재정경제부와 그 소속기관 직제 등 일부개정령)

제1조 (시행일) 이 영은 2006년 7월 1일부터 시행한다.

제2조 (다른 법령의 개정) 책임운영기관의 설치·운영에 관한 법률시행령 일부를 다음과 같이 개정한다.

별표 1의2중 국립과학수사연구소 총정원의 한도란 중 "281인"을 "286인"으로 한다.

부칙 〈대통령령 제19732호, 2006. 11. 15.〉

① (시행일) 이 영은 공포한 날부터 시행한다.

② (경과조치) 이 영 시행당시 전직 대통령의 자녀에 대한 경호에 대하여는 종전의 규정에 따른다.

부칙 〈대통령령 제20119호, 2007. 6. 28.〉

제1조 (시행일) 이 영은 공포한 날부터 시행한다.

제2조 (총액인건비제의 시행에 따른 정원에 관한 적용례) 「행정기관의 조직과 정원에 관한 통칙」제29조제2항에 따라 별표 3의2에 따른 총정원의 3퍼센트를 넘지 아니하는 범위 안에서 따로 정하는 공무원의 직급별 정원은 2010년 2월 24일까지는 별표 3의3과 같다.

부칙 〈대통령령 제20413호, 2007. 11. 30.〉

이 영은 공포한 날부터 시행한다.

부칙 〈대통령령 제20732호, 2008. 2. 29.〉

제1조(시행일) 이 영은 공포한 날부터 시행한다.

제2조(다른 법령의 개정) ① 경비업법시행령 일부를 다음과 같이 개정한다.

제13조제2호 및 제18조제1항 단서 중 "「대통령경호실법」"을 각각 "「대통령 등의 경호에 관한 법률」"로 한다.

② 국군지휘통신사령부령 일부를 다음과 같이 개정한다.

제2조제5호 중 "대통령경호실"을 "대통령실 경호처"로 한다.

제7조 중 "대통령경호실장"을 "대통령실 경호처장"으로 한다.

③ 대통령경호안전대책위원회규정을 다음과 같이 개정한다.

제1조 중 "「대통령경호실법」"을 "「대통령 등의 경호에 관한 법률」로 한다.

제2조 중 "출입국관리국장"을 "출입국·외국인정책본부장"으로, "문화관광부"를 "문화체육관광부"로, "정보통신부 통신전파방송정책본부장, 건설교통부 철도기획관"을 "방송통신위원회 방송통신정책실장, 국토해양부 항공철도국장"으로 한다.

제4조제2항제1호 중 "대통령경호실장"을 "대통령실 경호처장"으로, 같은 항 제4호 중 "출입국관리국장"을 "출입국·외국인정책본부장"으로, 같은 항 제6호 중 "문화관광부"를 "문화체육관광부"로, 같은 항 제7호 중 "정보통신부 통신전파방송정책본부장"을 "방송통신위원회 방송통신정책실장"으로, 같은 항 제8호 중 "건설교통부 철도기획관"을 "국토해양부 항공철도국장"으로 한다.

제6조제2항 중 "대통령경호실"을 "대통령실 경호처"로 한다.

④ 소방시설 설치유지 및 안전관리에 관한 법률 시행령 일부를 다음과 같이 개정한다.

제23조제2항제12호 중 "「대통령경호실법」"을 "「대통령 등의 경호에 관한 법률」"로 한다.

⑤ 수도방위사령부령 일부를 다음과 같이 개정한다.

제5조제2항 중 "대통령경호실장"을 "대통령실 경호처장"으로 한다.

제4조(다른 법령과의 관계) 이 영 시행 당시 다른 법령에서 종전의 영 또는 그 규정을 인용하고 있는 경우 이 영 중 그에 해당하는 규정이 있는 때에는 종전의 규정에 갈음하여 이 영 또는 이 영의 해당 조항을 각각 인용한 것으로 본다.

부칙 〈대통령령 제21351호, 2009. 3. 18.〉
(공무원 징계령)

제1조(시행일) 이 영은 2009년 4월 1일부터 시행한다.

제2조(다른 법령의 개정) ① 및 ② 생략

③ 대통령 등의 경호에 관한 법률 시행령 일부를 다음과 같이 개정한다.

제31조의 제목 및 제목 외의 부분 중 "공무원징계령"을 각각 "「공무원 징계령」"으로 한다.

④ 및 ⑤ 생략

부칙 〈대통령령 제23014호, 2011. 7. 4.〉 (공무원임용령)

제1조(시행일) 이 영은 공포한 날부터 시행한다. 다만, …〈생략〉… 부칙 제4조의 개정규정(이하 "기능10급 관련 개정규정"이라 한다)은 2012년 5월 24일부터 시행한다.

제2조 및 제3조 생략

제4조(다른 법령의 개정) ① 및 ② 생략

③ 대통령 등의 경호에 관한 법률 시행령 일부를 다음과 같이 개정한다.

제13조제2항 중 "10급"을 "기능9급"으로 한다.

제21조제1항제2호나목 중 "기능9급 및 기능10급"을 "기능9급"으로 한다.

④ 생략

부칙 〈대통령령 제23607호, 2012. 2. 2.〉

이 영은 공포한 날부터 시행한다.

부칙 〈대통령령 제23762호, 2012. 5. 1.〉

이 영은 공포한 날부터 시행한다.

부칙 〈대통령령 제24428호, 2013. 3. 23.〉 (대통령경호실과 그 소속기관 직제)

제1조(시행일) 이 영은 공포한 날부터 시행한다.

제2조 생략

제3조(다른 법령의 개정) ① 대통령 등의 경호에 관한 법률 시행령 일부를 다음과 같이 개정한다.

제1조를 다음과 같이 한다.

제1조(목적) 이 영은 「대통령 등의 경호에 관한 법률」에서 위임된 사항과 그 시행에 필요한 사항을 규정함을 목적으로 한다.

제2조제1항 중 "법 제4조제1항제1호"를 "「대통령 등의 경호에 관한 법률」(이하 "법"이라 한다) 제4조제1항제1호"로 하고, 같은 조 제2항 각 호 외의 부분 중 "경호처가"를 "대통령경호실(이하 "경호실"이라 한다)이"로 한다.

제3조제4호 중 "경호처장(이하 "처장"이라 한다)"을 "대통령경호실장(이하 "실장"이라 한다)"으로 한다.

제3조의2제1항 중 "처장"을 "실장"으로 하고, 같은 조 제2항 중 "외교통상부장관"을 "외교부장관"으로 하며, 같은 조 제3항 중 "대통령실장(이하 "실장"이라 한다)과 협의하여 처장이"를 "실장이"로 한다.

제4조제1항 중 "경호처"를 "경호실"로 하고, 같은 조 제2항 중 "처장"을 "실장"으로 한다.

제4조의2제1항 중 "처장이 실장과 협의하여"를 "실장이"로 한다.

제7조제1항 중 "경호처"를 "경호실"로, "인사실무위원위를 대통령실에 둔다"를 "인사실무위원회를 둔다"로 하고, 같은 조 제2항 및 제3항 중 "처장의 추천을 받아 실장이"를 각각 "실장이"로 한다.

제9조의2를 삭제한다.

제25조제1항 중 "처장"을 "실장"으로, "차관"을 "장관 또는 차관"으로 한다.

제26조제3항 중 "행정안전부장관"을 "안전행정부장관"으로 한다.

제27조의2제1항 중 "경호처"를 "경호실"로 하고, 같은 조 제3항 본문 중 "위원장은 경호처 소속 2급 이상 직원 중에서, 위원은 경호처 소속 3급 이상 직원 중에서 처장이"를 "위원장은 2급 이상 직원 중에서, 위원은 3급 이상 직원 중에서 실장이"로 하며, 같은 조 제6항 중 "처장"을 "실장"으로 한다.

제27조의3제3항 중 "처장"을 "실장"으로 한다.

제28조제1항을 다음과 같이 하고, 같은 조 제2항 중 "경호처"를 "경호실"로 한다.

① 실장은 소속 직원에게 징계사유가 있다고 인정되는 때에는 관할징계위원회에 징계의결을 요구하여야 한다.

제29조제1항 중 "처장"을 "차장"으로 하고, 같은 조 제2항 중 "경호처 차장"을 "기획실장"으로, "처장"을 "실장"으로 한다.

제32조제4항 후단, 같은 조 제5항 및 제34조제1항·제2항 중 "처장"을 각각 "실장"으로 한다.

제35조 중 "경호처"를 "경호실"로 한다.

② 생략

부칙 〈대통령령 제24692호, 2013. 8. 20.〉

이 영은 공포한 날부터 시행한다.

부칙 〈대통령령 제24852호, 2013. 11. 20.〉 (공무원임용령)

제1조(시행일) 이 영은 2013년 12월 12일부터 시행한다.

제2조 부터 제7조까지 생략

제8조(다른 법령의 개정) ①부터 ㉒까지 생략

㉓ 대통령 등의 경호에 관한 법률 시행령 일부를 다음과 같이 개정한다.

제9조 및 제10조제1항 중 "기능직공무원"을 각각 "일반직공무원"으로 한다.

제11조제1항 및 제12조제3항 중 "기능직공무원"을 각각 "일반직공무원"으로 한다.

제13조제2항 중 "기능직공무원"을 "일반직공무원"으로, "기능9급"을 "9급"으로 한다.

제19조제1항 및 제20조제1항·제2항 중 "기능직공무원"을 각각 "일반직공무원"으로 한다.

제21조제1항을 다음과 같이 한다.

① 경호공무원이 승진하려면 다음 각 호의 기간 동안 해당 계급에 재직하여야 한다.

1. 3급: 2년 이상
2. 4급: 4년 이상
3. 5급: 5년 이상
4. 6급: 4년 이상
5. 7급 및 8급: 3년 이상
6. 9급: 2년 이상

제22조제1항 각 호 외의 부분 본문 및 단서 중 "기능직공무원"을 각각 "일반직공무원"으로 한다.

제30조제1항 및 제2항 중 "6급 이하 및 기능직직원"을 각각 "6급 이하 직원"으로 한다.

㉔부터 ㊿까지 생략

제9조 생략

부칙 〈대통령령 제25751호, 2014. 11. 19.〉 (행정자치부와 그 소속기관 직제)

제1조(시행일) 이 영은 공포한 날부터 시행한다. 다만, 부칙 제5조에 따라 개정되는 대통령령 중 이 영 시행 전에 공포되었으나 시행일이 도래하지 아니한 대통령령을 개정한 부분은 각각 해당 대통령령의 시행일부터 시행한다.

제2조 부터 제4조까지 생략

제5조(다른 법령의 개정) ①부터 〈414〉까지 생략

〈415〉 대통령 등의 경호에 관한 법률 시행령 일부를 다음과 같이 개정한다.

제26조제3항 중 "안전행정부장관 및 기획재정부장관"을 "기획재정부장관 및 인사혁신처장"으로 한다.

〈416〉부터 〈418〉까지 생략

부칙 〈대통령령 제25816호, 2014. 12. 8.〉

이 영은 공포한 날부터 시행한다.

부칙 〈대통령령 제28219호, 2017. 7. 26.〉 (대통령경호처와 그 소속기관 직제)

제1조(시행일) 이 영은 공포한 날부터 시행한다.

제2조 및 제3조 생략

제4조(다른 법령의 개정) ① 생략

② 대통령 등의 경호에 관한 법률 시행령 일부를 다음과 같이 개정한다.

제3조제4호 중 "대통령경호실장"을 "대통령경호처장"으로 한다.

제3조제4호, 제3조의2제1항 · 제3항, 제3조의3제1항 전단 · 후단, 같은 조 제2항, 제4조제2항, 제4조의2제1항, 제7조제2항부터 제4항까지, 제8조, 제9조의2제1항부터 제3항까지, 제12조제2항 · 제4항 · 제6항, 제13조제1항 단서, 제14조제2항, 제18조제2항, 제19조제4항, 제20조제2항 · 제5항, 제20조의2제1항 각 호 외의 부분, 같은 조 제5항, 제23조, 제24조제1항부터 제3항까지, 같은 조 제4항 단서, 같은 조 제6항 전단 · 후단, 제25조제1항, 제26조제3항, 제28조제1항 · 제2항, 제29조제1항 · 제2항, 제32조제4항 후단, 같은 조 제5항, 제34조제1항 · 제2항, 제35조의2제1항 각 호 외의 부분 및 제36조 중 "실장"을 각각 "처장"으로 한다.

제4조제1항 중 "대통령경호실(이하 "경호실"이라 한다)"을 "대통령경호처(이하 "경호처"라 한다)"로 한다.

제7조제1항, 제9조, 제28조제2항 및 제35조 중 "경호실"을 각각 "경호처"로 한다.

제25조제1항 중 "장관 또는 차관"을 "차관"으로 한다.

제29조제2항 중 "기획실장"을 "기획관리실장"으로 한다.

부칙 〈대통령령 제29379호, 2018. 12. 18.〉

제1조(시행일) 이 영은 공포한 날부터 시행한다. 다만, 별표 2의 6 · 7급의 시험과목란 및 같은 표 비고 제4호의 개정규정은 2019년 1월 1일부터 시행하고, 제29조의 개정규정은 공포 후 6개월이 경과한 날부터 시행한다.

제2조(경력평정 대상기간 계산에 관한 적용례) ① 제19조제3항 단서의 개정규정 중 휴직기간의 경력평정 대상기간 계산에 관한 부분은 이 영 시행 전에 발생한 사유로 인한 휴직기간에 대해서도 적용한다.

② 제19조제3항의 개정규정 중 직위해제기간의 경력평정 대상기간 계산에 관한 부분은 이 영 시행 이후 발생한 사유로 인한 직위해제기간부터 적용한다.

제3조(승진임용 절차가 진행 중인 경호공무원 및 일반직공무원의 경력평정에 관한 경과조치) 이 영 시행 당시 승진심사자명부에 따라 승진심사 대상자가 결정되어 승진임용 절차가 진행 중에 있는 경우 그 승진임용 절차가 완료될 때까지 승진심사자명부에 등재된 경호공무원 및 일반직공무원에 대해서는 제19조제3항의 개정규정에도 불구하고 종전의 규정에 따른다.

제4조(진행 중인 시험에 관한 경과조치) 2019년 1월 1일 당시 시험실시사항이 공고되었거나 진행 중인 시험에 대해서는 별표 2의 6 · 7급의 시험과목란 및 같은 표 비고 제4호의 개정규정에도 불구하고 종전의 규정에 따른다.

부칙 〈대통령령 제30139호, 2019. 10. 22.〉

제1조(시행일) 이 영은 공포한 날부터 시행한다.

제2조(대기 명령 등에 관한 적용례) 제27조제2항 및 제3항의 개정규정은 이 영 시행 이후 직위해제되는 사람부터 적용한다.

부칙 〈대통령령 제32633호, 2022. 5. 9.〉
이 영은 공포한 날부터 시행한다.
부칙 〈대통령령 제33382호, 2023. 4. 11.〉
(국가보훈부와 그 소속기관 직제)

제1조(시행일) 이 영은 2023년 6월 5일부터 시행한다.
제2조 부터 제4조까지 생략

제5조(다른 법령의 개정) ①부터 〈67〉까지 생략

〈68〉 대통령 등의 경호에 관한 법률 시행령 일부를 다음과 같이 개정한다.

제32조제4항 전단 및 같은 조 제5항 중 "국가보훈처장"을 각각 "국가보훈부장관"으로 한다.

〈69〉부터 〈73〉까지 생략

부칙 〈대통령령 제33472호, 2023. 5. 16.〉

이 영은 공포한 날부터 시행한다.

[별표 1] 경호공무원의 계급별 직급의 명칭(제5조 관련)

[별표 2] 경호공무원의 필기시험과목표(제12조제2항 관련)

[별표 3] 삭제 〈2008.2.29〉

[별표 3의2] 삭제 〈2008.2.29〉

[별표 3의3] 삭제 〈2008.2.29〉

[부도] 삭제 〈2022. 5. 9.〉

대통령경호안전대책위원회규정

[시행 2022. 11. 1.] [대통령령 제32968호, 2022. 11. 1., 타법개정]

제1조(목적) 이 영은 「대통령 등의 경호에 관한 법률」 제16조에 따른 대통령경호안전대책위원회의 구성 및 운영에 관하여 필요한 사항을 규정함을 목적으로 한다.
〈개정 2008. 2. 29.〉
[전문개정 2007. 1. 18.]

제2조(구성) 대통령경호안전대책위원회(이하 "위원회"라 한다)의 위원은 국가정보원 테러정보통합센터장, 외교부 의전기획관, 법무부 출입국·외국인정책본부장, 과학기술정보통신부 통신정책관, 국토교통부 항공안전정책관, 식품의약품안전처 식품안전정책국장, 관세청 조사감시국장, 대검찰청 공공수사정책관, 경찰청 경비국장, 소방청 119구조구급국장, 해양경찰청 경비국장, 합동참모본부 작전본부 소속 장성급 장교 중 위원장이 지명하는 1명, 국군방첩사령부 소속 장성급 장교 또는 2급 이상의 군무원 중 위원장이 지명하는 1명, 수도방위사령부 참모장과 위원장이 임명 또는 위촉하는 자로 구성한다. 〈개정 2008. 2. 29., 2008. 10. 28., 2009. 5. 6., 2009. 12. 29., 2013. 3. 23., 2013. 12. 24., 2017. 7. 26., 2018. 9. 18., 2019. 8. 13., 2020. 4. 21., 2022. 11. 1.〉
[전문개정 2007. 1. 18.]

제3조 삭제 〈2007. 1. 18.〉

제4조(책임) ① 대통령경호안전대책활동(이하 "안전대책활동"이라 한다)에 관하여는 위원회 구성원 전원과 그 구성원이 속하는 기관의 장이 공동으로 책임을 지며, 각 구성원은 위원회의 결정사항 기타 안전대책활동을 위하여 부여된 임무에 관하여 상호간 최대한의 협조를 하여야 한다.

② 각 구성원의 분장책임은 다음과 같다. 〈개정 2004. 7. 24., 2007. 1. 18., 2008. 2. 29., 2008. 10. 28., 2009. 5. 6., 2009. 12. 29., 2013. 3. 23., 2013. 12. 24., 2017. 7. 26., 2018. 9. 18., 2019. 8. 13., 2020. 2. 4., 2020. 4. 21., 2022. 11. 1.〉

1. 대통령경호처장
   안전대책활동에 관한 전반적인 업무를 총괄하며 필요한 안전대책활동지침을 수립하여 관계부서에 부여한다.
2. 국가정보원 테러정보통합센터장
   가. 입수된 경호 관련 첩보 및 정보의 신속한 전파·보고
   나. 위해요인의 제거
   다. 정보 및 보안대상기관에 대한 조정
   라. 행사참관 해외동포 입국자에 대한 동향파악 및 보안조치
   마. 그 밖에 국내·외 경호행사의 지원
3. 외교부 의전기획관
   가. 입수된 경호 관련 첩보 및 정보의 신속한 전파·보고
   나. 방한 국빈의 국내 행사 지원
   다. 대통령과 그 가족 및 대통령 당선인과 그 가족 등의 외국방문 행사 지원
   라. 다자간 국제행사의 외교의전 시 경호와 관련된 협조
   마. 그 밖에 국내·외 경호행사의 지원
4. 법무부 출입국·외국인정책본부장

가. 입수된 경호 관련 첩보 및 정보의 신속한 전파·보고
나. 위해용의자에 대한 출입국 및 체류관련 동향의 즉각적인 전파·보고
다. 그 밖에 국내·외 경호행사의 지원
5. 삭제 〈2020. 4. 21.〉
6. 삭제 〈2020. 4. 21.〉
7. 과학기술정보통신부 통신정책관
가. 입수된 경호 관련 첩보 및 정보의 신속한 전파·보고
나. 경호임무 수행을 위한 정보통신업무의 지원
다. 정보통신망을 이용한 경호관련 위해사항의 확인
라. 그 밖에 국내·외 경호행사의 지원
8. 국토교통부 항공안전정책관
가. 입수된 경호 관련 첩보 및 정보의 신속한 전파·보고
나. 민간항공기의 행사장 상공비행 관련 업무 지원 및 협조
다. 육로 및 철로와 공중기동수단 관련 업무 지원 및 협조
라. 그 밖에 국내·외 경호행사의 지원
8의2. 식품의약품안전처 식품안전정책국장
가. 식품의약품 안전 관련 입수된 첩보 및 정보의 신속한 전파·보고
나. 경호임무에 필요한 식음료 위생 및 안전관리 지원
다. 식음료 관련 영업장 종사자에 대한 위생교육
라. 식품의약품 안전검사 및 그 밖에 필요한 자료의 지원
마. 그 밖에 국내외 경호행사의 지원
9. 관세청 조사감시국장
가. 입수된 경호 관련 첩보 및 정보의 신속한 전파·보고
나. 출입국자에 대한 검색 및 검사
다. 휴대품·소포·화물에 대한 검색
라. 그 밖에 국내·외 경호행사의 지원
10. 대검찰청 공공수사정책관
가. 입수된 경호 관련 첩보 및 정보의 신속한 전파·보고
나. 위해음모 발견시 수사지휘 총괄
다. 위해가능인물의 관리 및 자료수집
라. 국제테러범죄 조직과 연계된 위해사범의 방해책동 사전차단
마. 그 밖에 국내·외 경호행사의 지원
11. 경찰청 경비국장
가. 입수된 경호 관련 첩보 및 정보의 신속한 전파·보고
나. 위해가능인물에 대한 동향파악
다. 행사참석자 및 종사자의 신원조사
라. 삭제 〈2020. 4. 21.〉
마. 행사장·이동로 주변 집회 및 시위관련 정보제공과 비상상황 방지대책의 수립
바. 우범지대 및 취약지역에 대한 안전조치
사. 행사장 및 이동로 주변에 있는 물적 취약요소에 대한 안전조치
아. 삭제 〈2020. 4. 21.〉
자. 총포·화약류의 영치관리와 봉인 등 안전관리
차. 불법무기류의 단속 및 분실무기의 수사
카. 그 밖에 국내·외 경호행사의 지원
12. 해양경찰청 경비국장
가. 입수된 경호 관련 첩보 및 정보의 신속한 전파·보고
나. 해상에서의 경호·테러예방 및 안전조치
다. 그 밖에 국내·외 경호행사의 지원
13. 소방청 119구조구급국장
가. 입수된 경호 관련 첩보 및 정보의 신속한 전파·보고
나. 경호임무 수행을 위한 소방방재업무 지원
다. 그 밖에 국내외 경호행사의 지원
14. 합동참모본부 작전본부 소속 장성급 장교 중 위원장이 지명하는 1명
가. 입수된 경호 관련 첩보 및 정보의 신속한 전파·보고
나. 안전대책활동에 대한 육·해·공군업

무의 총괄 및 협조
다. 삭제 〈2007. 1. 18.〉
라. 그 밖에 국내·외 경호행사의 지원
15. 국군방첩사령부 소속 장성급 장교 또는 2급 이상의 군무원 중 위원장이 지명하는 1명
가. 입수된 경호 관련 첩보 및 정보의 신속한 전파·보고
나. 군내 행사장에 대한 안전활동
다. 군내 위해가능인물에 대한 안전조치
라. 행사참석자 및 종사자의 신원조사
마. 경호구역 인근 군부대의 특이사항 확인·전파 및 보고
바. 이동로 주변 군시설물에 대한 안전조치
사. 취약지에 대한 안전조치
아. 경호유관시설에 대한 보안지원 활동
자. 그 밖에 국내·외 경호행사의 지원
16. 수도방위사령부 참모장
가. 입수된 경호 관련 첩보 및 정보의 신속한 전파·보고
나. 수도방위사령부 관할지역 내 진입로 및 취약지에 대한 안전조치
다. 수도방위사령부 관할지역의 경호구역 및 그 외곽지역 수색·경계 등 경호활동 지원
라. 그 밖에 국내·외 경호행사의 지원

제5조(소집) ①위원장은 위원회의 회의를 소집하고, 그 의장이 된다.
② 위원장은 필요하다고 인정할 때에는 부위원장으로 하여금 위원장의 직무를 대행하게 할 수 있다.
[전문개정 1995. 12. 14.]

제6조(간사) ① 위원회의 사무를 처리하기 위하여 위원회에 간사 1인을 둔다.
② 간사는 대통령경호처 직원중에서 위원장이 임명한다. 〈개정 2008. 2. 29., 2013. 3. 23., 2017. 7. 26.〉
[본조신설 1995. 12. 14.]
[종전 제6조는 제8조로 이동 〈1995. 12. 14.〉]

제7조(실무위원회) ①위원회의 소관사항을 예비심의하거나 위원회로부터 위임받은 사항의 처리를 위하여 위원회에 실무위원회를 둘 수 있다.
② 실무위원회의 구성·운영등에 관하여 필요한 사항은 위원장이 정한다.
[본조신설 1995. 12. 14.]

제8조(운영세칙) 이 영의 시행에 관하여 필요한 사항은 위원장이 정한다. 〈개정 1995. 12. 14.〉
[제6조에서이동 〈1995. 12. 14.〉]

부 칙 〈대통령령 제10233호, 1981. 3. 2.〉
이 영은 공포한 날로부터 시행한다.

부 칙 〈대통령령 제14442호, 1994. 12. 23.〉 (문화체육부와그소속기관직제)

제1조 (시행일) 이 영은 공포한 날부터 시행한다. 〈단서 생략〉
제2조 생략
제3조 (다른 법령의 개정) ① 대통령경호안전대책위원회규정중 다음과 같이 개정한다.
제2조중 "교통부 관광지도국장"을 "문화체육부 관광국장·건설교통부 수송기획관"으로 하고, 제4조제2항제5호를 다음과 같이 하며, 동항에 제5호의2를 다음과 같이 신설한다.
5. 문화체육부 관광국장
가. 입수된 경호유관 첩보 및 정보의 신속한 전파·보고
나. 관광업소 종사원에 대한 보안교육
5의2. 건설교통부 수송기획관
가. 입수된 경호유관 첩보 및 정보의 신속한 전파·보고
나. 민간항공기에 대한 행사장 상공비행 통제협조

다. 육로 및 철로, 해상, 공중기동수단에 대한 통제 및 협조
라. 기타 국내·외 경호행사 지원
② 내지 ⑧ 생략

부 칙 〈대통령령 제14826호, 1995. 12. 14.〉
이 영은 공포한 날부터 시행한다.

부칙 〈대통령령 제15136호, 1996. 8. 8.〉
(해양경찰청과그소속기관직제)

제1조 (시행일) 이 영은 공포한 날부터 시행한다.
제2조 생략
제3조 (다른 법령의 개정) ①내지 ⑯생략
⑰ 대통령경호안전대책위원회규정중 다음과 같이 개정한다.
제2조제4항중 "관세청지도국장"을 "관세청감시국장"으로 한다.
제4조제2항제5호의2다목중 "해상,"을 삭제하고, 동항제7호 본문중 "지도국장"을 "감시국장"으로 한다.
⑱ 및 ⑲생략
제4조 생략

부 칙 〈대통령령 제16034호, 1998. 12. 31.〉
이 영은 공포한 날부터 시행한다.

부 칙 〈대통령령 제16211호, 1999. 3. 31.〉
(국가정보원직원법시행령)

제1조 (시행일) 이 영은 공포한 날부터 시행한다.
제2조 및 제3조 생략
제4조 (다른 법령의 개정) ① 및 ②생략
③ 대통령경호안전대책위원회규정중 다음과 같이 개정한다.
제2조제4항, 제4조제2항제6호중 "국가안전기획부 4실장"을 각각 "국가정보원 제6국장"으로 한다.
④내지 ㉘생략

부 칙 〈대통령령 제17270호, 2001. 6. 30.〉
(합동참모본부직제)

제1조 (시행일) 이 영은 공포한 날부터 시행한다.
제2조 생략
제3조 (다른 법령의 개정) ①내지 ③생략
④ 대통령경호안전대책위원회규정중 다음과 같이 개정한다.
제2조제4항 및 제4조제2항제8호 본문중 "합동참모본부작전참모본부작전처장"을 "합동참모본부 작전본부작전처장"으로 한다.

부 칙 〈대통령령 제18482호, 2004. 7. 24.〉
이 영은 공포한 날부터 시행한다.

부 칙 〈대통령령 제19835호, 2007. 1. 18.〉
이 영은 공포한 날부터 시행한다.

부 칙 〈대통령령 제20732호, 2008. 2. 29.〉
(대통령 등의 경호에 관한 법률 시행령)
제1조(시행일) 이 영은 공포한 날부터 시행한다.
제2조(다른 법령의 개정) ① 및 ② 생략
③ 대통령경호안전대책위원회규정을 다음과 같이 개정한다.
제1조 중 "「대통령경호실법」"을 "「대통령 등의 경호에 관한 법률」로 한다.
제2조 중 "출입국관리국장"을 "출입국·외국인정책본부장"으로, "문화관광부"를 "문화체육관광부"로, "정보통신부 통신전파방송정책본부장, 건설교통부 철도기획관"을 "방송통신위원회 방송통신정책실장, 국토해양부 항공철도국장"으로 한다.
제4조제2항제1호 중 "대통령경호실장"을 "대통령실 경호처장"으로, 같은 항 제4호 중 "출입국관리국장"을 "출입국·외국인정책본부장"으로, 같은 항 제6호 중 "문화관광부"를 "문화체육관광부"로, 같은 항 제7호 중 "정보통신부 통신전파방송정책본부장"을 "방송통신위원회 방송통신정책실장"으로, 같은 항 제8호 중 "건설교통부 철도기획관"을 "국토해양부 항

공철도국장"으로 한다.

제6조제2항 중 "대통령경호실"을 "대통령실 경호처"로 한다.

④ 및 ⑤ 생략

제4조 생략

부 칙 〈대통령령 제21092호, 2008. 10. 28.〉

이 영은 공포한 날부터 시행한다.

부 칙 〈대통령령 제21473호, 2009. 5. 6.〉
(국토해양부와 그 소속기관 직제)

제1조(시행일) 이 영은 공포한 날부터 시행한다.

제2조(다른 법령의 개정) ① 부터 ③ 까지 생략

④ 대통령경호안전대책위원회규정 일부를 다음과 같이 개정한다.

제2조 및 제4조제2항제8호각목 외의 부분 중 "항공철도국장"을 각각 "항공정책관"으로 한다.

⑤ 부터 ⑦ 까지 생략

부 칙 〈대통령령 제21908호, 2009. 12. 29.〉
(해양경찰청과 그 소속기관 직제)

제1조(시행일) 이 영은 공포한 날부터 시행한다.

제2조(다른 법령의 개정) 대통령경호안전대책위원회규정 일부를 다음과 같이 개정한다.

제2조 중 "경비구난국장"을 "경비안전국장"으로 한다.

제4조제2항제12호 각 목 외의 부분 중 "경비구난국장"을 "경비안전국장"으로 한다.

부 칙 〈대통령령 제24428호, 2013. 3. 23.〉
(대통령경호실과 그 소속기관 직제)

제1조(시행일) 이 영은 공포한 날부터 시행한다.

제2조 생략

제3조(다른 법령의 개정) ① 생략

② 대통령경호안전대책위원회규정 일부를 다음과 같이 개정한다.

제2조 중 "국가정보원 6국장, 외교통상부"를 "국가정보원 8국장, 외교부"로, "방송통신위원회"를 "미래창조과학부"로, "국토해양부"를 "국토교통부"로, "국군기무사령부 1처장"을 "국군기무사령부 2부장"으로 한다.

제4조제2항제1호 중 "대통령실 경호처장"을 "대통령경호실장"으로 하고, 같은 항 제2호 각 목 외의 부분 중 "국가정보원 6국장"을 "국가정보원 8국장"으로 하며, 같은 항 제3호 각 목 외의 부분 중 "외교통상부"를 "외교부"로 하고, 같은 항 제7호 각 목 외의 부분 중 "방송통신위원회"를 "미래창조과학부"로 하며, 같은 항 제8호 각 목 외의 부분 중 "국토해양부"를 "국토교통부"로 하고, 같은 항 제15호 각 목 외의 부분 중 "국군기무사령부 1처장"을 "국군기무사령부 2부장"으로 한다.

제6조제2항 중 "대통령실 경호처"를 "대통령경호실"로 한다.

부 칙 〈대통령령 제25019호, 2013. 12. 24.〉

이 영은 공포한 날부터 시행한다.

부 칙 〈대통령령 제28219호, 2017. 7. 26.〉
(대통령경호처와 그 소속기관 직제)

제1조(시행일) 이 영은 공포한 날부터 시행한다.

제2조 및 제3조 생략

제4조(다른 법령의 개정) ① 대통령경호안전대책위원회규정 일부를 다음과 같이 개정한다.

제2조 중 "미래창조과학부"를 "과학기술정보통신부"로, "소방방재청"을 "소방청"으로 한다.

제4조제2항제1호 중 "대통령경호실장"을 "대통령경호처장"으로 하고, 같은 항 제7호 각 목 외의 부분 중 "미래창조과학부"를 "과학기술정보통신부"로 하며, 같은 항 제13호 각 목 외의 부분 중 "소방방재청"을 "소방청"으로 한다.

제6조제2항 중 "대통령경호실"을 "대통령경호처"로 한다.

② 생략

부 칙 〈대통령령 제29169호, 2018. 9. 18.〉

이 영은 공포한 날부터 시행한다.

부 칙 〈대통령령 제30039호, 2019. 8. 13.〉
(검찰청 사무기구에 관한 규정)

제1조(시행일) 이 영은 공포한 날부터 시행한다.

제2조(다른 법령의 개정) 대통령경호안전대책위원회규정 일부를 다음과 같이 개정한다.

제2조 중 "공안기획관"을 "공공수사정책관"으로 한다.

제4조제2항제10호 각 목 외의 부분 중 "공안기획관"을 "공공수사정책관"으로 한다.

부 칙 〈대통령령 제30384호, 2020. 2. 4.〉
(군인사법 시행령)

제1조(시행일) 이 영은 공포한 날부터 시행한다.

제2조 생략

제3조(다른 법령의 개정) ①부터 ⑦까지 생략

⑧ 대통령경호안전대책위원회규정 일부를 다음과 같이 개정한다.

제4조제2항제5호나목 중 "헌병업무"를 "군사경찰업무"로 한다.

⑨부터 ⑭까지 생략

제3조 생략

부 칙 〈대통령령 제30625호, 2020. 4. 21.〉

이 영은 공포한 날부터 시행한다.

부 칙 〈대통령령 제32968호, 2022. 11. 1.〉
(국군방첩사령부령)

제1조(시행일) 이 영은 공포한 날부터 시행한다.

제2조(다른 법령의 개정) ①부터 ⑤까지 생략

⑥ 대통령경호안전대책위원회규정 일부를 다음과 같이 개정한다.

제2조 중 "군사안보지원사령부"를 "국군방첩사령부"로 한다.

제4조제2항제15호 각 목 외의 부분 중 "군사안보지원사령부"를 "국군방첩사령부"로 한다.

⑦부터 ⑩까지 생략

제3조 생략

전직 대통령 예우에 관한 법률(약칭: 전직대통령법)

[시행 2017.9.22.] [법률 제14618호, 2017.3.21., 일부개정]

제1조(목적) 이 법은 전직대통령(前職大統領)의 예우에 관한 사항을 규정함을 목적으로 한다.
[전문개정 2011.5.30]

제2조(정의) 이 법에서 "전직대통령"이란 헌법에서 정하는 바에 따라 대통령으로 선출되어 재직하였던 사람을 말한다.
[전문개정 2011.5.30]

제3조(적용 범위) 이 법은 전직대통령 또는 그 유족에 대하여 적용한다.
[전문개정 2011.5.30]

제4조(연금) ① 전직대통령에게는 연금을 지급한다.
② 제1항에 따른 연금 지급액은 지급 당시의 대통령 보수연액(報酬年額)의 100분의 95에 상당하는 금액으로 한다.
[전문개정 2011.5.30]

제5조(유족에 대한 연금) ① 전직대통령의 유족 중 배우자에게는 유족연금을 지급하며, 그 연금액은 지급 당시의 대통령 보수연액의 100분의 70에 상당하는 금액으로 한다.
② 전직대통령의 유족 중 배우자가 없거나 제1항에 따라 유족연금을 받던 배우자가 사망한 경우에는 그 연금을 전직대통령의 30세 미만인 유자녀(遺子女)와 30세 이상인 유자녀로서 생계능력이 없는 사람에게 지급하되, 지급 대상자가 여러 명인 경우에는 그 연금을 균등하게 나누어 지급한다.
[전문개정 2011.5.30]

제5조의2(기념사업의 지원) 민간단체 등이 전직대통령을 위한 기념사업을 추진하는 경우에는 관계 법령에서 정하는 바에 따라 필요한 지원을 할 수 있다.
[전문개정 2011.5.30]

제5조의3(묘지관리의 지원) 전직대통령이 사망하여 국립묘지에 안장되지 아니한 경우에는 대통령령으로 정하는 바에 따라 묘지관리에 드는 인력 및 비용을 지원할 수 있다.
[본조신설 2017.3.21.]

제6조(그 밖의 예우) ① 전직대통령은 비서관 3명과 운전기사 1명을 둘 수 있고, 전직대통령이 서거한 경우 그 배우자는 비서관 1명과 운전기사 1명을 둘 수 있다.
② 제1항에 따라 전직대통령이 둘 수 있는 비서관과 운전기사는 전직대통령이 추천하는 사람 중에서 임명하며, 비서관은 고위공무원단에 속하는 별정직공무원으로 하고, 운전기사는 별정직공무원으로 한다.
③ 제1항에 따라 전직대통령이 서거한 경우 그 배우자가 둘 수 있는 비서관과 운전기사는 전직대통령의 배우자가 추천하는 사람 중에서 임명하며, 비서관과 운전기사의 신분은 대통령령으로 정한다.
④ 전직대통령 또는 그 유족에게는 관계 법령에서 정하는 바에 따라 다음 각 호의 예우를 할 수 있다.
1. 필요한 기간의 경호 및 경비(警備)
2. 교통·통신 및 사무실 제공 등의 지원
3. 본인 및 그 가족에 대한 치료
4. 그 밖에 전직대통령으로서 필요한 예우

[전문개정 2011.5.30]

제7조(권리의 정지 및 제외 등) ① 이 법의 적용 대상자가 공무원에 취임한 경우에는 그 기간 동안 제4조 및 제5조에 따른 연금의 지급을 정지한다.

② 전직대통령이 다음 각 호의 어느 하나에 해당하는 경우에는 제6조제4항제1호에 따른 예우를 제외하고는 이 법에 따른 전직대통령으로서의 예우를 하지 아니한다.

1. 재직 중 탄핵결정을 받아 퇴임한 경우
2. 금고 이상의 형이 확정된 경우
3. 형사처분을 회피할 목적으로 외국정부에 도피처 또는 보호를 요청한 경우
4. 대한민국의 국적을 상실한 경우

[전문개정 2011.5.30]

제8조(연금의 중복 지급 금지) 이 법에 따라 연금을 지급받는 사람에게는 다른 법률에 따른 연금을 지급하지 아니한다.

[전문개정 2011.5.30]

제9조(연금의 지급방법 및 지급절차) 이 법에 따른 연금의 지급방법 및 지급절차와 그 밖에 이 법의 시행에 필요한 사항은 대통령령으로 정한다.

[전문개정 2011.5.30.]

부칙 〈법률 제2086호, 1969.1.22.〉

이 법은 공포한 날로부터 시행하되 대한민국 정부수립후의 전직대통령 및 그 유족에 대하여 적용한다.

〈 중 략 〉

부칙 〈법률 제14618호, 2017.3.21.〉

이 법은 공포 후 6개월이 경과한 날부터 시행한다.

전직대통령 예우에 관한 법률 시행령 (약칭: 전직대통령법 시행령)

[시행 2021. 1. 5.] [대통령령 제31380호, 2021. 1. 5., 타법개정]

제1조(목적) 이 영은 「전직대통령 예우에 관한 법률」에서 위임된 사항과 그 시행에 필요한 사항을 규정함을 목적으로 한다.
〈개정 2010. 2. 4.〉

제2조(용어의 정의) ①「전직대통령 예우에 관한 법률」(이하 "법"이라 한다) 제4조제2항 및 제5조제1항에서 "지급당시의 대통령보수연액"이라 함은 연금의 지급일이 속하는 월의 대통령 연봉월액의 8.85배에 상당하는 금액을 말한다. 〈개정 1988. 3. 18., 2000. 1. 8., 2010. 2. 4.〉
② 법 제5조제2항에서 "30세이상의 유자녀로서 생계능력이 없는 자"라 함은 유자녀와 그 가족의 소득·재산 및 부양가족등을 고려하여 사회통념상 전직대통령의 유자녀로서의 품위를 유지하기 어렵다고 인정되는 자를 말한다. 〈신설 1981. 4. 8.〉

제3조(연금증서) ①유족연금수급권자로 된 자는 유족연금수급권자임을 입증하는데 필요한 관계서류를 첨부하여 연금증서의 교부를 행정안전부장관에게 신청하여야 한다. 〈개정 2000. 1. 8., 2008. 2. 29., 2013. 3. 23., 2014. 11. 19., 2017. 7. 26.〉
② 행정안전부장관은 전직대통령과 유족연금수급권자에 대하여 별지 서식에 의한 연금증서를 교부한다. 이 경우 행정안전부장관이 연금증서를 교부함에 있어서 필요한 때에는 당해 연금수급권자에게 증빙서류등의 제출을 요구할 수 있다. 〈개정 2000. 1. 8., 2008. 2. 29., 2013. 3. 23., 2014. 11. 19., 2017. 7. 26.〉
③ 법 제5조제2항의 유족연금수급권자가 수인인 경우에는 하나의 연금증서에 유족연금수급권자 전원의 성명등을 기재하여 이를 교부할 수 있다.
[전문개정 1981. 4. 8.]

제4조(연금의 지급기간) 연금은 그 사유가 발생한 날이 속하는 월의 익월부터 그 사유가 소멸된 날이 속하는 월까지 지급한다.

제5조(연금지급일) 연금은 12월로 분급(分給)하되, 매월 20일에 지급한다.

제6조(연금지급의 정지) 법 제7조에 의하여 연금의 지급을 정지할 사유가 발생한 때에는 그 사유가 발생한 날이 속하는 월의 익월부터 그 사유가 소멸된 날이 속하는 월까지 지급을 정지한다.

제6조의2(기념사업의 지원) ① 법 제5조의2에 따라 지원하는 기념사업은 다음 각 호와 같다. 〈신설 2011. 9. 6., 2013. 3. 23., 2014. 11. 19., 2017. 7. 26.〉
1. 전직대통령 기념관 및 기념 도서관 건립 사업
2. 기록물, 유품 등 전직대통령 관련 사료를 수집·정리하는 사업
3. 전직대통령의 업적 등을 연구·편찬하는 사업
4. 제2호 및 제3호에 해당하는 사료 및 자료 등의 전시 및 열람 사업
5. 전직대통령 관련 학술세미나 개최 또는 강좌 등의 운영 사업

6. 전직대통령 관련 국제 학술회의 개최 등의 대외협력 사업
7. 그 밖에 제1호부터 제6호까지에 준하는 사업으로서 행정안전부장관이 정하는 사업

② 제1항의 기념사업에 대한 지원 내용은 다음 각 호와 같다. 〈개정 2011. 9. 6.〉

1. 문서·도화등 전시물의 대여
2. 사업경비의 일부보조
3. 기타 사업추진을 위하여 필요하다고 인정되는 지원

③ 제1항 및 제2항에 따른 지원의 대상과 규모는 국무회의의 심의를 거쳐 결정한다. 〈개정 2011. 9. 6.〉

[본조신설 1988. 3. 18.]

제6조의3(묘지관리의 지원) ① 법 제5조의3에 따라 지원할 수 있는 묘지관리에 드는 인력은 묘지의 경비 인력 및 관리 인력으로 한다. 이 경우 묘지관리의 효율성 등을 고려하여 해당 인력의 운용 비용으로 지급할 수 있다.

② 법 제5조의3에 따라 지원할 수 있는 묘지관리에 드는 비용은 묘지의 시설 유지 등 관리 비용으로 한다.

③ 제1항 후단 및 제2항에 따른 비용은 묘지관리를 하는 유족에게 지급하되, 유족의 동의를 얻어 묘지관리를 하는 단체가 있는 경우 해당 단체에 그 비용을 지급할 수 있다. 다만, 묘지관리를 하는 유족이나 단체가 없는 경우에는 행정안전부장관이 묘지관리를 위하여 지원할 필요가 있다고 인정하는 자에게 그 비용을 지급할 수 있다.

④ 제1항 및 제2항에 따른 지원을 받으려는 자는 묘지관리에 드는 인력 및 비용 등 필요한 사항을 포함한 신청서류를 행정안전부장관에게 제출하여야 한다.

⑤ 제1항부터 제3항까지의 규정에 따른 구체적인 지원 대상, 규모 및 방법 등은 행정안전부장관이 따로 정한다.

[본조신설 2017. 9. 19.]

제7조(비서관 등의 임명 등) ① 전직대통령의 비서관은 행정안전부장관의 제청으로 국무총리를 거쳐 대통령이 임명하고, 운전기사는 행정안전부장관이 임명한다. 〈개정 2013. 3. 23., 2014. 11. 19., 2017. 7. 26.〉

② 서거한 전직대통령의 배우자의 비서관은 행정안전부장관의 제청으로 국무총리를 거쳐 대통령이 임명하고, 운전기사는 행정안전부장관이 임명하되, 비서관은 고위공무원단에 속하는 별정직공무원으로 하고, 운전기사는 별정직공무원으로 한다. 〈개정 2013. 3. 23., 2014. 11. 19., 2017. 7. 26.〉

③ 삭제 〈2011. 9. 6.〉

[전문개정 2010. 2. 4.]

제7조의2(무상진료) 전직대통령 및 그 배우자의 국·공립병원(「서울대학교병원 설치법」에 따른 서울대학교병원, 「서울대학교치과병원 설치법」에 따른 서울대학교치과병원, 「국립대학병원 설치법」에 따른 국립대학병원 및 「국립대학치과병원 설치법」에 따른 국립대학치과병원을 포함한다)에서의 진료는 무료로 하고, 민간의료기관에서의 진료에 소요된 비용은 국가가 이를 부담한다. 〈개정 1988. 3. 18., 2000. 1. 8., 2010. 2. 4., 2011. 9. 6.〉

[본조신설 1981. 4. 8.]

제7조의3(사무실의 제공등) 법 제6조제4항제2호에 따른 지원의 내용은 다음과 같다. 〈개정 2010. 2. 4.〉

1. 사무실 및 차량의 제공과 기타 운영경비의 지급
2. 공무여행시 여비등의 지급

[본조신설 1988. 3. 18.]

제8조(예산조치) 전직대통령과 그 유족에 대한 연금예산은 행정안전부일반회계에 계상하여야 한다. 〈개정 1981. 4. 8., 2000. 1. 8., 2008. 2. 29., 2013. 3. 23., 2014. 11.

19., 2017. 7. 26.〉

제9조(민감정보 및 고유식별정보의 처리) 행정안전부장관은 다음 각 호의 사무를 수행하기 위하여 불가피한 경우 「개인정보 보호법」 제23조에 따른 건강에 관한 정보, 같은 법 시행령 제18조제2호에 따른 범죄경력자료에 해당하는 정보, 같은 영 제19조제1호·제2호 또는 제4호에 따른 주민등록번호, 여권번호 또는 외국인등록번호가 포함된 자료를 처리할 수 있다.

1. 법 제4조 및 제5조에 따른 연금의 지급에 관한 사무
2. 법 제5조의3에 따른 묘지관리의 지원에 관한 사무
3. 법 제6조제4항제2호 및 제3호에 따른 교통·통신 및 사무실 제공 등의 지원에 관한 사무와 본인 및 그 가족에 대한 치료에 관한 사무
4. 법 제7조제2항에 따른 전직대통령 예우 정지 및 제외에 관한 사무

[본조신설 2017. 9. 19.]

부 칙 〈대통령령 제3753호, 1969. 1. 29.〉

① (시행일) 이 영은 공포한 날로부터 시행한다.

② (경과조치) 이 영에 의하여 최초로 지급되는 연금은 제4조의 규정에 불구하고 법 시행일이 속하는 월의 분부터 지급한다.

부 칙 〈대통령령 제7938호, 1975. 12. 31.〉
(공무원보수규정)

① (시행일) 이 영은 1976년 1월 1일부터 시행한다.

② 내지 ⑥ 생략

⑦ (관계 법령의 정비) 공무원 보수규정의 개정에 따라 관계법령을 다음과 같이 개정한다.

1. 전직대통령예우에관한법률시행령 제7조제3항중 "공무원보수규정 제19조"를 "공무원보수규정 제16조"로 한다.
2. 생략

부 칙 〈대통령령 제10282호, 1981. 4. 8.〉
이 영은 공포한 날로부터 시행한다.

부 칙 〈대통령령 제12417호, 1988. 3. 18.〉
이 영은 공포한 날로부터 시행한다.

부 칙 〈대통령령 제16688호, 2000. 1. 8.〉
이 영은 공포한 날부터 시행한다. 다만, 제2조제1항의 개정규정은 2000년 1월 1일부터 적용한다.

부 칙 〈대통령령 제20741호, 2008. 2. 29.〉
(행정안전부와 그 소속기관 직제)

제1조(시행일) 이 영은 공포한 날부터 시행한다. 〈단서 생략〉

제2조 부터 제5조까지 생략

제6조(다른 법령의 개정) ① 부터 〈65〉 까지 생략

〈66〉 전직대통령예우에관한법률시행령 일부를 다음과 같이 개정한다.

제3조제1항·제2항 전단·후단 및 제7조 중 "행정자치부장관"을 각각 "행정안전부장관"으로 한다.

제8조 중 "행정자치부"를 "행정안전부"로 한다.

별지 서식 3면 및 4면 중 "행정자치부장관"을 각각 "행정안전부장관"으로 한다.

〈67〉 부터 〈105〉 까지 생략

부 칙 〈대통령령 제22011호, 2010. 2. 4.〉

제1조(시행일) 이 영은 공포한 날부터 시행한다.

제2조(특례) 이 영 시행 전에 서거한 전직대통령의 배우자가 두는 비서관 및 운전기사의 임용기간은 제7조제3항 본문의 개정규정에도 불구하고 임용한 날부터 3년으로 한다.

부 칙 〈대통령령 제23117호, 2011. 9. 6.〉
이 영은 공포한 날부터 시행한다.

부 칙 〈대통령령 제24425호, 2013. 3. 23.〉 (안전행정부와 그 소속기관 직제)

제1조(시행일) 이 영은 공포한 날부터 시행한다. 다만, 부칙 제6조에 따라 개정되는 대통령령 중 이 영 시행 전에 공포되었으나 시행일이 도래하지 아니한 대통령령을 개정한 부분은 각각 해당 대통령령의 시행일부터 시행한다.

제2조 부터 제5조까지 생략

제6조(다른 법령의 개정) ①부터 〈84〉까지 생략

〈85〉 전직대통령 예우에 관한 법률 시행령 일부를 다음과 같이 개정한다.

제3조제1항, 같은 조 제2항 전단·후단, 제6조의2제1항제7호, 제7조제1항 및 제2항 중 "행정안전부장관"을 각각 "안전행정부장관"으로 한다.

제8조 중 "행정안전부"를 "안전행정부"로 한다.

별지 서식 중 "행정안전부장관"을 각각 "안전행정부장관"으로 한다.

〈86〉부터 〈129〉까지 생략

부 칙 〈대통령령 제25751호, 2014. 11. 19.〉 (행정자치부와 그 소속기관 직제)

제1조(시행일) 이 영은 공포한 날부터 시행한다. 다만, 부칙 제5조에 따라 개정되는 대통령령 중 이 영 시행 전에 공포되었으나 시행일이 도래하지 아니한 대통령령을 개정한 부분은 각각 해당 대통령령의 시행일부터 시행한다.

제2조 부터 제4조까지 생략

제5조(다른 법령의 개정) ①부터 〈196〉까지 생략

〈197〉 전직대통령 예우에 관한 법률 시행령 일부를 다음과 같이 개정한다.

제3조제1항, 같은 조 제2항 전단·후단, 제6조의2제1항제7호, 제7조제1항 및 제2항 중 "안전행정부장관"을 각각 "행정자치부장관"으로 한다.

제8조 중 "안전행정부"를 "행정자치부"로 한다.

별지 서식 3면 및 4면 중 "안전행정부장관"을 각각 "행정자치부장관"으로 한다.

〈198〉부터 〈418〉까지 생략

부 칙 〈대통령령 제26774호, 2015. 12. 30.〉 (주민등록번호 수집 최소화를 위한 6·25 전사자유해의 발굴 등에 관한 법률 시행령 등 일부개정령)

이 영은 공포한 날부터 시행한다. 〈단서 생략〉

부 칙 〈대통령령 제28211호, 2017. 7. 26.〉 (행정안전부와 그 소속기관 직제)

제1조(시행일) 이 영은 공포한 날부터 시행한다. 다만, 부칙 제8조에 따라 개정되는 대통령령 중 이 영 시행 전에 공포되었으나 시행일이 도래하지 아니한 대통령령을 개정한 부분은 각각 해당 대통령령의 시행일부터 시행한다.

제2조 부터 제7조까지 생략

제8조(다른 법령의 개정) ①부터 〈153〉까지 생략

〈154〉 전직대통령 예우에 관한 법률 시행령 일부를 다음과 같이 개정한다.

제3조제1항, 같은 조 제2항 전단·후단, 제6조의2제1항제7호 및 제7조제1항·제2항 중 "행정자치부장관"을 각각 "행정안전부장관"으로 한다.

제8조 중 "행정자치부일반회계"를 "행정안전부일반회계"로 한다.

별지 서식 3면, 같은 서식 4면 제2호 각 목 외의 부분 및 같은 면 제3호 중 "행정자치부장관"을 각각 "행정안전부장관"으로 한다.

〈155〉부터 〈388〉까지 생략

부 칙 〈대통령령 제28300호, 2017. 9. 19.〉

이 영은 2017년 9월 22일부터 시행한다.

부 칙 〈대통령령 제31380호, 2021. 1. 5.〉 (어려운 법령용어 정비를 위한 473개 법령의 일부개정에 관한 대통령령)

이 영은 공포한 날부터 시행한다. 〈단서 생략

III 외교관 등 국제적 보호인물에 대한 범죄의 예방 및 처벌에 관한 협약

(Convention on the Prevention and Punishment of Crimes against Internationally Protected Persons, including Diplomatic Agents)

[발효일 1983.06.24.] [다자조약, 제813호., 1983.06.02]

본 협약 당사국은

국제평화 유지와 당사국간의 우호증진 및 상호협조에 관한 유엔헌장의 목적과 원칙에 따라

외교관 및 기타 국제적 보호인물의 안전을 위협하는 범죄가 국가 간의 협조에 필수적인 정상적인 국제관계의 유지에 심각한 위협을 야기한다는 인식하에

그러한 범죄행위는 국제사회에 중대한 관심사라는 믿음으로

그러한 범죄의 예방과 처벌을 위한 적절하고도 효과적인 대책을 채택해야하는 절박한 필요성이 있다는 확신 하에

다음과 같이 합의하였다;

제1조

본 협약의 목적상

1."국제적 보호인물"은 다음을 의미한다.

(가) 관계국의 헌법상 국가원수의 직능을 수행하는 집단의 구성원을 포함하는 국가원수, 정부수반 또는 외무부장관으로서 그들이 외국에 체류하는 모든 경우 및 그들과 동행하는 가족의 구성원

(나) 일국의 대표나 공무원 또는 정부간 성격을 지닌 국제기구의 직원 또는 기타 대리인으로서 범죄가 이들 본인, 그의 공관, 그의 사저, 또는 그의 교통수단에 대하여 행해진 시기와 장소에서 국제법에 따라 그의 신체, 자유 또는 존엄에 대한 공격으로부터 특별한 보호를 받을 자격이 있는 자 및 그의 세대의 일부를 구성하는 가족의 구성원

2. "피의자"란 제2조에 규정된 범죄중의 하나 또는 그 이상을 범하였거나 이에 가담하였다고 일견 판단할 수 있는 충분한 증거가 있는 자를 의미한다.

제2조

1. 다음 범죄의 고의적 실행은 각 당사국에 의하여 국내법상의 범죄로 규정되어야 한다.

(가) 국제적 보호인물의 살해, 납치 또는 그의 신체나 자유에 대한 기타 가해행위

(나) 국제적 보호인물의 신체나 자유를 위태롭게 할 수 있는 그의 공관, 사저 또는 교통수단에 대한 폭력적 가해행위

(다) 그러한 행위의 범행 위협

(라) 동 가해행위의 미수 또한

(마) 동 가해행위에 공범으로서의 가담을 구성하는 행위

2. 각 당사국은 이들 범죄의 중대성을 감안하는 적절한 형벌로 동 범죄가 처벌되도록 하여야 한다.

3. 본조 제1항과 제2항은 국제적 보호인물의 신체, 자유 또는 존엄에 대한 기타의 가해행위를 방지하기 위하여 당사국이 모든 적절한 조치를 취할 국제법상 의무를 저해하지 아니한다.

제3조

1. 각 당사국은 다음 경우에 있어서 제2조에 규정된 범죄에 대한 관할권을 확립하기 위하여 필요한 제반조치를 취하여야 한다.
(가) 범죄가 자국의 영토 내에서 또는 자국에 등록된 선박이나 항공기내에서 범하여지는 경우
(나) 피의자가 자국민인 경우
(다) 범죄가 자국을 대표하여 행사하는 직능에 의하여, 제1조에 정의된 국제적 보호인물로서의 지위를 향유하는 자에 대하여 범하여지는 경우
2. 각 당사국은 또한 피의자가 자국 영토 내에 있고, 동인을 제8조에 따라 본조 제1항에서 언급된 어느 국가로도 인도하지 않는 경우에 있어서, 이들 범죄에 대한 관할권을 확립하기 위하여 필요한 제반조치를 취하여야 한다.
3. 본 협약은 국내법에 따라 행사되는 어떠한 형사 관할권도 배제하지 아니한다.

제4조

당사국은 제2조에 규정된 범죄의 방지에 특히 다음과 같이 협력하여야 한다.
(가) 자국 영역 내 또는 영역 외에서 그와 같은 범죄를 범하기 위한 준비를 자국 영역 내에서 할 경우 이를 방지하기 위한 모든 실제적 조치를 취함
(나) 정보의 교환 및 범행방지에 적합한 행정적 및 기타 제반조치의 조정

제5조

1. 제2조에 규정된 범죄가 자국 내에서 범하여진 당사국은, 피의자가 그 영역을 도주하였다고 믿을만한 사유가 있는 경우, 직접으로 또는 국제연합 사무총장을 통하여 범행에 관한 모든 관련사실과 피의자의 신원에 관한 입수 가능한 모든 정보를 다른 모든 관련국에 통고하여야 한다.
2. 국제적 보호인물에 대하여 제2조에 규정된 어느 범죄가 범하여진 모든 경우, 피해자 및 범행상황에 관한 정보를 보유하고 있는 여하한 당사국도 국내법에 규정된 조건에 따라 완전하게 그리고 신속하게 동인이, 대표로서 직능을 수행하던 당사국에 이를 전달하도록 노력하여야 한다.

제6조

1. 사정이 그와 같이 허용한다고 인정되는 대로, 피의자 소재지국은 동인을 소추 또는 인도하기 위한 목적으로 동인의 소재를 확보할 수 있도록 국내법에 따른 적절한 조치를 취하여야 한다. 동 조치는 직접으로 또는 국제연합 사무총장을 통하여 지체 없이 다음에 통고되어야 한다.
(가) 범행지국
(나) 피의자의 국적국 또는 복수의 국적국 또는 무국적자일 경우 그의 상주 영역국
(다) 관련 국제적 보호인물의 국적국 또는 복수의 국적국 또는 그가 대표로서 직능을 수행하던 국가 또는 복수의 국가
(라) 기타 모든 관계국 또한
(마) 관련 국제적 보호인물이 직원 또는 대리인으로 있는 국제기구
2. 본조 제1항에 언급된 조치와 관련된 자는 다음과 같은 자격을 가진다.
(가) 피의자의 국적국 또는 그의 권리를 달리 보호하여 줄 자격을 가진 국가, 또는 그가 무국적자일 경우 그가 요청하고 그의 권리를 보호하여 줄 용의를 가진 국가에 소속한 최인접의 적절한 대표와 지체 없이 교신함
(나) 동국 대표의 방문을 받음

제7조

그 영토 내에 피의자가 소재하고 있는 당사국은 동인을 인도하지 아니할 경우, 소추할 목적으로 예외 없이 그리고 부당한 지연 없이 동 국가의 법률에 따른 절차를 통하여 동 건

을 권한 있는 당국에 지출하여야 한다.

제8조

1. 당사국간에 현존하는 범죄인 인도 조약상의 인도범죄로 등재되어 있지 아니한 범죄도 제2조에 규정되어 있는 한, 동 범죄는 인도범죄에 포함되는 것으로 간주된다. 당사국은 그러한 범죄를 그들 간에 체결된 장래의 모든 범죄인 인도조약에서의 인도범죄로 포함시키도록 한다.
2. 범죄인 인도에 있어 조약의 존재를 조건으로 하는 당사국이 범죄인 인도조약을 서로 체결치 아니한 타방 당사국으로부터 범죄인 인도요청을 받은 경우에 동국이 인도하기로 결정한다면, 본 협약을 그러한 범죄에 관한 범죄인 인도의 법적기초로 간주할 수 있다. 범죄인 인도는 피요청국 법률의 소송조항 및 여타의 조건에 따라야 한다.
3. 범죄인 인도에 있어 조약의 존재를 조건으로 하지 아니하는 당사국은 그러한 범죄를 피요청국 법률의 소송조항 및 여타 조건에 따른 상호간 인도범죄로 인정하여야 한다.
4. 당사국간의 범죄인 인도를 위하여 상기 각 범죄는 그것이 발생한 장소에서 뿐만 아니라 제3조제1항에 따른 그 관할권확립의 의무를 지는 국가의 영역에서도 범하여진 것처럼 취급되어야 한다.

제9조

제2조에 규정된 어느 범죄와 관련하여 진행되고 있는 소송의 대상이 된 어떤 자에 대하여도 동 소송절차의 모든 과정에서 공정한 대우가 보장되어야 한다.

제10조

1. 당사국은 제2조에 규정된 범죄로 인한 형사소송과 관련하여 소송에 필요한 모든 이용 가능한 증거의 제공을 포함한 최대한의 지원을 상호 제공하여야 한다.
2. 본조 제1항의 규정은 여타조약에 규정된 사법공조에 관한 의무에 영향을 미치지 아니한다.

제11조

피의자를 소추한 당사국은 소송의 최종 결과를 국제연합 사무총장에게 통고하여야 하며 동인은 동 정보를 타 당사국에 전달하여야 한다.

제12조

본 협약의 제 규정은, 본 협약의 채택일자에 유효한 비호에 관한 제 조약의 당사국간에는 동 조약의 적용에 영향을 미치지 아니한다. 그러나 본 협약의 당사국은 비호에 관한 제 조약의 당사국이 아닌 본 협약의 여타당사국에 대하여 비호에 관한 제 조약을 원용할 수 없다.

제13조

1. 교섭으로 해결되지 않는 본 협약의 해석이나 적용에 관한 2개 당사국 혹은 그 이상 당사국간의 어떠한 분쟁도 그들 중 어느 일방의 요구에 따라 중재에 회부되어야 한다. 중재요청 일자로부터 6월 이내에 당사국들이 중재기구에 관하여 합의할 수 없을 때는, 어느 당사국도 국제사법재판소 규정에 따른 요청에 의하여 동 분쟁을 동 재판소에 제기할 수 있다.
2. 각 당사국은 본 협약의 서명 또는 비준시나 또는 이의 가입시에 본조 제1항에 구속되지 않음을 선언할 수 있다. 타 당사국은 상기 유보를 한 어느 당사국에 대하여도 본조 제1항의 구속을 받지 아니한다.
3. 본조 제2항에 따라 유보를 행한 당사국은 국제연합 사무총장에 대한 통고로써 언제든지 그 유보를 철회할 수 있다.

제14조

본 협약은 만국의 서명을 위하여 뉴욕소재 국제연합 본부에서 1974년 12월 31일까지 공개된다.

제15조

본 협약은 비준되어야 한다. 비준서는 국제연합 사무총장에게 기탁되어야 한다.

제16조

본 협약은 어떠한 국가에 대하여도 가입을 위하여 개방된다. 가입서는 국제연합 사무총장에게 기탁하여야 한다.

제17조

1. 본 협약 22번째 비준서 또는 가입서가 국제연합 사무총장에게 기탁된 일자로부터 30일이 되는 날에 발효한다.
2. 22번째 비준서 또는 가입서의 기탁 후에 협약을 비준하거나 가입하는 각국에 대하여 본 협약은 동 국가에 의한 비준서 또는 가입서의 기탁일자로부터 30일이 되는 날에 발효한다.

제18조

1. 어느 당사국도 국제연합사무총장에 대한 서면통고로써 본 협정을 폐기할 수 있다.
2. 폐기는 국제연합사무총장이 통고를 접수한 일자로부터 6월 후 발효한다.

제19조

국제연합 사무총장은 모든 국가에 대하여 특히 다음 사항을 통보하여야 한다.

(가) 제14조, 제15조 및 제16조에 따른 본 협약에 대한 서명, 비준서 또는 가입서의 기탁 및 제18조에 따른 통고

(나) 제17조에 따라 본 협약이 발효하는 일자

제20조

중국어, 영어, 불어, 노어 및 서반아본이 동등하게 정본인 본 협약의 원본은 국제연합 사무총장에게 기탁되어야 하며, 국제연합 사무총장은 본 협약의 인증등본을 모든 국가에 송부하여야 한다. 이상의 증거로써 그들 각자의 정부에 의하여 정당히 권한을 위임받은 하기 서명자는 1973년 12월 14일 뉴욕에서 서명을 위하여 공개된 본 협약에 서명하였다.

참고문헌

1. 국내 문헌

1) 단행본

강기택(2005), 경찰정보론, 경찰대학.

경찰대학(1994), 경찰학개론, 경찰대학.

경찰청(1994), 정보개론, 경찰청.

김두철 외 8인(1999), 보험과 위험관리, 서울: 문영사.

김두현(2003), 경호학개론, 서울: 백산출판사.

김두현, 최선태(2002), 안전관리론, 서울: 백산출판사.

김명곤(2005), 안전검측론, 서울: 경호출판사.

김선진(2009), 운동학습과 제어, 서울: 대한미디어.

김영욱(2002), 위기 관리의 이해, 서울: 책과 길.

김정환 외 1명(2003), 한국경호산업발전사(I), 서울: 백산출판사.

김정현(2004), 뉴테러리즘론, 서울: 백산출판사.

김창호(2006), 한국경호발달사, 서울: 백산출판사.

로버트 치알리디(이현우 옮김)(2003), 설득의 심리학, 서울: 21세기북스.

마크 헤인즈 다니엘(안종설 옮김)(2000), 리스크의세계, 서울: 생각의 나무.

박주현(2004), 민간경호실무론, 서울:학문사.

박지영(2003), 유쾌한 심리학, 서울: 파피에.

신상엽(2005), 기계경비론, 서울: 백산출판사.

안황권 외(2007), 비교시큐리티제도론, 인천; 진영사.

오오이즈미 코오이치(강영숙, 이민용 역)(2002), 테러의 이해, 서울: 백산출판사.

오인경, 최경임(2005), 교육프로그램 개발 방법론, 서울: 학지사.

이병호(1999), 손자 · 군사사상과 병법이론, 울산: 울산대학교출판부.

이상철(2004), 경호현장운용론, 서울: 도서출판 원.

이윤근(2001), 민간경호원론, 서울: 엑스퍼트출판.

이영재, 윤정원(2004), BCP입문, 서울: 디지털타임스.

이윤호(2005), 범죄학개론, 서울: 박영사.
임현진 외(2003), 한국사회의 위험과 안전, 서울: 서울대학교 출판부.
장기붕(2007), 근접경호론, 대구: 홍익출판사.
정태황(2004), 경호실무론, 서울: 백산출판사.
조해균(1996), 최신보험경영론, 서울: 박영사.
중앙경찰학교(1992), 경찰교과서 4권 경무 · 통신, 중앙경찰학교.
채경석(2004), 위기관리정책론, 서울: 대왕사.
피터 콜릿(박태선 옮김)(2004). 몸은 나보다 먼저 말한다. 서울: 청림출판.
피터 L. 번스타인(안진환, 김성우 옮김)(2004), 리스크, 서울: 한국경제신문사.
Melanson, Philip H.(1988), 테러시대의 미국 비밀경호대, 대통령경호실.
Northouse, Peter G.(김남현 옮김, 2011), 리더십, 서울: 경문사.

2) 논 문

김순열(1999), 경호안전산업의 경영에 관한 연구, 명지대학교 박사학위논문.
김정환(1997), 우리나라 경호업의 발전과정과 문제점, 경호경비연구 창간호, 한국경호경비학회.
김형수(2007), 국가요인에 대한 경호활동 발전방안 연구, 동국대 행정대학원 석사학위논문.
김태윤(2000), 국가 재해재난 관리체계 구축방안 연구, 한국행정연구원.
박동균(1995), 지방정부의 위기관리정책에 관한 연구, 동국대학교 박사학위 논문.
박주현(1997), 우리나라 경호업의 현황 및 발전방안, 경호경비연구 창간호, 한국경호경비학회.
송상욱(2002), 경호원의 심리요인 극복방안, 용인대 석사학위논문.
양재열(1995), 경호의 기본적 이론에 관한 연구, 연세대학교 행정대학원 석사 학위논문.
______(2000), 요인 신변보호의 사전 예방작용에 관한 연구, 경호경비연구 제3호, 한국경호경비학회.
연규용(2002), 한국의 시큐리티산업에 관한 연구, 동국대학교 석사학위논문.
오세용(2003), 경호시스템의 분석과 발전방안에 관한 연구, 명지대학교 대학원 공학박사학위논문.

유형창(2008), 환경변화에 따른 경호체계의 발전방안에 관한 연구, 경기대학교 대학원 박사학위논문.

이두석(2005), 경비위험 분석 및 관리의 최적화 방안에 관한 연구, 경호경비연구 제10호.

______(2007), 위해사례 분석을 통한 경호 위기관리시스템 설정 방안, 용인대학교 박사학위 논문.

______(2010), 위해범죄 사례 분석을 통한 경호 효율화 방안, 한국치안행정논집 제7권 제3호. 한국치안행정학회.

이병헌(1994), 일본경호제도에 관한 연구(공무원 국비 단기 국외훈련).

이상철(1997), 경호업무수행을 위한 불안 해소방법에 관한 고찰, 경호경비연구 창간호, 한국경호경비학회.

이재진(2002), 국가위기관리를 위한 요인경호시스템에 관한 연구, 성균관대학교 경영대학원 석사학위논문.

조한봉(1997), 경호산업 산재보험 실태에 관한 연구, 동국대학교 석사학위논문.

정태황(2001), 경호업무의 경호영역과 기계경호의 적용 방안, 경호경비연구 제4호, 한국경호경비학회.

최기남(2004), 중동 테러리즘에 대한 한국경호 안전도 극대화 방안, 경기대학교 대학원 박사학위논문.

최찬묵(1999), 신변보호의 체계적인 예방작용에 관한 연구, 한국체육대학교 사회체육대학원 석사학위 논문.

2. 외국 문헌

Bilek, Arthur J. & Lejins, Peter P.(1977), Private Security, Cincinnati Ohio: Anderson Publishing Co.

Boudreaux, Brian(2005). Exploring a Multi-Stage Model of Crisis Management, Graduate School of the University of Florida.

Braunig, Martha J.(1993), The Executive Protection Bible, E.S.I. Education Development Corp.

Elhanan, Paul(1985), Keep'em Alive: The Bodyguard's Trade,

Colorado: Paladin Press.

Falk, Avner(2001), Political assassination and Personality Disorder:The Eases of Lee Harvey Oswald and Yigal Amir, Mind andHuman Interaction, Vol 12.

Fein, Robert A. and Vossekuil, Bryan(1999), Assassination in the UnitedStates: An Operational Study of Recent Assassins, Attackers, andNear-Lethal Approachers, Journal of Forensic Sciences, Vol. 44,March 1999,

Fischer, Robert J.& Green, Gion(2004), "Introduction to Security, seventh edition", (Boston : Butterworth-Heinemann.

Gallati, Robert R. J.(1983), Introduction to Private Security, (Englewood Cliffs, N. J. :Prentice-Hall Inc.

Garcia, Mary Lynn(2001), The Design and Evaluation of Physical Protection Systems, (Burlington ; Elsevier).

Grille, Robin, FUNDAMENTALISM: A War Against Children, Journal of Legal and Criminological Psychology Vol 3(2), September 2002; Revised, March 2003.

Healy, Richard J. and Walsh, Timothy J.(1971), Industrial Security Management, (New York: American Management Association).

Hess, Karen M. & . Wrobleski, Henry M(1996), Introduction to Private Security, New York : West Publishing Company.

Holder, Philip T. andHawley, Donna Lea(1998), The ExecutiveProtection Professional's Manual, Boston: Butterworth-Heinemann.

June, Dale L.(1999), Introduction to Executive Protection, CRC Press.

Wold, Geoffrey H. andShriver, Robert F.(1997), Risk AnalysisTechniques, Disaster Recovery Journal Vol. 7.

Lonsdale, Mark V.(1995), Bodyguard : A Guide to VIP Protection, LosAngeles ; S.T.T.U.

Mares, Benny(1994), Executive Protection: A Professional's Guide to

Bodyguarding, Colorado: Paladin Press.

McNab, Bruce&Alves, David(2003), "Risk Assessment Frameworks", Epidemiology & Risk Assessment /OMAF.

Melanson, Philip H.(2005), The Secret Service, New York; Caroll & Graf Publishers.

Noble, Corwin K.(1997), The Executive Protection Manual, Austin: Thomas Investigative Publications Inc.

Oatman, Robert L.(1997), The Art of Executive Protection, second edition, Baltimore: Noble House.

Petro, Joseph(2005), Standing Next to History, New York; Thomas Dune Books.

Post, Richard S. andKingsbury, Arthur A.(1977), Security Administration : An Introduction, 3rd. ed. (Springfield, IL : Charles C. Thomas).

Prouty, L. Fletcher(1992). JFK: The CIA, Vietnam, and the Plot to Assassinate John F. Kennedy.

Purpura, Philip P. CPP(1998), Security and Loss Prevention, (Boston : Butterworth -Heinemann).

Rapp, Burt and Lesce, Tony(1995), Bodyguarding: A Complete Manual, Second Edition, Loompanics Unlimited.

Roper, Carl, & Grau, Joseph, andFischer, Lynn(2006), SecurityEducation, Awareness, and Training, Elsevier.

Thompson, Leroy(1984), Dead Clients Don't Pay: The Bodyguard's Manual, Colorado: Paladin Press.

3. 기타 자료

동아일보 2005년 6월 2일자 보도.

주간조선 2005년 8월 18일자.

www.100.naver.com. 네이버백과사전.

www.police.go.kr 경찰자료실.

www.kacpr.org 대한심폐소생협회.

www.continuitycentral.com/timcousinsarticle.

www.archives/gov/research/jfk/warren-commission-report/.

www.intelligence.gov.uk/threat-levels.aspx.

www.secretservice.gov/ntac.

www.archives/gov/research/jfk/warren-commission-report/.

www.ktvq.com/news/the-day-that-changed-presidential-security-forever

www.mnsu.edu/news/read/?paper=topstories&id=1167751628

www.ncjrs.gov/pdffiles1/nij/179981.pdf#search.

www.rota.or.kr 도로교통공단.

www.time.com/time/magazine/article/0,9171,1826292,00.html

www.thedailyfarce.com.

(ㄴ)

(ㅈ)

저자약력

▣ 이두석(李斗石)

• 학력

- 성남고등학교 졸업
- 성균관대학교 영어영문학과 졸업(문학사)
- 동국대학교 행정대학원 공안행정학과 졸업(행정학석사)
- 용인대학교 대학원 경호학과 졸업(경호학박사)

• 경력

- 대통령경호실 근무(1981~2006)
- 미국 Northwestern University SPSC 수료
- 중앙공무원교육원 고위정책과정 수료
- 대통령경호실 정보공개심의회 전문위원
- 한국경호경비학회 연구자문위원
- 한국재난정보학회 이사
- 한국시큐리티지원연구원 이사
- 한국시큐리티정책학회 이사
- 대통령경호안전연구회 감사
- 대통령경호실 정책심판위원회 심판위원
- 경비지도사 시험문제 출제위원
- 우송정보대학 초빙교수 역임
- 한국서도협회 및 한국추사서예대전 초대작가

• 논문

- 경비위험 분석 및 관리의 최적화 방안에 관한 연구
- 경호경비 시스템 경비의 불필요 출동 감소대책에 관한 연구
- 위해사례 분석을 통한 경호위기관리시스템 설정 방안
- 라빈 수상 위해사건 분석을 통한 경호적 대응 방안
- 위해범죄 사례분석을 통한 경호 효율화 방안 외.

• 이메일 : leedusk@naver.com